몬테소리 교육철학과 인문학의 관계

조성자 외

창지사

머리말

저자가 대학교수 생활을 마치고 시간이 된다면 언젠가 한번은 몬테소리 철학의 영적 뿌리인 인문학과 연결하여 쉽게 풀어낼 수 있는 시간을 가지는 것이 작은 희망이었다. 그러나 이러한 작업은 몬테소리에 대한 많은 지식과 경험이 없이는 불가능할 것이라는 개인적인 신념이 있기에 노년기 작업으로 미루어 놓았다.

저자의 삶에서 청소년기를 제외하고는 유럽에서 소위 학문을 다루는 학문의 큰 집에서 살았다. 이러한 경험이 일생 동안 학문을 접하는 데 있어 모든 분야에 영향을 주었다. 저자는 이탈리아에서 대학을 다니면서 아주 친한 지인의 소개로 독일 아켄(Achen)에 있는 카리타스(Caritas) 본부에서 장학금을 받았고, 방학 때마다 유럽의 여러 나라를 돌아다니며 아르바이트를 한 덕분에 그래도 아주 가난한 유학 생활에서 벗어나 사고 싶었던 책을 사는 데 그리 어려움이 없었다. 학업을 마치고 그동안 보살핌에 감사드리고 학위 과정을 마친 것을 자랑할 겸 카리타스 본부에 들렸을 때, 놀랍게도 유럽에서 직업을 가져 보라는 권유를 받았다.

유럽에서 젊은 시절의 대부분을 보냈기 때문에 그곳 생활이 어색하지 않았고, 오히려 한국과는 오랜 기간 떨어져 살았기 때문에 한국의 사정을 잘 알지 못해 막연한 두려움은 물론 망설임, 혼란스러움도 없지 않았다. 지도교수에게 이러한 사정을 말씀드렸더니, 역시 교수의 입장에서 한국에 가서 젊은이들과 교수 생활을 시작하라고 진지하게 나의 미래에 대한 조언을 해 주셨다. 그때는 모든 것을 잘 알지 못했던지라 지도교수의 말을 따르기로 마음먹고 삶의 새로운 도전을 시작하였다.

아무 생각 없이 긴 유럽 생활을 마치고 그렇게 그리워하던 한국에 도착하여 그 당시 대구효성여자대학교 아동학과 교수가 되었다. 1984년 2월 17일에 도착하여 3월 1일부터 교수 생활을 시작하였다. 평생 대전 아래로 내려온 경험이 없었던지라 걱정이 많이 되었다. 그랬던 저자가 물 흐르듯 흐르는 시간을 따라서 긴 시간 학생들과 함께 생활하였고, 2018년 8월 30일에 정년을 맞았다.

퇴임할 때까지 무엇에 그리 쫓기었는지 모든 것이 한순간에 스쳐 지나간 듯한 생각과 느낌이 드는 것은 어떤 이유일까? 반대로 31년을 역으로 되돌아보면 한 해, 하루 24시간을 쪼개어 한 일들도 많았다. 대부분의 시간을 학생들을 가르치고 저술 활동을 하면서 시간을 보낸 것 같다. 세계를 돌아다니면서 몬테소리인들을 만나고 그들과 담론한 실존적인 이야기들은 평생의 몬테소리 연구에 많은 도움을 주었고, 몬테소리와 직접 생활한 이야기 나눔은 나를 감동시키기에 충분하였다. 퇴임을 한 다음 우연히 한국에서 처음으로 몬테소리특수대학원을 설립하여 대학원장을 맡았고 지금까지 대학에서 생활하고 있다.

대학 생활을 하면서 게으르지 않으려고 의식적으로 노력하면서 다량의 저서를 출판한 것도 부질없었던 나의 삶에 조금이라도 위안을 주었던 것 같다. 저자가 한 일 중에 몬테소리의 원서를 모두 한국어로 번역한 것은 종종 나에게 자부심을 느끼게 하였다. 지도교수가 마지막으로 저녁에 초대해 한국에 가서 10년 동안은 저서를 출판하지 말고 열심히 번역 활동을 하라는 조언을 해 주셨고, 이 말을 당연히 수용하고 실천하였다. 그 이유도 시간이 훨씬 지난 다음에 이해하게 되었고, 지도교수가 학문을 다루는 방법에 다시 한번 감사하는 마음을 가지게 되었다. 유능한 학자들이 학문 세계를 훈련하는 방법은 역서에 초점을 맞추며 좀 더 성숙한 상태에서 저서에 몰입하는 것이 중요하다는 것이다. 어린 유학생 시절 터득한 것은 내가 잘 모를 때는 진심으로 조언해 주는 사람들의 말에 귀를 기울이는 것이었다. 지도교수의 조언을 지금도 감사하게 생각한다.

지도교수와 약속한 만 10년이 되던 해에 작정하고 『몬테소리 교사론』을 출판하면서 무엇보다도 자신에게 감사하였다. 그 약속을 지키기 위해서 10년 동안은 열심히 몬테소리 원서를 번역하였고, 그녀의 일생과 과업에 감동을 받았다. 한국의 몬테소리인들에게 큰 도움이 되었는지는 모르겠지만 나름 작은 사명감을 가졌던 것 같다. 그러면서 어느 순간부터 몬테소리 학문을 총체적으로 정리할 수 있는 시간을 가지고 싶었다.

이탈리아 명문가의 자녀로 태어난 몬테소리(Montessori)는 신문화를 받아들인 이탈리아 최초의 여의사였다. 하지만 개인적으로 아픈 경험을 겪으며 의사라는 직업을 떠나 정치적으로 한참 공화국으로 변화하던 시기에 로마의 외곽 도시인 산 로렌조(San Lorenzo)에 로마의 부동산협회에서 제공한 어린이집 원장으로 제2의 인생을 시작한다. 인간적인 측면에서 남편과 아들에 대한 연민, 사랑, 아픔은 아마도 그녀를 더 인간적인 인간으로 성장시키는 데 큰 역할을 했을 것으로 생각된다. 인간 내면의 아픔은 정말 고통스럽지만 그 고통으로 자아를 성숙하게 만들어 가고 내적 에너지인 영성의 삶을 살아가면서 어린이의 교육에 혼신을 다했을 것이다. 인간의 가장 아픈 내적 고통을 경험한 사람들은 더 나은 세상을 살아가기 위한 더 큰 영적 에너지를 만들어 갈 수 있는 힘을 가지게 되는 것 같다. 그녀의 사회적 명성만큼이나 개인적인 생활은 세간을 떠들썩하게 흔들었지만 쉬지 않고 학문의 길을 걸어간 그녀의 삶은 저자는 물론 전 세계 몬테소리인들에게 큰 공감을 주었을 것이다.

퇴임 후 2년 동안은 몬테소리 방법을 치매 어른들의 치료에 적용하는 연구를 지속하여 한 권의 저서를 출판하였다. 몬테소리 프로그램을 치매 어른들에게 적용하는 연구가 세계적으로 활발하게 진행되었기 때문에 아마도 시대적인 요청인 것 같다. 새로운 분야를 연구하다 보니 많은 시간이 필요하였고 어려움도 있었지만, 그때마다 지금처럼 항공편이 여유롭지 않았던 시기에 몬테소리가 전 세계를 돌아다니며 펼친 세계 어린이들을 위한 교육적 도전, 나눔, 공헌, 세계를 평화로운 어린이의 동산으로 만들려는 노력들을 회상하며 인내하려고 애를 써 보았다.

본서는 몬테소리 철학과 인문학을 연결하여 서술한 저서이기 때문에 온전히 학문적이기도, 에피소드적이기도, 에세이적이기도 혹은 스토리텔링일 수도, 개인적인 견해를 많이 담은 자유로운 에세이 형식으로 보아도 무관할 것이다. 저자는 50년 동안 나름대로 게으름을 피우지 않고 연구하고, 저술하고, 듣고, 본 것을 총체적으로 묶어서 이번 저서를 집필하게 되었다. 독일 뮌스터(Münster) 대학의 홀트스티게(Holtstiege) 교수도 일생 동안 몬테소리 연구를 위해 시간을 보낸 학자였다. 언젠가 대학에서 만났을 때 저자에게 자기가 쓴 몬테소리 에세이집을 건네주면서 몬테소리인들에게 필요한 책이라고 말한 기억이 난다. 지금도 홀트스티게 교수의 그 모습이 아른거린다. 그때 그는 60대 후반이었고 저자는 40대 학문의 초년기였다. 그 당시 생각에 '나도 저 나이가 되었을 때 몬테소리 학문을 자유롭게 풀어갈 수 있을까?'라는 생각을 했었다. 그래서 용기를 내어 70대를 넘어선 지금 어린이들의 인간화, 정상화, 사회화가 이루어지는 과정에서 몬테소리 철학을 인문학과 연결하는 작업을 하려고 한다.

유럽에서 학문을 접하는 방법을 나름 답습했다고 생각하면서도 늘 그들의 학문적 자세에 존경심을 보낼 때가 많았다. 결국 '학문의 중요한 모든 부분이 인간과 연결되지 않는다면 무슨 의미가 있을까?'라는 생각을 해 본다. 아직 미흡하지만 그래도 최선을 다해서 게으름을 피우지 않고 열심히 한 줄씩 써 내려왔다. 저자는 라파엘로(Raffaello)가 『아테네 학당(*The School of Athens*)』에 54명의 모든 분야 학자들, 예술가들, 사회의 기여자들을 그려 놓은 것처럼 몬테소리 학당을 그림으로 그리지는 못하지만 그래도 학당을 만들어 보고픈 바람으로 이 저서를 집필하였다.

특히 제2부는 실제에 대한 이론을 집필하는 과정에서 그동안 몬테소리 연구에 많은 도움을 주었던 제자들과 함께 작업을 하였다. 즐거운 마음으로 집필에 응해 준 제자들에게 감사하는 마음을 전한다.

저자 조성자 교수

차 례

PART Ⅱ :: 몬테소리 프로그램 영역과 인문학의 관계

PART I

몬테소리 교육철학과 인문학의 관계

인류 역사상 어느 시대를 막론하고 인간의 가르침을 위한 공동체와 집단이 형성되었다. 심지어는 특별한 장소가 없으면 소요학파라는 이름으로 제자들과 산책을 하면서 배움을 나누고 공유하려는 노력이 있었다. 학문은 항상 인간을 가장 중요한 위치에 놓고 모든 학문과 연결하여 인간의 본질을 연구하였다. 특히 몬테소리는 어린이들의 본질을 연구하기 위해서 관찰의 중요성을 강조하면서 그들이 인간화, 정상화, 사회화 과정에서 필요한 요소와 불필요 요소를 구분하여 인간화, 정상화 과정으로 이끌어 가는 교육 작업을 실천한 교육자이다. 몬테소리는 모든 학문을 인간 중심으로 통합하려고 노력하였다. 그 결과 세계의 모든 어린이를 어린이집으로 불러들여 어린이 학당, 몬테소리 학당과 같은 배움의 공동체를 만들고 그들의 인간화 작업을 위해 노력하였다. 과연 몬테소리 학당은 어린이들의 인간화 작업에 많은 기여를 할 수 있을까?

1

CHAPTER

몬테소리 학당이 존재할 수 있을까?

1. 아테네 학당과 몬테소리 학당을 바라보기

전 세계의 어린이들이 교실에서 똑같은 교구, 똑같은 배움 환경, 똑같은 내용의 교육 과정으로 더 나은 세상을 향해서 오늘도, 내일도 배움을 사랑하고 있다. 그런 어린이들을 위해서 잘 가르치는 교사, 잘 가르칠 수 있는 용기를 가진 교사들을 양성하려고 교사 교육을 전 세계적으로 열심히 하고 있다. 그야말로 전 세계에서 몬테소리를 연구하는 학자들은 몬테소리의 영성을 하나도 소홀히 하지 않고 그 정신을 시대와 상황에 맞도록 재창조 작업을 하면서 몬테소리 학당을 그림이 아니라 가르침으로 재조명하려고 노력한다.

저자는 라파엘로(Raffaello)의 『아테네 학당(*The School of Athens*)』(1511)이라는 걸작을 보면서 학문이란 의미에 대해 새로운 생각을 하게 되었다. 그럼 학교, 학당은 무엇을 의미하는가? 이는 의미론적으로 흥미로운 분석이다. SCHOLA의 S는 Sapienter로 현명하다는 것을 의미하고, C는 Cogitare로 생각하다를 의미한다. 데카르트(Descartes)는 "생각한다, 고로 존재한다(Cogito ergo Sum)."라는 명언을 남겼다. H는 Honeste로 정직한 것을 의미한다. 학교교육은 공교육이기 때문에 모든 사람에게 정확하고, 명료하게 가르쳐야 한다. O는 Operai로 행동하는 것을 의미한다. 인간은 학교라는 제도를 통해서 배운 것을 행동으로 옮겨 성실하게 실천하여야 한다. L은 Loqui로 말하는 것을 의미한다. 언어로 말하고, 소통한다는 것은 자기를 외부로 드러내는 수단이고 방법이다. 자기를 드러낼 때 상황에 따라서 자기가 알고 있는 지식을 다른 사람과 공유하면 얼마나 좋을까! 나만 알고 있는 지식이 다른 사람들에게 도움이 된다면 말하는 사람과 듣는 사람 사이에 공감이 형성될 것이다. A는 Argute로 영리하고 현명한 것을 의미한다. 우리는 학교에서 배움을 통해서 날로 지혜로워져야 한다.

학교는 지혜를 가르치고, 생각할 수 있는 능력을 가르치고, 정직하게 살아가는 방법을 가르치고, 배운 것을 행동으로 옮기는 것을 훈련하고, 언어의 중요성을 가르치고, 현명하고 영리하게 살아가는 방법을 가르치는 학문의 전당이다. 학교는 훌륭한 가르침이 중심이 되어야 한다. 아무리 훌륭한 교사, 환경, 건물이 있다고 해도 훌륭한 가르침이 없는 교실은 본연의 기능을 상실한다.

몬테소리 학당도 그런 사람들이 모여들어 더 나은, 더 훌륭한, 더 아름다운, 더 평화로운 세상을 만들기 위해서 노력하여야 한다. 그렇다면 우리는 어린이들에게 몬테소리 학당을 그림으로 그려 전승해 줄 수 있을까? 세계의 모든 몬테소리인들은 어린이들을 위해서 몬테소리 학당에 누구를/무엇을/어떤 것을 그려야 할지를 항상 생각하고, 실천할 수 있는 노력이 필요하다. 몬테소리 학당을 이끌어 갈 수 있는 잘 가르칠 수 있는 교사들을 열정적인 교사라고 말한다. 이들은 가장 강렬한 사랑을 원하고, 가장 강렬한 고통을 감내하여야 하고, 가장 강렬한 진심을 원하는 영적 교사들이다.

기계적으로 가르치는 교사는 몬테소리 학당에 들어올 수 없다. 가르침이 행복이고, 가르침을 통해서 수직적, 수평적 상호 관계를 만들어 가고, 서로 신뢰하면서 공감과 헌신하는 마음으로 활동하는 교사들만이 몬테소리 학당에 들어올 수 있다. 그런 교사들은 모든 사물과 어린이들을 바라보는 통찰력이 뛰어나고, 경험적이거나, 지식을 나누고, 새로운 창조적인 지식에 민감한 교사들이다.

『아테나 학당』 그림에 등장하는 54명은 대부분 철학자, 천문학자, 수학자, 기하학자, 예술가들이다. 플라톤(Platon)은 자기가 열정을 다해서 집필한 저서인 『티마이오스(*Timaeus*)』를 옆에 끼고 한 손가락으로 그의 철학을 대변하듯, 이데아의 세계를 동경하듯, 파란 하늘을 가리키고 있는데, 이러한 플라톤의 모습은 여전히 철학자로서 학문을 사랑하는 철인이다. 라파엘로는 자기와 일생 동안 경쟁자의 반열에 있었던 동시대의 인물인 레오나르도 다빈치(Leonardo da Vinci)를 의인화하여 그렸다고 하니 재미있고 흥미로우며 창의력이 돋보인다.

반대로 옆에 있는 사람은 마치 아테네는 물론 전 세계의 철학을 이끌어 가는 대가처럼 『윤리학(*Eticha*)』 책을 들고 땅 아래에 주목하고 있다. 이는 현실 세계를 중요시했던 아리스토텔레스(Aristoteles)의 모습으로 '나는 세상 사람들을 도덕인으로 만들 거야.'라고 외치는 듯하다. 그러면서도 그림에서 손가락으로 현실 세계인 땅을 가리키는 모습은 학문은 현실과 분리될 수 없다고 호통을 치는 듯한 느낌을 준다. 학부 시절 교육사를 가르치던 메르카탈리(Mercatali) 교수가 그리스 역사를 직접 보고 이야기하자고 했던 말이 지금도 생생하다.

아리스토텔레스 앞의 계단 한복판에 보라색 망토를 깔고 비스듬히 누워 있는 사람은 명예와 부귀를 천시했던 견유학파인 디오게네스(Diogenes)다. 그는 기원전 5세기 중반 고대 그리스의 철학자로 옛 이오니아의 자연과학을 계승하여 아낙시메네스(Anaximenes)의 공기설(空氣說)을 부활시켜 자연의 모든 변화는 공기의 농밀화, 희박화, 냉화, 난화에 의한 것이라고 주장하여 학문의 새로운 길을 열어 준 『자연에 관하여』를 저술하였다.

그림 왼쪽 앞에는 약간 대머리에 긴 수염을 하고 몸을 구부리고 앉아 책을 들고 무언가를 열심히 기록하고 있는 수학의 대부인 피타고라스(Pythagoras)가 있다. 피타고라스는 종교가, 철학자, 수학자로서 만물의 근원을 수로 보았으며, 지혜를 배우고 만들어 가는 데 가장 중요한 것은 수학으로, 이는 학교에서 말하는 생각하고 정확하게 논리적으로 가르치는 것을 말한다. 수학이 모든 학문을 논리적이고 정확하게 이끌어 간다는 것이다. 피타고라스는 현재까지 수학의 아버지라고 불리고 있으며 플라톤, 유클리드(Euclid)를 거쳐 근대에까지 위대한 업적을 남겼고 영향을 미치고 있다.

바로 옆에는 기원전 5세기경 활동한 고대 그리스 철학자, 정치가, 시인, 종교 교사, 의학자로서 세상 만물이 동등한 근원 물질인 물, 공기, 불, 흙의 4원소가 사랑과 싸우는 과정이라고 주장하는 엠페도클레스(Empedocles)가 있다.

아르키타스(Archytas)는 그리스의 정치가, 기술자, 피타고라스학파의 수학자로, 플라톤과 달리 정육면체의 배적 문제를 풀 때 대담하게 반원기둥을 절단하는 3차원의 방법을 사용하였다. 특히 반음계와 4분 음정 등 음악을 이론적으로 연구한 다재다능한 학자로서 현대적 표현으로 하면 다중지능의 소유자였다.

오른쪽에서 대리석 탁자에 기댄 채 한 손으로 턱을 괴고 사색에 잠겨 종이 위에 글자를 열심히 적고 있는 헤라클레이토스(Heraclitus)는 기원전 6세기 말의 고대 그리스 사상가로 소크라테스 이전의 훌륭한 철학자이다. 그는 만물의 근원을 불이라고 주장하는 동시에 대립물의 충돌, 조화, 다원성, 통일성과 밀접한 관계 그리고 그의 이론인 로고스(Logos) 이론을 주장하였다.

바로 뒤에 있는 대머리이자 들창코로 유명한 소크라테스(Socrates)는 기원전 5세기경 여전히 소요학파를 이끌어 가는 철학자로서 사람들에게 진지하고 경이롭게 무엇인가 이야기하고 있다. 문답법을 통한 깨달음, 무지에 대한 자각, 덕과 앎의 일치를 중시하였던 철학자이지만 말년에는 아테네의 정치 문제에 연루되어 사형 선고를 받으면서 "악법도 법이다."라는 유명한 명언을 남기고 죽음을 맞이하였다.

소크라테스와 얼굴을 마주하고 있는 군인 같은 사람은 소크라테스에게 감명을 받아 제자가 된 알키비아데스(Alcibiades)로, 아테네의 정치가, 군인이었다. 무절제, 사리에 치우쳐 펠로폰네소스 전쟁에서 아테네를 패배로 이끄는 원인을 제공했다는 정설을 남긴 정치가로 유명하다.

오른쪽 아래에 허리를 겸손히 굽혀 컴퍼스를 돌리고 있는 기원전 300년경에 활약한 그리스의 수학자 유클리드(Euclid)는 기하학의 대가로 그의 저서 『기하학 원론(*Stoicheia*)』은 기하학에서 경전적 지위를 확보함으로써 유클리드라 하면 기하학과 동의어로 통용될 정도로 유명한 수학자이다.

유클리드 뒤에 등을 보이고 지구를 두 손으로 받쳐 들고 서 있는 조로아스터(Zoroaster)는 그리스어로 자라투스트라(Zarathustra)로 불리는 역사적 인물로, 기원전 6세기 말에서 7세기 초에 살았으며 20세경에 종교생활을 시작해 30세 즈음 아후라 마즈다신의 계시를 받아 조로아스터교를 창시하였다.

별이 반짝이는 천구를 한 손으로 받쳐 들고 있는 프톨레마이오스(Ptolemaeos)는 그리스의 역사적인 천문학자, 지리학자이다. 천문학 지식을 총체적으로 엮어낸 그의 저서 『천문학 집대성(*Megalē Syntaxis tēs Astoronomias*)』은 아랍어 역본(譯本)인 『알마게스트(*Almagest*)』로 더 유명하며, 코페르니쿠스(Copernicus) 이전 시대의 최고의 천문학서로 인정받고 있다.

그 오른쪽 건물 밖으로는 광활한 이탈리아 르네상스 시대의 화가 레오나르도 다빈치(Leonardo da Vinci), 페루지노(Perugino), 전성기 르네상스의 고전 양식을 전개하여 정서적인 시에나파 벽화의 마지막을 장식한 화가인 소도마(Sodoma)와 검은 모자를 쓴 라파엘로(Raffaello)가 있다.

교황 율리우스(Julius) 2세의 개인 거주 공간을 새롭게 장식하기 위해 라파엘로가 고대의 지적인 영웅들을 묘사한 것이 바로 『아테네 학당』이다.

[그림 1-1] 라파엘로의 아테네 학당

출처: 위키미디어 커먼즈(https://commons.wikimedia.org).

『아테네 학당』은 현존하는 프레스코 벽화 중에서도 가장 가치 있는 명작으로 인정받고 있다. 레오나르도 다빈치의 『최후의 만찬(*Ultima Cena*)』처럼, 브라만테(Bramante)가 초기 성 베드로 성당을 건축할 때 디자인한 것에 영감을 받은 듯한 그림 속 건축 구조물, 그 수많은 학자는 보는 사람들에게 의문을 가지게 만든다. 저자는 20대 대학 시절부터 수십 번을 보고 또 보아도 신기함, 위대함을 느꼈으며, 여전히 수수께끼 같은 인간의 천재성에 경이로움을 표하면서 자신의 무능력과 부질함을 자책한 기억이 난다. 아직 학문이 무엇인지 전혀 모르던 20대 초에서 30, 40대를 거치면서 느낌이 달라지기 시작하였고, 50, 60, 70대 초기인 지금, 마지막 바티칸을 방문한 2018년에는 하루 종일 그곳에 머무르면서 이제 인문학에 대한 글을 쓸 수 있을 정도로 약간 『아테네 학당』에 대해서 이해를 하기 시작했다. 이때 아테네 학당을 몬테소리 학당이라고 이름을 바꾸어 인문학적으로 해석할 수 있을까? 하는 우스운 생각이 급작스럽게 나의 머릿속을 뒤흔들어 놓았다. 그 흔들림은 지금도 여전하다. 이러한 생각은 아래에서 설명하는 것처럼 라파엘로의 『아테네 학당』의 본질은 세상의 삶과 신앙에서 가르치는 영적인 삶을 통합하여 인간의 지혜로움을 최고의 덕으로 보려는 것이라는 해석에 눈을 돌릴 수 있다. 결국 몬테소리 교실에서 어린이들을 가르치는 교사들도 더 나은 세상을 살아갈 수 있는 지혜로움을 가르치는 것이다.

왜 아리스토텔레스는 자기 저서인 『윤리학』을 무릎에 걸치고 있는지, 또 플라톤은 『티마이오스』를 들고 손가락으로 하늘을 가리키면서 중앙에 서 있는지 알게 되었다. 아래쪽에 앉아 있는 대 수학자 피타고라스는 입체 도형을 그리는 것의 의미도, 몸을 뒤로 비스듬히 기대고 있는 디오게네스도, 힘없이 대리석 의자 위에 글을 쓰고 있는 비관주의자 헤라클레이토스도, 라파엘로가 시스티나 예배당 천장에 작업한 것도 추상적인 전설처럼 내려오지만 사실 이는 미켈란젤로(Michelangelo)가 직접 그렸다고 한다. 즉, 아테네 학당의 주제는 그 당시 그리스의 세속적인 상황, 기독교적인 영적 삶과 사상을 통합하여 전체적으로 찬양하는 것을 의미한다.

만약 지금 누군가 제2의 라파엘로가 되어 '몬테소리 학당(The School of

Montessori)'이라는 명제로 그림을 그린다면 어디를 배경으로 54명의 중요한 인물들을 그려 낼까? 이러한 질문을 한다면 흥미로운 답들이 나올 것 같다. 저자의 생각으로 배경은 플라톤과 아리스토텔레스 대신 오른편에 어린이집 Casa dei Bambini를, 왼쪽에 어린이, 나머지 사람들을 위치시킨다. 제일 중요한 위치에 부모, 우주를 가르치는 교사, 종교, 평화, 그다음으로는 일상, 감각, 수, 언어를 가르치는 교사를 그릴 것이고, 전체 배경으로는 몬테소리 환경을 최대한 공간 디자인으로 변화시키는 그림을 그리려고 노력할 것이다.

여기서 저자는 몬테소리 교실에서 어린이들에게 어떤 학문을 어떤 식으로 연결하여 가르쳐야 그 유명한 몬테소리 학당이 될 것인가에 대해 생각하였다. 이러한 생각이 아마도 저자의 남은 일생에 연구해야 할 학문적 방향, 학문적 주제, 좀 더 욕심을 부린다면 학문적 과업이 아닐까 생각해 본다. 자신에게 학문적으로 좀 더 솔직하고 겸손하게 말이다. 늘 생각하는 것은 학문이란 인간을 인간답게 살아가도록 안내하는 방법을 제공하는 것으로서 가장 우선적으로 지혜로운 인간이 되도록 가르치는 것이라고 생각한다. 물론 고전적 의미라고 생각할 수도 있지만 어린이들을 사랑한다는 것은 방법의 차이는 있으나 날로 지혜로워지도록 훌륭한 가르침을 제공하는 것이다. 그러나 몬테소리는 희랍철학에 영향을 받았다고 할 수 있다. 아마도 중요한 위치에 플라톤과 아리스토텔레스를 그려 놓을지도 모른다.

몬테소리 교육철학의 입장에서 보면, 라파엘로가 54명의 학자를 『아테네 학당』으로 그려낸 것은 인간을 위한 학문은 학문과 학문 사이에 융합적, 통합적일 때 완전한 학당이 될 수 있다는 것을 의미한다. 특히 유아기에는 건강한 몸 안에 건강한 마음, 정신, 영성을 담을 수 있기 때문에 신체적 건강, 다중문화, 다중지식이 서로 연결되어야 한다.

이러한 생각을 하면서 저자가 그동안 몬테소리에 관해서 출판한 저서들은 그녀의 철학적 분석, 실기, 그녀의 삶 즉 자서전, 그녀가 남긴 저서를 번역한 연구물들이다. 오랜 시간 동안 연구하고, 세계적으로 몬테소리를 연구하는 학자들을 만나서 나눈 담론을 근거로 자료를 수집하고, 들었던 정보들을 기록한 것을 근거로 한 저서이자 에세이와 같은 형식으로, 몬테소리의 철학적 이론들을 인문학의 접근 방법으로 풀어 인간화 작업에 무엇/어떤 것들이 필요한가를 다루는 것이 이 저서의 목적이다.

저자는 몬테소리가 가장 중요시했던 교육의 목적이자 교육철학인 어린이들의 인간화, 정상화, 구체화, 현실화에 무엇이 필요하고, 어떻게 가르쳐야 하는가를 연결하는 작업을 시작하려고 한다. 라파엘로의 『아테네 학당』처럼 몬테소리 학당도 오랜 시간이 흘러도 바라보는 시선이 영원하기를 희망한다.

2. 몬테소리 교실에서 모든 학문을 통합할 수 있도록 훈련하기

학교는 한 학문의 영역만을 가르치고 배우는 것이 아니라 모든 학문을 배워서 자기 것으로 만드는 작업을 요구한다. 보편적 학문, 일반적 학문을 기초로 학문의 단계가 높이 올라갈수록 특수한 자기 영역을 가지고 일생 연구하게 된다.

『아테네 학당』이란 명화를 그린 라파엘로가 54명이라는 인물을 그림 속에 그린 이유는 무엇일까? 라파엘로의 그림은 Schola, 즉 학당이라는 어원학적 의미를 가지고 있다. 인간을 위한 배움 공간을 의미하는 학당은 다양한 학문이 통합적으로 공존하여야만 인간이 다중적으로 지능을 발달시켜 전인적 인간으로 성장하게 될 수 있음을 의미한다.

일반적으로 교수 방법의 시조라 할 수 있는 코메니우스(Comenius)의 범지학(Pampedia)에서는 모든 사람에게, 모든 것을, 신속하고, 재미있게, 근본적으로 가르칠 수 있는 용기를 강조하였다. 이는 라틴어로 Omnes, Omnia, Omnino이다. 즉, 옴네스(Omnes)는 신분, 인종, 계급, 성을 초월하여 모든 사람에게 교육 기회를 균등히 부여함을 의미한다. 옴니아(Omnia)는 교육 내용과 방법에 관한 이론으로 세계관에 관한 모든 지식을 누구에게나 모두 공평하게 가르쳐야 한다는 의미이다. 옴니노(Omnino)는 정확하고 명료한 교육 방법으로 철저하게 가르쳐야 한다는 이론이다.

범지학의 근본적인 이해는 모든 사람이 교육을 받을 권리, 의무와 그에 대응하는 잘 가르치는 교육자의 방향을 제시할 뿐만 아니라 모든 교육이 인간을 인간으로 성장하도록 가르쳐서 전인적 인간상, 홍익 인간상을 추구하는 것이다. 교육의 목적에 있어 다른 한편으로 몬테소리의 관계학에서는 모든 것은 서로 연결되어 있고, 모든 생명체는 서로 사랑하라고 가르친다. 학문을 통합한다는 것은 자기가 알고 있는 학문적 주어가 분명하여야만 그 주어에 자기가 행동으로 옮길 수 있는 다른 학문을 첨가하여 새로운 지식을 창조할 수 있는 것이다. 인간이 살아가는데 모든 지식은 배움이라는 것을 전제로 하여 다른 학문과 연결할 때 자연스럽게 흐름이 진행될 뿐만 아니라 학문에 대한 매력을 느끼게 된다.

저자는 몬테소리 학문을 연구하면서 항상 다른 학문과의 연계성을 통해 몬테소리 교실을 어떻게 하면 더 다양하고 풍요로운 작업 공간, 배움의 공간으로 만들 수 있을까를 생각하였다. 많은 시간이 흐른 뒤 몬테소리 교실에서 21세기를 살아갈 어린이들에게 중요한 것은 다양한 경험, 다양한 지식, 다양한 문화를 배움으로써 새로운 세계에 대한 적응력을 높이는 것이라는 확신을 갖게 되었다.

몬테소리 교실에서 어린이들은 그들의 수준에 맞게 쉽고 자유롭고 만족스러운 환경을 제공할 때, 안정감을 가지고 작업에 집중할 수 있고 흐름을 지속할 수 있다. 어린이들에게 몬테소리 교실에서 원하는 모든 분야의 각 부분을 통합적으로 가르칠 수 있을 때, 어린이들은 준비된 환경과 배움의 공간에서 세련되게 모든 지식을 통합할 수 있는 능력을 발휘할 수 있다. 배움의 공동체를 만드는 기술은 모든 지식을 통합할 때 가장 효과적이다.

3. 몬테소리의 철학적 관점과 인간화로의 진화

몬테소리는 "어린이들이 인간의 스승이고 어버이"라고 말했다. 이와 더불어 몬테소리는 "배아가 어린이가 되고 어린이가 인간이 되는 것처럼, 인간성은 자기 자신의 노력에 의해 형성된다."라고 하였다. 이것이 어린이들의 교육적 삶에 있어서 그들을 위한 자율성에 대한 몬테소리의 주장에 합리적 근거가 된다.

몬테소리는 어린이들의 과업으로 어린이들은 분명히 할 수 있다는 확신감을 정확하게 언급하였다. 몬테소리는 그녀의 여러 저서와 강의에서 어린이들의 자연스러운 발달을 방해하는 어른들과 교사들의 모순성을 강력하게 비판하였다. 예를 들면, 성인들의 문제점은 성인 스스로 어린이들의 발달에 관하여 자기들이 책임감을 가져야 한다고 확신하고, 성인에게 의존하지 않고 그들 스스로 완벽함을 향해 나아갈 수 있는 어린이들을 성인들이 완벽하게 만들고 있다는 망상에 사로잡혀 불필요하게 관여하고 있다는 것이다.

다시 말해서 몬테소리는 어린이들의 자동교육, 스스로 배우는 어린이들의 독립적인 능력, 어린이들 스스로의 활동에 의해 그들의 인간성을 발달시키는 능력을 신뢰하였다. 몬테소리는 인간의 근원적인 권리, 외부로부터의 어떠한 방해도 없이 자기들 스스로가 자신의 정체성을 발달시키는 필요 요건은 자유라고 언급하였다. 이러한 준비된 환경이 제공되면 작업, 활동, 일을 통해서 내재적 동기 부여를 경험하면서 교육 목적을 성취하는 것이다.

몬테소리는 어린이들의 자기 훈련을 지지하고 협조함으로써 얻을 수 있는 결과인 자동교육의 장점을 교실에서 현실화하기를 원했다. 자동교육은 교사가 어린이들을 포기하거나 스스로 어떠한 도움도 없이 작업을 진행해 가는 것을 기대하는 것이 아니다. 몬테소리 교실에서 교사들은 어린이들이 자동적으로 교육을 이끌어 갈 수 있도록 허용하는 중요한 역할을 수행하여야 한다. 실제로 몬테소리는 어린이들이 자기들 스스로 발전을 성취할 수 있도록 도와주는 것이 교육의 사명감이라고 주장하였다.

이러한 교육을 수행하는 데 있어서 어린이들의 발달에 적절한 준비된 환경을 제공하여 몬테소리의 철학, 이론, 실기의 근본적인 개념에 의해 이루어져야 한다고 하였다. 몬테소리는 "준비된 환경의 첫 번째 목적은 가능하면 발달하고 성장하는 어린이들이 교사와 성인으로부터 독립적인 인간이 되도록 안내하면서 스스로 할 수 있도록 도와주는 것이다."라고 하였다.

준비된 환경의 핵심 개념은 몬테소리 교구들의 위치와 역할 확인, 다양한 연령으로 구성된 혼합 연령, 특별한 교사, 어른, 자연, 우주와 어린이들의 관계 등을 포함하고 있어야 한다. 어린이들이 생활하는 모든 공간, 즉 우주 자체가 그들을 위한 준비된 환경이어야 한다.

이와 같은 요인들이 통합적으로 이루어질 때 어린이들이 자동교육을 이끌어 갈 수 있는 환경이 된다. 환경은 자동교육의 수단과 방법을 포함하여야 한다. 몬테소리의 교구들은 준비된 환경에 있어서 가장 중요한 요소이다. 교구는 어린이들 스스로 자기 훈육과 훈련을 할 수 있는 능력을 양육하는 데 기여할 뿐만 아니라, 어린이들에게 자동교육의 수단을 제공하고 이를 통해 어린이들이 일생에 걸쳐 자율적인 학습자로 변화되어 인간화를 성취할 수 있는 능력을 길러 준다.

특별한 도움이 필요한 장애자들과 시작한 몬테소리 교육은 의사이자 교육자인 두 프랑스인 이타르(Itard)와 세강(Seguin)이 개발한 교육 이론과 실기를 특수 어린이들에게 우선 적용한 다음 일반 어린이집에 적용하였다. 결국 이러한 교구들은 각기 다른 목적에 기여한다는 사실을 발견하였다. 어린이들을 가르칠 수 있는 교육용-교구(didactic material)는 가르치는 것을 목적으로 모든 어린이에게 적용했을 때 어린이들의 교육을 가능하게 하였고, 정상적인 어린이들에게 적용하였을 때 그들에게 자동교육의 원리를 이끌어 내는 쾌거를 이루었다.

몬테소리는 교구의 과학적 활용 측면을 강조하고, 교사들에게 시각적 도움을 주는 교구들의 활용 가능한 측면과 어린이들을 위한 배움과 학습 자료로 교구들을 사용하는 것 사이의 중요한 차이점을 부각시켰다. 가르치는 것을 목적으로 하는 교구들은 전통적인 교실에서 주로 사용되었으며, 이 교구들은 교사들이 자신의 수업을 수동적으로 듣는 협력 방식의 수업으로 설명에 이해를 돕기 위해 사용되었다.

몬테소리 교실에서 5개 영역의 이러한 교구들은 발달을 위한 수단이며 어린이들의 정신적 발달을 촉진시키는 데 중요한 역할을 하였다. 다른 한편으로 주입식 교육이 목적이 아니라 내적 에너지에 대한 자발적이고, 독립적인 이해를 돕는 방법으로 내재적 동기 부여를 중요시하였다. 그러므로 몬테소리 교구들은 어린이들 스스로 자유 선택과 독립적인 작업을 위해서 중요하게 자리매김하였다. 몬테소리 교구들은 수업에 있어서 가르치는 데 도움을 받을 수 있는 활용 방법으로 사용될 수 있지만 교구들의 가장 중요한 역할은 어린이들에게 자신들의 내적 자아를 발달시키면서 내재적 동기 부여를 이끌어 내는 교육 매체로 제공된다. 이러한 이론적 뒷받침이 바로 교구들이 왜 자동교육을 위한 수단인지에 대한 이유를 실증적으로 해석하고 논증해 준다.

우리가 교구들을 가지고 어린이들에게 교수 방법을 설명할 때, 즉 제시 혹은 프리젠테이션 할 때, 우리가 어린이들에게 필요한 모든 지식을 전달해 주었다고 믿고 교사들은 두 번째인 실제 작업 단계 없이 첫 번째인 제시 단계에서 세 번째인 평가 단계로 넘어가는데, 어린이들에게는 두 번째 단계인 실습 단계가 매우 중요하다. 실습은 몬테소리 교육 과정에 있어서 가장 중요한 단계라고 말할 수 있다.

다른 사람이 우리에게 어떤 것에 대한 특정한 인상을 심어 주기 위해 말로써 설명하여 작업과 배움에 대해 이해하는 것과 우리 스스로가 그것에 대해 직접 경험하고 이해하는 것 사이에는 엄청난 차이가 있음을 알 수 있다.

몬테소리 교구의 디자인은 어린이들의 자동교육과 자기 탐색, 탐구 활동, 새로운 발견, 손 기능이 가능하도록 안내하는 우수성과 특수성을 포함하고 있다. 몬테소리는 어린이들이 자기 훈련을 위해 집중하고, 흐름으로 안내하고, 몰입하는 데 도움을 줄 수 있는 교구를 제공할 뿐만 아니라 자동교육을 위해 스스로 탐색하고, 그들 자신이 스스로 배움에 대해 책임감을 가지도록 하기 위해서 아름다운 교구들로 디자인했다. 몬테소리의 이러한 접근 방법은 기존의 전통적인 교육 방법에서 사용되었던 것들과는 완전히 다른 방법이라 할 수 있다.

다양한 혼합 연령으로 구성된 교실 혹은 수업, 작업은 준비된 환경과 또 다른 측면을 암시한다. 여기에서의 준비된 환경은 어린이들 사이에서 자율성과 독립성을 증진시키고 확장시키는 것이다. 혼합 연령으로 구성된 교실은 동일한 연령대로 구성된 교실에서는 할 수 없는 방법으로 협력, 공동체 참여, 파트너십의 공동 작업을 진행하면서 보다 현실적으로 가정, 성인들의 직장 공동체와 같이 다양한 연령층으로 구성된 사회적 관계를 경험하도록 한다.

혼합 연령으로 구성된 어린이들을 위한 교실에서는 나이가 많은 어린이들에게 훌륭한 리더십을 발휘하도록 독려하고, 어린 어린이들이 어른들이 아닌 나이 많은 어린이들이 보여 주는 리더십을 통해 자신들이 따라야 할 롤 모델을 세우고 모방하도록 한다. 혼합 연령은 자기들보다 1~2살 더 많은 어린이들을 모방하여 자연스럽게 동기 부여를 자극하는 훌륭한 장점을 가진다.

다양한 연령대로 구성된 혼합 연령 교실은 교사들의 개입 없이 어린이들이 스스로 작업, 일과, 활동의 많은 부분에서 서로 협력하고, 파트너십 모델의 가치를 할애하면서 독립적으로 작업과 배움을 증진시킨다. 이러한 혼합 연령에서의 협력 관계는 어린이들이 혼자 수행할 수 있는 작업 난이도를 해결하고, 교과서 학습도 상호 보완적으로 더욱 잘할 수 있게 하는 시너지 효과가 있다. 나이가 많은 어린이들은 1~2년 전에 어린 어린이들과 같은 문제를 고민했었기 때문에 나이가 더 많은 어린이들은 자신들보다 더 어린 어린이들을 자신들의 경험을 근거로 도와줄 수 있고 이들의 도움은 때로는 성인인 교사들의 도움보다 더욱 효과적이다.

자율적이고 독립적인 작업자와 학습자로 훈련하는 것은 물론 교사와 어린이들 사이에 인간적이고 신뢰할 수 있는 상호 작용도 이끌어 낸다. 만약 우리가 대부분의 시간을 어린이들의 행동을 통제하고 올바른 방향을 제시하는 데 할애한다면 몬테소리 교실은 자동교육을 위한 몬테소리 환경보다는 전통적인 교육 환경이 되어 버릴 가능성이 크다.

반면에 몬테소리 교실에서 어린이들의 내적 발달을 위한 권리를 지속적으로 존중해 준다면, 어린이들의 성장과 발달을 촉진하는 것은 물론 그들 삶의 과정에서 직접 경험하거나 즐거워할 수 있도록 다양한 측면에서 영향을 줄 수 있을 것이다. 모든 몬테소리 교사들은 어린이들의 배우고자 하는 동기 부여를 위한 본질적인 요소인 자동교육, 자기 통제, 자기 훈련, 자기 학습, 내재적 동기 부여를 절대로 방해하지 말아야 한다.

어린이들을 위한 가장 위대한 교사들의 과업은 그들이 자신을 사랑하면서 행복하게 살아가도록 안내해 주는 것이다. 몬테소리는 인간의 진화 과정에서 가장 필요한 것이 사랑이라는 확신을 가졌다. 그러면서도 몬테소리는 어린이들이 자유로운 상황에서 다양한 경험을 하면서 창조적인 활동을 할 수 있도록 돕는다. 어린이들의 호기심과 관심을 넘어서 도전적이고, 모험적인 활동을 통해 스스로 인간화를 이루어 갈 수 있는 능력에 주목하는 것이다.

어린이들에게 인간화, 정상화, 사회화, 현실화를 이루어 가는 과정에서 중요한 것은 항상 무엇/어떻게라는 물음과 과정/결과물을 통한 배움에 대한 영원한 물음이다. 우리는 일상적으로 무엇이란 물음을 통해서 호기심, 집중력, 앎의 욕구를 충족시키고 가장 힘든 어려움을 근거로 우리는 미래를 어떻게 살아갈 것인가를 생각한다. 어린이들은 무엇을 어떻게 할까에 대한 집요한 물음을 말, 생각, 논리, 행동으로 표현하면서, 무엇/어떻게를 해결하는 과정에서 인지화, 인격화, 인간화, 정상화를 이루어 간다.

어린이들은 성장하면서 간단하게 생각했던 무엇과 어떻게를 자기 삶의 목적과 연결한다. 예를 들어, 세상은 무엇으로 이루어졌고, 우리는 어떻게 살아가는 것이 가장 가치 있는 삶인가를 생각하게 된다. 하지만 생각해 보면 무엇과 어떻게 보다 더 의미 있는 것은 어린이들이 작업하고, 학습하고, 배우는 과정이며, 이 과정에서 배움이 더 확산된다. 모든 작업은 만족할 만한 결과를 통해서 다시 새로운 과정을 만들어 간다.

몬테소리 교실에서는 어린이들이 작업을 통해 얻는 결과보다는 작업이 진행되는 과정을 중요시한다. 다시 말하면 어린이들은 작업을 통해서 인지를 스스로 발달시킨다. 인지 발달 과정에서 우리가 일반적으로 말하는 나는 누구이고, 나는 어디에서 왔고, 지금 나는 왜 여기에 있는가에 답을 찾아가는 것이다. 이러한 질문들은 인간 존재에 대한 근본적인 문제이다. 그러면서도 인간의 경이로움에 대한 경탄을 금하지 못했다. 칸트(Kant)의 철학은 '인간이란 도대체 무엇인가?'라는 질문을 던지고 답을 찾아간다. 대부분 인간은 무엇보다도 이성적인 존재라고 답한다. 나는 무엇을 알 수 있는가? 나는 무엇을 어떻게 행해야만 하는가? 나는 무엇을 희망해도 좋은가? 이러한 질문들은 무엇/어떻게/과정과 연결되어 있다.

이 질문들에 대한 답을 찾는 이유는 그 과정에서 어린이들의 인지 발달, 즉 앎, 도덕적 인간으로서 인간의 행위, 인간의 전체적인 발달과 성숙이 이루어지기 때문이다. 그렇다면 어린이들은 자기도 모르는 사이에 인간으로서 어떻게 지식을 만들어 가는가? 이에 대한 연구를 위해 몬테소리는 어린이들에게 무엇과 어떻게를 만족시키기 위해서 교구인 감각 자료와 환경-공간을 준비하였다. 모든 질료, 즉 사물은 인간에게 가장 정확한 지식을 만들어 준다. 예를 들어, 사과를 직접 보고 손으로 만지면서 사과에 대한 정확한 감각적 지식을 만들 수 있다. 이처럼 감각에 의한 경험적 자료들은 우리의 지식을 풍요롭게 만들어 준다.

인간이 실천하고 행하는 행위들은 도덕적이어야 한다. 즉, 인간으로 살아가는 데 있어 도덕적인 인간이 되어야 함을 의미한다. 도덕적인 사람과 품위 있는 인격을 갖춘 사람을 도덕적 인간이라고 말할 수 있을까? 어린이들은 성장하고 관계를 맺으면서 때론 위선과 거짓으로 자기 인격을 포장할 때가 종종 있다. 실제 자기의 모습을 보호하기 위해서 만들어 낸 가면을 쓴 인격이 페르소나(Persona)이다. 어린이들은 나답지 않은 말과 행동의 가면을 쓰고 살아가는 것이 아니라 나다운, 나 같은 나로 살아가는 것이 중요하기 때문에 몬테소리 교실에서 그들의 가면을 벗기고 도덕적인 나로, 완전히 나 같은 나로 살아가도록 도와주어야 한다. 행동은 환경에 의해서 결정된다는 행동주의자들과 개인과 환경의 상호 작용에 의해서 인간 행동이 규정된다는 동력 심리학자들이 있다. 어쨌든 인간에게 환경은 또 다른 위대한 스승이다.

어린이들은 어떤 환경에 노출되느냐에 따라서 자기가 지금까지 행한 행동에 변화를 가져올 수 있지만 자기 내면세계를 변화시키는 데에는 저항감, 두려움이 있다. 어린이들이 행동의 변화를 가져오려면 이미 익숙한 행동을 스스로 변화시키고, 나쁜 습관을 버리고, 혼란스러운 행동의 원인 이전에 가지고 있던 생각, 습관, 행동의 혼란을 질서 있는 태도로 변화시켜야 한다. 그런 다음 새로운 환경,

새로운 지식, 새로운 작업에 적응하면서 더 나은 생활에 변화를 받아들여 더 좋은 습관을 들이는 데 최선의 노력을 하여 스스로 인간화 작업을 시작하여야 한다. 인간을 위대하고 경이로운 존재라고 하는 것은 다른 생명체보다 특별히 지혜를 사랑하는 존재이기 때문이다. 즉, 호모 사피엔스(Homo Sapiens)이다. 지혜로운 인간으로 진화하기 위해서 진리(眞理)를 근거로 진리를 사랑하라고 가르친다. 이것이 우리가 몬테소리 교실에서 생각하고, 상상하고, 창의적인 인간으로 성장하도록 돕기 위해 몬테소리 철학과 인간학을 연계하는 이유이다.

나는 누구이고, 나는 어디에서 왔고, 나는 왜 지금 여기에 있는지를 가르치고 증명해 주기 위한 것이다. 나의 존재는 개별적인 존재이지만 혼자서 생존이 불가능하고 다른 사람, 사물, 자연과 관계를 가지고 자연의 질서와 더불어 살아갈 때 인간이 인간으로서 진리에 가깝게 다가가려고 노력하게 되는 것이다. 그래서 몬테소리는 관계의 중요성을 강조하면서 모든 것이, 모든 것과, 모든 관계를 가진다고 보았다. 다시 말하면 모든 생명체와 무생명체는 서로 긴밀하게 연결되어 있다는 것이다. 몬테소리 교실에서 자유로운 작업 선택을 통해서 나는 무엇을/어떤 작업의 선택을 통해 무엇을/어떤 종류의 지식을 창조해 가는가? 나는 무엇을/어떤 활동을 하여야 하는가? 나는 무엇을/어떤 것을 희망하고 좋아하는가? 등의 질문을 하며 답을 찾아간다. 이러한 질문들은 어린이들의 성장 과정에서 정신적인 질문이 될 수 있고, 도덕적인 질문이나, 영성적인 질문이 될 수도 있고, 나아가 인간 본질에 관한 질문으로 답을 요구할지도 모른다.

인간을 경이로운 존재로 보는 이유는 인간으로서 인간이 반드시 해야 할 일, 자기들의 과업을 어디서든 자기 위치에서 성실하게 이루어 나가 인간화로 진화하기 때문이다. 이러한 점에서 볼 때 몬테소리는 이러한 과업을 어린이들의 교실을 벗어나 우주 전체로 확장하는 작업에 성공적인 결과를 가져온 개혁 교육자이다.

철학자들은 인간을 일컬어 하느님의 모상(Homo, Imago Dei), 만물의 척도(Anthropos metron panton)라고 언급하였으며, 모든 종교인의 인간 본질에 대한 연구 결과에 따라 인간이 인간답게 발달하고 진화하도록 돕고, 안내하고, 보살피면서 인간이 인간화, 정상화, 현실화, 사회화로 진화하도록 교육이 도와주어야 한다고 하였다.

4. 몬테소리 철학과 인간화, 정상화, 현실화, 사회화를 돕는 인문학의 영역들

인간학은 인간의 태도와 행동을 연구하는 교육학, 역사학, 사회학, 심리학, 인문지리학, 도덕 또는 윤리학, 정치경제학을 포함한 모든 학문으로 확산된다. 이러한 학문들은 연구 대상이 인간이고, 인간과 관계된 행위, 도덕성, 인간의 본질 문제, 교육을 인문학을 포함하여 모든 것을 서로 연관 지으면서 총체적으로 연구한다.

예를 들어, 인간의 안정적인 삶을 위한 제도를 연구하는 법학, 행정학, 교육학은 인간 과학으로 인간의 도덕성, 윤리성을 연구하고, 인간학은 인간의 생체 조직은 물론 정신 활동의 본질을 탐색한다.

인간 건강을 위한 몸과 정신 전체를 다루는 의학은 인간학의 본질을 다루는 학문이 아니라 생물학적 인간, 즉 신체의 기능을 대상으로 하는 학문이다. 역사학, 사회학, 심리학, 인문지리학, 정치경제학, 수학, 논리학, 물리학, 생물학은 어린이들을 연구하는 데 중요한 기초를 이루는 학문 영역이다.

예를 들어, 사회학은 어린이들에게 사회화 과정을 돕는 사회적 질서, 규칙들을 학습함으로써 그들의 사회화 과정에 필요한 요소들을 도와 건강한 사회인으로 성장하도록 안내한다.

심리학은 인간 정신을 과학적으로 분석하려는 몬테소리 이론에서 인간 정신 현상을 관찰할 수 있고, 분석할 수 있고, 설명할 수 있을 때 가능하기 때문에 내적 삶의 현상들이나 그 현상이 밖으로 드러나는 현상들을 과학적으로 증명할 수 있어야 한다.

인간화를 돕는 학문 영역은 말할 나위 없이 중요하지만 어느 영역이든 그 현실에서 즐겁게 일하고, 새로운 것에 도전하는 것이 중요하다. 몬테소리는 이러한 현상을 내재적 동기라고 말한다. 어린이들은 자신들의 정신과 행동을 주체적으로 이끌어 갈 권리가 주어지고 몬테소리 교실에서는 어린이들의 작업 활동과 선택은 자유롭지만 반면 무엇을 하여야 할까와 무엇을 하지 말아야 할까에 대한 의사 결정에 스스로 책임을 지면서 독립적인 생활을 이끌어 가는 것이 교육의 목적이다. 언뜻 보면 자유는 무한정 좋은 듯하지만 특별히 책임감이 주어진다는 의미에서 더 무거운 짐이 될 수 있다. 그러나 인간화 과정에서 자유는 진정한 자아를 만나게 하는 중요한 요소이다.

심리학에서는 관찰할 수 있고 분석할 수 있고 측정할 수 있는 대상이 자유로울 때 정확하게 관찰을 할 수 있다. 어린이들에게서 자유롭게 나타나는 모든 행동 전체를 통하여 그들의 현재 상태를 이해하고, 판단하고, 객관적 분석을 요구한다. 몬테소리의 과학적 교육학은 어린이들의 작업과 행동 사이의 관계에 교사가 참여하는 것이다.

넓은 의미에서 어린이들은 세계와의 관계에 참여하여 우주에서 자기 역할과 위치를 알고 자기들의 과업을 수행하여야 한다. 이러한 개념들은 어린이들이 성장한 다음 사회적 질서와 규범을 준수하는 데 중요한 역할을 한다. 자신의 능력, 시간, 일, 창의적 사고들을 실행하고 발전시키기 위해서 사회적 관계를 넘어서 세계와의 관계를 가질 때 성숙한 자아로 성장할 수 있는 다중문화를 학습하고 세계와의 관계를 긍정 심리학으로 이끌어 간다.

행복감, 창조성, 즐거움, 작업, 일, 활동들은 모두 긍정적 심리학에 기여하는 요소들이다. 어린이들은 언제 만족감을 느끼는가? 어린이들은 작업을 즐기며 작업을 완전히 지배하여 몰입 상태에 있을 때 스스로 자아를 지배하게 된다. 칙센트미하이(Csikszentmihalyi)는 이런 어린이들은 몰입의 경지에 도달하고 물 흐르듯 흐름이 이루어질 때 자신이 가장 자유로우면서 정신적, 육체적으로 행복감을 느끼고 작업의 즐거움은 물론 재창조 작업을 어려움 없이 진행한다고 하였다. 즉, 어린이들은 몰입, 집중, 흐름의 시간을 통해서 인간화를 성공적으로 이끌어 간다.

몬테소리가 교실에서 어린이들에게 자유 선택, 집중화 단계를 강조한 이유가 바로 정상화, 인간화의 기본 개념이기 때문이다. 칙센트미하이는 완전한 몰입 상태에서 나타나는 흐름 현상을 다음과 같이 언급한다.

1) 모든 과정의 모든 단계에 분명한 목표 세우기

해야 할 일이 분명하다. 즉, 주어가 무엇인지를 잘 알고 있다면 더욱 중요한 것은 동사이다. 자신이 생각한 목표를 향해 성실한 행동이 수반되어야 하는데, 이때 행동을 반복하고, 실천하고, 행하는 동사가 필요한 것이다.

2) 행동에 즉시 반응하기

자신이 원하는 일을 실천으로 옮기고, 옮긴 일들이 습관화되어 간다면 행동에 대한 반응이 일어난다. 성공 또는 실패 같은 결과가 나타나지만 흐름을 위해서 성공과 실패는 둘 다 중요한 요소가 된다. 자기가 원하는 작업, 배움, 일이 정확해야만 변화를 가져올 수 있고, 변화는 성취, 성공으로 연결된다. 이러한 성공적 흐름에는 항상 성실함이 요구된다.

3) 도전과 능력의 균형 잡기

자신의 능력에 맞도록 도전하려면 자신이 할 수 있다는 신념을 가져야 하고, 도전하는 일에 호기심, 관심, 매력을 느껴야 하고, 도전하는 일에 즐거움이 따라야 도전에 힘이 덜 소모된다. 도전을 한 번 하는 것이 아니라 새로움을 배우는 데는 지속적인 도전이 필요하며, 도전하는 과정에서 도전과 능력의 균형 감각을 유지한다면 새로운 도전에 더욱 관심을 가지게 된다.

4) 행동과 생각, 의식을 통합하기

지금, 현재하는 일에 집중하고 자기 몸과 정신을 통합하여 창조적 작업을 이끌어 갈 때 자연스럽게 흐름과 연결된다.

5) 실패를 두려워하지 않기

실패는 무엇인가 잘못된 것에 대한 새로운 창의성을 촉진한다. 그래서 다시 몰입 상태에서 집중력과 능력이 통합되기 때문에 도전과 성공으로 연결시킨다.

6) 자의식이 사라짐

자기 일에 완전히 몰입하기 때문에 다른 사람들의 평가에 두려움이 없어진다.

7) 시간 감각이 없어짐

몰입과 집중력으로 시간 개념이 없어진다.

8) 활동이 자기 목적이 됨

몰입, 집중력으로부터 만족감을 느끼게 된다.

몬테소리는 이러한 작업에 몰입하여 완전히 자유로워진 어린이들의 상태에서 자아지배, 환경지배, 문화지배 현상이 나타난다고 말한다. 어린이들은 자기의 작업, 일, 활동을 통해서 몰입 상태를 경험하고, 이러한 몰입 경험이 어린이들에게 즐거움, 행복감을 부여하면서 정상화, 인간화를 이루어 가고 자기 정체성을 만들어 간다. 어린이들은 작업의 생산적 결과, 감각 작업을 통한 인지 발달, 더 나은 세상에서 더 나은 사물과 인간관계를 맺음으로써 자아 정체성을 확립하게 된다.

2

CHAPTER

어린이들을 위한 더 나은 세상은 어떤 세상일까?

1. 몬테소리 교육은 더 나은, 더 훌륭한, 더 아름다운 세상을 위해 무엇/어떤 의미를 제공하는가?

어린이들을 위한 더 훌륭하고, 더 아름답고, 더 나은 세상은 어떤 세상이어야 할까? 저자의 생각에는 앞에서 언급한 것처럼 54명의 유능한 사람들이 자기 재능을 차별화하되 통합하고, 융합할 수 있는 세상이 아닐까 싶다.

어린이들의 본성을 마음껏 드러낼 수 있는 세상, 오늘 하루를 즐겁게 지낼 수 있는 세상, 자기가 원하는 것을 가질 수 있는 세상, 자기의 정체성을 가지고 다른 친구들과 비교가 아닌 자기 내면에서 외치는 내재적 동기 부여에 의해 스스로 내면의 흐름에 따라 몰입한 후 오는 만족감, 행복감, 기쁨을 가지고 살아가는 세상이 아닐까? 정확한 답이 나오지는 않는다. 그러나 몬테소리가 교육을 통해서 어린이들에게 전승해 주려고 했던 세상은 우주가 하나의 단일 국가 형태가 되어 투쟁이 아닌 모든 어린이, 모든 사람이 평화롭게 살아갈 수 있는 세상이었으며, 이를 교육을 통해서 만들어 주려고 노력한 것은 분명하다.

몬테소리는 전통적인 가톨릭 가문에서 일생을 살았지만 어린이들에게 특정 종교를 가르치지 않고 비종파 교실에서 모든 종교가 가르침으로 제공하는 영성에 주목하였다. 몬테소리가 염원했던 것은 교실에서 특정 종파가 아닌 어린이들의 영성, 영혼을 양육하는 것을 교육적 과업이라고 생각하였다. 몬테소리는 모든 어린이를 위한 보살핌과 가르침은 영적으로 풍부한, 즉 삶의 에너지가 넘치는 어린이들로 양육하기를 원했기 때문에 자기가 좋아하고, 할 수 있는 작업을 자유롭게 선택할 수 있도록 교육과 교실 환경을 개혁한 개혁 교육자이다.

그럼에도 불구하고 한국의 몬테소리 교실에서 영성, 우주, 평화에 대한 가르침과 실제적 교구들이 다른 교구에 비해서 아주 빈약한 이유는 무엇인가? 몬테소리 종교교육, 우주교육, 평화교육, 영성교육을 세계적으로 이끌어 가고 있는 미국의 몬테소리 평화주의자인 울프(Wolf)의 『영성을 양육하기(*Nurturing the Spirit*)』가 1996년 출판되었으며 동시에 현대어로 번역되었다. 저자는 이를 『어린이들에게 영성은 존재하는가』(2000, 창지사)라는 제목으로 출판하였다. 울프는 몬테소리 교실에서 교사, 어린이들, 부모들에 대한 영적 탐구를 중심으로 몬테소리의 영적 유산과 잘 알려지지 않은 다른 영적 사상가들의 영적 유산을 깊이 있게 비교 연구하여 어린이들에게 존재하는 더 풍요로운 영적 유산을 학문적으로 증명하였다. 결국 영성이란 특히 어린이들을 위한 영적 유산은 자신 스스로 인간화로 진화하는 과정에서 인간 삶의 목적과 관련된 모든 교육의 목적을 더 깊이 있게 숙고하도록 이끌어 가는 정신적 요소임이 틀림없다.

전체론적이고, 전인적이고, 통합적이고, 개혁적인 교육으로 전 세계에 알려져 존경받는 몬테소리의 어린이들을 위한 교육에서 영적 유산을 삶의 에너지와 연결하여 강조한 것은 교육의 더 고차원적인 수준과 더 고차원적인 목표를 행동으로 실천하여 다른 학문, 프로그램과 통합을 요구하는 것이라고 할 수 있다.

몬테소리의 저서 『새로운 세계를 위한 교육(*Educazione per un Mondo nuovo*)』에서는 동양과 서양의 우주, 평화에 대한 개념의 차이점을 흥미롭게 표현한다. 이를 저자가 『Montessori의 새로운 세계를 위한 어린이교육』(1996, 중앙적성출판)으로 출판하였다. 몬테소리는 서문에 특히 자기를 인도에 초청한 아룬달레(Arundale)에게 감사의 말을 전했다.

> 이 아름다운 나라를 알 수 있고 그의 훌륭한 인격 가까이에 있을 수 있는 기회를 자신에게 베풀어 주시고 인도에 나를 초청한 아룬달레 박사를 기억하고 있습니다.
>
> Alle Memori di George Sidney Arundale che chiamandomi in India mi offri l'occasione di avvicinare la sua grande personalita e di conoscere questo meraviglioso paese.

이 저서에서 언급하는 새로운 세계를 위한 교육이란 우선적으로 교사들이 새로운 세계를 위한 사명감과 의무감을 인식하는 데 목적이 있다. 다시 말하면 새로운 어린이로 교육하려면 교사의 교육에 대한 새로운 사명감과 의무감을 재인식시켜야 하는 것이다. 어린이들을 위한 더 나은 세상을 만들어가는 데 가장 중요한 것은 잘 가르칠 수 있는 용기와 지혜로움이 있는 교사와 잘 배우는 어린이들의 자세를 의미한다.

잘 가르치는 교육이 단순히 지식 전달만을 요구한다면 근본적인 문제점을 탐색할 수 없음은 물론이고 동시에 인간의 고귀하고 중요한 바람인 희망이 사라질 것이라고 경고하였다. 몬테소리는 인간을 과학적으로 분석하여 가르칠 때 어린이들을 영적 존재로 성장하도록 도울 수 있다는 것이다. 어린이들이 영적 존재로 정상적인 사회인으로 살아갈 때, 사회에서 순수한 자기 능력으로 창조적 작업을 하면서 살아갈 때, 비정상적인 사회에서 모범적인 존재로 살아갈 때, 어린이들이 영적 존재임을 드러내어 더 나은, 더 훌륭한, 더 아름다운, 더 평화로운 세상을 만들어 간다는 것이다.

또한 잘 가르치는 교사는 가르침으로 인해 어린이의 내재적 동기 부여를 자극하여 스스로 배움을 이끌어 갈 수 있는 위대한 잠재적 능력을 발견하고 이끌어 내며, 교사와 어린이가 공존하면서 근본적인 욕구인 사랑으로 상호 작용을 한다.

어린이들을 위한 새로운 세계는 그들이 새로운 창조를 즐길 수 있는 세상을 의미한다. 우리가 무엇인가 새로운 것을 창조한다는 것은 데카르트의 "생각한다, 고로 존재한다."라는 말에서 의미를 찾을 수 있다. 생각한다는 것은 무엇/어떤 것을 창조하기 위한 과정이다. 즉, 과정인 프로세스(process)이다. 생각하는 과정에서 무엇인가 새로운 것이 창조되고, 새로운 것은 또 다른 새로운 것을 창조하게 된다. 생각 없이 새로운 창조는 불가능하다. 몬테소리 교실에서 자유 선택을 강조하는 이유가 바로 창조 작업을 위해서 단순하게 생각만 하는 것이 아니라 완전한 몰입, 집중, 흐름을 경험한 어린이들은 새로운 것을 응용하여 재창조한다는 것이다.

몬테소리가 1907년 처음으로 어린이집을 시작했을 때 이탈리아의 언론들은 모두 '문화를 자발적으로 극복하는 어린이들(I bambino della spontanea accquisizione di cultura)'이라는 제목의 기사를 발표하였다. 몬테소리는 어린이집 교실에서 어린이들이 역동적이고 창조적인 에너지를 가지고 작업, 활동, 환경을 통해서 정상화로, 인간화로 자연스럽게 흐름에 따라 변화되어 가는 현상을 보고 놀라움을 넘어 경이로움과 신기함을 느끼고 변화의 이유를 찾기 시작하였다.

몬테소리가 어린이들을 관찰한 다음 얻은 철학적 결과는 교육은 교사로부터 출발하는 것이 아니라 어린이 개인이 내재적 동기 부여에 의해서 자발적으로 발전시켜 인간화 작업을 진행하는 자연적인 과정이고, 교육은 다른 사람들 특히 교사들의 가르침이나 말로 극복하는 것이 아니라 어린이들의 세계를 둘러싸고 있는 준비된 환경과 직접적인 경험을 통해서 이루어진다는 것이다.

어린이들에게 전승해 줄 더 나은 세상, 더 훌륭한 세상, 더 아름다운 세상을 위해서 부모가 자식들을 마음으로 돕는 것처럼 교사는 어린이들의 활동, 작업을 관찰하면서 그들에게 도움을 주고, 필요할 때 가까이에 다가가서 그들의 영성적 에너지를 촉진해 주고 영혼을 자각시켜 새로운 인간(Uomo nuovo)으로 태어나도록 협력하는 조력자가 되어야 한다.

새로운 인간(Uomo nuovo)에게는 새로운 세상(Nuovo Mondo)이 필요하고 그들은 새로운 세상에서 무엇인가 더 많은 것을 요구한다. 몬테소리는 어린이들의 정신의 빈 공간인 타불라 라사(Tabula Rasa)를 발달 과정에서 감각 기관을 통해 채워 줌으로써 새롭게 나타나는 민감기와 연결됨을 증명하였다. 새로운 민감기는 어린이들이 새로운 세계를 창조해 가는 가장 중요한 개념이라고 말한다. 예를 들어, 어린이들은 수에 대한 민감기에 수에 대한 학문은 산수이고, 수에 대한 상호 관계는 대수이고, 추상력에 관한 개념은 기하학이라는 것을 터득한 다음 인지를 논리적으로 발달시킨다. 수학은 세상에서 가장 정확한 논리이기 때문이다.

물론 어린이들은 흡수 정신과 민감기를 통해서 수만이 아니라 온 세상의 사물들을 내 것으로 만들어 지식을 구체화해 간다. 감각 기관을 통해서 자동적으로 흡수한 사물, 사람, 자연을 빈 뇌 공간에 채우다 보면 무의식적으로 지식 저장소에 무엇인가를 차곡차곡 쌓아 두었다가 새로운 경험을 할 때 다시 연상하고, 상상력을 동반하여 의식 세계로 이끌어 내어 지식을 구성하게 된다. 이는 뇌의 신비한 기능들이다.

어린이들은 더 나은, 더 훌륭한, 더 아름다운 세상을 자기들의 몸, 정신, 환경, 뇌 기능과 상호 작용하면서 스스로 만들어 가는데, 이를 위한 환경과 훌륭한 가르침이 필요하다. 어린이들은 참으로 훌륭한 창조자인 동시에 유능한 건축가이다. 그들 스스로 세상을 정복하는 힘은 대단하고, 경이롭고, 신비스러운 본능이다. 우리는 어린이들의 영적 에너지를 사랑해 주어 더 나은 세상에서 인간화, 정상화, 현실화, 구체화되도록 안내해 주어야 한다.

몬테소리는 세계의 모든 사람이 더 나은 세계에서 평화로운 삶을 살아가기 위해서 우선적으로 교육의 중요성을 강조하고 교육자들의 영적 자세를 요구했다. 몬테소리는 모든 생명체는 진화 과정에서 특정한 역할을 수행해야 할 사명감 내지 책임감을 가지고 태어났다고 주장한다. 하늘을 열심히 날아다니는 곤충이 없다면 새들은 굶어 죽을 것이고, 땅에 지렁이가 존재하지 않는다면 땅속 청소는 누가 할 것인가? 더 나은 세상을 위한 각자의 사명감과 역할을 누가 그렇게 공평하게 분배했을까?

우리는 다시 어린이들과 창조의 신비 속으로 들어가서 창조의 위대함, 신비, 공평한 분배, 조화로움의 창조에 관심을 가지도록 가르쳐야 한다. 예를 들어, 소는 인간에게 복합 영양소인 우유를 주는 것 외에도 토양을 정제하는 으뜸가는 봉사자로, 땅을 풍요롭게 만든다.

소는 우주의 생명체들에게 안전한 음식을 제공하는 과제와 사명감을 가지고 살아간다. 들판에 있는 소를 관찰하면 풀을 뜯어먹지만 절대 뿌리째 뽑아 먹지는 않는다. 가르친 것도 아닌데 신기한 일이다.

태풍이 없다면 바닷속 청소는 누가 할까? 태풍은 바다를 뒤집어 깨끗이 청소하고 하늘까지 얼마나 깨끗이 청소하는가? 우주의 자연 현상은 우리 인간들의 삶에 가장 훌륭한 생태학자의 역할을 한다.

이처럼 우리가 잘 알고 있는 꿀벌, 단세포 생물, 지렁이, 소, 태풍 등은 모두 우주에서 자기 역할과 사명감을 가지고 다른 생명체들을 위해서 모든 것과 모든 것의 관계 속에서 자기의 책임과 역할을 열심히 수행하고 있다. 우주적 사명감을 완성한다는 의미에서 인간은 자신과 가족을 보살필 뿐만 아니라 개인의 이익은 물론 공존의 삶을 살아가는 모든 생명체를 위해 봉사하고 인류 전체를 위해 봉사하는 위대하고 위대한 작업의 도구가 되어야 한다. 바로 이때 인간이 더 나은, 더 훌륭한, 더 아름다운 세상을 만들어 가는 주인공 역할을 할 수 있다.

하지만 인간이 개발한 위대한 업적들, 과학의 진보, 창의적 활동은 반대로 우주적 사명감에 큰 위험을 초래하기도 하였다. 가장 심각한 위험은 지구 생태계 교란으로, 우리가 살아가는 지구에 엄청난 피해를 입혔다. 이는 인간만의 행복을 즐기며 살아온 지구촌 모든 사람의 무지한 행동, 잘못된 생각, 과학의 남용이 가져온 현실적인 결과이다. 즉, 지구 공동체에서 살아가는 사람들은 단지 개인과 기업의 재산 추구, 이기적 삶의 형태, 과다한 물질적 남용이 우주 전체와 자기들이 살아가는 공동체에 어떠한 영향을 미치는지 상관하지 않고, 개인의 이익과 안전, 행복, 물질적 소유만을 추구하는 삶을 살아간 결과인 것이다.

우주는 한 개인에 속한 것이 아니라 우리 모두에게 가장 위대한 선물 중의 하나이다. 이것이 우주를 우리가 공동으로 보존해야 할 첫 번째 이유이고 의무이다.

몬테소리는 1932년 스위스 제네바 국제 교육청(International Office of Education)에 초대되어 '평화'라는 주제로 연설하면서 우리 시대의 민주주의적 도덕성이 탐욕으로 타락하여 인간 삶의 모든 것을 위협하고 있다고 경고했다. 인간 본질에 관한 관심이 줄어들고 사회적 도덕성이 낮아지고 교양 있는 사람들 사이에서도 탐욕스러운 대화가 전부라고 경고했다.

몬테소리는 사람과 사람들, 즉 전 세계의 인류가 더 나은 세상을 우리 후손들에게 물려주기 위해서 물질적 부자가 아니라 정신적 부자를 양육하여야 한다고 목소리를 높였다. 그로부터 한 세기가 지난 다음 우리는 몬테소리 교실에서 어린이들에게 무엇을 가르치고 있는가?

몬테소리 프로그램으로 교실을 이끌어 가는 모든 교육자가 지닌 인간 삶의 필수 조건인 협력, 인간의 본질, 사랑, 이웃과 더불어 사는 방법, 나눔의 영성, 평화, 우주를 건강하게 관리하는 방법에 관한 가르침 역량은 얼마나 되는가?

위에서 언급하고 있는 모든 것들이 어린이들이 더 나은 세상을 살아갈 수 있도록 돕는 에너지이다. 어린이들에게 이와 같은 요소들을 가르치고 있는 교사의 마음속에 있는 혼란스러운 삶의 모습, 도덕적 삶과 멀어지고 있는 자신, 물질과 탐욕으로 이어지는 끔찍한 악의 존재를 끊어버리는 순간 영적 교사가 된다고 말할 수 있을 것이다. 이러한 내용은 다음과 같은 질문을 통해 언급할 수 있다.

- 지금 몬테소리 교실에서 교사들이 하고 있는 일들이 진정 어린이들을 위한 창조적 작업인가?
- 자신의 야망, 물질, 탐욕과 갈등하고 있는 나를 종종 발견하고 있는가?
- 진심으로 몬테소리 공동체가 추구하는 것은 무엇인가?

- 몬테소리 공동체가 운영자, 교사들의 개인적인 욕구를 충족시키기 위한 집단인가, 아니면 몬테소리 교실의 본질, 어린이들을 위한 훌륭한 가르침의 장소로 만들려고 힘을 모으는 공동체인가?
- 울프는 순간 잘못 생각하면 교사들이 몬테소리 교실을 자기 이기심, 욕구, 이익을 추구할 수 있는 가장 편리한 장소로 여길 수 있다고 하였다. 이것은 올바른 생각일까? 이에 대해 자신감 있게 비판적으로 아니요 또는 예로 응답할 수 있을까?

몬테소리 교사들은 현재 교실을 위협하고 있는 지적 부족함, 훌륭한 가르침에 대한 능력, 생태계의 생명을 위협하고 있는 직·간접적인 파괴적 행동을 저지하기 위해서 무엇을 생각하고 행동으로 옮길 수 있는가? 몬테소리는 왜 종교적 신념과도 같은 특별한 용어인 영성이란 말로 어린이 자체를 영적 태아, 영적 교사라고 표현하고 그렇게 많이 강조했을까?

몬테소리는 만약 우리가 국가의 습관, 관습, 문화를 변화시키기를 원한다면 어린이들을 변화시킬 수 있는 교육적 제도와 환경이 변화해야 그것들이 스스로 변화한다고 말한다. 어린이들이 성인들이 가지고 있는 가치, 기술, 태도, 특성을 흡수하여 자신들의 통찰력을 발전시킨다면 그들은 성인들의 잘못된 모든 것을 자신들의 마음속에 씨앗을 심어 발아시킬 것이다. 그 씨앗이 좋은 것인지, 아닌지도 모르는 채 마음속에서 자라는 씨앗에 물을 주고, 사랑을 듬뿍 주면서 발아시킨다. 그 씨앗이 좋은 씨앗인지, 나쁜 씨앗인지는 성인들이 판단하여야 하며 실제로 행동으로 보여 주어야 한다.

젊은이들의 공격적인 행동, 비도덕적인 행동, 끔찍한 잔혹 행위에 대한 기사가 계속 뉴스에서 쏟아지고 있다. 몬테소리는 어린이와 젊은이들이 쉽게 흡수할 수 있는 가치 있는 태도를 일상화하여 줄 것을 강조하였다. 특히 몬테소리는 어린이들의 환경에 대한 중요성을 강조하면서 환경이 삶의 방향에 많은 영향력을 미칠 것이라고 강조한 교육자 중 한 사람이었다.

어린이들을 위한 더 나은, 더 훌륭한, 더 아름다운 세계는 이 세상을 더 나은 곳으로 만들 수 있는 성인들의 역할을 필요로 한다. 어린이들 스스로 공동선을 개선하기 위해 노력하고, 동시에 교사 역시 신중하게 관찰하고, 비판적으로 생각하고, 정확하게 가르치고, 설득력 있게 말하는 기술을 훈련하여야 한다.

2. 몬테소리 교실은 어린이들에게 더 좋고, 더 아름다운 세상을 만들어 주고 있는가?

어린이들에게 더 좋고 아름다운 세상은 과연 어떤 세상일까? 몬테소리가 1907년에 로마의 빈민촌에서 어린이들과 함께 시작한 개혁 교육학은 다시 과학적 교육학이란 새로운 명제를 달고 현재까지 전 세계 어린이들과 함께 긴 학문적 여정을 떠나면서 그들에게 더 좋고 아름다운 세상은 평화로운 공동체라고 생각하였다. 사회 운동가로, 평화 운동가로, 여성해방 운동가로서 그녀의 삶을 돌이켜 보면 그녀의 꿈, 생각, 비전을 엿볼 수 있다.

몬테소리는 평화로운 세상을 만들어, 평화 인류 공동체를 만들어 어린이들이 더 나은 세상에서 살아갈 수 있는 환경을 제공하려고 노력하였다. 또한 울프는 미국에서 몬테소리의 우주교육, 평화교육, 영성교육, 생태교육을 통해서 어린이들에게 더 좋고 아름다운 세상을 만들어 주려고 9남매의 자녀들과 함께 연구하며 노력하였다.

어린이들에게 더 훌륭한 세상은 어린이들이 건강하게 삶을 살아갈 수 있는 건강한 생태와 그들의 삶을 안전하게 해 주고 흡수할 수 있도록 하는 평화로운 세상, 그들의 삶에 많은 에너지를 만들어 주고 삶의 진정한 의미와 영성의 뿌리를 찾아주는 세상이다. 그러기 위해서 가정을 평화로운 공동체로, 몬테소리 교실을 평화로운 공동체로, 세계를 평화로운 공동체로 만들어 그들에게 평화의 유산을 남겨주고, 그들이 더 좋고, 더 아름답고, 더 평화로운, 더 영성적인 세상에서 살아가도록 글로, 말로, 행동으로, 영성으로 가르치고 도와야 한다.

어린이들을 위한 더 나은 세상, 더 아름다운 세상을 위한 몬테소리의 평화 운동 영성은 그녀를 3번이나 노벨 평화상 후보에 오르도록 만들었다. 몬테소리가 추구했던 더 나은 세상, 더 아름다운 세상은 사람이 사람을 지배한다거나, 나라가 나라를 지배하는 세상이 아닌 만남, 나눔을 실천하여 어린이들의 마음속에 온화하고 온전하게, 정신과 영성의 뿌리를 찾아가도록 평화를 즐길 수 있는 모든 사람의 마음속에 사랑을 간직하고 살아갈 수 있는 그런 세상이었다.

더 좋은 세상과 아름다운 세상을 살아간다는 것은 사람들이 단지 자신과 가족을 부양하는 것이 아니라 개인의 이익을 위해 봉사하고 인류 전체를 위해 봉사하는 위대하고 위대한 일의 도구가 되어야 한다고 주장한다. 몬테소리는 모든 사람이 세상을 바르게 보는 시각, 세상을 평화롭고 정의롭게 만들어 가는 인류에 봉사할 것을 희망하였다. 몬테소리는 1932년 스위스 제네바 국제 교육청에서 '평화'라는 주제의 강연을 통해 더 좋은 세상과 더 아름다운 세상의 장애물은 사회의 도덕성 약화와 교양 있고 배움을 즐기는 사람들 사이의 개인주의 내지는 탐욕적 삶을 살아가는 현상이라며, 이를 비판하였다.

몬테소리 교육의 전체적인 목표는 인류 공통의 이익을 위해 평화론적 교육을 목적으로 한다. 그녀는 어린이들을 위한 준비된 환경의 힘에 주목하면서 환경이 삶의 방향에 중요한 영향을 미칠 것이라고 확신을 가진 얼마 안 되는 교육자였다. 그녀는 "어린이에게 있어서 교육은 환경이 준비된다면 어린이 자신의 내재적 동기부여를 통해 환경과 상호 작용하고 독립적으로 이끌어 가면서 영향을 받는다."라고 하였다. 어린이들은 환경을 흡수하고, 환경과 상호 작용하면서 스스로 독립적인 삶을 이끌어 가는 자기 주도적 작업의 주인공이 된다. 어린이들은 환경으로부터 평화에 대한 부름, 정의에 대한 부름, 책임감 있는 지구 보살핌에 대한 부름을 실천할 수 있는 환경에 대한 책임감이 부여되는 존재라고 하였다. 어린이들을 위한 준비된 환경은 다음의 3가지 조건을 충족시켜야 한다.

첫째, 자기 몸, 마음, 정신, 영성을 통제하여 자유롭게 균형과 조화를 이루어 갈 수 있는 학습 현장이어야 한다. 그러한 환경 속에서 어린이들은 작업 방법, 내용을 완전하고 명료하게 구조화하여 작업에 집중하거나 몰입하는 시간을 확장한다. 그러면서 분명하고 확실하게 성취 목적을 이루어 간다.

둘째, 내재적 동기 부여, 자기 주도적 학습, 작업-협력 사이에 조화와 균형을 이루어야 한다. 다시 말하면 작업은 물론 학습을 촉진한다고 말한다. 작업을 촉진하는 분위기 만들기, 자신의 작업을 촉진하기, 인지 발달을 훈련하기, 인지 발달을 위한 작업을 촉진하여 내재적 동기 부여, 자기 주도적 학습과 협력 사이에 조화와 균형을 이루면서 자아, 공동 협력자, 환경을 촉진할 수 있어야 한다.

셋째, 준비된 환경 속에 있는 어린이 모두는 작업, 활동, 배움을 자유롭게 선택할 수 있어야 한다. 의미 있고, 창조적이고, 생산적이고, 방법의 다양성을 찾고, 내용의 정확성에 대한 방향을 찾아야 한다. 어린이들은 준비된 환경 속에서 작업 목적, 내용, 무슨/어떤 방법을 활용할 것인가에 대한 방향을 잡는 것이 중요하다. 그래서 어린이들은 작업 목적이 무엇이고, 어떤 내용이고, 어떤 방법으로 작업-진행을 할 것인지 결정하는 것이 중요하고 필요하다.

어린이들에게 세계의 이익과 평화를 위해서 교육받을 수 있는 환경을 제공하고 배움의 영성으로 가르친다면 보편적 인류애의 가장 중요한 원칙을 배우게 될 것이다. 교사들의 임무는 모든 생명체와 자연의 모든 신비와 아름다움을 받아들이도록 마음의 문을 활짝 열어 주어 더 좋은, 더 아름다운 세상을 보고 배울 수 있도록, 수용할 수 있도록 도와주는 것이다.

몬테소리 교사들은 모든 어린이가 우주의 일원이라는 사실을 실제로 느낄 수 있도록 돕는 것이 목적이다. 이러한 목적을 성취하려면 세상을 바라보는 새로운 관점으로 자기중심적인 삶보다 인류 공동체의 삶을 지향할 때 훨씬 더 큰 기쁨과 삶의 가치를 느끼게 될 것이다. 인류 공동체의 한 개인으로서 어린이들이 더 발전적인 사회, 더 고차원적인 높은 단계로 안내받는다면 그들 스스로 우주적 과제에 동참하게 될 것이다.

몬테소리가 원하는 더 좋은 세상, 더 아름다운 세상을 만드는 조건은 전 세계를 하나인 단일 국가로 만드는 것이다. 즉, 세계의 모든 나라와 어린이들을 포함한 사람들을 분열이 아닌 국경이 없는 한 나라로, 단일 국가로 초대하여 함께 세계화를 향해 가도록 안내하는 것이다. 세계화라는 말의 의미는 세계에 생존하는 모든 사람을 종족, 종교, 국가와 상관없이 있는 그대로 각자의 문화를 수용하고, 사랑하여 하나의 공동체를 만든다는 의미이다. 어린이들을 위한 세계화는 IT 문화의 발달, 지식 공동체, 다문화의 공유라는 오늘날 사회적 현상으로 인해서 자연적으로 발생하는 결과이다.

무엇보다도 세계화의 중요한 요인으로 근대 사회는 협력, 파트너십에 대한 장점을 최대한 활용하여 지식 공동체의 힘을 공유한다는 의미가 지배적이다. 교육 시스템이 발달하였고 전 세계적 사람들이 상호 의존적으로 살아가는 세상이 도래할 것이라는 확신감 때문에 국제 사회의 정보를 빠르게 수집하고, 국제 환경에 신속하게 대처할 수 있는 능력을 훈련하는 것 역시 세계화의 장점이 된다.

몬테소리 교실은 이미 세계화를 선도해 가는 교육 시스템이라고 할 수 있다. 전 세계 어린이들의 교육을 같은 환경, 같은 교구, 같은 철학으로 이끌어 가기 때문이다. 유아기부터 몬테소리 교실에서 대륙의 퍼즐 지도, 세계 각국의 깃발, 다른 문화, 외국어, 각 나라의 의식주에 관한 문화를 배움으로써 세계화에 대한 인식의 중요성을 알게 된다. 어린이들의 세계화를 돕는 데 중요한 조건들은 다음과 같다.

- 세계의 사람들과 소통할 수 있는 이중 언어의 중요성
- 세계문화에 대한 호기심과 관심
- 새로운 정보에 대한 민감성
- 세계 공동체에 대한 의식

- 전 세계의 인종, 종교, 이념을 초월하여 영성, 사랑 나눔을 실천하려는 자세
- 전 세계 사람들을 위한 봉사 정신
- 전 세계의 다문화에 대한 인식

위의 개념들은 어린이들이 성장하여 세계화에 대한 개념을 가질 때 기본적인 조건들이라고 할 수 있다. 몬테소리 교실에서 이중 언어는 일반화되어 있지만 우리나라의 경우 누리과정으로 인해서 자유롭지 못하다. 자연스럽게 유아기부터 이중 언어를 학습한다는 것은 국제 친구와 대화하는 즐거움, 다중문화, 다중지능을 발달시키는 동시에 세계 여행을 통해서 다양한 경험을 할 수 있다는 장점을 가지고 있다. 세계화는 현대 사회에서 많은 사람을 만날 수 있는 직업과 기회를 준다. 다른 나라의 문화에 대한 통찰력을 제공할 수 있는 이중 언어를 배우는 어린이들이 학습인지 과정에 중요한 집중력, 기억력, 멀티태스킹 능력이 향상되었다는 연구 결과도 있다. 2012년 3월 18일 뉴욕타임스 기사는 다음과 같은 재미있는 이야기를 했다.

> 이중 언어에 능통하면 인지 발달이 높아진다. 이중 언어는 언어와 관련이 없는 인지 능력을 향상시키고 노년기 치매 예방에도 큰 영향을 미칠 수 있다고 발표했다. 여러 연구를 종합해 보면 이중 언어 경험은 뇌 자극을 강화시킨다는 이론이다. 다시 말하면 계획하고, 문제해결을 돕고, 정신적으로 복잡한 작업을 수행하는 데 사용되는 프로세스를 의도적으로 지시하는 명령 시스템이다.

이러한 논증은 이미 알려진 사실이기도 하다. 몬테소리가 이중 언어, 문화, 새로운 경험을 제공하여 어린이들을 세계화와 연결하는 이유는, 어린이들이 살아가는 미래 세상은 이중 언어가 선택 조건이 아니라 의무 조건이기 때문이다. 모든 언어는 학문 발달과 관계된다. 언어가 발달된 나라일수록 학문이 발달한다. 어린

이들에게 더 나은 세상, 더 아름다운 세상을 만들어 준다는 것은 세계의 어린이들과 공동체를 이루는 데 중요한 조건인 평화에 대한 개념, 이중 언어, 세계화의 길을 만들어 주는 것이다.

어린이들을 위한 더 나은 세상은 분명히 오늘과 지금 그들이 행복하고 평화로운가에 대한 다음과 같은 질문에 답을 주는 것이다.

- 어린이들은 지금 무엇에 집중하고, 어떻게 집중하고 있는가?
- 어린이들이 원하는 배움, 앎을 위한 과정에서 무엇을/어떤 결과를 얻어 낼 것인가?

첫 번째 질문은 어린이들이 가장 행복하고 즐겁게 살아가는 방법이 된다. 다시 말하면 어린이들이 자기 작업, 활동, 일에 완전히 몰입한다면 진정한 자유를 경험할 것이고, 하루를 즐겁고, 만족스럽고, 행복하게 지내게 될 것이다. 그러면서 항상 새로운 작업을 창조하려고 또 다른 작업을 생각할 것이다. 그리하여 세상을 새롭게 건설해 가는 훌륭한 건축가로, 건설자로 성장하면서 자아를, 환경을, 문화를 지배하면서 만족스러운 긍정의 삶을 살아가는 인간화의 승리를 달성하게 될 것이다.

두 번째 질문은 어린이들의 작업, 활동, 일을 통해 얻어진 결과에 대한 만족감이 그들의 인생에 긍정의 바이러스를 전파하는 효과를 생산한다. 어린이들은 작업 과정에서 중요한 것을 배우게 되고, 진정한 배움은 과정에서 얻어 낸 결과물로부터 또 다른 배움을 시작하게 한다.

이러한 질문에 정확하게 답을 제공한다면 어린이들을 위한 더 좋고 훌륭한 세상을 만들어 주어 그들이 건강하게 성장할 수 있도록 도울 수 있을 것이다.

3. 더 나은 세상을 위해 사명감을 가지고 일하는 몬테소리 지도자들

우리는 어느 유아교육 기관, 학교가 가장 훌륭하고 평범한가를 생각할 필요가 있다. 훌륭한 학교의 기준은 학교 건물, 시설, 학생 수, 환경이 아니라는 것은 이미 우리가 일반적으로 알고 있는 사실들이다. 오히려 몬테소리 교육 기관에서 교육받은 어린이들과 학생, 졸업생들이 사회에서, 사람들에게 얼마나 긍정적인 영향을 주었는지에 주목하게 된다. 사회의 훌륭한 구성원으로 성장시키기 위해서 몬테소리 교사와 부모들은 자녀와 어린이들에게 어떤 가르침과 태도를 보여 주었는가? 몬테소리 교실은 교사에게 과학적 교육, 교육적 봉사도 아니고, 살아 있는 인류에게 무조건적인 봉사만을 강조해서도 안 된다고 말한다. 몬테소리는 교육은 전쟁에 맞설 수 있는 가장 무섭고 강한 군사 역할을 할 수 있어야 한다고 하였다. 그녀는 1937년 덴마크의 코펜하겐(Copenhagen)에서 현재 인간의 요구를 충족시키기 위한 교육을 좀 더 높은 단계로 업데이트할 필요성을 강조하였다. 교육은 인류와 문명의 진정한 구원이기 때문에 현재의 한계로 제한되거나, 국한되는 형태로는 계속될 수 없다는 것을 강조한 것이다. 그래서 평화는 분명히 교육을 통해서 성취하여야 할 정신적, 육체적 요소라고 하였다.

오늘날의 더 나은, 더 훌륭한, 더 행복한 세상을 위해 일하는 사람들의 태도는 어린이들이 요구하는 것보다 훨씬 미흡한 무엇/어떤 배움을 제공하고 있을지도 모른다. 사람들은 각자 자기가 생각하는 주제에 부합하는 비유를 즐기면서 마치 교육이 오늘날 군사와 비교하여 활과 화살의 경계에 남아 있다고 말할 수 있다. 어떻게 우리는 활과 화살로 강력한 대포와 공중 폭격을 할 수 있을까? 교육 군사의 완성이 필요한 시점이 되었다. 몬테소리는 시카고(Chicago)에 80명의 국제 교육자들이 모여 채택한 시카고 교육 선언문에서 다음과 같이 부르짖었다.

… "오늘날의 교육은 현대의 요구보다 훨씬 뒤떨어져 있다." …

그러면서 몬테소리는 현재의 교육은 각자의 직업 구조, 목적, 방법의 변화를 가져와야 할 시기라고 힘주어 강조하였다. 우리는 지금 직면한 인간화의 르네상스와 환경적 르네상스를 새롭게 맞이할 시간이 도래했음을 인식하여야 한다. 시카고 교육 선언문의 10가지 원칙 중에 가장 중요한 이슈로 강조하는 것은 인간성 개발을 위한 교육, 참여적, 협력적, 공동체적 민주주의를 위한 교육, 지구 시민권 교육, 지구 문맹 퇴치를 위한 교육, 영성 교육, 생태 교육의 원칙들로, 몬테소리의 생각과 밀접한 관련이 있다.

예를 들어, 인류를 구할 수 있는 교육은 인간의 영적 발달, 개인으로서의 가치 향상 지향성, 젊은이들이 살고 있는 시대를 평화롭다고 이해할 수 있도록 준비하는 것과 밀접하게 관련되어 있음을 강조한다. 매년 환경이 어린이들의 개인적인 발전을 위한 것이 아니라 그보다 더 중요한 것은 인간의 상태를 변화시키기 위한 준비된 환경이며 교육 정체성을 가지도록 교사들을 상기시키는 것이라며, 몬테소리 학교가 모든 교육 기관을 변화시킬 수 있는 도전을 해야 함을 강조한다.

평화로운 세상을 만들기 위한 봉사 활동, 평화교육, 빈곤퇴치 운동, 문맹퇴치 운동을 통해서 몬테소리의 모든 교육 공동체가 가난한 사람들과 만나서 서로 돕고 나누는 사랑의 프로젝트에 적극적으로 관심을 기울일 때 몬테소리 교육이 인간의 본질에 진심으로 다가간다는 사실을 느끼게 될 것이다.

어린이들에게 보다 나은 세상을 위해 일할 수 있는 조건들을 만들어 주고 가르쳐야 할 주제들에 대해서 깊이 있는 생각과 마음가짐을 가지고 지도를 할 수 있는 교사의 영성적 자세가 필요한 것이다. 몬테소리 교실의 모든 어린이가 헌신적인 삶을 살아갈 마음, 영성, 자세가 준비된다면 그들은 더 나은, 더 훌륭한 세상을 만들어 가는 주역이 되어 우주에서 자기 역할과 자기 위치를 지키게 될 것이다. 이러한 헌신적이고 중요한 몬테소리 교사들의 사명감은 건강한 사회와 공동체를 위해 교육의 중요성을 확신하고 목적에 내재적 동기를 부여할 수 있는, 영감을 줄 수 있는 진정한 몬테소리 학교의 주인공이 될 것이다.

더 나은 세상을 살아가기 위해서는 세상에 더 많은 평화를 확산하고 지원하여야 한다. 평화는 항상 아름다운 무지개를 원한다. 그러기 위해서는 어린이들이 일상생활이나 자기들의 환경에서 평화로움을 경험할 수 있는 환경을 제공하고, 그 환경 속에서 나눔, 영성 실천, 봉사, 인류애를 위한 공동체 생활을 할 수 있는 기회를 제공하여야 한다. 몬테소리 교실에서 교사들의 중요한 가르침과 평화적 활동의 실제적인 역할이 요구되는 이유이다. 몬테소리 교실의 어린이들은 지역사회 구성원들과 협력하여, 어린이들이 평화의 수호자, 평화를 결정하고 안내하는 안내자로 역할을 하여야 한다. 몬테소리 교실에는 또 다른 작은 평화 공동체를 만들어 줄 수 있는 교사의 에너지가 필요한 것이다.

몬테소리 교사들은 영유아들의 교실 공동체 문제를 인식하고, 그들을 진심으로 도울 수 있는 자세와 마음가짐, 모성적 사랑을 나눌 수 있는 생각과 행동 그리고 자신이 생각을 바르게 한다는 것을 느낄 수 있는 경험을 할 수 있도록 가르쳐야 한다. 몬테소리 교사들은 어린이들에게 창조적 사고력과 행동에 대한 자신감을 키워서 독립적인 삶을 살아가도록 용기를 주어 세상을 변화시킬 수 있는 힘을 키워 주어야 한다. 몬테소리 교육은 지역사회의 모든 사람과 함께 평화를 존중하고 다른 사람들과 더불어 살아가면서 서로 돕고, 보살피는 나눔의 교육을 받을 수 있도록 배려하는 교사를 원한다.

몬테소리 교실은 모든 생명체, 특히 사람들에게 봉사하는 교육과 결합된 평화교육에 열정적인 환경을 만들어 가야 한다. 몬테소리 교실은 평화로운 세상을 만들기 위한 평화교육 현장으로서 어린이들의 인지적, 인격적, 사회적 능력을 활용하고 평화로운 행동으로 옮길 수 있는 방법을 제시하는 것이 절대적으로 필요하다. 몬테소리 교사들은 평화교육자로서 어린이들이 평화문화에 기여할 수 있는 환경을 설계하고 구성하고 창조할 수 있어야 한다. 이러한 노력이 개별화될 때, 모든 어린이는 자신의 관심사가 나타나게 될 것이다. 어린이들에게 봉사할 수 있는 기회를 제공해 줄 때 그들은 자신의 내적 힘, 에너지, 사랑, 자비와 같은 정신적인 고요함들을 생각과 활동으로 실천하려는 욕구가 발생할 것이다. 더욱 평화로운 세상을 만들기 위해서는 다음의 2가지 특성이 필요하다.

첫째, 어린이들이 하는 일들이 올바른 것인가에 대한 것으로 그들 사이에 공감을 만들어 갈 수 있는 환경을 제공해 주는 것이다. 어린이들이 자신의 공감을 표현할 수 있는 의미 있는 기회를 창출해 내는 것은 교사들의 촉진자 역할이다.

둘째, 어린이들의 공감을 표현할 수 있는 기회를 다양하게 제공하는 것이다. 예를 들어, 어린이들을 돌보고 가르치는 활동인 보살핌 서비스, 부모, 교사가 어린이들의 이타심을 느끼도록 돕기 위한 안내서들이다. 다양하고 창의적인 생각들, 긍정적이고 실제적인 이야기들을 포함한다.

공동체와 다른 어린이들을 돕고, 격려하는 삶에 중요한 공헌을 경험한 어린이들은 더 나은 세상을 위해서 인간화, 정상화로 안내되고, 개인적인 성장을 도우며, 어린이들은 누구나 동등한 권리를 가지고 세계 시민 정신을 바탕으로 세계의 어린이들과 함께 평화로운 더 훌륭한 세상을 만들어 공유하게 될 것이다. 몬테소리 교실의 모든 프로그램은 어린이들 자신이 교육과 삶의 동력자가 되고 자신의 삶의 고삐를 움켜잡기 위해서 자기 주도적 학습자가 되도록 촉진할 것이다.

또한 세계 시민으로 어린이들과 젊은이들이 세계에 가시적으로 긍정적 기여를 할 수 있도록 변화시키는 요원이 될 것이다. 몬테소리 교실은 5개 영역 프로그램을 통해서 어린이들이 다문화, 창조적 예술 활동, 우주교육을 통해서 세계 어린이들과 함께 배우면서 개인 반성, 마음, 몸, 정신건강, 의사소통 기술, 문제해결과 같은 주제를 포함하는 교실 공동체에서 원하는 작업을 할 수 있는 프로그램에 초점을 맞추게 될 것이다.

세계의 몬테소리 교실 전체 목표는 평화로운 세상을 만들어 다음 세대를 이끌어 갈 지도자들이 세계에 의미 있는 공헌자가 될 수 있는 최대한의 잠재력을 발휘할 수 있도록 교육하는 것이다. 몬테소리 교실은 교사-어린이들 전체의 다양성, 차이점을 인정하고 수용하여 세계 시민으로서 행복과 기쁨을 누리도록 기여하여야 한다. 모든 몬테소리 교실의 어린이들은 자신이 자유롭게 작업 결과를 즐기고, 독립적인 삶을 살아가는 동시에 책임감을 갖는 지구촌 시민으로서 자신의 과업을 수행하여야 한다.

우리나라의 몬테소리 교육은 영아와 유아들을 대상으로, 즉 유치원 어린이들을 대상으로 이루어지고 있는 것과 대조적으로 미국, 유럽, 특히 독일과 네덜란드는 영아기부터 고등학교까지 통합적으로 몬테소리 프로그램을 교과 과정으로 활용하는 것이 일반화되어 있기 때문에 몬테소리 교육철학을 확장하여 운영하고 있다. 미국과 유럽의 몬테소리 어린이들, 청소년들이 사회적 기여는 물론 사회를 변화시키는 역할을 하면서 새로운 세계를 이끌어 가는 주인공이 되기를 바라며, 세계의 모든 몬테소리인들은 그들과 함께 힘겨운 여정을 걸어가고 있다.

몬테소리 교실에서 온통 교구만 다루는, 다시 말해서 기술만을 가르칠 때 일어나는 현상들을 교사들은 다시 한번 생각해 봐야 한다. 교사의 말과 가르침 속에서 교구 작업을 하는 것이 어떤 의미가 있고, 철학 속에 내재해 있는 학습 과정을 통해 어린이들은 자신의 생각에 도전하고, 다른 사람들의 말을 적극적으로 경청하면서 소통하고, 자신이 누구이며, 자신이 지금 여기에 있는 이유는 무엇이며, 자신이 지금 해야 할 사명감은 무엇인가를 명확하게 이해함으로써 다양한 삶의 관점을 통해 인간의 근원적인 뿌리가 하나임을 인식하게 될 것이다.

몬테소리 교실에서 흔히 말하지만 아직 우리나라에서는 잘 실행되지 않는 창조적 작업, 활동적 작업, 학제 간 교류와 가르침과 같은 프로젝트는 몬테소리 교실에서는 잘 이루어지고 있는 반면, 우리나라의 몬테소리 교육에서는 아직 그녀의 철학과 연결하여 어린이들의 인간화, 사회화, 정상화에 긍정적인 영향을 미치도록 교육하는 데 새로운 비전이 필요해 보인다. 몬테소리가 생각하는 세계 전체 어린이들의 행복을 위해서 지금 우리는 무엇을 하고 있는가? 저자는 넬슨 만델라(Nelson Mandela)의 말이 가끔 생각난다.

> 내 사랑하는 젊은이들이여! 나는 당신들의 눈에서 빛, 당신들의 몸에서 나오는 에너지 그리고 당신들의 정신에 있는 희망을 보고 있습니다. 나는 미래를 만드는 사람이 나 말고 너라는 것을 잘 알고 있습니다. 우리의 잘못을 인정하고, 반성하고, 고쳐서 세상과 올바른 모든 것을 발전시키는 것은 내가 아니라 바로 당신들이라는 것을….

우리는 몬테소리 어린이들이 더 나은 세상을 위해 일하면서 행복하게 살아가는 세상을 만들어 주는 우주적 사명감을 가지고 있다는 것을 잊어서는 안 된다.

4. 어린이들의 사회적 책임감과 세계적 소속감을 통한 인간화

몬테소리 교육은 어린이들에게 우선 자신에 대한 책임감을 가질 수 있도록 자유 개념을 환경 안에서 스스로 학습하도록 도와주고 훌륭한 성인으로 성장하도록 환경을 만들어 주었다. 특히 몬테소리는 어린이집에서 모든 작업과 활동은 자기가 작업한 교구교재를 스스로 정리정돈하고 자기에게 주어진 자유에 대한 위대한 선물은 자기가 스스로 책임지도록 하는 환경으로 구성하였다. 분명히 몬테소리 교실은 어린이 스스로가 책임을 지기 위해서 뿐만 아니라 자기가 속한 교실 공동체를 위한 질서와 규칙을 일상생활 영역에서 훈련하여 올바른 행동의 흐름을 교육한다.

몬테소리 교실은 우주 전체를 어린이들의 환경으로 제공하기 때문에 세계의 모든 어린이는 같은 교구를 가지고 작업하면서 유아기부터 세계관, 국제적 감각에 익숙해지는 경향이 있다. 다문화를 자연스럽게 받아들이고, 다문화의 차이점을 보는 것이 아니라 다문화를 진심으로 수용하는 자세를 가르친다.

몬테소리 교실에서의 작업과 학습을 통해 공동체 의식, 문화 인식, 자신을 관리하는 방법, 질서, 규칙, 책임감을 습관 들이는 것은 유아기의 소중한 유산이 된다. 어린이들이 몬테소리 교실에서 세계의 작은 공동체 소속으로, 공동체의 보편적 가치를 경험하고 학습한다는 것은 행운이라고 할 수 있다. 특히 독립성, 즉 독립적인 생활의 기본적인 개념을 몬테소리 교실에서 학습하고 훈련하는 것은 삶의 중요한 원동력이 되며, 그들의 미래에 큰 에너지를 가지도록 한다. 어린이들은 다른 친구들과 공감하고 소통하는 훈련을 소그룹, 대그룹 활동을 통해서 학습하였기 때문에 사람들과 사회적 관계, 다양한 문화 차이점의 수용 능력이 훨씬 발달한 모습으로 성장할 것이다.

1) 몬테소리 교실에서 우리는 우주가 생태학적으로 지속 가능성을 유지하도록 보살피는 방법을 배운다. 즉 우주 생태를 배운다.

몬테소리 교실에서는 모든 생명체 사이의 관계를 이해하고, 생명체들을 사랑하여 그들의 생명을 지속 가능하도록 보살피고, 생명체를 유지할 수 있도록 보살피고 가꾸는 방법을 실천적인 교육을 통해서 훈련한다. 몬테소리 교실은 어린이들에게 흙, 물, 불에 관한 생명 리듬을 가르친다. 이러한 우주교육과 평화교육의 연결 과정은 생명체가 리듬을 순환하는 절대적으로 필요한 요소임을 가르치는 것이다.

몬테소리 교실에서 실제로 교구를 가지고 작업하는 우주 질서와 순환에 관한 이야기들은 인간사에서 일어나는 일만을 교육하고 알려 주는 것이 아니라 우주에 존재하는 모든 생명체와 무생명체의 관계를 우리의 삶의 이야기와 연결하는 것이다. 몬테소리 교실에서 제공하는 우주교육의 중요성은 모든 생명체가 공동 운명체로 공존하면서, 모든 생명체와 무생명체가 함께 자기 역할을 분담하여 협력의 힘을 발휘한다는 사실이다. 인간 공동체, 동물과 식물들의 공동체, 그리고 그들의 상호 작용 공간이 광의적인 의미에서 바로 우주이기 때문에 그동안 우주가 인간들을 얼싸안고 보살폈던 것처럼 인간도 우주를 껴안고 보살펴야 할 사명감을 가진다. 몬테소리 교실에서 어린이들에게 우주의 신비가 지속 가능하도록 생태교육을 실시하는 이유이다.

2) 몬테소리 교실은 어린이들이 생활하는 데 생태학적 땅과 같은 역할을 한다.

몬테소리 교육은 어린이들의 정상화, 인간화, 현실화, 사회화에 대한 기본적인 태도, 개념, 관계를 제공하였기 때문에 어린이들의 미래의 삶, 인생 전체에 영향을 주었다. 몬테소리 교실은 어린이들이 자라고 성장한 거룩한 생태학적 땅과 같은 역할을 하였다. 몬테소리 교육은 어린이들에게 공동체의 일부가 되는 것이 무엇/어떤 것인지 진실하게 알려 주었을 뿐만 아니라 공동체 안에서 개인의 역할, 우주 안에서 개인의 역할을 알려 주었다. 그러므로 몬테소리 어린이들은 성장하여 우주 공동체라는 더 큰 공동체를 다른 마을, 다른 이웃, 다른 나라들이라고 생각하지 않는다. 어린이들은 다른 세계 전체가 자기들과 어떤 관계에 놓여지는지를 새롭게 인식한다. 어린이들은 준비된 환경과 준비된 세계를 연결하는 자아의식과 생각을 가지게 된다.

3) 어린이들의 사회화 과정에서 사회적 삶의 요소는 중요하다.

어린이들이 날마다 생활하는 몬테소리 교실 역시 작은 사회의 일부이다. 어린이들이 교육을 받고 생활했던 모든 것들을 기억하지는 못하지만, 유아기 어린이들에게 중요한 것은, 자신이 몬테소리 교실에서 학습했던 총체적인 모든 것들은 어린이로서 혹은 청소년 시기의 행동에 영향을 미치는 사회의 구성원이 되는 법, 역할, 사회의 훌륭한 좋은 구성원으로서 자기 역할과 자기 위치에서 사명감을 완성하고, 사회적 규범에 참여하는 방법을 훈련하면서 환경을 만들어가는 데 중요한 역할을 한다. 그리하여 모든 어린이는 자신이 사회에 기여하고 공헌하는 건강한 한 사회적 구성원으로서 자기 위치를 지킨다고 생각할 수 있다.

몬테소리 교실은 어린이들이 실제로 살아 있는 동식물과 환경, 의식주에 관한 것들에 대해 함께 작업하고 생활하는 배움의 자유로운 장소였다. 몬테소리 교실 공동체에 참여한다는 자체로 어린이들 자신이 사회의 구성원임을 느낄 수 있도록 보살피고, 사회 정의와 다른 나라, 다른 문화에 대해 배우면서 모든 사람의 뿌리와 우리의 미래에 대해 배우는 것이다. 다시 말하면 나는 누구이고, 나는 어디에서 왔고, 나는 왜 지금 여기에 있는지에 관한 답을 찾아가는 과정을 우주교육에서 훌륭하게 배우게 된다. 그리하여 몬테소리 교실 공동체 안에서 정상화, 인간화, 현실화, 사회화를 이루어 가는 기본적이고, 올바른 방식을 배우게 된다.

4) 어린이들에게 필요한 공동체 역할, 나눔, 봉사와 헌신, 지식은 왜 유용한가?

몬테소리 어린이들은 지금 몬테소리 교실에서 이루어지는 교육이 있었기에 지금의 자기가 존재한다고 생각할 수 있다. 다시 말하면 자유 선택이 가능한 몬테소리 교육이 자기가 원하는 것을 탐색하고, 작업하고, 즐기도록 허락하였기 때문에 독립적으로 탐색 활동과 학습 활동이 가능하도록 성장하였을 뿐만 아니라, 내가 나를 사랑할 줄 알고, 나의 존엄성을 인식하고, 내가 세상에서 중요한 사람으로 살아갈 수 있는 자신감이 있고, 사회에 작은 것부터 큰 것으로 공헌할 수 있는 사람임을 알게 해 주었다고 생각한다. 몬테소리 교육이 구체적으로 어떻게 어린이들에게 그런 사람으로 성장하도록 안내했는지 언급하기에는 좀 복잡하지만 자신이 성장하면서 정상화, 인간화, 현실화, 사회화 과정을 거치면서 스스로 답을 찾아갈 것이다.

몬테소리 교실에서 유아기에 머리, 마음, 손으로 작업했던 경험들이 성장한 다음 자신에게 무언가를 할 수 있는 기회를 제공했고, 내가 원하는 나의 미래상을 암시해 어떤/이런 사람으로 변화시켰을 뿐만 아니라 사회에 대한 책임감, 정의로운 사회, 공평한 사회를 구성해 가는 데 협력하여야 한다는 것을 알려 주었을 것이다. 어린이들은 유아기를 거쳐 성장하면서 중요한 정보들을 흡수하여 공동체 역할의 중요성을 인식하고, 이해하고, 변화에 대응하는 다양한 방법들을 협력을 통해서 알게 된다.

5) 어린이들에게 공동체와 배움 공간에 대한 교육이 필요하다.

우선 사람들의 공간에 대한 이야기이다. 몬테소리 교실은 사람과 배움 공간을 고려하여 환경을 구성한다. 현재 우리는 세계화라는 용어에 아주 익숙해졌다. 하지만 다른 사람들이 나와 같지 않다는 차이점을 인식하는 것은 내가 나와 다른 사람들을 위해 할 일이 없다거나 혹은 다른 사람들이 내 친구와 가족이 될 수 없다는 것만을 의미하지는 않는다. 나와 다르다는 차이점을 인식하고 그 차이점을 수용하는 것이 중요하다.

인간이 살아가는 공간에 대해 이야기는 인간이 정상화, 인간화, 사회화로 진화하는 데 중요한 역할을 한다. 우선 자신이 어떤 공간에 자리하고 있는지 인식한다는 것은 교육, 행동, 타인을 대하는 방법, 환경에 적응하고, 사람과 만나고 헤어지는 것에 있어 중요한 역할을 한다. 인간은 생존과 배움을 위한 공간이 없으면 삶을 영위하기가 불가능하기 때문에 자기가 가는 곳, 생활하는 곳, 일을 창조하는 곳이 바로 자기 개인의 공간이 되며, 모든 사람은 자기 위치와 역할에 맞는 배움 공간을 만들고, 미적으로 아름답고 멋있는 디자인으로 공간을 구성하려고 노력한다. 물론 자기 공간에 대한 미적 감각과 최대한 사용하기 편리하도록 구성하는 것이 쉬운 일은 아니다.

6) 어린이들을 위한 사람과 공간의 관계는 중요하다.

내가 누구인지, 내가 어디 있는지, 내가 무엇을 하고 있는지를 정확하게 알아가는 것이 자신의 우주적 사명감임을 몬테소리는 강조한다. 사람들은 자기 공간에서 자기 일, 정신적인 안정감을 자유롭게 누릴 수 있기를 기대한다.

생각해 보면 우리의 위대한 과업, 작업, 업무들은 사람들과 공간을 연결하여 어떤 장소에서 이루어진다. 사람들은 온갖 다른 사람들을 만나서 무엇/어떤 일들 창조하려고 할 때 어디에서 시작합니까? 어디로 출근할까요? 등의 구체적인 공간과 위치를 알기 위한 질문을 한다. 모든 사람은 자기가 살고 있는 공간을 좋아하기도 하고 싫어하기도 한다. 그러나 저자는 내가 가장 많이 사용하는 공간, 즉 책을 보고 글을 쓰는 공간은 내 나름대로 가장 편리하고, 가장 안정적이고, 가장 쾌적하기를 원한다. 그럼에도 불구하고 종종 환경을 바꾸어 새롭게 디자인하는 성향을 가지고 있는데, 이러한 생각과 마음은 일, 작업의 효과를 위해서라고 말한다.

공간의 의미가 중요한 이유는 각각의 공간은 각각의 특별한 일을 위한 공간이기 때문이다. 몬테소리 교실에서 어린이들을 위한 공간은 그들의 활동과 작업을 중심으로 구성되어 공간의 목적을 성취하도록 허락하여야 한다. 연구실의 공간, 봉사 활동의 공간, 성당과 교회의 공간은 각각의 활동에 맞는 공간일 때 그 공간의 의미와 일치된다. 모든 공간은 다음과 같은 그 공간만의 특별한 목적을 가진다.

- 공간은 일을 창조하는 장소다.
- 공간은 일과 사람을 연결해 주는 장소다.
- 공간은 사람들에게 안정감과 휴식을 제공하되 재창조 작업을 위한 장소다.
- 공간은 자신을 가장 자유롭게 만들어 주는 장소다.
- 공간은 사람과 일을 돕는 장소다.
- 공간은 생태학적으로, 미적 감각으로 디자인되었을 때 공간의 목적을 성공적으로 성취하도록 돕는 장소다.
- 공간은 개인의 특성을 가장 잘 표현하는 장소다.
- 공간은 이기적인 사람보다는 생산적이고 창조적인 사람으로 성장하도록 돕는 장소다.
- 사람들은 자신의 삶을 성공적으로 살려고 하는 에너지가 있기 때문에 공간은 에너지를 생산할 수 있는 장소다.
- 어린이들에게 공간은 그들의 심리적, 육체적 놀이터이다.
- 가장 훌륭한 공간은 우주와 자연 공간이다.

사람에게 있어 공간은 일, 작업, 자기 삶과 연결해 주는 장소이므로 우리는 최대한 공간의 활용에 대해 생각을 해야 한다. 우리가 사용하는 공간은 모두 사용 용도가 정해져 있고, 사용 용도에 맞게 얼마나 편리하게 환경을 구성했는가는 성공적인 활용 용도와 관계된다.

어린이들에게 다양한 에너지, 내재적 동기 부여, 도전 정신, 몰입 경험을 생산해 내는 곳이 몬테소리 교실이므로 발달에 적합한 환경 시스템을 제공하는 것은 그들의 영육 건강 발달을 촉진하는 원동력과 같은 역할을 한다. 어린이들의 삶과 문화 사이의 관계는 우리가 그들에게 제공하는 공간보다 자연이라는 공간에서 훨씬 많은 것을 배울 수 있으며, 유아기에 호기심을 유발하도록 돕는 다양한 문화 공간을 경험하도록 하는 것이 중요하다. 몬테소리 환경 공간은 제한된 자유를 현실화할 수 있는 개방적이지만 제한적이고, 자유로우면서 책임감이 주어지기 때문에 적당한 긴장감을 가져야 한다. 또한 교사와 어린이들이 가르침, 작업 과정에 수용적인 태도를 가져야 하고, 어린이들의 생각, 의견, 이야기를 존중하여야 하고, 영성적 에너지, 조용함, 소통을 수용하여야 하고, 자유 선택과 자유 작업을 인정하면서 관계성, 일체감을 제공해 주어야 한다.

3

CHAPTER

몬테소리 철학에서 인간화, 정상화와 인문학의 관계

우리가 일반적으로 언급하는 인문학(人文學, humanities)은 인간과 인간의 근원적인 문제를 다루고, 인간의 사고, 문화, 환경을 탐구하는 학문으로 인간의 본질에 관한 문화 인류학적인 학문이다. 자연과학과 사회과학이 경험적으로 접근하는 데 반해 인문학은 인간 자신이 문화적이고, 환경적이고, 분석적이고, 비판적으로 접근하는 학문이라 할 수 있다. 그렇다면 몬테소리 철학에서 인간화, 정상화, 육화, 현실화의 개념은 무엇을 의미하는가?

1. 어린이들을 위한 작업, 일, 창의성, 활동성을 통한 인간화의 과정

인간은 정자와 난자가 만나는 순간 새로운 생명체의 창조를 위해서 강렬한 사랑싸움, 투쟁, 역경의 길을 시작한다. 이러한 원초적인 활동은 생존을 위한 본능적인 활동인 동시에 움직임이다. 태아들은 어머니의 가장 안전한 양수 속에서 10개월을 언어가 아닌 움직임만으로 깊은 사랑에 빠져서 머무른 다음 소위 동굴 밖 세계인 외부 환경 적응에 필요한 생물학적 기능을 발달시킨다.

신생아들은 태어나는 동시에 자기 몸을 최대한 본능적으로 활용한다. 5가지 감각 기관을 자동적으로 훈련하면서 주변 환경의 모든 것을 흡수하고 꿀벌처럼 열심히 움직인다. 인간은 발달 과정을 거치면서 활동의 의미가 달라진다. 태아기, 신생아기, 영아기, 유아기는 발달을 위해서 활동을 하며, 모든 인간은 살아남기 위한 방법, 즉 생존의 목적으로 활동을 끊임없이 수행한다. 특히 1세 미만의 영아들을 관찰하면 그들의 움직임은 한순간도 정지하지 않고 살아 있는 움직이는 기계이다. 인간 본능인 생명력을 최대한 활용하려는 욕구가 강하다.

일반적으로 활동적인 삶을 살아갈 때 모든 생명체는 건강한 삶과 영성적 삶이 연결된다. 몬테소리 철학에서 활동적이란 의미는 모든 종의 본능인 네불라(Nebula)로 인간 생명체의 본질을 발달시키는 우주적 과업을 완성하기 위해서 내적 에너지를 최대한 활용하여 무엇/어떤 것을 새롭게 창조하는 기본 요소가 된다. 몬테소리가 언급하는 영성적인 어린이들의 참뜻은 종교적인 의미가 아니라 삶의 에너지가 많은 어린이들의 활동 자체를 의미한다. 건강한 몸 안에 건강한 정신, 건강한 영성, 아름다운 영혼을 담아 몸을 더 활동적이고, 자유롭고, 편안하게 움직이도록 하는 것은 네불라의 힘이다. 그래서 영유아기에 인간의 정신적인 요소들을 담을 수 있는 몸 건강을 강조한다.

어린이들이 일하는 목적은 다음의 3가지 기능으로 생각할 수 있다.

첫째, 어린이들에게 활동은 일이고, 일은 활동이고, 움직임 등은 뇌 발달과 연결된다.

인간이 태어나자마자 생물학적 욕구를 채우는 방법도 움직임에 의한 표현이다. 배고파도 울고, 아파도 울고, 배설을 했을 때도 마음껏 울어 댄다. 그러는 동안 자연스럽게 소리를 발달시키고, 사람과의 상호 작용을 발달시켜 사랑과 애정을 간절히 요구한다. 어린이들에게 사랑은 의식주와 같은 것이기 때문이다.

이러한 어린이들의 작업은 발달 건축이라는 거대한 생산품을 만들어 내고, 사물과 사람을 자기 친구로 만들며, 훗날 지식이라는 지혜를 만들어 놓고 자신은 물론 자기 주변에 모든 것을 변화시킨다.

둘째, 어린이들에게 활동은 자기 몸을 스스로 발달시키는 살아 있는 기계처럼 활용되며, 이를 통해 무엇인가 새로운 것을 창조해 낸다.

예를 들면, 반듯이 누워서 꼬물꼬물 움직이다가 소리에 민감하여 소리에 시선을 돌리고, 손을 움직이고, 엎치고, 앉고, 기고, 잡고 일어나고, 서고, 걷는 활동은 모두 자신의 발달을 스스로 안내하는 유능한 삶의 건축가로서 새로운 창조를 하는 위대한 창조자, 생산자의 역할을 하는 것이다. 어린이들은 이러한 기초 운동, 움직임, 작업을 통해 사회적 관계를 맺으면서 인간화 과정을 지속한다.

셋째, 어린이들의 보살핌에 대한 활동이다.

우선 어린이들을 보살핀다는 것은 그들에게 관심을 가진다는 의미를 가진다. 그들 자신을 사랑하고, 존중하고, 그들이 생활하는 환경을 사랑하고, 환경 질서를 사랑하면서 주변의 모든 사물, 사람과 상호 작용을 하면서 언제 필요할지, 활용할지 모르는 모든 지식을 자기들의 지식 저장소에 보관하여 자신을 보살피는 역할을 의미한다.

몬테소리 교실은 어린이들에게 모든 교구교재를 자유롭게 선택하도록 허락하지만 그들 스스로 자기가 선택한 모든 교구교재를 질서 정연하게 보살필 책임감이 주어지는 것뿐만 아니라 적절하게 활용하고, 교구교재를 통해서 자기 인지를 발달시킬 수 있도록 보살피고, 선택한 교구교재를 작업적, 교육적 의미로 활용하도록 안내해 주어야 한다. 몬테소리는 우주에 존재하는 모든 것은 서로 관계되어 있기 때문에 인간이 모든 생명체와 무생명체를 지배할 것이 아니라 인간의 관계적-보살핌 속에서 더불어 살아가는 모든 생명체와 공존의 삶을 요구한다. 다시 말하면 자연 생태만 중요한 것이 아니라 인간과 관련된 모든 생태학적 관점인 인간 생태, 윤리 생태, 사회적 관계 생태 모두가 중요하다는 것이다.

인간의 새로운 인지 발달과 창조 작업은 사물을 보살피고, 자연을 보살피고, 생태계를 보살피고, 환경을 보살피고, 자기와 관계된 모든 사람을 보살필 때 더 효과적인 보살핌의 행위로 연결되어 정상화, 인간화로 진화하면서 보살핌을 실천할 것이다. 보살핌은 다른 사람, 사물과의 관계를 긍정적으로 연결하는 방법이며 인간적인 삶의 징표이다.

인간들은 활동적인 삶을 통해서 확실한 자아 정체성, 세계관, 자신감, 협력의 가치 그리고 자기의 지식 영역과 활동 영역을 긍정적인 관계를 맺으면서 확장한다. 어린이들은 자기 관리를 잘하는 사람으로, 자기 책임감을 완성하는 사람으로, 창조적인 일에 매력을 느끼는 사람 그리고 자기 일을 즐기는 사람으로 성장하여 자기 세계를 주도적으로 이끌어 갈 것이다. 활동을 즐기는 사람들은 항상 탐색 활동을 즐기면서 새로운 비전, 새로운 도전으로 자기 발전과 목적을 향해 인내하며 걸어가며, 올바른 행동과 탐구 정신을 가진 삶의 모델이 된다.

몬테소리 교실에서 어린이들의 활동적인 생활은 작업과 배움의 성공을 예언해 줄 뿐만 아니라 자기 성취감의 묘미로 인해서 너그러움, 사물과 사람을 바라보는 착한 마음, 자기 성취적 자세, 감춰진 마음보다는 열린 마음으로 세상을 바라보는 어린이로 성장하게 할 것이다.

중국의 시인 장자(莊子)는 '활동적인 삶'이라는 시의 마지막 장에서 일을 통해서 무엇인가를 생산하여야 하고, 자신들이 한 일의 결과에 주목하고, 친구를 만드는 일을 소홀이 하지 말고, 인간은 항상 변화를 가져와야 한다는 강력한 메시지를 전달한다. 이는 "교육은 변화다."라고 말한 듀이(Dewey)의 철학과 같은 맥락으로 이해된다. 인간에게 주어진 활동적인 삶을 즐기는 사람들의 특징은 항상 무엇이든 생산성을 즐기고, 결과에 충실하고, 일과 경제적 파워와 연결하면서 경제적 파워도 공유하려고 하고, 주변에 대인 관계를 중요시한다. 이러한 활동이 자신의 모든 변화를 가져오는데, 특히 인격과 지능적 변화를 가져온다고 말한다.

활동적인 어린이들은 마음 만들기(Making in the Mind)를 훈련하여 내 마음속에 훌륭한 씨앗을 파종하는 것에 주목한다. 그 훌륭한 씨앗을 다시 영성, 정신, 영혼(Spirit, Anima)의 강한 힘으로 발아시켜 자라게 하고, 바르고 도덕적이고 영적인 인간화로, 정상화로 진화하는 인간답고 아름다운 꽃을 피워 자신의 정신세계를 지배하게 한다.

더 중요한 것은 어린이들에게 주어지는 작업, 일, 창의성, 활동성, 나와 세계에 대한 보살핌은 분리되는 것이 아니라 서로 연관되어 시너지 효과를 주고받는 것, 즉 공존의 의미를 가진다는 것이다.

2. 인간이 필요로 하는 사랑과 모든 생명체의 사랑 이야기

모든 생명체는 발달과 성장에 있어 절대적으로 사랑을 필요로 한다는 것이다. 특히 어린이들에게 적용하는 교육 과정은 아마도 사랑의 교육 과정일 것이다. 유아교육 과정을 인문학적인 측면에서 정의한다면 사랑의 커리큘럼이라고 말할 수 있을 것이다. 저자가 2004년 어린이들의 영적 본능을 양육하는 방법으로 어린이들을 위한 『사랑의 커리큘럼』이란 역서를 출판한 기억이 난다.

인간과 다른 생명체들 사이의 공통점은 본능적으로 사랑의 욕구가 강하다는 것이지만 인간은 사랑의 본능을 이성적인 측면에서 고려한다는 점이 다르다. 저자는 사랑이 어린이들의 인간화, 정상화, 현실화 과정에서 어떤 역할을 하는가에 주목한다.

어린이들은 종종 교사, 부모, 자기가 알고 있는 사람들에게 "나를 정말 사랑해? 나를 정말 좋아해?"라는 질문을 하며 사람들과의 관계에서 사랑을 확인하려고 한다. 어린이들은 사람들과의 사랑을 마음으로, 표정으로, 행동으로 그리고 느낌을 통해서 확인하려고 한다. 그렇다면 사랑이란 단지 보여지는 것, 서로 주고받는 정신적인 요구일 뿐일까? 어린이들에게 사랑은 무엇을 의미하는 것일까?

첫째, 사랑이란 부모와 교사들이 자식과 어린이들을 사랑하면서 보살핌의 행위를 실천하는 것이다.

다시 말하면 보살핌이란 인간을 포함하여 이미 생명체들이 가진 어떤 것을 양육하고, 보호하고, 건강하게 생존하도록 안내하고, 생명력을 강화하고, 건강한 생명체를 만들어 주는 치유의 작업이다. 보살핌은 생명체들이 인간의 보살핌, 자연의 보살핌, 자신의 보살핌, 마지막 죽어가는 순간까지 신의 보살핌, 믿음의 보살핌, 영성적 보살핌의 안내를 받으면서 다시 원래의 본향으로 돌아간다.

특히 어린이들과 함께 생활하는 사람들은 어린이들 자신의 삶의 방향이 진실하고, 영적인 본성을 정상화로, 인간화, 현실화로 자연스럽게 드러낼 수 있도록 마음으로 존중과 사랑을 전달할 수 있는 보살핌을 실천하여야 한다. 어린이들은 신의 어린이들이며, 영적인 존재이기 때문에 그들의 정신세계와 인간 본질이 온전하게, 좋은 마음을 가지도록 양육하면서 항상 믿음적, 영적 보살핌을 실천해야 한다.

둘째, 사랑이란 어린이들에게 움직임, 몸동작, 조화로운 세상 경험하기, 자기 몸을 인식하고, 깨워서 서로 소통하여 가장 아름답게 조화를 이루는 에너지이다.

몬테소리 교실에서 사랑한다는 것의 광의적 의미는 모든 사랑, 인간, 자연, 정신, 영성과 조화로움을 이루면서 살아가는 삶의 양식을 말한다. 예를 들어, 작업에 집중한다는 것은 작업을 사랑한다는 의미를 포함한다. 자기의 주변 사람, 모든 사물, 작업할 수 있는 에너지, 감사의 마음을 파종하고 나눔을 실천하는 것, 고마운 마음을 간직하는 것, 감사하다고 말하는 것은 사랑이 없이는 불가능한 사랑의 본성을 표현하는 단어들이다. 그래서 어린이들은 자신을 사랑하여야 하고 사랑에 관한 질문을 자주 한다.

셋째, 사랑이란 이기심과 사심을 버리는 훈련, 사랑의 영성을 파종하는 훈련, 보살핌과 착한 일을 실천하는 훈련, 다른 사람들을 위해 봉사하는 훈련이 필요한데, 이러한 훈련은 사랑의 에너지가 없으면 불가능하다.

도움을 필요로 하는 사람들에게 봉사하고, 나눔을 실천하는 것은 사랑이 없이는 불가능하다. 자신이 누군가를 위해서 봉사하고, 돕고, 나눔을 실천하기 위해서는 자신을 비우고, 자신을 내려놓는 훈련이 필요하다. 이는 생각보다 어려운 훈련이다. 종종 우리는 도움을 필요로 하는 사람들을 위한 진정한 봉사가 무엇을 의미하고, 어떻게 도와주어야 하고, 내가 그들이 원하는 것에 도움을 줄 수 있을까 하는 생각을 한다.

우선 봉사는 조건과 보상을 바라지 않고 순수하게 보살핌, 물질적, 정신적 도움, 좋은 관계 형성, 도움이 필요한 사람에게 진심으로 다가가는 행동 방식이다. 몬테소리 교실에서 어린이들에게 가르치고 훈련하는 봉사의 의미는 사람으로 제한되지 않는다. 자신과 관련된 도움을 필요로 하는 모든 사물, 모든 사람, 모든 환경, 모든 동식물에, 더 나아가 우주 전체에 봉사하는 개념으로 확장된다. 나와 관계된 모든 것으로부터 받은 도움을 다시 모든 것을 필요로 하는 사람, 자연, 환경에 되돌려 주는 조건 없는 마음 행위, 실천 행위를 의미한다. 누군가에게 봉사하고 돕는다는 것은 실제로 나 자신을 사랑하고, 나를 위한 선한 행위를 포함한다.

넷째, 사랑한다는 것은 나와 다른 사람을 신뢰한다는 의미이다.

사랑은 나로부터 시작되어야 한다. 나는 나와 연관된 모든 사람, 모든 사물, 자연과 어떤 관계를 유지하고 있는가? 자신을 신뢰한다는 것은 자신을 스스로 보살피는 힘, 개인적인 소유물과 자신이 살아가는 환경을 보살피는 힘, 자신의 행동에 대한 책임감, 나와 세계와의 긍정적인 관계를 통해서 신뢰감을 형성하는 것이다.

인간이 무엇/어떤 것이든 사랑하기 위해서는 서로 연관 짓기와 자신과 관계를 맺는 것이 중요하다. 관계를 가지면서 소통하고, 접촉하고, 만남을 가지면서 서로의 믿음을 확인하고, 좋아하고 사랑한다는 말을 하거나 느낌을 전한다. 우리는 자연을 만나서 자연의 신비함, 아름다움에 빠져든다. 자연이 어린이들에게 주는 가장 가치 있는 것은 자연스러움과 진실함을 사랑하게 하는 것이다. 모든 생명체는 서로 신뢰하고, 의존하고, 공존을 통해서 진정한 사랑을 배우고 실천한다.

다섯째, 사랑이란 개인적인 사랑을 통해서 항상 공동체, 인류애, 세계화, 자연계와 관계를 맺는 강력한 에너지를 가진다.

몬테소리는 어린이들의 진화 과정에 가장 영향력을 많이 주는 것은 사랑이라고 말한다. 어린이들은 빵만 받아먹고 살아가는 것이 아니라 사랑을 받아먹고 살아갈 때 가장 인간적이고, 가장 정상적으로 발달한다는 것이다.

3. 환경에 적응함으로써 인간화를 성취하는 어린이들

인간은 환경에 적응하면서 완전한 인간으로서 자기 환경과 우주 전체를 통합하여 인간화, 정상화를 성취해 간다. 인간의 몸을 총체적이고 통합적으로 형성하기 위해서 인간은 환경에 적응하여야 한다. 교육을 다른 측면으로 정의하면 적응력을 포함한다. 예를 들면, 내가 미국에 가서 적응을 잘한다면 우선 미국에 대해서 많이 알아야 적응할 수 있다. 더 엄밀히 말하면 적응력은 내가 알고 있는 지식과 비례한다.

한편 한 종족, 한 민족, 한 사회의 건강한 구성원이 되기 위해서는 통합적이고 균형적인 발달을 사회 속에서 조화롭게 이루어 가야 한다. 인간은 다양한 집단으로 구성되어 생활하는데, 이러한 각각의 특별한 공동체나 집단들은 다양한 차이점을 가지고 있다.

인간들이 만들어 가는 다양한 집단들 사이에서 어떻게든 조화롭게 균형을 유지하면서 정상화로 진화하도록 도와주어 나 스스로 할 수 있도록 돕는 교육은 몬테소리 철학의 중심이며, 핵심이다. 몬테소리는 사랑이라는 훌륭하고 강한 에너지가 어린이들을 정상화로, 인간화로 안내하면서 그들의 일탈 행동을 보호한다고 말한다. 인간의 사랑은 본능적이면서 기본적으로 중요한 요소라고 말한다. 어린이들에게 사랑이 부족할 때 인간화, 정상화로 발달하는 진화 과정에서 질서, 사회적 규범을 일탈하게 된다.

몬테소리 교육의 목적은 어린이들의 일탈 행동을 정상화로 진화하도록 하는 데 있으며 또한 인간 존재를 스스로 독립적으로 살아가도록 돕는 것이다. 그래서 어린이들이 일을, 작업을, 몰입을 통해서 어떤 억압, 명령, 환경으로부터 자유로워지도록 돕는다. 어린이들은 "나 스스로 할 수 있도록 나를 도와주세요."라고 외친다. 몬테소리의 인문학은 인간의 가치를 일과 작업으로부터 해방시켜 자유롭게 만드는데, 이때 환경을 중요한 요인으로 여긴다. 인간은 지구 어디든 거주한다. 사막, 북극과 같은 아주 다양한 기후 조건에도 불구하고 인간은 지구의 모든 영역에서 환경과 적응하면서 생존한다. 더욱 경이롭고 신기한 것은 지구상의 모든 인간은 각자 다른 생활 양식, 문화적 양식을 가지고 자신에게 주어진 삶의 조건에 자신들을 적응시키는 탁월한 능력을 가졌다. 탁월한 능력은 환경에 적응하기 위한 인간의 지능, 지혜로부터 얻어지는 산물이다. 그래서 인간에게 학습과 배움이 필요한 것이다. 인간은 탁월한 지능, 지혜, 창조적 사고는 물론, 여기에 무한한 노력을 더해 모든 문화, 문명들을 지금보다 더 훌륭한 새로운 문화와 문명으로 창조해 나가고 있다.

사람들은 자기가 처한 환경, 문화, 관계의 어떤/무엇의 조건에 익숙해지면, 기존과 똑같은 형태가 아닌 새로운 형태의 생존을 원한다. 인간의 본성은 아마도 발달과 성숙이나 적응 정도에 따라서 무엇인가 새로운 세계를 창조하여 다른 정신적, 영성적, 희망적 공동체를 형성하려고 한다. 다른 생명체보다 인간의 적응 능력은 탁월하고 때로는 경이롭다. 과학적 측면에서 본다면 종의 특별한 특징을 결정짓는 동물과는 달리 인간은 무한한 노력으로 과학을 발전시키면서 한편으로 과학을 즐긴다.

옛날 우리 조상들은 과학이 발달한 오늘날과는 다른 조건에서 살았다. 우리 조상들이 만약 오늘을 살아간다면 현재의 조건에 적응하지 못하고 그 옛날을 그리워할 것이다. 우리가 옛날의 추억과 아픔을 지금도 기억하듯이 말이다. 우리 조상들은 과학의 발달로 변화된 세상에 놀라며, 옛날과는 전혀 다른 현상으로 가득 차 있는 이 세상에서 살기 어렵다고 새로운 환경에 적응하는 것을 포기할지도 모른다.

하지만 중요한 것은 옛날 사람들이나 현대인들은 자기가 살고 있는 현재에 열심히 적응하면서 오늘에 최선을 다하며 살아간다는 것이다. 분명한 것은 옛날 사람들은 약간의 불편함이 있을지라도 환경과 문화에 적응하면서 의미 있는 삶을 살면서 많은 업적을 후손에게 전승해 주고 인간다운 삶을 살았다고 말할 것이다. 사람들은 자기들의 조건이 어떠하든 간에 어떻게 자기들의 환경에 적응하면서 더 나은, 더 가치 있는, 더 의미 있는 삶을 살아갈까에 대해 끊임없이 자신에게 물음을 던지고 답을 찾으며 오늘도 살아간다.

인간들은 자기가 지금까지 살아온 익숙한 환경에서 벗어나서 다른 조건의 환경에 자신들을 적응시킬 때 매우 어렵고, 낯설고, 두려움마저 느낀다. 인간들은, 특히 어린이들은 살아가는 환경과 문화에 적절한 자신의 인간성을 창조할 수 있을 뿐만 아니라 자기가 태어난 환경에 적응할 수 있는 힘을 내부에 강하게 가지고 태어난다. 어린이들은 자기의 환경 조건에 적응하는 능력을 아주 편리하고 쉽게 숙달해 갈 뿐만 아니라 자신들이 속한 환경, 공동체에서 영성적인 생각과 에너지를 현실화, 구체화, 인간화하고 발전시킨다.

어린이들은 자기들이 속해 있는 가정과 공동체의 성인들로부터 새로운 것을 학습하고, 모방하면서 새로운 모든 것을 흡수하고 창조한다. 모든 지식은 보는 것 안에 내재해 있다는 몬테소리의 말을 빌리자면, 볼 수 있는 환경을 떠나서는 어떤 사람, 그 누구도 인격을 형성할 수 있는 능력과 희망이 없으며 심지어 인간화, 현실화를 이루면서 평화롭게 살아갈 수조차 없다. 우리는 성인과 어린이들이 소유하고 있는 자연적인 본성을 신이 창조한 것이라고 말할 수도 있다. 어쨌든 신이 아니면 자연 현상, 과학일 것이다. 일반적인 우리의 지식은 신이 자기의 목적에 알맞게 인간을 창조하였으며, 인간은 자신이 우연하게 존재할 수밖에 없는 존재라고 생각하면서 환경이 어떠하든지 평화로울 수 있으며, 만족해하기도 한다. 인간은 자연스럽게 주어진 운명적인 환경에 적응하면서 새로운 생을 시작한다.

어른들과 더불어 살아가는 어린이들도 자기가 처한 환경에 적응해 간다. 어른들이 살아가는 환경에서 어린이 사이에 존재하는 관계성을 이해하여야 한다. 성인들은 발달과 성장을 거듭하는 어린이들은 물론 그들의 환경도 존중하여 인간화, 정상화, 현실화로 진화하는 과정에서 성취감, 만족감, 평화로움을 즐길 수 있도록 해 주어야 한다.

어린이들이 환경 속에서 인간화로 진행하는 데 다음의 두 가지 기능을 가지고 있다고 주장한다. 한 가지 기능은 어린이들이 어른들의 환경에서 살아가는 것이고, 다른 한 기능은 어린이들은 본능적으로 인간화의 잠재 능력을 가지고 있다는 것이다. 영아들은 자신의 능력을 초월해서 주변의 모든 환경과 상호 작용하고, 의존하고, 흡수하면서 인간성을 형성하고 인간화의 과정을 시작한다. 어린이들은 성인과 다르게 환경을 있는 그대로 흡수하는 차이점을 가지고 있다.

어린이들은 환경을 있는 그대로 흡수하는 강한 힘을 가지고 있으며 성인들과 달리 순수하고 바르게 행하는 있는 그대로의 본능적인 에너지를 가지고 있다. 그러나 어린이들이 성인들의 고유한 특성과 특징을 모방하거나 형성하지 못한다면 성인이 되었을 때 독립적으로 자신의 작업과 활동을 수행할 수 없을 것이다. 우리가 살아가는 세상은 성인과 어린이들이 함께 공존하는 곳이기 때문에 조화롭고 균형적인 삶을 살아야 한다. 조화롭게 공존하는 데 필요한 모든 사람과 소통하는 언어를 예로 들면, 새로운 언어를 배우고 습득하려고 노력하는 어른이 있는 반면 다른 한편에서는 새로운 언어를 배워야만 하는 갓 태어난 영아가 공존한다.

성인들이 소통하는 모든 언어는 의미를 가지고 있다. 어린이들은 태어난 조국과 상관없이 지금 현재 살아가는 곳에서 환경과 상호 작용을 하면서 언어를 습득한다. 모국어는 지금 어린이들이 생활하는 곳에서 학습한 언어다. 신생아기에서 영아기까지 언어 발달은 환경 속에서 인적 환경과 상호 작용을 통하여 혼자 입 근육을 발달시키려고 푸푸, 소리 지름, 무엇이든 입으로 가져가 빠는 훈련을 하며 점차 발달이 이루어진다.

신생아들은 태어나자마자 자기 주변에서 들려오는 다양한 소리, 말소리에 예민하고 의미 없는 소리, 옹알이를 한다. 영아들에게 들리는 소리들은 완전히 새로운 소리들이다. 새로운 소리들은 의미를 다시 떠올리게 하며, 영아는 소리들이 포함하고 있는 의미와 소리를 연결시킨다. 영아들은 이러한 반복 과정에서 언어를 활용하는 특별한 집단에 소속되어 환경에 적응하며 인간화를 성취해 간다. 어른들은 외국어를 완벽하게 모국어처럼 구사할 수 없지만 어린이들은 유능한 다중언어를 모국어로 만들어 가면서 다문화, 다중언어, 다중지능을 발달시켜 인간화를 이루고 세계 속의 어린이로 성장한다.

어린이들은 3세까지 새로운 언어를 배우며 언어적 소통에 자신감을 가진다. 어린이들처럼 이중의 언어를 구사하기 위해서 얼마나 많은 노력과 교사들이 필요했을까? 반대로 어린이들은 가르치지 않아도 자기들 내면에 잠재해 있는 어떤 새로운 것들을 창조한다. 인간으로 특징화하고, 인간화로, 정상화로 인간의 모습을 드러내어 다른 문화를 언어적 소통으로 학습한다. 관심을 가지고 어린이들을 연구하다 보면 우리는 어린이들이 어른이 되어 가는 과정에서 특성을 개발하는 특별한 능력을 소유하고 있음을 알 수 있다. 이러한 특성이 인간화에 지대한 공헌과 기여를 한다.

모든 인간은 특정 연령에 도달하면 필요한 민감기를 가진다. 예를 들어, 학문의 민감기, 언어, 수, 질서의 민감기, 미의 민감기가 성인 시기에 민감기라면 어린이들은 생물학적, 발달적 특별한 민감기를 지니고 있는데 이 민감기는 모든 어린이가 성인의 특성으로 인간화, 현실화, 육화하도록 돕는 일등 공신이다.

어린이들이 인문학적 가치, 자질, 특별한 특징을 학습하여 내 것으로 만들어 가는 데 이러한 민감기는 학습 능력을 지속시켜 준다. 그러나 모든 민감기는 영원한 것이 아니라 학습에 도움을 준 민감기들은 소멸되고, 또 새로운 민감기가 생물학적으로 작용한다. 다른 민감기의 특징을 습득하기 위해 또 다른 능력을 학습하고 배워야 한다.

결과적으로 어린이들의 인간화, 정상화, 육화, 현실화 과정에서 어린이들의 이야기, 생각, 행동은 우리 성인들을 경이롭고 놀랍게 만든다. 어린이들의 생각과 행동은 어른들도 모방하고 학습하여야 한다. 그래서 몬테소리는 "어린이들은 인간의 어버이고, 위대한 스승이다."라고 단언한다.

앞에서 언급한 것처럼 인문학은 인간과 인간의 근원적인 문제를 다루고, 인간의 사고, 문화, 환경을 탐구하는 학문으로, 자연과학과 사회과학이 경험적으로 접근한다면 인문학은 인간 자신이 문화적, 환경적, 분석적, 비판적으로 접근하는 학문으로서 어린이에게 무한하고 다양한 기회를 제공하여 그들이 세계를 새롭게 설계할 수 있는 가능성을 발휘하도록 도와준다. 어린이는 인간의 건축가이며 인간의 어버이로서 성인들과 상호 작용하며 인문학과 연결하여 그들의 특징들을 습득할 수 있는 능력을 키울 수 있도록 해 주어야 한다. 어린이들은 삶의 한 시간, 한 장면을 오랜 시간 동안 자신, 환경, 사람과 다툼, 투쟁을 즐기면서 새롭게 하나씩 무엇인가를 건축해 갈 때 행복함을 느낀다. 그래서 어린이와 환경은 끊임없는 상호 작용을 통해 인간화의 관계로 발전한다. 어린이는 새로움을 창조하는 데 있어 규칙과 질서를 환경 안에서 지켜야 한다. 그들이 지키는 규칙과 질서는 인간성을 변화시키는 데 지대한 공헌을 하는 강력한 내적 동력이 된다.

어린이들은 어릴 때부터 주변에서 들리는 소리를 듣고, 모든 소리 가운데 특별한 말소리와 다른 변형된 소리들을 변별하는 능력이 발달한다. 예를 들어, 호루라기 소리, 기차 소리, 떠드는 소리를 듣고 인간의 언어를 창조하는 언어의 민감기로 활용한다. 인간의 언어는 인간을 인간화로 진화하게 하는 중추적 역할을 하고, 인문학적 가치를 부여한다.

4. 어린이들의 욕구를 충족시켜 주는 손의 위대함

인간에게 손 움직임은 무엇을 의미하는가? 손의 활동, 작용, 조작은 인간 지능을 발달시켜 다른 생명체와 차별화하는 데 일등 공신 역할을 한다. 몬테소리 교실에서 손으로 자르고, 접고, 옮기고, 끼워 넣고, 붙이고, 던지고, 부수는 것은 손 운동의 민감기라 할 수 있다. 인간의 몸 기능 중에서 가장 중요한 것을 뇌라고 말한다면, 손은 뇌를 자극하기 때문에 제2의 뇌라고 할 수 있다. 손은 인간에게 뇌 이상으로 중요한 가장 비싼 보물이다. 몬테소리 교실에서 일상과 감각 영역에서 손의 움직임을 중요시하는 것은 뇌 과학적으로 설득력 있는 일이다. 다시 말하면 어린이들의 인지 발달은 손 운동이 없이 어느 정도는 발달 가능하지만 손을 많이 사용한다면 고도의 뇌 기능 발달을 촉진할 수 있다.

뇌의 관계는 우선적으로 움직임으로써 인간의 생명체가 살아 있다는 의미를 가진다. 인간으로서 발달과 성숙의 과제를 안고 있는 어린이들은 이 지구상의 능동적인 피조물로서 아주 신비로운 존재이다.

누군가를 만나서 관계를 가질 때 순수한 미소, 웃음은 물론 무엇/어떤 것이든 만지고, 던지고, 빨 수 있고, 창의적 활동을 할 수 있는 두 손을 소유하고 있다. 영아들은 시야에 들어오는 모든 것은 우선 손으로 만지고, 기고, 집고 일어나며, 알지 못하는 사람과 사물을 연결하여 통교하려고 한다.

동물과 다르게 인간의 움직임에 대한 발달은 본능적인 것으로 시간이 지나면서 단계적으로 정교해진다. 어린이는 미약하고 연약한 존재로 세상에 얼굴을 내밀고 오랜 시간 훈련을 통해 움직임을 학습하고, 원하는 방향으로 움직이지만 어른들의 보살핌을 여전히 필요로 한다. 환경 속에서 어른들의 소리를 들으면서 언어를 습득하지만 언어 발달은 개인 성향에 따라 결정되어지는 것이 아니라 환경에 의해 지배된다. 한국에서 성장하면 한국어를 학습하고, 일본에서 자라면 일본어를 습득한다. 모국어는 자기가 처음 성장해서 습득하고 학습한 언어가 모국어이다.

어린이의 동작은 한 가지로 제한되는 것이 아니라 매우 복잡하게 움직인다. 걷고, 뛰고, 점프하고, 기어오르고, 때로는 장난감 자동차를 스스로 방향을 조절하며 움직인다. 영아기, 유아기의 이런 모든 행동은 이성적으로 생각해서 움직이는 것이며, 보이는 모든 것은 손을 필요로 한다. 어린이는 언어를 구사할 수 있고, 손을 활용해서 성인들이 일상적으로 하는 행동 패턴을 모방하여 무엇/어떤 것을 획득한다.

현재의 진화 상태를 고려하지 않고 어린이가 태어난 시기에 먼저 다른 사람들이 이루어 놓은 현재의 상태를 그대로 흡수하여 새로운 작업과 인지를 발달시킨다. 어린이들은 좋은 것이든 나쁜 것이든 판단 없이 단순하게 환경 전체를 흡수한다. 몬테소리가 우주 자체가 어린이들의 환경이라고 말하는 이유도 여기에 있다. 발달과 성숙을 반복하면서 어린이들은 자신이 속한 환경, 시대적 상황에 필요한 기본적인 시민 의식인 질서, 규범, 존중, 소속감을 성취하기 위한 최선의 노력을 한다.

이러한 노력을 볼 때 어린이들은 잠재 능력을 소유하고 있다는 것을 확신할 수 있다. 영아들이 걷기 위해서 앉고, 기고, 집고 일어나고, 한 발자국 한 발자국을 옮기는 훈련을 한 다음 걷는 순간 땀을 흘리고 손을 꼭 잡는 행동에서 이는 노력의 결과임을 알 수 있다.

어린이들은 자신의 몸과 정신을 사회적 규범에 따라서 움직이려고 특별하게 노력하는 특성을 가지고 태어난다. 인간이 태어나서 환경과 상호 작용이 시작되는 순간 교육이라는 긴 여정에 오르게 된다.

어린이가 타불라 라사(Tabula Rasa), 즉 백지상태로 그대로 머무르는 것이 아니라 이미 태내에서 발달시킨 감각 기관들이 태어나자마자 환경과 상호 작용하는 것이다. 경험론자인 로크(Locke)는 철학자 플라톤의 인식론인 선험적 지식을 거부하고, 모든 지식은 타불라 라사에 직접 경험, 간접 경험의 감각을 통해서 만들어 가는 것이라고 하였다. 다시 말하면 인간은 경험과 반복적 학습에 의해서 모든 지식을 배울 수 있다고 본다. 몬테소리가 어린이들을 위한 준비된 환경의 중요성을 강조한 이유이기도 하다.

영아는 환경만 주어지면 소통하려는 욕구를 충족하려는 특성이 있다. 언어로 표현을 못 할 때는 미소로, 울음으로 소통을 한다. 어린이들은 자기들만이 소통할 수 있는 언어를 구사할 수 있는 잠재적인 능력을 가지고 태어났다.

모든 활동에서도 같은 맥락으로 설명할 수 있다. 자연이 인간에게 준 가장 큰 선물은 두 손이며, 손의 기능은 지능 발달과 밀접하게 연관되어 인간화로 특징지어 주는 특별한 기관이기도 하다. 두 손을 움직여 지능을 발달시키고, 발달된 지능은 우리를 지혜로운 인간, 지적 인간으로 만들어 인간화를 안내해 간다. 그래서 손 기능이 발달하지 못하면 무엇인가를 자유롭게 한다는 것은 불가능하다. 어떤 작업을 성취하기 위해서는 손이 그 일을 해야만 한다.

자연이 인간에게 부여한 것은 일하는 손이 아니라 손이 할 수 있는 모든 가능성을 부여한 것이다. 인간의 손은 바로 사람이 가질 수 있는 인간적인 전리품인 동시에 가장 가치 있는 무기라고 말할 수 있을 것이다.

인간은 수영을 할 수 있고 뛸 수 있지만 물고기처럼 물에서 그렇게 자연스럽게 움직이거나 사냥개처럼 빨리 뛰지는 못한다. 그러나 인간은 그렇게 할 수 있는 가능성을 훈련하여 습득한다. 인간은 밧줄 위에 매달릴 수는 있으나 원숭이처럼 똑같이 재주를 부릴 수는 없다. 이러한 모든 성취는 숙달, 훈련, 노력에 의해서만 얻어질 수 있다. 인간은 미완성된 자기 몸, 정신, 기능을 정상화로 이끌어 내기 위해서 피나는 노력이 필요하고, 그런 일들을 성취할 수 있는 교육이 필요한 것이다.

인간이 자연으로부터 위대한 선물을 받은 것을 언어로 표현하기 어렵지만 인간이 아무런 노력이 없다면 위대하고 가치 있는 선물들은 인간에게 아무런 쓸모없는 물건일 뿐이다. 자연이 인간에게 부여한 선물을 잘 보존하고 쓸모 있는 것으로 만들기 위해서 우리의 활동은 지금도 지속되고 있다. 인간의 활동과 움직임이 멈추거나 끝나지 않을 때 인간화로 진화하는 것이다. 정상화로 인간화로 진화하여 인간은 인간 본질에 접근하면서 인문학의 큰 범주 속에 머물게 된다. 즉 자신의 가치, 존재 이유, 사명감을 실제로 감각적으로 느끼게 된다.

이러한 움직임, 소통, 노력을 끊임없이 한다면 언젠가 '나'라는 존재는 나의 세계, 나의 위치, 나의 환경에서 성공한 자아로 알려지면서 자아를 스스로 지배하고, 환경을 지배하고, 문화를 지배하면서 아름다운 삶을 살아가는 행복한 자아가 될 것이다.

반면 인간이 태어나서부터 마지막 순간까지 역경을 극복하는 힘, 지속적인 훈련, 반복적인 연습을 하지 않는다면 자연이 인간에게 부여한 무한하고 완전한 잠재 능력은 사라질 것이고, 삶이 일탈 과정을 반복하여 소위 유능한 자아가 될 수 없을 것이다. 인간화의 과정에서 멀어져 가는 삶을 살아갈 것이다. 그러므로 이러한 삶의 방식은 유아기 때부터 습관을 들여야 한다는 것이 몬테소리의 지론이다.

유능한 몬테소리 교사로 거듭나기 위해서 얼마나 많은 직업에 관한 지식, 경험, 직업의식, 직업 정체성, 자아 개발이 필요한가? 몬테소리 교사가 이런 조건에 만족하지 않는다면 유능하고 훌륭한 교사가 될 수 없다. 완벽하고 유능한 교사가 되기 위해서 또 다른 지식 정보를 습득하기 위해 항상 지속적으로 노력할 때, 자신의 위치와 역할을 잃지 않고 유지할 수 있다. 교사들은 자기 능력의 개발뿐만 아니라 능력을 유지하기 위해서도 이를 행동으로 실천하여야 한다. 인간이 노력 없이 안주할 곳은 세계 어디에도 존재하지 않는다.

인간의 행동이 활동적이며, 활동을 지속적으로 실천한다면 자기 자신, 자기 환경, 자기 문화를 지배할 수 있는 능력을 가지게 된다. 이렇게 볼 때 '왜 어린이는 그렇게도 오랜 시간 동안 미약한 존재로 남아 있는가?'라는 생각을 하게 된다. 이에 대해 몬테소리는 "새로 태어난 신생아가 아무것도 할 수 없는 무능력한 상태인 것은 어떤 것/무엇을 할 수 있는 능력이 없어서가 아니라 그 궤도가 아직 정해지지 않았기 때문이다."라고 하였다. 다시 말하면 어린이들이 무엇인가 성취하여 무엇인가가 된다는 것은 발달의 첫 단계에는 정해지지 않은 잠재성이 감추어져 있을 뿐이고 완전히 잠재 능력이 결여된 것은 아니라는 뜻이다.

인간이 인간화로 진화하기 위한 모든 활동은 인간의 의지와 관계가 있으며 우리는 그 의지적 활동을 지시한다. 인간의 의지적 활동은 지능 발달과 밀접한 관계를 가진다. 인간의 위대한 업적의 중심에는 지능이라는 존재가 버티고 있다. 다시 말하면 지능은 활동 전 단계에 있다. 새로 태어난 신생아는 지능을 가진 존재지만 움직임에 있어 미숙아일 뿐이다.

어린이들은 자신이 할 수 있는 모든 것을 실천으로 옮기기 전에 이미 예리한 지능과 자신의 개성 또는 특성을 가지고 있다. 어린이들이 어떻게 말하고 움직여야 할지 모를 때에도 어린이들의 부모들은 자녀가 얼마나 영리한지를 자랑삼아 이야기한다. 예를 들면, "우리 아이가 아주 영리해요. 주변에 있는 모든 것을 잘 알거든요". 얼마 후에는 똑같은 엄마가 이야기하기를 "우리 아이가 얼마나 바보스러운지 모르실 거예요. 얼마나 장난이 심한지, 얼마나 버릇이 없는지요." 이러한 현상은 엄마가 자기 아이가 자신에게 어떻게 순종하도록 만드는지를 모르기 때문이다. 부모와 어린이 사이의 관계 방법을 모르는 측면도 있다. 즉, 부모가 원하는 것을 아이가 하도록 만드는 방법을 모르기 때문이다. 부모가 자녀의 판단하는 방식을 바꾸는 것은 이상한 일이다. 숨겨진 비밀이라기보다 무엇인가 도사리고 있기 때문이다. 어린이가 움직일 때는 자신의 내적 안내를 받는다. 이는 본능이라기보다는 어떤 다른 능력이다.

우리는 어린이가 이미 알고 있는 말에 대해 언급할 때, 이 말의 의미가 무엇인지 질문을 할 수 있다. 말은 의미를 가지고 있는 연속적인 소리이다. 어린이가 단어와 의미를 알고 있다는 것은 어린이의 마음속에 분명한 생각이 있다는 것을 의미한다. 예를 들어, 엄마가 우유와 빵을 말하면서 들고 있으면 어린이는 의미를 알아차린다.

어린이들은 말은 안 하지만 자기 주변 환경에 대해서 우리가 생각하는 것보다 훨씬 많은 것을 알고 있다. 1세의 영아들에게 주변 환경에 대해서 아무도 가르쳐 주지 않기 때문에 영아 스스로가 주변 환경을 의식적으로 탐색하여 던지고, 보고, 소리를 들으려고 한다. 영아들은 사물의 차이점을 깨닫고 모든 것을 이해하려고 노력한다. 이러한 현상은 영아가 자기 방이나 거실에 무엇이 어디에 어떻게 있는지를 알게 되는 이유이다.

영아들의 지능은 상상력으로부터 시작해 구체물을 뚜렷이 구별하는 시점까지 이르게 된다. 예를 들면, 그림으로 사물을 표현하는 과정이 그러하다. 또한 오랜 시간 동안 걷거나 차를 타면서 어린이들의 지능은 자신의 감각을 통하여 더욱 개발된다. 이러한 환경이 1세 영아들에게 제공된다면 최적의 환경이 될 수 있다.

2세경의 영아들은 매우 작은 사물들에 관심을 가지고 집중한다. 영아들은 아주 작은 곤충, 물체, 그림을 보는 것을 좋아한다. 성인들이 보기에 명료하고 정확한 그림이나 사물은 영아의 관심과 집중을 끌어내지 못한다.

성인이나 교사들은 어린이들이 필요로 하는 지식들을 가르쳐 주어야만 한다고 생각한다. 따뜻함과 차가움에 대한 차이를 가르치려는 교사를 볼 수가 있다. 따뜻함과 차가움을 느낀 어린이는 교사의 설명에 대하여 무관심할 수 있기 때문에 교사는 어린이가 이해를 못 한다고 생각할 수도 있다. 이런 경우에 교사는 어린이가 무엇인가 부족하다고 생각하면서 계속해서 설명한다. 교사와 어린이 사이에는 상호 작용보다는 약간의 괴리감이 발생하여 오해가 생기게 된다. 이러한 현상은 엄마와 자녀 사이에서도 빈번히 벌어지는 일이다.

어린이들이 처음 시작하는 작업은 지능적인 작업이다. 지능적인 작업은 어린이가 모든 움직임을 습득했다고 전제할 때 가능하다. 손의 움직임은 어린이의 의지와 관련이 있다. 어린이들이 아무런 목적도 없이 손을 움직일까? 어린이는 무엇을 잡기 위해 손을 움직이거나 지적으로 뭔가를 이용하려는 의지가 생길 때 손을 움직인다. 어린이들의 첫 번째 움직임은 발이 아니라 손에서 시작된다. 이것이 교육의 첫 단계인 것이다.

대부분의 경우 영아들이 손으로 무엇인가를 잡으려고 하면 엄마들은 위험하다는 핑계로 허락하지 않아 어린이들의 발달을 저지하고 지연시킨다. 다시 말하면 혼자 걸을 수 없는 영아를 안아 주고, 업어 주고, 가급적 오랫동안 잠재우거나 유모차에 태워 산책을 나가는 경우이다. 몬테소리의 "어린이가 인간의 어버이다."라는 말은 어린이들은 아직 성숙하지 않은 어른이라는 의미이다. 어린이들은 자신의 움직임을 이용한 모든 활동을 수행하여야 하는 어른인 것이다. 자신의 발로 스스로 설 수 있을 때까지 지속적으로 훈련하여 인간화를 향해 진화하는 과정인 것이다.

5. 몬테소리 프로그램 영역과 다중지능의 관계

과학과 학문이 발달함에 따라서 인간 연구의 진화는 엄청난 결과를 가져왔다.

오랜 시간 동안 인간의 총제적 능력을 평가할 때 IQ라는 지능지수를 개인의 성공과 연결시켰다. 어린이들의 지능 관계를 연구한 가드너(Gardner)는 인간의 지능을 어떻게 숫자로 계산할 수 있는가에 의심을 가지고 다중지능이란 연구 업적을 남겼다.

우리가 살아가고 있는 오늘은 다중(Multi)이란 용어가 모든 분야에 다양하게 활용된다. 예를 들면, 다중문화, 다중기술, 다중지능, 다중언어와 같은 용어들이 그것이다.

어쨌든 다중지능은 인간의 뇌 이론과 밀접한 관계를 가지고 있고 가드너의 다중지능 이론 역시 뇌의 모든 기능을 다중적인 기능으로 보는 측면이다. 반면 몬테소리 프로그램에서 차별화하는 모든 영역과 어떤 관계를 가지는가는 흥미로운 일이다. 가드너의 다중지능과 몬테소리 프로그램의 영역을 비교하면 다음과 같은 연관성 내지 관계를 가지고 있다.

〈표 1-1〉 가드너 다중지능과 몬테소리 프로그램 영역 비교

가드너의 다중지능	몬테소리 프로그램의 영역들
언어 지능	언어 영역
논리 수학적 지능	수 영역
대인 관계 지능	일상 영역
자기 이해 지능	종교, 평화, 일상 영역
자연 탐구 지능	우주, 생태 영역
음악적 지능	음악, 미술 영역
신체 운동적 지능	일상, 감각 영역
공간적 지능	일상 영역
영성 지능	종교, 평화 영역

위에서 언급하고 있는 가드너의 다중지능 이론을 몬테소리가 훨씬 이전에 어린이들의 뇌 이론과 관계된 개혁 교육학을 이끌어 가면서 영역별 프로그램으로 구체적으로 발전시켜 뇌의 각 영역을 활성화하는 데 기여하였다.

몬테소리 교실에서 작업에 집중하고 작업 완성을 통해 만족감을 얻으려면 적절한 긴장감, 적절한 자극, 적절한 스트레스를 받아서 일하는 뇌를 만들어야 한다. 특히 어린이들이 원하는 작업을 성공적으로 이루기 위해서는 도파민(dopamine)이라는 신경전달 물질이 적절하게 분비되어 작업에 대한 관심을 유발할 수 있어야 한다.

4

CHAPTER

몬테소리의 자유 개념과 자유로워지기로서 인간화

몬테소리 철학에서 자유 개념은 과학적 교육학의 학문적 근거가 된다. 몬테소리 교실에서 준비된 환경을 중요시하는 이유 역시 자유 선택을 가능하도록 만드는 중요한 요인이 되기 때문이다.

1. 몬테소리 교실에서 어린이들이 자유로워지기에 성공하기

몬테소리의 자유 개념은 어린이들의 활동에 기원을 둔다. 즉, 어린이들은 활동을 통해서 자유를 성취하여 자유로워지기에 성공한다. 몬테소리의 자유 개념은 철학적, 학문적, 이론적인 해석이라기보다 몬테소리 교실의 일상생활에서 자유의 의미는 무엇이고 자유의 역할은 무엇인가에 답을 주는 것이다. 이러한 이론의 자유 개념은 철학적, 학문적인 의미를 이해하는 것뿐만 아니라 어린이들이 일상생활을 통해서 몬테소리 교실 환경을 포함하여 이해하여야 한다. 인간이 자유로워지는 데에는 혹독한 노력이 필요하다. 단순히 사물을 만나서 자유로워지는 것이 아니라 자기만의 무서운 고독, 몰입, 숙달 과정 그리고 진정한 책임감을 수반

한다. 예를 들면, 16~18세기 유럽은 르네상스 운동, 종교 개혁을 통해 시민이 자유를 얻기까지 많은 희생과 고통에 직면하면서 얼마나 통렬한 책임감을 의식했을까? 우리는 이러한 고독과 책임감을 마음속에 간직하면서 어린이들이 진실한 인간화, 정상화, 현실화에 필요한 자유로움을 끊임없이 갈구하도록 몬테소리 교실 공간을 준비해 주고 있다. 몬테소리 교실이 자유로의 도피 장소가 아니라 자유를 통렬하게 느낄 수 있는 인간적인 공간이 되도록 말이다.

그래서 몬테소리는 어린이들, 인간들이 자신의 구체화, 정상화, 인간화, 현실화하는 과정에서 하나의 교육 방법으로서 자유 개념을 활용한다. 몬테소리는 어린이들의 잠재 능력과 본성이 자유와 어떻게 상호 작용하는가를 의학적, 생물학적인 측면에서 이해하였다.

첫째, 인간 삶의 관점에서 자유 개념을 이해하여야 한다.

몬테소리는 어린이들을 연구할 때 자신의 직업적 유산인 의학적 관점과 생물학적 관점에서 시작하였다. 즉, 어린이들의 삶의 방식은 내적인 동기 요인과 연결될 때 구체화, 인간화, 정상화로 진화하는 과정을 거치며 자유로운 존재로서 자기의 삶을 설계하고 독립적으로 창조해 간다.

몬테소리의 근본적인 자유 개념은 어린이 스스로 발달 과정에서 직접, 간접적으로 경험하면서 작업에 몰입할 때 자유로워지고 자유를 완성할 수 있다. 어린이들은 일상생활, 작업, 활동에 몰입하면서 스스로 자유로워지며, 독립적이고, 환경으로부터 해방감을 느낀다. 어린이들이 자유로워지는 것은 사실 자체와 본질 자체, 즉 작업 자체와 작업 본질에서 기원을 찾을 수 있는데 이러한 사실과 본질은 끊임없이 그들의 일상생활에서 경험되어진다. 몬테소리가 "자유는 활동이다."라고 정의하는 이유이다. 어린이들은 활동을 통해서 지속적으로 새로운 것을 경험하기 때문이다. 어린이들의 자유는 이러한 활동을 통해서 이루어지며, 이 활동은 어린이들을 자유로워지도록 지속적으로 안내해 간다. 어린이들의 자발적인 활동은 인간적으로 자유로워지는 것을 경험하는 근거를 제공한다. 어린이들의 자발적인 활동이 그들을 자유롭게 만들어 갈 뿐만 아니라 정상화, 인간화, 자유화, 독립화로 한 개인의 인격 형성을 안내하면서 착한, 건강한 자아 정체성을 만들어 간다. 어린이들은 어머니의 생물학적 울타리를 부수고 즐거운 해방감을 경험하면서 보살핌으로부터 자유로워지고, 언어 발달과 동시에 언어를 자유롭게 표현함으로써 자기 욕구를 표현할 수 있는 자유로움이 단계적으로 발달하여 자기 환경을 지배하게 된다. 즉, 독립심과 자발적인 행동으로 자기 삶을 지배하게 된다.

영아들은 서고, 걷고, 뛰고 자기가 원하는 방향으로 움직이면서 드디어 환경 공간을 최대한 활용할 수 있게 되고, 시·공간 개념을 넘어서 가정, 유아교육 기관, 세상과 관계를 가지고 세상에 널려 있는 모든 새로운 것을 흡수하면서 마치 어린이 학자처럼 새로운 지식을 지식 저장소에 차곡차곡 저장하였다가 필요할 때 하나씩 꺼내어 보며, 놀라운 창조자가 되어 간다.

몬테소리가 1907년 어린이집을 개원한 다음 관찰한 것은, 어린이들이 자유로워질 때 내재적 동기 부여는 물론 가장 순수하고 자유로운 한 인격체로 성장하는 것이었다. 몬테소리는 이를 보고 자유 개념에 대한 실제적 이론을 과학적 교육학에 접목하였다.

둘째, 이론적인 관점에서 자유 개념을 해석하는 방법이다.
몬테소리는 자유 개념을 다음 3가지 측면으로 제시하였다.

- 어린이들이 독립심을 원하고 독립적으로 모든 것을 극복하려는 목적은 어디에 있는가?
- 어린이들의 독립심을 발달시키는 근원은 어디에 있는가?
- 어린이들은 자유를 어떻게/어디서 성취하는가?

어린이는 물론 모든 인간이 자유를 성취하려는 것은 생물학적 관점에서 자연스럽고 원초적인 본능이다. 모든 어린이와 인간은 지금 하고 있는 자기 일, 작업, 직업을 통해서 자유를 경험하고 자유로워진다. 그러므로 위의 3가지 질문에 대한 답은 나와 관계된 나의 현상학적 특징적 목적, 행동, 활동으로부터 경험되어지는 것들, 자신의 일에 최대한 집중하고 몰입의 상태에서 일과 정신의 일치점을 만들 때, 자신이 하고자 하는 욕구가 강해서 일을 즐겁게 수행할 때, 일에 대한 생산성이 높아질 때, 내재적 동기 부여가 강하게 나타날 때, 의무감과 명령이 아닌 스스로 즐기는 독립심이 나타날 때, 자신들이 원하는 목적을 어려움과 고통이 아닌 즐거운 마음으로 독립적으로 성취하고, 독립심을 발달시키고, 창조적이고 생산적인 작업을 즐기면서 진행한다.

3가지 질문의 답을 스스로 줄 수 있을 때 어린이들은 자기 환경의 일부분이 되어 열정적으로 작업에 집중, 몰입하면서 두 선이 만나지 않은 평행선을 이루면서 숙달의 길을 걸어간다. 어린이들은 모든 순간을 활동으로 연결한다. 먹고, 잠자고, 울고, 배설하는 시간 외에는 모두 움직이면서 인간화로 진화한다. 어린이들에게 이러한 진화 과정에서 절대적으로 필요한 것은 사랑이다. 어린이들은 빵만 받아먹고 사는 것이 아니라 사랑을 받아먹으면서 살아갈 때 인간화, 정상화, 구체화 과정에서 일탈하지 않는다.

셋째, 자유는 자신과 분리되지 말아야 한다.

어린이들이 유아기에 경험하는 자유로움은 그들의 성장 과정에서, 행복한 삶을 만들어 가는 과정에서 자신과 분리하는 것이 아니라 스스로 행복함, 즐거움, 만족감을 느끼고, 순간순간 생각할 수 있도록 이야기를 나누는 것이 필요하다. '나는 오늘 몬테소리 교실에서 행복했어, 즐거웠어, 아주 재미있었어, 친구들 각자의 생각이 다르다는 것을 느꼈어.'라고 말할 수 있는 몬테소리 교실 공동체가 되어야 한다. 그래서 어린이들 각자가 자기의 현재 모습으로 살아갈 수 있는 용기, 영적 에너지, 자아 존중감, 특히 긍정적 자아로 살아가도록 격려하고 보살펴야 한다. 부정적 자아는 모든 생각과 사물에 얽매여 자아를 자유롭게 만드는 데 무서운 장애물이 된다.

2. 어린이들을 위한 자유의 4가지 측면: 생물학적, 사회학적, 교육학적, 도덕적 관점

어린이들이 자유로워진다는 것은 인간 본성과 문화 인류학적 측면인 생물학적, 사회학적, 교육학적, 도덕적 관점에서 고려되어야 한다.

1) 생물학적 관점

어린이들은 생명력을 가진 살아 있는 한 인격체이기 때문에 그들은 존중받을 권리가 있고, 그들을 보살펴야 할 의무가 있다. 어린이들은 인간적, 생물학적인 생명력(Elan vital)이 가장 강한 생물학적 민감기의 시기이다. 생물학적 관점은 하나의 고귀한 생명체로서 신체적 발달, 심리적 발달, 사회적 발달을 하는 데 자유로운 신체, 자유로운 환경을 전제로 자유의 가치를 인정하는 것이다. 자유란 어린이들의 내부에서 발달하기 때문에 정상적인 발달의 장애물로부터 해방되어야 함을 강조한다. 생물학적 자유는 아래와 같은 요소들을 도와주어야 한다.

- 생물학적 자유는 어린이들의 기본적인 욕구 표현을 자유롭게 허락하는 것이다. 자유는 어린이들의 발달 과정에서 그들의 일상생활을 방해하거나 위협하는 창조적 힘을 의미하는데, 어린이들은 창조적 힘으로 자기 활동을 자유롭게 스스로 선택하고 실천하는 과정에서 자유를 필요로 한다.
- 어린이들은 자유로운 작업과 더불어 인간화, 정상화를 이루어 가는 과정에서 생물학적 자유가 필요하다.
- 몬테소리의 제한된 자유는 사회적 관점에서 다른 사람들과의 관계를 조화롭게 균형을 이루는 데 필요한 의미의 자유이다. 자유롭지만 다른 사람, 다른 사물, 다른 환경을 방해하지 않는 선에서의 자유이다.

- 어린이들은 본능적으로 자율적, 독립적 능력, 생명력, 에너지를 가지고 살아가는 존재이기 때문에 생물학적인 자유를 원한다. 어린이들의 내재적 규칙, 질서에 따라서 발전하려는 욕구를 촉진할 때 생물학적 자유를 필요로 한다.
- 어린이들이 정상화를 이루어 갈 때 자기 존재를 완성해 가는 과정에서 생물학적 자유가 필요하다.
- 생물학적 관점의 자유는 생물학적 인간으로서 사명감과 관계를 가지고 창조작업을 할 때 의식적이든 무의식적이든 구체화된다.
- 생물학적 자유는 어린이들의 요구나 표현 방식에서 자발적인 자유와 상호 협력하게 된다.

2) 사회학적 관점

무능력한 상태로 태어난 영아들은 사회적 존재로서 살아가야 할 사명감을 가지지만 항상 위험한 사회적 조건에 노출된다. 그러므로 어린이들은 사회적 보호를 필요로 하는 존재이다. 어린이들의 사회적 관계의 문제점 해결은 어린이들이 인간화, 구체화, 정상화로 발달하는 데 필연적인 요소인 자유로운 활동을 통해서만 현실화될 수 있다. 사회학적 자유의 중요성을 다음과 같이 언급할 수 있다.

- 어린이들의 사회적 관계와 사회적 척도는 그들의 자유로운 활동 속에서 가능하기 때문이다.
- 어른들의 억압으로부터 해방되어 자유로운 존재로서 사회적 질서, 규범, 예의를 지키는 것을 훈련하여야 하기 때문이다. 성인들의 억압하려는 태도는 억압된 어린이로 만들어 반사회적, 반인간화, 반정상화로 되돌리며, 독립심을 저해하여 억압된 어린이로 성장하도록 안내하는 것이다.
- 사회학적 관점에서 자유는 어린이들이 자유 의지에 따라서 결정하도록 발전시키기를 원할 때 자유가 필요하다. 사회적 규범과의 관계에서 자유 의지적인 복종으로 표현되어 사회의 규범, 관습과 관계를 맺는다.

- 사회학적 관점에서 자유는 상호 관계, 상호 작용과 연결되는 특성을 가진다. 성인들은 물론 어린이들까지도 다른 사람들과 관계를 통해서 자유롭게 변화를 가져온다.
- 어린이들의 자유로운 행동은 스스로 자기 행동을 조절하고 통제하는 과정을 거쳐 완전히 독립적으로 행동하고 즐길 수 있게 한다.
- 사회학적 관점에서 자유는 어린이들이 또래 친구들과 자유를 누리고, 협력하면서 공동체의 자유를 훈련할 때, 자기만이 누리는 자유보다 훨씬 더 많은 자유를 공유하고 누릴 수 있다.

3) 교육학적 관점

교육학적인 측면에서 보면 첫째, 자유는 작업과 학습 과정에 집중하고 몰입하여 자발적으로 목적을 성취하는 데 필요하다. 둘째, 자유는 어린이들의 활동, 작업, 학습이 자발적으로 발전하여 해방감을 가지는 데 필요하다. 교육학적 관점에서 자유는 어린이들이 작업, 학습, 활동으로부터 해방되기 위해서, 교육을 통해 자유로워지기를 경험하는 자유이다. 교육학적 관점에서 자유는 다음과 같이 언급할 수 있다.

- 교육은 교사와 상관없이 어린이들이 자발적으로 배움에 대해 노력을 해서 자유로운 인격 형성 단계에 도달하도록, 독립적으로 살아갈 수 있는 방법을 제공해 주어야 한다.
- 어린이들이 활동을 통해서 자유로워지기에 성공하려면 교육은 활동에 집중할 수 있는 교구교재, 환경을 제공하여 교육 목적을 자발적으로 성취하도록 도와야 한다.
- 교육적인 관점에서 어린이들의 자발적인 활동에 불필요한 장애물을 제거해야 하므로 자유의 책임은 어린이들에게만 있는 것이 아니라 교사와 부모의 책임감도 포함한다.

- 교육학적 관점에서 자유를 언급한다면, 자유를 어떻게 선택하여야 하는가? 교육을 통해서 현실화, 구체화, 정상화, 인간화를 위한 무엇/어떤 것과 관계를 가지고 유지하는가? 등의 질문에 대해 답을 요구한다.
- 어린이들의 자유로운 활동을 가능하도록 만드는 것은 몬테소리 교실에서 그들을 자유롭게 활동하도록 놓아두는 것이다.
- 어린이들에게 작업, 학습, 활동 과정은 우연히 주어지는 것이 아니기 때문에 교실에서 자유로운 행동을 가능하도록 환경을 제공해 주어야 한다. 어린이들의 활동이 자기 위치, 자리에서 순환적으로 자유롭게 이루어질 수 있는 조건이 주어져야 한다.
- 교육적인 측면에서 어린이들이 자유로운 활동에 적응한다는 것은 무엇과의 관계, 무엇과의 만남을 의미한다. 교육학적 관점에서 자유는 책임감 있는 인간으로 준비시키는 것이 목적이다.

4) 도덕적 관점

어린이들에게 자유를 허락할 때 경험하는 자유로워진다는 의미는 인간화, 정상화, 구체화를 완성하려고 노력할 때 도덕적 행위를 자유롭게 내적 자유로 이끌어 가는 것을 의미한다. 도덕적 관점에서 자유는 흥미와 관심에 집중하여 책임감 있는 인간, 자기 활동, 작업을 극복하는 능력을 통하여 도덕적 자유에 영향력을 미치도록 하는 것이다. 도덕적 관점에서의 자유는 다음과 같이 언급할 수 있다.

- 책임감을 완성하려는 행위로서 적응력은 자신의 책임감은 물론 책임감을 완성하는 것을 의미한다.
- 도덕적 관점의 자유는 어린이들이 자기들에게 주어진 교구교재, 사물의 요구와 본질에 맞도록 적응하는 방법을 학습하여 새로운 지식을 터득하고, 새로운 지식을 자기 것으로 만들어 갈 때 사회적 규범과 질서를 준수하는 것을 의미한다.

- 도덕적인 사회 적응 방법을 정신적인 질서와 자유에 관한 경험적인 방법으로 이해하는 기본적인 지식의 질서로 본다. 다시 말하면 사물의 특징과 사물의 속성에 대해서 자기 입장과 태도를 정확하게 주장하여야 하는데, 이때 도덕적 자유를 근거로 주장하여야 한다.
- 도덕적 자유는 어린이 자신이 모든 작업의 주체자 역할을 함으로써 자기완성의 주인이 될 때 자유를 필요로 한다.
- 도덕적 자유의 완성은 한 상황 속에서 사람과 사물이 만나고, 사람과 사고가 만나서 정확한 관계를 맺으면서 서로가 서로의 근본적인 권리를 완성하는 것이다.
- 어린이들의 작업 과정에서 일어나는 집중화 현상은 도덕적 자유의 근원이며 가치가 된다. 작업을 성공적으로 이끌어 갈 때 현실적 상황과 관계를 맺으면서 어린이 자신이 가장 편안해지고 안정될 때 도덕적 자유를 느끼는 것이다.
- 어린이들은 인내심, 집중력, 창조 작업, 탐색 활동을 하면서 그 속에서 자기들의 내적 힘, 능력을 어떤 방향으로 발전시켜야 되는지를 경험할 때 도덕적으로 자유로워진다. 어린이들은 자기들이 독립적으로 내재적 동기 부여에 의해서 작업, 활동, 학습, 일을 완성할 때 자기만이 느끼는 완전한 만족감이 생기며 이것이 도덕적 자유와 연결된다.

3. 어린이들의 자유 선택과 자유 작업으로서 인간화

어린이들이 질서와 규칙을 지키려는 행동이나 다양한 욕구는 그들의 본성과 연관된다. 본성에 의해 어린이는 활동을 한다. 어린이들은 교사의 보살핌 안에서 계속 복종하는데, 이러한 성향은 어린이들이 원하는 단순한 목적을 달성할 수 있도록 스스로 격려하는 성향이 그들의 본성에 내재해 있음을 보여 준다. 이러한 상황에서 보살피는 사람들이 어린이들에게 자유로워지도록 인적, 물리적 환경을 제공하는 데 성공한다면 어린이들은 자유롭게 활동을 진행하기 시작한다. 어린이들은 활동을 통해서 자신의 몸을 훈련하고 인간화로 진화한다.

어린이들은 몬테소리 교실에서 작업과 활동을 통해서 정신적, 육체적 발달을 독립적으로 진행한다. 어린이 자신이 자유로워짐을 스스로 느끼고 행복감, 즐거움, 공동체 의식을 경험하면서 환경과 상호 작용을 통해서 사회적인 경험을 한다. 어린이들의 정신적 발달은 작업의 자유로운 선택, 반복 훈련, 집중력 혹은 몰입이라는 중요한 3가지 요소를 포함한다. 사회적 경험은 또한 자기 통제, 자기방어 그리고 모든 사물과 사람을 전체적으로 통합하는 3가지 특성을 완성한다.

몬테소리 교실의 어린이들은 다양한 교구교재 중 자기가 좋아하는 것을 자유선택했을 때 그들만이 느끼는 아주 특별한 사회적 감정이 발생한다. 또한 어린이들에게 나타나는 사회적 감정 중 하나가 교실 공동체에서 다른 사람들을 도와주는 성향으로 변화하는 것이다. 어린이들의 도움과 나눔은 특별한 특성을 가지고 있다. 어린이가 혼자서 자기 문제를 해결할 수 있을 때, 즉 작업에 어려움이 없을 때 다른 친구가 도움이 필요하면 친구를 돕는다. 어린이들은 본능적으로 도움이 필요한 때와 도움이 필요하지 않을 때를 잘 알고 있다. 교사와 부모들은 때때로 도움이 필요하지 않을 때 간섭이나 개입으로 인해서 장애물이 되기도 한다.

예를 들어, 종종 교사와 부모들은 무거운 물건을 옮기는 어린이를 보고 혼자 충분히 옮길 수 있는 능력이 있음에도 불구하고 다른 어린이나 형에게 도와주라고 말한다. 자기에게 필요 없는 도움은 사회적 불안과 문제를 야기할 수 있다. 어린이는 다양한 능력의 민감기를 가지고 있다. 더욱이 어린이들은 도움이 필요한 상황에 언제든지 조건 없이 순수하게 도와줄 준비가 되어 있다.

만약에 몬테소리 교실에서 한 어린이가 무엇인가를 부수었다면 모든 어린이는 그를 위로하고 도와준다. 또한 한 어린이가 오랜 시간 무질서하게 일을 하고 있다면, 그 친구가 일을 빨리 끝낼 수 있도록 서로 계속해서 보살피고 도움을 준다. 아마도 어린이들의 세계는 자기들이 본능적으로 어떤 도움이 필요하고 유익한지 알고 있을 것이다.

어느 정도의 발달 단계가 되면 어린이들은 혼란스러운 상황의 환경에서 스스로 정리정돈하라는 명령을 수행할 수 있다. 교사, 부모들의 논리적 사고와 어린이들이 해야 한다고 생각하는 일 사이에는 관념적 차이점이 있다. 어린이들은 서로 교구가 제자리에 정리정돈되지 않은 것에는 전혀 관심이 없다. 단지 무엇/어떤 교구가 제자리에 놓여 있지 않은 것을 보면, 정리정돈하여 제자리에 놓아 다른 친구를 위한 준비된 환경을 재구성해 주려고 할 뿐이다.

다른 한편으로 교사의 논리적 사고는 교구를 무질서하게 한 어린이가 그 상황을 정리해야 한다고 생각한다. "이 교구들을 정리정돈하지 마세요. 어지른 사람이 치워야 하기 때문이에요." 이러한 교사의 논리적 추론을 어린이들은 이해할 수 없을 것이다. 이러한 상황은 어른들의 사회에서 받아들여지는 방법으로 만약 누군가 해로운 일을 했다면 다른 사람이 아닌 일을 한 사람이 벌을 받아야 하는 것이다.

이러한 상황이 벌어지는 것은 어른들 자아 세계의 자연적 법칙이고 자연적 현상이다. 그러나 중요한 것은 교사가 옳고 그름을 판단하여 이야기할 수 없다는 것이다. 왜냐하면 이는 어린이들의 세계와는 전혀 다른 사고방식이기 때문이다. 어린이들은 주위 환경을 좋아하고 물건이 제자리에 있기를 원한다. 이러한 현상은 서로 간의 인성 문제 때문이 아니라 그들이 주위 환경에서 느끼는 애착과 직접적인 관련이 있다. 어린이들은 제자리에 두어야 할 것이 없으면 종종 혼란스러워하고 때론 실망감을 느끼기도 한다.

어린이들을 위해서 교사들은 환경을 순화하고 제자리를 찾게 하는 것이 가장 논리적인 일이다. 몬테소리 교실에서 자발적인 복종은 자주 일어나고, 계속적이고 자연적인 현상으로 일어난다. 복종의 정도는 발달의 정도 혹은 수준에 따라 다르다. 첫 번째 단계에서 어린이들은 어떤 때는 복종하고 어떤 때는 복종하지 않는다. 두 번째 단계에서 어린이는 항상 교사에게 복종하고 그가 하고 싶지 않은 것, 그의 요구와는 상충하는 것에도 복종한다.

복종의 의미를 부정적으로 보는 측면은 명령에 의한 복종이기 때문이다. 흥미로운 다른 종류의 복종이 있다. 다른 복종은 요청되거나 주어진 명령을 정확하게 수행할 능력에 대한 자부심, 흥미, 관심 그리고 내가 좋아하는 것을 만났을 때 일어나는 자신을 인정하는 현상이다. 어린이들은 교사들이 자기에게 시킨 일들을 열성적으로 수행한다. 교사들의 이런 명령은 시험과도 비교된다. 시험은 어린이들이 시험 문제를 잘 풀거나 이해할 수 있는 능력을 알기 위해서 실시하는 방법이다. 일반적인 학교의 어린이들은 교사들에 의한 공개 시험을 통해서 자신들을 과시하지만 몬테소리 교실에서 시험은 자기 능력을 검증하여 자부심을 느끼도록 안내한다. 어린이들은 행복한 마음으로 자기가 선택한 교구를 가지고 작업을 자연스럽게 즐기고 집중한다.

몬테소리 교실의 어린이들에게 복종은 복잡한 내부의 준비를 필요로 한다. 이것은 작업을 즐기는 어린이들의 능력과 내재적 동기 부여로 내적 강인함이 함께 동반되었을 때 자연스럽게 일어나는 현상이며, 그들의 너그러운 마음 만들기에 긍정적인 영향을 미친다. "나 스스로 할 수 있도록 나를 도와주세요."라는 몬테소리의 금언은 자신들이 독립적인 인간으로 인간화를 스스로 이루어 가겠다는 약속이다.

그러므로 어린이들은 교사의 명령 수행에 대해 열정적이 될 뿐만 아니라 교사들이 좀 더 어려운 명령을 내리기를 바란다. 어린이들은 현재 자기들이 가진 것보다 더 많은 것을 얻어 자기의 지적 소유물을 축적해 간다.

이러한 현상들은 몬테소리 교실에서 자주 발생하는 일반적인 교사-어린이들 사이에 신뢰로 연결된다. 작업을 진행하기 전에 어린이들의 복종적인 자세는 자연스러운 일이다. 인간이 완성을 성취할 때 절대 조건인 자유로운 행복이 전제될 때 강요가 아닌 자신의 의지로 스스로 사람과 사물에 복종하게 된다. 어린이들은 교사로부터 배움의 욕구를 가지면서 배움에 복종한다.

어린이들은 더 많은 작업, 더 많은 앎을 배우고 습득하기를 원한다. 따라서 교사의 중요한 임무와 사명감은 어린이들이 배우고자 하는 모든 욕구를 충족시키기 위한 자유와 활동, 즉 자유로운 활동을 허락하여야 한다. 교사는 자유로운 활동,

스스로 움직일 수 있는 공간, 자기를 보살피는 사람과 만남의 기회를 원하는 어린이들과 대면하고 있는 자신을 발견할 것이다. 어린이들은 교사의 머릿속에 있는 다양한 지식과 경험을 우리에게 어떻게 제시할지 호기심으로 대면한다. 이러한 서로의 대면을 기다리는 교사-어린이는 진심이 무엇이고, 올바름이 무엇이고, 사랑이 무엇인가에 답을 줄 수 있는 관계에 놓인다. 어린이들은 몬테소리 교실에 작업과 배움을 위해서 가고, 계속해서 무엇인가 새로운 탐색 활동을 할 수 있도록 환경을 준비해 달라고 요구할 것이다.

몬테소리 교실에서 교사와 어린이들이 이러한 마음가짐을 가진다면 사랑의 씨앗들이 자라는 터전, 자유로운 작업과 배움의 터전, 어린이들의 본성을 아름답게 가꾸어 가는 긍정적인 분위기를 만들어 교육적 과업을 촉진하게 될 것이다.

교사-어린이 사이의 관계는 지적인 관계인 동시에 정신적이고 사랑의 관계이다. 어린이들은 교사들이 자기들과 대면하고 있는 자세를 통해서 교사를 사랑하고 존중하기 시작하며 사람에 대한 존중감을 처음으로 경험하고 학습하게 된다. 교사에 대한 사랑, 존경, 감사하는 마음을 서로의 대면을 통해서 알게 된다. 이런 감정은 학습하면서 배우는 것이 아니라 서로 마음을 전달하고, 사랑하고, 존경하며, 친절한 분위기 속에서 피어나는 인간적인 소통인 것이다.

아무리 유능하고 훌륭한 교사라 할지라도 어린이들에게 다른 사람을 사랑하는 방법을 가르치고, 교사나 다른 사람을 존경하라고 명령하고, 존경의 마음을 밖으로 표현하고 남을 정중하게 대하라고 가르칠 수 있지만, 그들에게 존경을 느끼는 법을 가르칠 수는 없다. 몬테소리 교실에서 어린이들은 선택의 자유를 가졌고 자유스럽게 움직일 수 있는 준비된 환경에서 생활을 한다. 사회적 규범은 자유와 행동과 깊은 관련이 있다. 규율과 자유는 상반되는 개념이라는 것이 일반적인 생각이다. 어린이들은 자신들이 동전과 같이 두 개의 얼굴을 가졌다는 것을 우리에게 가르쳐 주었다. 같은 행동의 두 가지 얼굴, 이것은 그릇된 생각을 명백히 하는 데 도움을 준다.

어린이들은 행동을 발달시키고 완성하기 위한 첫 활동의 순간부터 완벽한 규율을 그들의 내부에서 발달시킨다. 내부 발달은 유아기 동안 생존에 필요한 기본적인 패턴을 형성하여 개인의 기억 저장소, 정신, 몸 안에 보존하면서 필요할 경우 의식화하여 인간화를 향해 지속적으로 활동한다. 몬테소리는 이러한 현상을 어린이들의 신비라고 하였다.

몬테소리 교실에서 어린이들의 작업이나 활동에 어떤 혼란이나 규칙이 있다면 그것은 어린이들의 자유로운 활동을 방해하는 어떤 잘못을 교사가 수행했음을 의미한다. 진정한 자유의 방해로 인해 규칙의 혼란이나 부족이 나타나는 현상이다. 교사들은 자신이 어떤 방법으로 자유를 제한하고 방해하는지를 스스로 발견하여야 한다.

자연 속에 존재하는 모든 생명체, 무생명체들은 자연법칙에 묶여 관계를 형성하여 자연의 순수함을 닮아 간다. 자연 속에서 인간에게 주어지는 자유적 순환과 질서에 신비로움을 느끼고 감탄할 수밖에 없다. 이것은 자연이 인간에게 부여하는 가장 위대한 과업이다. 자연은 자유를 가능하게 하는 규칙, 질서를 근거로 인간을 자유롭게 만든다.

아마 우주의 생명체들 중에 가장 자유로운 존재는 바닷속 물고기일 것이다. 단지 물고기들은 물 밖으로 나갈 수 없다는 것이다. 유기물이든 무기물이든 모든 생물체는 자연과 관련이 있는 법칙과 한계 범위 안에서만 자유롭다. 그러므로 자유는 가장 미소한 세부 사항들까지도 보호의 범위에 두고 자연스럽게 복종하게 한다.

인간 사회는 자유가 없다면 규율도 없고, 규율이 없다면 자유도 없을 것이다. 고로 자유와 규율은 삶과 존재와 같은 것이다. 어린이들에게 주어진 자유의 개념은 자기 환경에서 규칙, 질서를 유지하면서 환경을 통제할 때 자유의 개념을 정확하게 이해할 수 있다.

4. 어린이들의 자유 작업과 집중화 현상의 의미

몬테소리 교육철학에서 중요한 자유 개념은 그녀의 철학에 근거를 두고 다음과 같은 질문을 항상 제시한다.

- 어린이들이 언제 자유로워지는가?
- 어린이들은 무엇/어떤 것을 통해서 자유로워지는가?
- 어린이들의 자유는 어떤 의미를 가지는가?
- 어린이들에게 자유가 왜 중요한가?

몬테소리 교실의 준비된 환경에서 어린이들에게 제시되는 구체물인 교구교재는 그들의 활동을 자극하여 자동교육 방법까지 이끌어 내는 훌륭한 교육 매체이다. 그러면 어린이들은 교구 작업을 하며 어떤 과정을 거쳐서 자유로워진 상태에 이르고 자기 주도적 학습 과정을 이끌어 가는 것일까? 자유와 구체물의 관계는 하나의 공식화된 방정식처럼 도식으로 정렬화할 수 있다. 이러한 방정식은 위의 4가지 질문에 답을 주는 요소들이다.

- 어린이들은 집중과 몰입의 완성된 상태를 경험하면서 활동을 통해서 자유로워진다. 인간의 활동은 인간을 인간화로 성장시키는 것 외에 삶의 의미를 부여하는 아주 중요한 삶의 에너지이다. 어린이들은 활동을 통해서 어떤 성취감을 느낄 때 비로소 진정한 자아 만족감을 느끼고 다음 발달 단계를 위한 다른 활동을 끊임없이 진행한다.

- 어린이들은 작업 과정에서 정상화로 진화하기 위해서 오류를 발견하고 그것을 스스로 수정하는데, 이는 반복적인 작업이 필수이다. 어린이들의 반복적인 작업은 자기들의 모든 작업을 숙련되게 만들어 습관을 들이는 역할을 한다. 어린이들에게 반복 활동은 훌륭한 스승을 만나는 것과 같은 중요한 의미

를 제공한다. 어린이들은 반복 활동을 통해서 오류를 수정하고 수정된 오류는 습관이 되어 어떤/무엇에 얽매이지 않고 자유로워지기에 성공한다.

- 어린이들의 반복 활동은 훌륭한 습관과 자동교육 원리를 이끌어 낸다. 어린이들이 여러 번 반복한 일상생활이나 교구 작업은 습관이 되고 특별한 방법을 적용하지 않아도 뇌에 기록되어 있는 것들을 자동적으로 활용할 수 있다. 그러므로 몬테소리의 자동교육 원리는 자유 개념과 밀접하게 관계되어 있고, 그녀의 과학적 교육학의 원리가 되기도 한다.

어린이들의 반복적인 교구 작업은 활동을 질서 있고, 조화롭게 진행하기를 원하는 그들의 욕구와 일치한다. 어린이들은 일상생활에서 활동에 관심, 호기심, 욕구가 없을 때 환경 안에서 혼란스러워한다. 예를 들어, 유럽인들은 일상생활에서 식탁에 그릇을 세팅하여야 할 경우 스푼과 포크는 오른쪽에, 다른 것들은 왼쪽에 놓는다. 이런 일상적인 활동은 어린이들에게 식탁 문화를 습관 들이는 가치 있는 활동일뿐만 아니라 어린이들의 반복 활동 욕구를 만족시켜 주는 활동이다. 교사들은 어린이들의 욕구와 일상생활에 필요한 구체물을 환경에서 준비해 줌으로써 일상생활의 식생활 문화를 습관 들이는 데 도움을 줄 수 있다.

어린이들이 꼭지 원기둥으로 반복적으로 훈련하는 것은 각각의 구멍 속에 맞는 원기둥을 집어넣기 위한 것이다. 어린이들은 집중력을 가지고 여러 번 반복적인 훈련을 하여 감각을 발달시킨다. 그러므로 어린이들에게 꼭지 원기둥 작업은 반복적인 훈련과 연습뿐만 아니라, 추론적 사고를 포함해야 한다.

어린이들도 각자 고유의 추론 방식이 있음은 분명한 사실이다. 어린이들의 개별성, 특수성, 차별성 또는 개인의 인성을 끌어내기 위하여 작업에 자유 선택의 원리를 적용한다. 자유 선택의 원리는 개인의 특성을 고려하여 작업 성과를 높이기 위한 교육 방법이고, 모든 어린이에게 자유를 주어 자기가 좋아하는 교구를 가지고 학습 효과를 높이기 위한 교육 방법이다.

몬테소리가 교실에서 작업하는 어린이들을 관찰한 결과 연습을 반복한 어린이는 교수 작업에서 작은 차이점을 깨달을 수 있는 능력을 가진 어린이로 발달하게 된다. 모든 사람과 사물의 차이점을 교육적으로 활용할 수 있고, 각자의 인격 형성을 충족시키면서 우주 속에서 자기 위치와 자기 역할을 자유롭게 수행하게 된다. 어린이들은 원래부터 자유로운 상태에서 스스로 정확한 방법, 정확한 사물에 대해 흥미로워하며 집중하는 경향이 있지만 본능이 아니라 사물, 환경이 중요한 역할을 한다는 것이다.

어린이들은 활동을 마치고 나서 모든 꼭지 원기둥들이 자기 위치에 있고 완벽하게 작업을 마쳤다고 느낄 때, 스스로 행복감과 만족감에 매료되면서 또 다른 사물, 작업에 대한 내재적 동기 부여를 하게 되며 창조자로서 다른 것을 원한다.

어린이가 자신의 에너지 전부를 작업에 집중할 때, 그것은 어린이를 피곤하게 하는 것이기보다는 오히려 그들에게 휴식이 된다. 활동은 에너지를 만들어 주고 에너지는 인간화에 긍정적인 에너지를 다시 만들어 준다. 만약 어린이들의 작업이 피곤함 대신 휴식을 가져다준다면, 몬테소리 교실에서 작업에 집중할수록 새로운 창조적 작업을 이끌어 갈 것이다. 몬테소리 교실에서 어린이들이 피곤해하지 않고 끊임없이 작업을 한다는 것은 그들이 작업을 사랑한다는 사실이다. 어린이들이 작업을 하기 위해, 자유롭게 움직이도록 하기 위해, 준비된 환경과 준비된 교사가 그들의 창조적 작업을 할 수 있는 새로운 환경을 끊임없이 구성해 주어야 한다. 어린이들은 마음대로 자유롭게 할 수 있을 때, 무엇인가에 위협이나 방해받지 않고 자유로울 때, 장애물이 없을 때, 자신의 활동을 선택할 수 있으며 작업을 즐기면서 완전히 집중하게 된다.

모든 삶은 움직임으로부터 시작된다. 우리의 몸속에 기관 조직들은 끊임없는 심장의 움직임에 의해 유지되고 있다. 그렇다고 평생 자신을 지켜 주는 심장에 "너도 휴식이 필요하니 잠시 쉬도록 하렴!"이라고 심장을 위로하지는 않는다. 인간 정신은 항상 활동을 자극하고 촉진한다. 때로는 잠자는 동안에도 인간 정신은 휴식을 취하지 못한다. 꿈은 잠자는 동안에도 정신이 끊임없이 움직이고 있다는 것을 증명해 준다. 인간 정신은 외부 세계와 연결될 때 사용된다. 어린이들은 외부의 모든 무엇/어떤 것에 관심을 가질 때 자신의 관심을 집중하면서 엄청난 양의 움직임을 자신에게 요구한다.

어린이들의 손과 발은 성인의 몇 배나 빠르게 움직인다. 어린이들은 초스피드의 몸과 정신을 가지고 풍요로운 유아기를 보낸다. 어린이들은 본능적으로 작업 욕구가 강하며, 교구를 가지고 작업하는 동안 집중, 몰입을 통해서 자기 일에 숙달된 장인이 되어 가는 특별한 존재이다. 어린이들의 신체는 작업과 활동을 즐길 수 있도록 유연하고 지적 욕구로 가득 찬 아주 훌륭하고 정밀한 노벨상 수준의 살아 있는 기계이다. 어린이들은 우리에게 완전한 사회적 개념을 가르친다. 반드시 타인의 요구에 따르기보다는 자신의 본성에 의해서 작업을 하는 존재이다. 이는 어린이들이 인류에게 주는 아름다운 메시지이다.

5

CHAPTER

어린이들은 영적 뿌리가 존재하므로 영적 태아이고 영적 존재이다

1. 어린이들은 조화로움, 집중력, 봉사, 자기 신뢰성을 기르는 영적 존재이다

1) 어린이들이 몸과 마음을 조화롭게 표현할 수 있는 보살핌을 통해서 영성을 경험하면서 인간화로 진화하도록 돕기

어린이들 내면의 깊숙한 곳에 자리 잡고 있는 모든 마음속 유산들 중에 어린이를 성숙한 인간화로 안내하는 중요한 요소가 영적인 유산일 것이다. 어린이들이 마음을 조화로운 행동으로 표현하지 못한다면 그들이 마음속에 파종해 놓은 다양하고 아름다운 본성적 씨앗들은 발아하고 아름답게 피지 못하고 시들어 버릴 것이다.

어린이들은 특별히 움직임을 통해서 유산으로 받은 마음속 씨앗에 물을 주기 시작하는 것이다. 기고, 만지고, 던지고, 잡고 일어서다가 시·공간 개념이 발달하면서 자기가 원하는 방향으로 걷고, 뛰고, 손을 흔들고, 놀이를 즐기고, 춤을 추고, 노래를 부르면서 신체 표현과 연결한다. 어린이들에게 신체 표현은 소통 도구이고, 움직임은 첫 번째 언어 역할을 하고, 미소와 웃음은 자기 마음 상태를 표현하는 도구이다. 이러한 모든 영적 유산들은 어린이들의 발달과 성장에 아름다운 정원, 영양분이 많은 텃밭이 되어 그들을 항상 안전하고, 평화롭고, 부지런하고 건강한 삶을 살아가도록 돕는다.

어린이들은 조화로운 표현, 창조적인 움직임, 놀이, 춤을 통해 정서 상태를 안정적으로 만들어 몸, 정신, 삶의 에너지인 영성적 경험을 할 수 있도록 만든다. 어린이들이 자기 몸을 움직이는 활동을 한다는 의미는 자기 몸을 일깨우는 작업이다. 다양한 형태로 몸을 흔들고, 스트레칭하고, 조용히 앉아서 자기 몸과 소통한다. 예를 들어, 둘이서 공을 주고받는 활동, 헌 양말을 접어 공처럼 만들어 주고받는 작업들은 자기 몸을 자각시키고 일깨우는 데 충분한 작업이 된다.

몬테소리 교실에서 이루어지는 모든 활동은 자기 몸을 조화롭게 움직이고, 마음을 조화롭게 표현하고, 몸 전체를 일깨우는 작업으로 내적 에너지, 즉 영성적인 에너지와 연결하는 것이다.

어린이들은 자신들을 밖으로 이끌어 낼 수 있는 내적 잠재 능력을 충분히 가지고 있기 때문에 그들의 잠재 능력을 자연스럽게 다양한 활동으로 해방시킨다면 그들은 영성적 세계를 경험할 수 있는 기회를 가지게 될 것이다.

이러한 측면에서 몬테소리는 어린이들을 위한 활동, 자신의 의지, 자신의 욕구, 자신들이 원하는 작업을 할 수 있도록 도와주어야 한다고 언급한다. 왜냐하면 위의 요소들이 어린이들의 영적 표현을 할 수 있는 기술이고 도구일 뿐만 아니라 그들의 영적 표현을 진심으로 환영하고 수용하는 것이 교사의 태도이고 내적 기쁨이 될 수 있기 때문이다.

2) 어린이들이 집중력을 활용하여 영성을 경험하도록 돕기

어린이들이 무엇/어떤 것에 집중한다는 것은 교구, 사물과 자신이 하나의 정신으로 통합되었다는 의미이다. 어린이들이 작업, 활동, 일에 집중한다는 것은 사람들의 생각, 행동, 반응, 판단이 환경과 상호 작용하면서 순간에 주의력을 완전히 지배하는 과정을 의미한다.

어린이들은 작업에 집중함으로써 완전히 행복, 황홀, 몰입의 상태를 경험하고 자아를 지배하고, 환경을 지배하고, 문화를 지배한다. 자기 주변 환경을 인식할 수 있기 때문에 자기들에게 주어진 순간에 자기 세계에 기여할 수 있는 생각과 행동을 깨닫게 된다.

어린이들에게 깨달음과 관심의 집중화 현상은 그들의 정신, 영혼, 삶의 에너지인 영성의 힘으로 정상화, 인간화로 안내하는 길잡이 역할을 한다. 유아기는 깨달음의 민감기가 생물학적으로 강하다는 것을 교사들은 인식하여야 한다. 어린이들에게 집중력은 상상력, 창조적 작업과 연결하는 징검다리 역할을 하면서 내재적 동기 부여를 지속시킨다.

어린이들은 집중화 현상을 통해서 자신에게 만족하기 때문에 자신에게 감사하고, 사랑하고, 마음속에 파종하고 감사의 씨앗에 사랑을 가득 담아 돌보고, 몬테소리 교실 공동체 속에서 모든 사람, 모든 사물, 모든 생명체와 협력하고, 다른 친구들, 환경, 교구교재들을 보살피는 영적 씨앗을 매번 다시 마음속에 파종하면서 생활한다. 이러한 현상은 어린이들이 작업 과정에서 집중화 현상이 강하게 일어날 때 자연스럽게 나타나는 징표라고 몬테소리는 말한다.

몬테소리 교실에서 어린이들이 정상화로 진화하고, 작업에 온전히 집중할 때 그들은 감사의 말을 자주 전하고, 감사의 노래를 흥얼거리고, 밝은 미소로 다른 친구들과 새로운 작업을 요청하기도 한다. 어린이들에게 집중력은 자기 자신에게 스스로 복종하는 마음의 질서와 연결된다. 몬테소리 교실 구성원들을, 환경을, 교구교재를 자기가 스스로 관리하고 보살피는 영성적 자세가 정상화, 현실화되어 가는 축복받은 어린이로 변화시켜 교실 전체를 영성적 씨앗을 파종하는 거룩한 성지이며 텃밭으로 변화시켜야 한다.

3) 어린이들이 봉사 활동을 통해 영성을 경험하면서 인간화로 진화하도록 돕기

봉사하는 마음과 행동을 통해서 영성적 삶의 방식을 경험하려면 가능한 한 사심과 욕심 버리기 훈련, 마음 비우기 훈련, 사랑의 영성을 나누는 훈련, 다른 사람, 다른 생명체, 다른 사물을 보살피고 그들에게 도움이 되는 일들을 실천할 수 있는 마음의 훈련이 필요하다. 어린이들에게 다른 사람들에게 봉사하는 태도, 의식을 가르친다는 것은 넓은 의미에서 나눔 영성과 사랑의 의미, 방법을 가르치는 것과 같다.

세계의 교육 제도가 봉사의 개념을 커리큘럼에 넣어 제도화하는 현상은 앞으로는 세상이 혼자서 살아갈 수 있는 것이 아니라 함께 더불어 살아가는 협력 공동체의 방식으로 변화되기 때문이다. 이에 따라 모든 교육 기관에서는 서로 돕고 사는 방식의 기초가 되는 타인을 위한 작은 희생, 도움, 보살핌, 나눔의 교육이 필요하다. 미래에는 봉사 정신이 전 세계 동서남북 어디에서나 요구되는 작은 학문 영역이 될 것이다. 그런데 전 세계 초등학교부터 대학교까지 봉사 점수, 봉사 활동을 의무적으로 강요하는 이유는 무엇일까?

어린이들이 좋아하고, 필요한 것은 그것이 없거나 가지지 못한 다른 어린이들에게도 필요한 것이다. 그들에게 도움이 되고 필요한 것을 위해 지금 자신이 가지고 있는 것을 나눔 영성으로 실천하려는 어린이들의 행동과 마음이 '봉사하기'이다. 봉사하기는 자기 자신을 희생해서 서로 주고받는 미덕을 기르는 아름다운 실천 행위이다.

내가 남을 위해서 봉사하는 첫 번째 행위는 내가 봉사하려는 사람, 자연, 우주와 이야기를 나누는 것에서부터 시작된다. 그러므로 어린이들에게 봉사의 의미에 대해 이야기를 나누는 것부터 시작하여야 한다. 그렇다면 구체적으로 어린이들에게 "봉사하자."라고 말할 때 이것은 어떤/무슨 의미를 가지는가? 예를 들어, 어린이들이 견학을 갈 때 교사와 안내자가 어린이들에게 "무엇을 도와줄까?"라고 질문할 수 있다. 이때 봉사의 의미를 다음과 같이 생각할 수 있다.

- 봉사는 무엇/어떤 것을 필요로 할 때 도움을 주는 것을 의미한다.
- 진정한 봉사는 다른 사람, 자연, 우주 생태, 건강을 위해서 보살피고 돕는 것이다.
- 봉사의 대상은 나이를 초월하여 도움이 필요한 사람들에게 도움을 주는 것이다.
- 봉사한다는 것은 자신의 몸과 마음을 희생하는 것이다.
- 봉사란 나와 관계를 맺고 있는 공동체의 발전을 위해서 자신의 능력과 시간을 조건 없이 내어 주는 행위이며 활동이다.
- 봉사는 누구든지 언제/어떤 것이나 할 수 있는 정신적인 활동이다.
- 봉사는 인간으로 제한하지 않고 모든 생명체, 무생명체, 생태계로 확장된다.

사람을 돕는 봉사 행위는 상대방이 필요한 것과 원하는 것에 초점을 맞추어야 하며, 할 수 있도록 돕는 것이 봉사의 목적이다. 도움을 필요로 하는 사람들은 나이와 상관없이 타인의 힘이 필요한 것이다. 인간은 우주에 존재하는 모든 생명체, 무생명체를 돌보아야 하는 사명감을 가지고 그들의 안전한 생명 보존을 위해서 봉사의 개념을 가져야 한다.

어머니의 땅인 지구 건강을 위해서 그들이 필요로 하는 것과 장애물이 되는 것을 제공하거나 제거해 주어 지구 건강에 봉사하는 것이다. 먹이가 넉넉하지 않은 모든 동식물에 먹이를 주는 것도 진정한 봉사이다. 야생 동물들에게 특별히 관심을 가지는 것, 메말라 가는 식물에 물을 주는 것, 사람과 사람들에게 존경심을 가지는 것은 모두 작은 사랑과 봉사 정신에서 출발하여 세상을 변화시켜 가는 봉사의 일부분이다.

다른 사람을 위해서 봉사하는 사람, 단체를 만나는 것도 봉사 바이러스를 옮기고 돕는 역할을 한다. 봉사하는 사람들과 만나서 봉사의 가치, 행동을 공유함으로써 사람이 사람에게, 사람이 살아가는 우주에 무엇을, 어떤 방법으로 봉사할 수 있는가를 알아 가게 된다. 봉사는 사람이 사람을 만나서 서로 돕는 방법을 나누고, 아름다운 인간 세상에서 인간화를 공유하는 삶을 살아가는 세상을 만드는 나눔의 영성을 실천하는 것이다. 함께하는 시간, 마음, 일, 능력, 가치를 나누는 즐거움은 자신 안에 영성을 양육하는 방법이 되고 풍요로운 삶의 주인공이 되어 건강한 인간화의 삶과 연결된다.

4) 어린이들이 자기 신뢰성 기르기를 통해 영성을 경험하면서 인간화로 진화하도록 돕기

몬테소리 교실에서 어린이들이 교사, 교실 환경, 교구교재, 친구들과 함께 작업을 할 수 있는 것에 감사하고 고마움을 느끼는 것, 어린이들이 몬테소리 교실과 다른 세계를 자연스럽게 연결하여 서로의 관계를 알아 가면서 다른 세계의 어린이들을 사랑하고, 껴안고, 신뢰하는 것, 몬테소리 교실에서 자기가 자유롭게 선택한 작업, 활동, 행동에 책임감을 가지도록 안내해 주는 것 등은 어린이들이 자기 신뢰성을 기르는 기초가 된다.

어린이들은 스스로 자신과 자신의 물건을 보살피면서 움직이고, 완벽하지는 않지만 스스로 환경을 보살피며 책임감과 독립심을 훈련한다. 외부로 표현은 못 하지만 환경과 놀잇감도 자신과 연결되어 있다는 사실을 발견하고 자기도 할 수 있다는 확신감, 자존감을 가지게 된다. 어린이들에게 중요한 것은 그들을 에워싸고 있는 사회, 환경과 올바른 관계가 형성되어야만 공동 협력 작업인 소그룹, 대그룹 활동은 물론 조화롭고 균형적인 일상생활을 통해서 자기 신뢰성을 구축해 갈 수 있다는 것이다. 어린이들에게 보여지는 공동 협력자들의 책임감 있는 태도와 행동은 그들의 인간화 진화 과정에 그대로 흡수되어 자기 신뢰성을 확장하는 지표가 된다.

교사와 어린이가 분리되는 것이 아니라 전체적인 연결 고리로서 자기 존재의 중요성을 인식하게 된다. 어린이들이 이러한 공동체의 연결 고리를 알아 가는 것은 자신도 자기가 속한 작은 사회에서 중요한 존재이고, 중요한 위치에 놓여 있음을 알게 되는 것이다. 그런 다음 어린이들은 가족, 사회, 친구, 선생님, 자연, 영성과 조화로운 관계에 속하는 자신을 신뢰하게 된다.

5) 어린이들이 우주의 모든 생명체, 무생명체와 관계를 가지는 경험을 통해 영성을 기르도록 돕기

몬테소리의 관계학, 연관 짓기 이론은 바로 인간화의 기본적인 개념으로 활용되는 몬테소리 철학의 기본 개념이다. 몬테소리 교실에서는 어린이들에게 관계의 중요성을 인식시키는 방법으로 삶의 원을 그려보도록 권장한다. 이는 어린이들의 일상에서 누구, 어떤 것과 관계를 맺으면서 발달하고, 성장하고, 정상화로, 인간화로 진화하는지에 대한 답이 될 수 있다.

우선 대자연의 삶의 주기를 통해서 자연적인 관계를 맺고 살아가는 것을 사람들의 삶의 주기라고 말할 수 있다. 예를 들어, 나무들의 삶의 주기, 동물들의 삶의 주기, 인간의 삶의 주기는 모두 자연 주기에 적응하도록 진화하였다. 어린이들은 하루 일과 동안 무엇을 할까? 잠자고, 일어나고, 식사하고, 유치원에 가는 것과 같은 일상의 일들은 지극히 평범하고 기계적이지만 자연의 주기인 봄, 여름, 가을, 겨울과 관계된다. 이러한 주기를 최대한 확장하면 인간이 탄생하고, 즐겁게 생활하면서 발달하고, 지혜롭게 성장하고, 죽음을 맞이하는 것도 계절의 순환과 일치된다. 인간은 서로 의존하고, 서로 보살피고, 서로 나누고, 서로 사랑하고, 서로 배우고, 서로 위로하면서 서로 뒤엉킨 관계 속에서 자아 정체성을 만들어 가고 자기 신뢰성을 만들어 간다. 지구에 존재하는 모든 생명체는 그물망처럼 얽혀 네트워크를 형성하며 서로 의존하고, 서로 돕고, 사랑하는 관계 속에서 살아간다. 그리하여 인간이 우선 손을 내밀어 우주의 모든 생명체와 무생명체 사이에 아름다운 중재 역할을 하면서 관계를 맺어 간다.

2. 어린이들의 영적 본성이 정상화, 인간화를 촉진한다

영성의 어원학적 의미는 숨 쉬고 호흡하는 것을 의미하는 라틴어 ispirare에서 유래하며, 모든 세계에 생명을 부여하는 본질로서 영성을 정의한다. 다른 한편으로 영성은 모든 생명과 인간 자신의 신성함이 연결됨을 지각하는 것이다.

영성은 모든 인간 개개인의 느낌이 전혀 다르면서 가치 있는 온전한 인간으로서 서로에게 열린 마음을 가지도록 하고, 어떻게 다른 사람과 자연을 사랑하는지에 대한 방법을 배워 가도록 안내하는 힘이다. 영성이란 인간과 자연의 큰 집인 우주와 우주에서 생존하는 모든 생명체를 존중하고, 사랑하라고 가르친다. 이러한 진정한 영성의 특성을 살펴보면 다음과 같다.

- 영성은 모든 사람의 삶을 바르게 안내한다. 인간의 마음을 정화시키고, 나무를 자라게 하고, 새들이 노래하도록 만들고, 사람들에게 미소를 주는 방법을 가르친다. 그래서 영성은 사람들에게 필요하고 중요한 요소가 된다. 영성은 인간화로 진화하는 데 인간의 본성인 선함, 너그러움, 정직함을 가르친다.
- 영성은 강한 힘을 가지고 있고, 존재 가치를 풍요롭게 만들고, 감사의 마음을 가지도록 늘 자신에게 삶의 에너지를 촉진하는데, 이러한 영성의 힘으로 얻은 감사의 마음은 인간화, 정상화로 진화하는 데 모든 어려움을 극복하는 힘이 된다.
- 영성은 인간, 자연, 사물, 정신, 몸을 조화롭고 균형적인 삶을 살아가도록 늘 돌보고 채찍질을 한다.
- 영성은 우주의 법칙과 같은 것으로 인간 정신을 초월하여 인간들을 겸손하게 만들어 준다.
- 영성은 인간에게 경이로움, 신비로움을 불러 일으켜 우주에 존재하는 모든 생명체를 존중하고, 사랑하고, 보살필 수 있는 에너지와 능력을 준다.

- 영성은 어린이들, 어른들에게 겸손함과 너그러움을 가르치는 훌륭한 교사이다.
- 영성은 인간과 다른 사물을 좀 더 아름답고, 거룩하게 연결하여 인간 세계와 우주를 하나로 통합하는 힘을 가진다.

영성이 어린이들이나 성인들에게 이러한 신성하면서도 강한 힘을 가지고 있다면 우리는 몬테소리 교실에서 영성적인 교사, 영성적인 부모, 영성적인 어린이의 모습으로 살아가도록 돕는 교육을 해야 할 것이다. 어린이들에게 영성은 삶의 에너지이고 생명력이기 때문이다. 그래서 어린이들을 위한 교육이란 어린이들 특성의 경이로운 가치를 인식하고 영적인 성장에 알맞은 환경을 제공하여 새로운 어린이로 다시 태어나도록 돕는 것이라고 말한다. 어린이들이 더 훌륭한 세상을 만들어가는 데 기여할 수 있도록 변화시켜야 한다. 몬테소리 교실에서 교육받는 어린이들이 성장해 어른이 되었을 때 다음과 같은 질문을 할 수 있다.

- 몬테소리 교실에서 성장한 어른들은 물질적 소유에만 관심을 가지는 다른 사람들과 차이점이 있을까?
- 몬테소리 교실에서 성장한 어른들은 우주에 관한 관심, 평화 수호자, 고통받는 사람들에 대한 정의감, 제3세계의 빈곤문제 퇴치 운동에 관심을 갖고 바르게 인식하고 있는가?
- 몬테소리 교실에서 성장한 세계의 부모들은 자기 자녀들을 어떻게 교육하고 있는가?

만약 교육이 지식 전달만을 목적으로 한다면 우리는 어린이 개개인의 전인적 발달은 물론 그들의 내면에 숨겨져 있는 잠재력을 밖으로 이끌어 낼 수 있는 가능성의 기회를 지나쳐 버리는 것이다. 어린이들의 인지 발달은 결과적으로 의미 있는 삶을 살아가기 위한 것인데 삶을 정직하고 풍요롭게 만들어 가는 가장 근원적인 것은 영성적 에너지이기 때문이다.

3. 몬테소리 교실에서 영적 교사로서 영적 존재로 양육하기

몬테소리와 더불어 거의 대부분의 시간과 인생을 살아간 미국의 울프는 몬테소리 교사로서 지금 무엇을 할 것인가를 발견하기 위해서 우선 자기반성적 사고와 우주적 사명감을 강조한다. 다시 말하면 지금 여기에 있는 나는 누구이고, 여기에 있는 나는 여기서 무엇을 하고 있는가에 정직하고 진실하게 답하는 것이라고 말한다. 이러한 자신에 대한 질문은 자기 자신의 특성을 발견하는 하나의 과정일 뿐만 아니라 나의 본성, 직업의 정체성, 자기 관리, 희망, 꿈, 비전, 자신의 기질, 자기를 진정으로 만족시키는 것이 무엇인가를 알 수 있는 공동의 요소들이기 때문이다. 교육의 본질인 어린이들을 변화시키려면 교사 자신이 어린이들에게 기억될 만하고, 안정감을 느낄 수 있도록 내적, 외적 변화를 가져와야 한다. 영성은 다른 한편으로 인간의 선함, 바른 생각, 지식을 올바르게 실천하도록 변화시키는 것이다.

몬테소리 교사도 역시 사회적 동물이기 때문에 교사의 영적 훈련은 혼자서 영적 여행을 떠나는 것이 아니라 몬테소리 직업 공동체, 어린이, 학부모와 함께 관계 안에서 영적 훈련을 하면서 영적 여행을 즐겨야 한다. 특히 몬테소리 교사들의 영성 훈련의 효과적인 방법은 교사들과 정신적인 밀착 관계 속에서 서로가 존중할 때, 서로 공동체의 이익과 생산적 결과를 성취하려는 노력이 한 마음으로 모아질 때 성공적인 공동체가 된다.

몬테소리 교사 공동체의 의미는 몬테소리 교육철학과 정신을 근거로 공동체 안에서 자기 역할과 자기 위치를 지키기, 도움, 나눔, 이해, 객관적 태도로 조화로움과 앎을 공유하려는 사람들이 모인 집단이다. 몬테소리 교사 공동체는 몬테소리 철학의 이념, 학문적 실천 행위 그리고 그녀가 살아온 발자취를 정의롭게 실천하는 모든 몬테소리인들이 모인 집단이다.

몬테소리 교사 공동체는 그녀의 이념, 철학을 실현하고자 했던 정의롭고 평화로운 세상을 위한 공동체 만들기, 교육적 의지를 끊임없이 실현하려고 모인 사람들의 집단으로서 몬테소리가 영성을 중요시하는 이유를 알려고 노력하는 사람들이 일하는 직업 공동체이다. 영성적인 공동체는 말의 전달보다는 마음으로, 행동으로 실천하는 것을 경험할 때 더 가깝게 영성에 다가갈 수 있다. 어린이들의 인간화, 정상화를 정상적으로 성취하도록 돕기 위해서 교사가 우선적으로 영성적 교사의 길을 어린이들과 함께 걸어갈 준비가 되어야 한다.

그러므로 몬테소리의 영성적 교사 공동체는 서로 생각의 차이점을 배척할 것이 아니라 차이점을 인식하고, 존중하고, 배려하고, 이해하려는 노력을 할 때 건강해진다. 몬테소리 교사 공동체는 천천히, 가능한 한 간접적으로 구성원들 상호간에 영적 완전성을 수용하고 인정하고 존중하는 열린 마음으로 신뢰할 때, 영성적 공동체의 본질에 다가갈 수 있다. 교사들이 가르치고, 안내하고, 환경 구성에 대한 의무감에만 충실하면 공동체의 목적인 협력의 기회를 놓치게 되므로 자신이 영적 교사로 변화할 수 있는 기회를 잃게 된다.

몬테소리 교사 공동체의 정상화, 인간화는 서로의 역할을 공유하고, 개인의 약점을 인정하면서 훌륭한 가르침을 전달하는 교육자라는 큰 범주 안에서 자신의 의무감을 솔직하게 의사소통할 때 지금보다 더 훌륭한 가르침을 엮어 나갈 수 있을 것이다. 교사들은 가르침에 있어서도 온전한 영성 안에서 늘 준비가 되어 있어야 한다. 교사들은 잘못한 일이나 서로 상처를 주고받은 사람들을 치료하고, 마음을 함께 나누면서 진실함으로 서로의 역할과 사람과의 관계를 영성적으로 이루어 갈 때, 몬테소리 교실의 모든 사람은 평화로운 마음을 가지게 된다.

몬테소리 교사들의 영성은 교실에서 일어나는 어려움, 고통, 무질서함을 단절시키는 역할을 한다. 몬테소리의 철학에서 모든 생명체와 무생명체의 관계에 주목하여야 함을 단절보다는 영성적 연결로 안내한다.

교사의 영성은 한편으로 교사의 지혜로움과 관계가 있다. 훌륭한 가르침을 실천하려는 교사들의 의무감은 배움을 원하는 어린이들에게 배움의 공간을 만들어 그들이 자유롭게 지혜로운 작업을 할 수 있도록 만들어 주어야 한다. 어린이들에게 훌륭하고 영적인 교사는 그들을 위해 지혜롭게 배움의 공동체를 만들어 친밀감을 가지는 교사이다. 어린이들이 성장하여 사회 속에서 바르게 사는 것, 용기 있게 살아가는 것, 정의롭게 살아갈 수 있는 힘의 원천은 바로 영적 에너지에서 나오는 힘이다. 어린이들이 영적 뿌리가 없다면 그들은 발달 단계마다 인간화, 정상화, 현실화, 구체화를 성취할 수 있을까?

몬테소리 교실에서 가장 파워 있는 영적 교사는 어린이들에게 사실적인 것(올바른 것, 이론적인 것, 몬테소리 철학에 대한 담론), 객관적인 것(교사만 옳은 것이 아니라 누가 보아도 옳다고 생각하는 것), 실제적인 것(가르치는 내용과 현실적으로 실제가 일치하는 것)을 가르치는 교사이다. 교사들이 자기 관심 영역에서 집중하고 열심히 작업한다고 느낄 때 어린이의 정신적인 현상을 '보는 것'은 진정한 관찰자로서 경이로움과 만족스러운 기쁨을 경험하는 것이고, 자기들의 사명감은 무엇보다도 관찰을 위한 끊임없는 노력에서 만족을 느낄 것이다. 이러한 열정은 자기가 지금부터 교사로 새로 태어나는 출발점이 된다는 것을 느끼고 비로소 영적 교사로 다시 태어나 어린이들을 변화시킨다.

영적 교사는 어린이들을 자유롭게 해방시키기 위해서 자기 자신이 자유롭고 열린 마음을 가지고 자신의 몸과 정신세계로부터 스스로를 해방시켜야 한다. 몬테소리 교사가 자유롭게 멋진 말과 행동으로 어린이들과 함께 생활한다 할지라도 권위적이고 사랑이 배제된다면 멋진 영적 교사가 될 수 없다.

교사는 가르치기 위해서 심리 치료를 인위적으로 하기보다는 자연 치유, 즉 스스로 자기반성과 성찰을 즐겨야 한다. 교사들의 모든 가르침과 지식은 본질적으로 도덕적 요소를 포함한다. 그러므로 교사가 가지는 자기 지식의 본질은 자신의 내적인 열정에서 시작된다는 것이 정답이다. 교사가 가지는 열정의 경로는 교사 자신의 지식 정체성을 만들어 가는 중요한 요소가 된다. 몬테소리는 교사들에게 불필요한 것을 피하고 필요한 것을 찾는 열정적 자세, 즉 진리의 결과와 열정적 자세가 교사의 영성이라고 말한다.

어린이들의 호기심에서 비롯된 배움, 배움으로부터 얻어진 지식, 열정은 성장하는 동안 자신의 삶을 지배하는 훌륭한 무기이고, 원동력이고, 힘이 되어 자신을 구체화로, 인간화로, 정상화로, 자유로운 인간으로 이끌어 간다.

교사는 자신의 결점과 부정적 성향을 겸손하게 받아들일 때 배움과 지식으로부터 자유로워질 수 있다. 교사가 자유로워질 때 교사로서 정상화의 반열에 올라서게 되며, 계속 정상화로 걸어가도록 최선의 노력을 한다. 몬테소리는 구체적으로 교사가 자부심, 욕심을 버릴 것, 분노를 진정시키고, 편견을 극복하고, 느슨한 행동을 제어하고, 질투심을 극복하기 위해서 최선의 노력을 할 때 점차적으로 자유로워진다고 하였다. 인간에게 부여된 모든 지식의 근원이 사랑이라면 사랑은 영성적 뿌리 없이는 불가능하다. 그러므로 지식 역시 사랑과 영성에 뿌리를 둔다고 할 수 있다.

4. 몬테소리 교실에서 영성을 풍요롭게 만드는 요소들

몬테소리 교실에서 영성을 풍요롭게 만드는 가장 기본적인 요소들은 어린이들을 잘 가르치고, 사랑을 마음껏 내주는 관계가 형성될 때이다. 영성적 교사는 우선 자신이 나는 누구인가를 찾아나서야 한다. 다시 말하면 몬테소리 교사로서 자아를 알아 가는 여정을 떠나야 한다. 다양한 방법으로 나의 정체성을 확립하는 것이다. 더 중요한 것은 교사는 앎을 원하는 대상과 무엇을 가르쳐야 하는가, 학습 대상과 학습자 사이에 중개 역할을 할 수 있어야 한다. 교사가 중개 역할을 한다는 것은 배움 또는 가르침을 일상생활 방식, 즉 배움을 삶의 방식과 연결하여 가깝게 접근하도록 만드는 것으로 이것이 교사의 진정한 영성이다. 그러기 위해서 교사들은 다음의 요소들을 중요시하여야 한다.

- 영적 삶을 위해서는 자신이 깨어 있음이 중요하다.
  나 자신이 깨어 있다는 것은 잠시 하던 일을 멈추고 신체적으로 몸의 상태를 안정시키는 숨 고르기, 조용한 시간 가지기, 자기가 원하는 것 생각하기, 자기가 하는 일에 집중하고 몰입하며 현재의 내 모습을 찾는 것이다. 지금 내가 나의 상태를 알고, 나 자신의 진실한 깨달음에 가까워질수록 평화로워진다. 깨달음의 원천은 나의 마음속 깊은 곳으로 내려갈 수 있는 만큼 내려가 내적 여행을 떠나면서 즐거움도, 슬픔과 고통도, 행복함도 모두 경험함으로써 나 자신에게 가장 가깝게 다가가는 것이다.

- 영성은 깊음과 조용함을 요구하기 때문에 명상과 묵상은 조용한 곳에서 자신만의 세상과 공간으로 만드는 것이다.
  우리는 이러한 상황을 명상, 묵상, 조용한 체험의 시간이라고 말한다. 명상과 묵상은 나의 마음속에 있는 잘못된 기억과 잘못한 생각을 정화하기, 자기 몸과 마음을 이완하기, 나를 되돌아보기, 나의 일을 위해서 자신의 헌신도를 측정하기이다.
  우리는 우리 자신에게 스스로 집중하는 방법을 터득하고, 내 안에 작용하는 영성의 에너지를 활용하여 긍정적인 삶의 방향으로 나아가도록 돕는다. 명상과 묵상을 즐기는 사람들은 과다한 일에 빠지는 순간에도 견딜 수 있는 에너지를 가지게 된다.

- 어린이들이 움직임과 활동으로 인지, 몸, 정신을 발달시킨다면 성인들은 운동을 통해서 자기 몸을 관리한다.
  특히 정신적인 작업을 하는 사람들은 자기 몸 안에 가득 들어 있는 나쁜 물질들을 밖으로 걸러 내는 작업을 하는데 이것이 운동이다. 교사들은 운동을 통해서 몸과 정신을 새롭게 연결하여 자기 몸에 숨어 있는 창조적 능력을 밖으로 이끌어 내어 자기 환경과 세계, 우주와 연결할 수 있는 영적 힘을 가지게 된다.

- 자기 이해는 자기 자신에 대한 평가이기도 하다.

  완벽한 사람 되기, 자기 직업에 충실하기, 이웃과 세상을 위해서 필요한 사람이 되고자 하는 희망, 나의 삶을 성공적으로 이끌어 가기, 사회에서 자기 위치를 알고 역할 수행하기, 안정적인 삶을 살아가기, 고통을 감내하기 등은 자신이 나 자신에게 고백하고 원하는 것이다.

- 자신이 종교적, 영적 뿌리를 가져야 한다.

  교사가 종교적, 영적 뿌리를 가진다는 것은 자기 마음속에 숨겨져 있는 착함, 완전해지려는 욕구, 지혜로움, 잘 가르침에 대한 열망, 부족한 앎에 대한 자각을 느끼도록 만드는 반성과 믿음의 세계를 찾는 것이다. 그리고 배움의 공동체를 만들어 가는 진실된 가르침은 종교적 뿌리와 영성적 뿌리에서 자라난다. 그것은 아주 진실된 공간으로 몬테소리 교사들을 모으는 힘을 가진다. 종교적, 영성적 뿌리는 자기 존재에 관한 존재론적 문제, 세계를 정확하고 바르게 인식하는 방법, 교사들이 잘 가르치고 잘 배우는 교육학적 방법, 몬테소리 교사들을 잘 가르치고 잘못 가르치는 교사, 훌륭한 교사와 훌륭하지 못한 교사로 판단하고 반성할 수 있는 기준을 제공하는 도덕적 가치를 부여하는 힘을 가진다.

- 몬테소리 교사의 영성에서 가장 중요한 것은 자기 성찰, 즉 자신에 대해서 알아 가는 것이다.

  교사 자신의 가치관, 신념, 장점, 단점, 게으름, 습관에 대해서 얼마나 진지하게 생각했는가를 자신에게 질문한다. 왜 그리스 철학자들은 "너 자신을 알라."라고 경고했을까? 몬테소리는 자아를 연구하고, 자신을 철저히 관리할 것을 요구하였다. 그녀는 영성적 관리를 위해서 교사에게 스승이 필요하다고 말한다.

- 영성적인 교사는 자기 특성을 찾아내는 교사다.
  인간의 본성, 소중한 희망, 자신의 욕망, 자아 만족감, 평화, 생명 보존성, 감사하는 마음, 열린 마음, 우주적 과업, 직업의식을 통해서 자기 가치관을 높이는 것이고 기여하는 것이다.

- 영성적인 교사는 자기와 다른 사람의 세계, 세계에 대한 열린 마음을 가져야 한다. 우주에 존재하는 모든 생명체는 신성한 연결, 협력 관계, 존중하는 자세로 서로 존재적 가치를 인정하여야 한다. 교사가 자신을 사랑하고 존중한다는 것은 다른 사람을 존중하고 사랑할 수 있는 영성을 배우면서 열린 마음을 가지는 것이다.
  울프는 우주가 지속적으로 발전하고, 진화하고, 운동한다는 사실을 인식하는 것 자체가 우리에게 새로운 가능성이 열린다는 것을 일깨워 주는 것이라고 말한다. 새로운 가능성을 열린 마음으로 수용할 수 있어야 한다.

- 영성은 교사 공동체로서 구성원들 사이에 영적 완전성을 존중하고, 서로 열린 마음으로 신뢰하고, 교사들의 나약함을 공유함으로써 열린 마음을 가지도록 만든다.

- 영성은 모든 교사들에게 안정감, 평화로움, 창의성을 촉진한다.
  영성은 감각 작용을 초월하여 어린이들에게 정신적으로 열린 자세, 미래에 대한 비전, 용기, 정의, 신뢰, 현재 생활의 안정감, 평화로움, 타인을 배려하는 마음 기르기, 나와 다른 친구들 세계와의 관계 연결을 중요시한다.

- 영성은 교사들의 마음과 영혼을 깨우치고, 자극하고, 정화시키는 역할을 한다.
  영성은 교사들이 마음을 들여다볼 수 있는 망원경 같은 역할을 하면서 자신의 전체를 직관하여 정직하게 들여다볼 수 있는 마음의 눈이다. 영성이 없는 교사는 마음과 영혼을 볼 수 없고 측정할 수 있는 영혼의 지능 척도를 가지고 있지 않다.

5. 어린이들을 가르치는 교사는 어떤 교사이어야 하는가?

교사와 같이 가르침을 직업으로 하는 사람들은 다음과 같은 질문을 항상 자신에게 던져 볼 필요가 있다.

- 잘 가르치는 교사는 어떤 교사일까? 나는 어떤 교사에 속할까?
- 잘 가르치는 교사는 잘 배우는 어린이들에게 어떤 영향을 미칠까?
- 잘 가르치는 교사는 몬테소리 교실의 어린이들에게 훌륭한 작업과 수업을 어떤 방식으로 제공하는가?
- 잘 가르치는 교사들은 어린이들의 감각 기관을 자극하면서 작업을 제공하는가?
- 교사가 내적으로 느끼는 좌절감과 어려움은 무엇을 의미하는가?

잘 가르치는 교사는 교사와 어린이들 사이에 긴밀한 관계를 형성하는 교사라고 할 수 있을 것이다. 이러한 긴밀한 관계 형성에서 무엇/어떤 것과 관계를 형성하여야 하는가? 관계 형성의 핵심은 배움과 연결된 관계이어야 한다는 것이다. 교사가 어린이들과 배움으로 긴밀한 관계가 형성된다면, 그들에게 더 나은 세상을 만들어 주는 안내자 역할을 하는 것이다. 잘 가르치는 교사는 교사의 자아가 어린이를 가르치는 이론과 일치하는 것이라고 파커 파머(Parker Palmer)는 말한다. 교사들은 가르침으로 인한 즐거움과 자아 만족감 그리고 무엇인가 부족하고, 이렇게 가르칠 것인가 저렇게 가르칠 것인가 고민하는 마음 자세는 자신이 잘 가르치고 있다는 긍정적인 판단과 동시에 부족하다는 부정적 판단을 스스로 할 수 있는 것으로, 이는 교사로서 발전 가능성이 잠재해 있는 것이다. 자기 검증을 통해서 자기가 어떤 교사인가를 스스로 인식하게 된다.

잘 가르치는 교사는 어린이들이 자유 선택을 통해서 스스로 작업할 수 있도록 배움을 위한 환경 공간을 준비해 주고, 안내자, 촉진자로서 훌륭한 역할을 하는 교사를 의미한다. 교사가 가르치는 이론과 행동이 일치될 때 어린이들은 더욱 깊은 공감을 형성하게 된다.

유아기 어린이들의 모든 감각 훈련은 세계를 향해 나아가는 통로를 열어 주는 훈련이다. 어린이들이 받아들이는 모든 일상과 경험은 감각에 의해서 기억 저장소에 무의식적이든 의식적이든 기록되어 저장되기 때문에 감각 훈련이 중요한 것이다. 몬테소리는 이를 흡수 정신이라고 말한다. 인간의 5가지 감각 기관은 이미 태내에서 발달되어 태어난다. 5가지 감각 기관은 인간의 생명 보존에 중요한 역할을 하기 때문에 생명 감각이라고도 한다. 예를 들면, 배고픔을 느끼는 것은 인간의 생존을 위한 가장 중요한 신호이며, 이러한 신호 역시 감각을 통해서 전달된다.

잘 가르치는 교사는 직업적 자아 정체성이 필요하고, 가르치는 교사라는 자아의식이 필요한 것이다. 그렇다면 가르치는 교사들은 가르침에서 온전한 즐거움을 느끼는가? 가르침을 진심으로 사랑하는가?

가르치는 것이 좋을 때도, 두려울 때도, 싫증 날 때도 있지만 만약에 교사가 어린이들과 함께 지내는 시간을 진심으로 사랑하려고 노력한다면 덜 고통스럽고, 괴롭지 않고 자연적으로 해결될 문제들이다. 그러나 교사와 어린이들의 마음이 생활에 깊이 연결되어 있지 않다면 훌륭한 가르침과 배움은 늘 교차 상태에 머무르게 된다. 그러므로 교사와 어린이들이 씨줄과 날줄로 연결될 때 가장 중요한 요소는 마음이다. 교사가 즐거운 마음으로 잘 가르치지 못할 때, 다음과 같은 현상이 일어남을 생각하여야 한다.

첫째, 교사 지식의 질과 양의 문제이다. 교사가 가르칠 지식, 재료, 경험과 같은 것들이 무엇인가 부족하다고 느낄 때, 아니면 성실하게 준비하지 않았을 때 일어나는 현상이다. 물론 완벽한 준비는 불가능할지라도 가르치다 보면 무엇인가 새로운 것을 적절하게 첨가하여 가르치고 싶은 상황에 놓인다. 그 순간 자책감, 부족한 지식, 더 알고 싶은 욕구로 인해서 괴로움을 느끼게 된다.

둘째, 교사들이 가르치는 어린이들은 단순한 것 같으면서 복잡한 생각과 두뇌작용을 한다. 저자의 경험으로는 잘 가르쳐도 부족한 것 같고, 잘못 가르칠 때, 혹은 가르침이 좀 부족하다는 생각이 들 때 느낌도 상쾌하지 않을 뿐만 아니라 어쩐지 학생들이 나를 부르는 듯한, 나 자신의 내면을 관통하고 있는 듯한 생각이 든다. 그런 다음 다시 열정을 가지고 잘 가르칠 수 있는 용기에 대면하게 된다.

셋째, 잘 가르치지 못하고 있고, 지식이 부족하다는 것을 느끼는 순간이 온다.

저자는 가르침의 본질은 지금 가지고 있는 지식에 항상 새로운 지식, 즉 창조적 지식을 포함하여 새로운 지식을 가지도록 감각을 일깨워 주는 것이라고 생각한다. 우리가 교사들에게 완전한 전인성을 요구할 수는 없지만 적어도 자기 영역에서 직업의 정체성을 가지려면 전인성적 지식을 가지도록 노력하는 자세가 필요하다. 특히 몬테소리 교실에서 교구를 다루는 기술을 넘어서 교구와 연결된 이론적 가르침의 중요성을 강조하여야 한다. 교육은 기술이 아니라 배움을 진행하는 한 과정인 동시에 과정을 진행하기 위해서 필요한 것을 생각하는 자세이다. "생각한다, 고로 존재한다."라는 데카르트의 금언에서도 알 수 있듯이 생각한다는 것은 무엇인가를 이루기 위한 과정에 필요한 생각을 의미한다고 할 수 있다.

넷째, 잘 가르치는 교사, 훌륭한 교사는 자기의 직업적 정체성을 분명하게 가진 교사들이다. 다시 말하면 "나는 몬테소리 교사다."라고 자신감 있게 말할 수 있고 드러낼 수 있는 교사들이 훌륭한 교사이고 잘 가르치는 교사이다. 대부분 우리가 특강으로 모시는 교수, 경험이 많은 사람들, 유능한 기업인들의 강의를 들을 때 통쾌한 생각이 드는 것은 그들의 생각과 지식이 한없이 열려 있기 때문이다.

그래서 잘 가르치고 훌륭한 교사는 어린이들과 깊은 유대감을 만들어 내는 능력 있는 교사, 어린이들과 자신을 씨줄과 날줄이 서로 엮어지듯 다양한 측면으로 엮어 내어 자신들의 세계를 하나로 만들어 낼 수 있는 어린이들로 교육하는 교사이다.

몬테소리가 교사들에게 강조하는 영성적 교사로 되돌아가야 한다는 의미는 지식이나 정서적인 것이나 영성이 서로 분리되지 않고 서로 씨줄 날줄로 연결되어 모든 배움을 하나로 통합할 수 있는 능력을 의미한다. 잘 가르치고 훌륭한 교사란 어린이들의 내면세계로 들어가 그들의 본성인 영적 태아의 모습을 발견하여 열린 세계로 안내하는 것이다.

잘 가르치고 훌륭한 교사가 된다는 것은 자신의 직업에 대해 만족하고 즐거움을 가지며, 이를 바탕으로 자기 직업에 집중과 몰입을 하면서 끊임없이 숙달의 과정을 반복하는 것이다. 그것이 바로 교사의 진정한 정체성을 가지는 것이다.

6 CHAPTER

어린이들에게 몬테소리 교실을 사랑하도록 만드는 사람은 누구일까?

1. 어린이들에게 몬테소리 교실을 사랑하도록 만들기

어린이들이 몬테소리 교실을 사랑하도록 만든다는 것은 그들의 어려움을 스스로 극복할 수 있도록 그들과 관계된 사람들과 함께 협력한다는 의미를 지닌다. 특히 교사들은 자기들이 이미 오랜 세월 훌륭한 가르침에 주목하면서 노력한 결과 다양한 지식을 알고 있지만, 어린이들에게 가르치고자 하는 내용과 지식은 어느 측면에서 보면 제한적이다. 중요한 것은 어린이들에게 필요한 지식, 사회적 행동, 발달 단계에서 반드시 알아야 할 것을 가르치는 것이다. 몬테소리 교사들은 어린이들이 작업에 집중하지 않고 무질서, 심리적 불안, 작은 분노, 사랑이 부족할 때 정상화에서 일탈하는 경험을 하게 되었다. 이때 교사들은 어린이들의 일탈 행동을 다시 정상화 진화 선상에 올려놓는 데 가장 중요하고 강한 도구가 사랑이라는 것을 알게 되었다.

어린이들은 선생님의 사랑과 진정성에 감동하여 다시 정상화 작업을 시작한다. 모든 사람이 어려움에 처했을 때 가장 필요한 것은 서로 사랑을 주고받는 것이다. 교사는 이때 어린이들 마음속에 사랑의 씨앗을 파종하여, 그 씨앗이 아름답고 건강하게 잘 자라도록 함께 노력하여야 한다. 인간이 인간을 사랑하는 것은 가장 아름다운 예술이다. 만약 몬테소리 교사들이 몬테소리 어린이들을 사랑하는 방법을 알고 있다면, 학생들이 어떻게 사랑하고 사랑받을 수 있는지 배우도록 도움을 줄 수 있을 것이다.

사랑 다음으로 중요한 것은 어린이들의 모든 행동, 언어, 생각을 이해하는 지혜이다. 만약 어린이들이 호기심과 관심이 많다면 그들은 열심히 배울 것이다. 만약 교사들이 어린이들의 마음속에 있는 호기심과 관심의 씨앗이 아름답게 자랄 수 있는 환경을 준비해 준다면 그들은 스스로 씨앗을 건강하게 자라도록 노력할 것이다. 교사와 부모들은 배움과 작업을 강요하지 않아도 되고 스스로 배움이라는 즐거운 경험을 하게 될 것이다. 그래서 어린이들은 교실에 들어갈 때 기쁨, 내적 즐거움, 만족감, 행복함을 느낄 것이고 교사와 부모가 어린이들의 행복한 모습을 보면서 자신들도 스스로 행복해질 것이다. 어린이들이 교실에서 행복을 느낄 때 작업 효과는 물론 어린이들은 자신의 환경을 지배하면서 자유로워지기에 성공한다.

교사가 어린이들의 본능적 욕구인 사랑과 호기심을 건드려 주면서 그들은 배움이 즐겁다는 것을 경험하고 더 주목하며, 교사와 어린이들 사이에 긍정적인 상호작용이 이루어진다. 교사가 어린이들을 사랑하고, 사랑받으며 작업을 진행한다면 집중력과 몰입이 강화되기 때문이다. 이때 더 중요한 것은 어린이들이 교실을 사랑할 수 있어야 한다는 것이다.

훌륭한 교사가 되기 위해서 어린이들뿐만 아니라 지역사회 사람들, 어린이들과 관계있는 사람들, 동료 교사와 직원들, 교육 기관을 이해하고 이해받을 필요가 있다. 만일 교사들이 그들로부터 이해받지 못한다고 느끼면 교사들은 행복하고 만족스러운 마음으로 자기 직업의 정체성을 가질 수 없기 때문이다. 서로가 서로에게 주는 삶의 에너지가 없다면 형식적이고 마음이 아닌 메마른 자세로 직업을 수행하게 될 것이다. 어린이들과 관계된 교육 현장에서 일하는 모든 사람은 서로 듣고, 보고, 소통하는 것을 배워야 하고, 다른 사람들을 이해하고, 교사들의 즐거움과 어려움을 알고 이해시키기 위해서 부드럽게 사랑을 전달할 수 있는 언어로 소통하여야 한다.

교사들은 배움 공동체에 있는 모든 사람과 함께 모여서 관심과 생각을 표현할 때 다른 사람들이 우리의 어려움을 알도록 할 수 있다. 영유아교육 기관에는 부모회와 같이 교육 현장의 다양한 소리를 들을 수 있는 단체들이 있다. 교사들은 자신들의 관심사에 대해 목소리를 낼 수 있는 이러한 단체들을 긍정적인 측면으로 활용하여야 한다. 교사들과 어린이들이 교실을 가장 아름답고, 안정적이고, 평화롭다고 느낄 때 교사가 교실을 성공적으로 이끌어 가고 있다는 것을 시각적으로 보여 준다.

우리는 교육 현장에 책임 있는 사람들, 교육청, 보육을 담당하는 모든 기관 사람들, 정부 공무원들에게 우리의 이야기를 들어 달라고 요청할 수 있는 장소를 마련하여 모임의 기회를 갖는 것이 필요하다. 이러한 모임이야말로 현장에서 어린이들에게 일어나는 문제점들을 공동으로 고민하고 사전에 차단할 수 있는 방법이기 때문이다. 교사들은 주변의 현명한 사람들, 전문 지식을 가진 사람들, 즉 교수나 언론인들에게 의뢰하여 그 사람들이 교사의 말을 진심으로 듣고 가장 중요한 시기인 어린이를 담당하는 교사들의 어려움에 공감할 수 있는 기회를 가져야 한다.

교사 개인이 아니라 유아교육과 관련 있는 모든 사람이 힘을 모아 어린이들을 정상화로, 인간화로 양육할 수 있는 방법에 동참할 때 안전한 교실, 안전한 사회, 안전한 국가를 만들어 갈 수 있다. 어느 나라를 막론하고 어린이들은 국가의 가장 큰 힘이고, 희망이고, 보물이기 때문이다.

2. 어린이들이 교사에게 자기들의 고통을 이야기하는가?

몬테소리 교실에서 종종 어린이들의 분위기가 혼란스럽고 무질서한 순간을 경험할 때가 있을 것이다. 이때 교사들이 잠시 멈추는 순간을 경험한 적이 있는가? 잠시 멈추기, 잠시 쉬어 가기, 잠시 조용한 시간 가지기, 모든 것을 덮어 두고 자기 마음속으로 들어가기, 산책하기, 밖에서 마음껏 뛰면서 운동하기를 제시해 본 경험이 있는가?

어린이들의 집중력이 무엇/어떤 것 때문에 분산되었다면 교사가 어린이들을 다시 원래의 상태로 되돌리는 지혜로운 기술이 필요할 것이다. 교사는 몬테소리의 과학적 교육학의 원리를 적용하여 우선 어린이들을 관찰하고, 관찰 내용을 분석하고, 분석한 내용은 교육 방법이 되고, 이를 근거로 그들의 행동을 치료하여 다시 정상화로 안내하는 기술을 활용하여야 한다. 교사는 다음과 같은 사항들을 고려할 수 있다.

- 어린이들의 내면의 소리 듣기(분명히 어린이들의 정신적 무질서와 혼란에는 이유가 있을 것이다.)
- 환경 전체의 문제점 파악하기
- 어린이들의 심리적, 생물학적 상태에 주목하기
- 어린이들에게 어제, 지금 무슨/어떤 일이 일어났는지 알아보기
- 교사가 어린이들을 위해서 정지 버튼을 언제 사용할지 판단하기
- 어린이들에게 잠시, 잠깐 멈추기 방법 활용하기
- 어린이들에게 무슨/어떤 일이 일어났을까 생각해 보기
- 어린이들이 왜 이렇게 흥분했을까 생각해 보기

교사가 어린이들을 돕는 가장 훌륭한 방법은 어린이에게 무슨/어떤 일이 일어났었는지 적극적인 경청 방법을 선택하는 것이 중요하다. 어린이들은 선생님, 작업, 환경 그리고 자신에 대해서 걱정한다. 그러기 때문에 교사들은 어린이들을 보살필 의무가 있고, 자신의 생각과 마음을 표현하고 소통할 필요성을 알려 주어야 한다. 어린이들에게 자기 상태를 표현할 기회를 제공하고, 그들의 내면의 소리를 조용히 들어주는 역할을 하여야 한다. 그래서 교사가 어린이들의 생각, 마음, 문제점을 함께 공유한다는 느낌을 주는 것이 중요하다.

어린이들은 누군가와 이야기하는 동안 스스로 즐거움, 고통, 어려움을 극복하는 기회를 가지게 되고, 문제점을 해결하면서 정서적으로 안정된 생활을 하게 된다. 인간화의 모습에는 인간의 가치, 다양성, 너그러움, 조용함과 같은 정신적인 요소들이 많이 포함될수록 진정한 자아를 발견하게 된다.

우리는 몬테소리 교실에서 나이가 다른 어린이들끼리 서로 경청하고 소통하는 방법에 대해서도 생각하여야 한다. 몬테소리 혼합 연령 교실에서 자신과 서로에 대해서 들을 수 있는 것은 매우 중요하다. 인간은 진정으로 자신의 내면의 소리를 들을 수 있을 때만 다른 사람들의 내면, 아니 일상적인 소리에 대해도 들을 수 있다. 그렇다면 우리 자신의 소리를 듣는 것이 무슨 의미일까?

우리는 생물학적으로 자신의 몸에 귀를 기울이면서 피곤할 때는 잠을 자고, 잠에서 깨어나 기분이 아주 상쾌하면 나에게 주어진 일을 열심히 하고, 몸이 아프면 짜증을 낸다. 이처럼 우리는 자신의 몸에 대한 감각을 누구보다 정확하게 알고 있다. 때로는 내 몸의 한계를 알기 때문에 무리하지 않는다.

훌륭한 상담가란 적극적으로 경청하는 자세를 우선으로 한다. 적극적인 경청을 통해서 유능한 치료사가 된다. 적극적인 경청에 대해 다음의 질문들을 생각해 볼 수 있다.

- 자신이 힘들게 말하는 것을 상대방이 진심으로 들어줄 때 자신의 기분, 느낌은 어떠한가?
- 듣는 사람이 자신의 말에 정말 귀를 기울이고 있었다는 것을 어떻게 알 수 있었는가?
- 듣는 사람은 자신의 개방성과 수용성을 어떻게/무엇으로 보여 주는가?

어린이들은 교실에서뿐만 아니라 자연 속에서, 더 나아가 광범위한 우주 속에서 듣기 시간을 갖고 듣기 훈련을 할 필요가 있을 것이다. 교사가 어린이들의 말과 마음을 듣고, 만약 자연 속에서 충분한 시간의 듣기 훈련을 원한다면, 그들이 자연, 식물, 동물과 소통하기 위한 긴 시간을 원한다면 허락하여야 한다.

만약 어린이들이 현재 생활에 만족하지 못한다면 그들의 미래 생활에도 행복을 가져올 수 없다. 교사의 의무와 책임은 어린이들의 어려움, 고난, 열망을 이해하는 것이다. 교사가 어린이들을 이해하는 데는 많은 시간이 필요할 수 있다. 현재 교사들의 고통은 교사-어린이 관계보다 교사-학부모 사이에 교육 방향의 차이점으로 인한 문제들이 많기 때문에 사랑하는 어린이들을 전문 교육 기관에 위탁하고 맡겼을 때 교사들의 권위를 어린이들 앞에서 존중하는 태도가 중요하다. 한국의 상황을 보면, 교사들이 어린이들의 내면의 소리를 듣고 치료하기를 원할 때 부모들의 소리까지 교사가 들어야 하는 경우가 많다. 이는 두 선생님을 모시고 살아가는 어린이들에게 갈등의 원인을 제공하는 것이다. 어린이들이 앞으로 살아갈 세상에서 필요한 모든 규범, 바른 생각, 바른 행동을 위해서 지금의 어려움을 부모가 아닌 어린이 스스로 극복하려면 가르치는 사람, 즉 교사가 어린이들의 내면의 소리를 듣고, 사랑의 묘약으로 치료해 줄 수 있도록 허락되어야 한다. 어린이들은 선생님이 때로는 권위적이고, 때로는 사랑을 받을 수 있고, 때로는 친구같이 함께 놀아 주는 것을 원한다. 어린이들은 교사의 약한 모습이 아니라 자기들의 어려움을 듣고 보살펴 주는 선생님을 존중하고 좋아한다. 교사와 어린이는 서로의 어려움을 듣고, 서로 위로하고 격려할 때 인간화의 목적을 성취하면서 함께 걸어갈 수 있는 것이다.

3. 몬테소리 교실을 가족 구성원으로 만들기

몬테소리 교실을 하나의 가족 공동체로 만든다는 것은 무엇을 의미하는가?

어린이들은 혼자서 생활하기 어렵다. 어린이들은 작은 공동체, 거대한 공동체와 함께 살아갈 때 자신들의 본성을 자연스럽게 밖으로 드러낸다. 몬테소리 교실에서 교사는 어린이들의 힘든 작업, 어려움, 불편한 마음을 들어주거나 줄여 주어야 한다. 엄마가 자식을 무릎에 앉혀 놓고 가르치고 들어주는 어머니 무릎 학교처럼 말이다. 그래서 어린이들이 안정감과 편안한 마음을 가지고 교사의 가르침을 배우고 받아들일 수 있는 공간이 되어야 한다.

반대로 어린이들도 교사의 어려움을 이해하고 배울 수 있는 기회를 가져야 한다. 가정과 같은 몬테소리 교실은 교사-어린이 사이의 상호 어려움을 이해하고 알고 싶은 욕망을 채워 주고 서로의 배움에 대한 열망을 나눌 수 있어야 한다. 교사는 어린이들에게 배움, 지식, 지혜, 삶의 방식을 전달하고 어린이들은 그러한 요소들을 자기 것으로 만들고 수용할 자세를 가져야 한다. 어린이들의 공동체인 교실이 가족과 같은 자연스러운 가족 공동체로 변할 때, 교실은 어린이들에게 행복한 삶의 터전이 될 것이다.

교사와 어린이들이 함께 어우러져서 즐거운 시간을 공유하고, 놀고, 춤추고, 숲으로, 마을 동산으로 산책하며 함께 숨 쉬고, 같이 식사를 할 수 있는 시간을 가질 때 교사는 몬테소리 교실을 가족 공동체로 만들 수 있다. 이렇게 또 다른 가족이 되는 것이다.

교사가 만든 가정과 같은 몬테소리 교실에서 어린이들과 대화하고, 서로 이해하고, 내재적 동기 부여를 이끌어 내어 불편한 활동과 작업을 완화한다면, 몬테소리 교실은 진정한 가족과 같은 교실로 변화할 수 있을 것이다. 가정과 같은 몬테소리 교실을 편안한 가르침과 편안한 배움으로 안내하면서 교육이 즐거움으로 변할 수 있을 것이다. 교사는 지혜로움과 사랑을 전하는 직업이 되어 즐거움을 스스로 느끼고, 때로는 훌륭한 어버이와 같은 생각을 하게 될 것이다.

몬테소리 교실을 교사와 어린이들에게 행복한 가정과 같은 특별한 장소로 만들려면 무엇/어떤 것에 주목하여야 할까? 어린이가 몬테소리 교실에서 다른 어린이들과 함께 행복감을 느끼도록 어떻게 도울 수 있을까? 교사는 자기 반 몬테소리 교실의 어린이들에게 어떻게 즐거움을 줄 수 있을까?

이러한 질문의 답은 교사가 자신의 능력과 상상력을 활용하며 자기 교실의 능력과 상상력을 하나로 만들어 갈 때 자유롭고, 편안하고, 어린이들이 무엇이든 스스로 할 수 있는 아름답고 멋진 장소로 만들 수 있다는 것이다. 어린이들과 함께 몬테소리 교실을 멋진 장소로 만드는 일은 교사의 능력에 달려 있으며 능력 있는 교사이기 때문에 가능하다.

4. 몬테소리 교실에서 소그룹, 대그룹, 공동체를 지지하고 사랑하기

몬테소리 교실에서 무질서, 혼란, 어려움이 있다면, 교사는 가능한 한 빠른 시간에 어려움을 이해하고 변화시킬 수 있도록 돕는 사랑의 도움 공동체를 만들어야 한다. 교사는 교실에서 3~5명 정도를 선택하여 새로운 아이디어를 제공한다. 사랑의 도움 공동체의 목적은 다음과 같다.

- 몬테소리 교실에서 평화로움을 경험하기 위해서
- 몬테소리 교실에 있는 어린이 모두가 행복한 교실에서 활동하기 위해서
- 모든 어린이와 교사에게 행복을 주기 위해서
- 모든 어린이의 어려움을 덜기 위해서
- 모든 어린이가 더불어 살아가는 방법을 배우고, 즐기기 위해서
- 모든 어린이가 가지고 있는 앎, 경험, 사랑을 서로 나누기 위해서
- 모든 어린이가 나와 다른 점, 차별화를 학습하기 위해서
- 모든 어린이의 재능, 창조적 힘, 생각을 서로 나누고 공유하기 위해서

몬테소리 교사들이 교실에서 어린이들이 무엇인가 배우고 작업하기 위한 환경을 준비하는 것도 중요하지만 더 중요한 것은 그들의 내면의 소리를 적극적으로 경청하는 자세이다. 만약에 교사가 어린이들의 내면의 소리를 진심으로 들어 본 경험이 있다면, 교사가 알지 못했던 그들의 내면의 소리가 많은 학습, 가르침의 재료들을 얻을 수 있게 할 것이다. 몬테소리 교실의 모든 어린이는 사랑의 도움

공동체에 들어와 다른 친구, 교사들에게서 듣는 방법을 배움으로써 이를 자신의 학습 내용과 방법에 적용할 수 있을 것이다.

교사가 귀 기울일 것은 어린이들에 대한 대부분의 어려움은 잘못 전달되어 잘못 알고 있는 것에서 비롯된다는 사실이다. 그래서 어린이들이 듣지 못했거나 이해하지 못해, 기억 저장소에 저장한 대부분의 지식들이 잘못 입력되어 쓸모없는 것들로 사라질 위험성을 가지고 있다. 모든 사실, 힘듦에 대해 바르게 듣고, 어루만지고, 진심으로 보살피는 자세는 행복하고, 균형적이고, 정상적인 몬테소리 교실을 만들어 줄 것이다.

몬테소리 교실의 어려움을 해결하기 위해서 어린이들에게 공동체를 지지하고, 진정한 사랑을 지지하고, 내면의 소리를 진심으로 듣기 훈련을 시킨다면, 그들의 모든 어려움과 불편함을 해결할 수 있을 것이다. 교실에서 어린이들은 어려움을 겪고 있고, 이러한 어려움을 교사와 부모가 알아주고 지지해 주기를 바란다. 어린이들의 이러한 바람은 그들의 권리와 요구로서 타당한 외침이다. 교사들이 몬테소리 교실에서 어린이들의 이야기를 들어준다는 것은 그들의 어려움을 지지해 주고 수용하는 태도이다. 교사가 조용히 앉아서 어린이들의 요구 사항들을 듣는 자세는 그들을 정상화로, 인간화로 안내하기 위한 올바른 가르침을 실천하는 방법이다.

모든 어린이는 교사와 부모가 왜 자신을 매일 힘들게 만들고, 왜 자신만을 괴롭히는지 모르기 때문에 몬테소리 교실에 들어가고, 친구를 만나는 것이 두렵다고 말할 수 있다.

만약에 반대로 몬테소리 교실이 사랑의 도움 공동체로 구성되었다면 어려움이 있는 어린이들은 자신의 어려움을 이야기할 수 있고, "나는 힘들어요, 도와줄 수 있어요?"라고 말할 수 있을 것이다.

몬테소리 교실의 사랑의 도움 공동체는 어린이들의 어려움과 힘듦에 도움을 주는 아주 큰 우주 공동체의 작은 부분이다.

5. 어린이들의 인간화 과정에 필요한 안정감과 소속감의 중요성 알아 가기

몬테소리 교실의 어린이들은 모든 교육, 작업, 활동 커리큘럼과 사랑의 커리큘럼을 어린이들 스스로 시작하여 더욱 훌륭한 독립심과 창조적 작업을 수행하도록 구성한다. 어린이들은 인지 발달, 일상생활 훈련, 사회적 규범, 문화 인식, 도덕적 인간화 과정을 위해서 5개 영역으로 차별화하여 배움의 기초를 마련한다.

몬테소리 교실에서 어린이들이 무엇/어떤 것을 통해서 안정감을 가지게 되고, 자신이 몬테소리 교실에서 교사, 환경, 다른 친구들과 함께 생활하고 있다는 소속감을 가지게 될까? 어린이들에게 가장 안정감을 주는 4가지 요소는 다음과 같다.

- 어린이들은 가장 친근하고 자주 접하는 교사, 부모를 통해 안정감을 느낀다.
- 어린이들을 위한 준비된 환경은 안정감을 준다.
- 어린이들은 교구교재, 작업, 일, 활동을 통해서 안정감을 느낀다.
- 어린이들의 상상력, 생각이 그들의 생활에 안정감을 준다.

위의 4가지 요소는 어린이들이 정상화, 인간화, 현실화 과정을 돕는 기본적인 요소들이다. 어린이들은 자기를 사랑해 주는 사람이 없을 때 심한 불안감을 느끼고, 어린이들의 생활은 물론 인지 발달도 환경과 상호 작용을 하고 감각 기관과 협력하면서 백지상태를 채워 간다. 이것이 몬테소리가 어린이들을 위한 준비된 환경을 강조하는 이유이다. 어린이들은 인적 환경만으로 충족되지 않으며 그들의 작업, 활동을 이끌어 가는 자료, 즉 교구교재가 필요한 것이다. 이러한 교구가 과학적 교육 방법과 원리에 근거한다면 가장 훌륭한 교육 매체가 될 수 있다. 어린이들이 생각하지 않고, 상상력이 부족하다면 창조적 작업을 성취하지 않았을 것이다.

어린이들은 활동과 움직임을 즐기고, 작업을 즐기고, 질서를 지키고, 사회적 관계를 위해서 소그룹, 대그룹, 공동 작업을 통해서 인간화를 시작하는 출발점에 서게 된다.

어린이들이 살아가는 동안 안정감과 소속감이 중요한 이유는 그들이 작업과 활동을 통해서 내적으로 자유로워질 때나 다른 친구들에 대한 친근감, 믿음, 친절함을 느낄 때 스스로 안정감을 느끼며, 자신이 몬테소리 교실에서 작업할 수 있다는 소속감을 느끼면서 다른 친구들과 진심으로 나누고 도움을 주려고 하기 때문이다. 특히 어린이들은 자기가 자유롭게 선택한 작업에 집중하고 몰입할 때 완전히 교구와 자신이 하나가 되면서 안정감을 느낀다. 어린이들은 자기 환경에서 안정감을 느낄 때 환경 자체를 그대로 수용하여 환경을 지배할 수 있는 능력이 발달한다. 어린이들이 안정감을 느낀다는 것은 자신이 처한 환경을 온전히 수용하여 환경, 작업, 일, 활동에 자율적으로 복종할 때 일어나는 현상이다.

어린이들이 안정감을 가지고 자기 작업을 수행할 때 그들은 환경에, 어린이집에, 유치원에, 공동체에 소속되어 있다는 것을 자랑스럽게 생각하게 된다. "우리 어린이집, 유치원이 최고야!" 이러한 표현은 자신들이 다니는 어린이집, 유치원이 자랑스럽고 행복하다는 표현이다. 그곳에서 어린이를 진심으로 받아들이고, 어린이 자신은 그곳에서 자기의 역할과 책임을 자연스럽게 수행한다. 어린이들 스스로 자유로운 공동체를 만들어 가면서, 그곳에서 하루하루 행복한 날들을 보내고 자신이 생활하는 곳을 자랑스럽게 생각하게 된다. 어린이들이 확실한 소속감을 가지는 이유이다.

어린이들은 몬테소리 교실에서 특별한 순간들을 경험하고 일상 속에서 많은 즐거움을 느끼며 공동체를 신뢰하게 되고, 그들의 생활 속에서 만족스러움에 대한 의식을 갖게 된다. 어린이들이 친구들과 구성원들 전체에게 완전히 마음의 문을 열 정도로 안정감을 느끼도록 하기 위해서는 함께 생활하는 사람들끼리 신뢰를 쌓을 필요가 있다. 서로가 신뢰를 상실하였을 때에는 책임을 지도록 만들어 서로 이해하도록 도와주어야 한다.

어린이들이 느끼는 공동체 감각, 스스로 느끼는 자유로움, 서로 즐길 수 있는 기회와 어린이들이 친구들과 생활하고 시간을 보내면서 경험하는 공감 능력이 소속감을 강화한다.

6. 몬테소리 교실에서 자애심을 사랑하기

몬테소리 교실에서 어린이들에게 자애심을 가르친다는 것은 성숙한 인격 형성을 위해서 필요한 사람과의 상호 작용, 자연과의 상호 작용을 통해서 성장한 인간성으로 양육에 길을 열어 주는 것이다. 어린이들은 조용히 호흡하고, 파란 하늘을 보고, 파란 새싹들이 돋아나는 자연 속에서 세상의 가장 강한 사랑 에너지를 느낀다. 어린이들을 바라보고, 마음속으로 그들의 이름을 떠올리고, 그들에게 사랑스러운 말을 건네면서 교사들이 이미 사용하는 사랑과 자애로움을 의미하는 말로 소통한다. 몬테소리 교실에서 어린이들에게 즐거운 시간, 행복한 시간, 스스로 작업에 집중하는 시간, 내재적 동기 부여를 할 수 있는 시간을 만들어 주고, 제공할 때 그 교실은 자애로움을 양육하는 장소가 될 것이다. 교사의 자애심 양육 방법은 어린이들에게 자신감을 주고, 서로 돕고 사는 방법을 알려 주고, 교실에서 서로 사랑하는 즐거움을 경험하도록 만들어 가는 것이다. 교사가 어린이 한 명 한 명을 쳐다볼 때 자유로움이 무엇인지, 즐거움이 무엇인지, 편안함이 무엇인지를 알려 준다. 어린이들이 서로 미소를 지을 때 교사도 미소로 응답하고, 그들의 모습에서 삶의 에너지인 영성을 느낄 수 있다.

교사들은 어린이들과 함께 일하는 직업의 정체성에 대해서 만족감을 느끼고 그들에게 무엇인가 더 많은 것들을 베풀고 나누려는 자애로움을 학습한다. 교사들이 어린이들에게 보내는 사랑의 메시지는 자기 자신에게 삶의 원동력이 되는 사랑의 에너지를 보내어 내면에서 더 깊은 자애로움을 양육한다. 교사가 어린이들에게 사랑의 에너지 나눔 영성을 활용하는 것은 교사로서 가장 중요한 역할을 수행하여 어린이들에게 너그러운 마음을 가지도록 만든다. 교사들은 매일매일 어린이들을 위한 더 많은 연민, 관심, 나눔 영성, 직업의 정체성을 가질 때 어린이들은 교사로부터 직접 자애심이 무엇인가를 배우고 답습한다. 몬테소리 교실에서 교사-어린이가 사랑의 에너지, 사랑하는 정신을 나눌 때 어린이들이 더 명랑하고, 순수하고, 강하면서도 자애로운 마음을 가지는 것을 느낄 수 있다. 몬테소리 교실에서 교사-어린이들 사이에 사랑의 에너지가 충분히 전달된다면 서로 마음을 공유하고, 서로 나눔의 영성을 실천하는 자애로움을 가르칠 수 있을 것이다.

7. 몬테소리 교실에서 인간화에 도전하는 어린이들에게 용기 주기

어린이들의 도전은 물론 인간의 삶 자체가 연속적인 도전이다. 어린이들이 모인 공동체는 문제에 문제가 늘상 존재하는 반면, 이러한 문제보다 더 큰 즐거움, 희망, 비전, 도전이 그들 본성에 더 많이 공존한다는 사실에 우리는 경이로움을 표한다. 인간이 살아가는 데 어려움만이 있는 것이 아니고 스스로 어려움을 극복한 사람은 분명히 어려움이 지나면 정말 표현하기 어려운 성취감, 행복감이 동굴 밖에서 밝은 태양과 함께 우리를 기다리고 있다. 도전이란 자신과 마주 설 수 있는 용기를 지키려는 자신과의 약속이며, 그 약속을 지키려면 앞으로 나아갈 수 있는 꿈, 비전, 도전이 필요하다. 도전을 즐기는 어린이들의 특징은 다음과 같다.

- 어린이가 가장 좋아하는 일, 가장 잘하는 일, 자신의 미래 창조 작업과 관련된 생각과 자세를 가지고 탐색을 즐긴다.
- 도전하는 어린이들은 일탈, 실패를 반복하면서 새로운 세계를 지속적으로 탐색한다.
- 도전하는 어린이들은 모든 과정과 결과물에 몰입한다. 특히 어린이들은 새로운 창조 과정에 주목한다. 완성하고 성공하는 것이 목적이 아니라 어떤/무슨 일에 최선을 다하면서 숙련의 기간을 가진다.
- 도전하는 어린이들은 정확한 계획을 세운다. 자기에게 맡겨진 일을 정확하게 실천하려는 특성을 가진다.
- 도전하는 어린이들은 모든 일에 주인 의식을 가지고 책임감 있게 행동한다.

- 도전하는 어린이들은 다른 친구들, 사람들을 의식하지 않고 오로지 자기 일에 몰입하면서 일의 묘미와 쾌감을 즐긴다. 환경에 휘둘리지 않고 좋아하는 일에 몸과 마음을 일치시킨다.
- 도전하는 어린이들의 특성은 자기 일에 확실성을 가지고 열심히 한 작업이 자기를 배신하지 않는다는 것을 알고 더 열심히 한다.

교사는 어린이들 누구나 한 가지 정도는 훌륭한 장점을 가지고 있기 때문에 장점을 찾아서 배려하고 어린이가 하는 작업과 연결시키는 것이 중요하다. 이러한 상황에서 교사가 잘하는 것과 어린이가 잘하는 공통점을 서로 연결하여 더 잘할 수 있다는 확신감을 주어야 한다. 선생님이 할 수 있는 것은 어린이들도 할 수 있다는 확신감을 공유할 때, 그들의 도전 정신 에너지는 확산된다.

어린이들의 도전 정신에서 교사가 어린이들이 정말 좋아하는 것을 발견하여, 각자가 경쟁이 아니라 좋아하는 것의 차이점을 알려 주고 서로 자기가 좋아하는 것을 위해서 도전하는 긍정적인 마음을 양육하는 것이 중요하다. 어린이들의 건강한 인성 발달을 위해서 각자 자기가 좋아하는 일에 몰입할 수 있는 교사의 지혜로운 안내가 중요하고, 어린이들의 입장에서는 자기가 좋아하는 것을 더 좋아할 수 있게 만들어 그 작업의 주인공이 되도록 만들어 줄 때 어린이들은 탁월한 창의성을 향해 도전하게 된다. 어린이들의 도전 정신을 지속하는 방법의 하나로서 협력적 도전 정신의 가치를 존중하는 방법이 있다. 도전 정신은 하나보다는 둘이, 둘보다는 셋이 실천할 때 더 효과적이다.

8. 어린이들의 인간화 과정에서 어려움을 극복하는 힘 기르기

어린이들이 교실에서 어려움, 곤란함, 불쾌함을 가지고 있다면 작업 집중력이 떨어지는 것은 물론 정서적, 생물학적, 심리적으로 부정적인 생활 태도와 모습으로 변하게 될 것이다. 그로 인해 인격화, 정상화의 길에 어려운 장애물들을 만나게 된다. 어린이들과 함께 생활하는 모든 교육자는 그들을 인격화, 정상화로 안내하는 데 도움이 되는 방법을 찾아야 한다.

1) 계속 배려해 주기

매튜 폭스(Matthew Fox)는 지구상에 태어난 모든 어린이는 원복을 가지고 우리의 곁으로 왔다고 하였다. 그런 측면에서 어려운 어린이, 힘든 어린이, 나쁜 어린이는 존재하지 않는다. 어른 중심으로 살아가는 세상에서 단지 낯설고, 무엇인지 몰라서 경악하고, 두려워할 뿐이다. 개인적으로 어린이들의 과거, 현재에 자연 그대로 노출된 상황은 그들에게 어렵고, 당황스럽고, 스트레스를 주고, 걱정스러운 세상으로 보일 뿐만 아니라 오히려 자기들이 원하는 환경에, 사람에, 작업에, 활동에 참여하는 것을 제한 없이 방해한다고 생각할 것이다. 원복을 가지고 새로운 세상에 얼굴을 내밀어 어른들의 세상에 참여할 수 있도록 너그럽게 배려를 한다면 그들은 호기심으로 가득 찬 새로운 세상에서 자기에게 주어진 사명감을 완성하려고 주도적인 삶의 방법을 배울 것이다.

2) 포용성 만들어 주기

진정한 포용성이란 내가 다른 사람을 온전히 껴안는 것이다, 몸으로, 마음으로, 사랑으로, 눈으로, 감각으로 껴안을 때 어린이들은 더욱 감동적이고 따스함을 느껴 두 사람이 하나가 되는 가장 가까운 거리에서 마주하고 있게 된다. 어린이들이 몸을 얼싸안으면서 가까이 다가가는 것은 안전한 교감과 분위기를 만드는 데 충분한 행위이다.

모든 사람은 마음을 진심으로 껴안을 때 서로 진심을 전하며 완전한 포용의 자세를 가진다. 몬테소리 교실에서 힘들어하는 어린이들의 대부분은 작업에, 활동에, 친구들과의 대화에, 교사와의 상호 작용이 이루어지지 않기 때문에 다른 곳에서 혼자 있기를 원한다. 하나의 해결 방법으로 교사가 힘들어하는 어린이에게 특별한 일(좋아하는 일, 종을 치는 일, 교구를 정리하는 일)을 시킨다. 그리하여 다른 친구들로부터 인정받고, 스스로 유익한 일을 한다는 느낌을 가지도록 안내할 수 있다. 포용한다는 의미는 사람뿐만 아니라 물건도 마찬가지이다. 내가 다른 사람, 다른 물건을 포용한다는 것은 그것들 사이로 가장 가깝게 밀착되어 가장 가까이 있다는 의미를 지닌다. 사람이 사람을 포용하는 에너지를 통해서 다른 사물을 포용할 수 있는 에너지를 축적하여야 한다.

3) 긍정적 언어를 사용하고, 진심으로 소통하기

대부분의 경우 교사와 부모들은 어린이들에게 무엇을 하지 말라고 명령형을 사용하고, 어른들의 주장을 강요한다. 그때 일반적으로 어린이들이 묵비권을 행사한다. 서로에게 묵비권을 행사한다는 것은 너와 내가 말하기 싫다는 단편적인 표현이다.

인간에게 언어는 자신의 생각과 마음을 전달하는 표현 행위로 활용된다. 언어는 그 사람이 살아가는 방식, 삶의 태도와 밀접한 관계를 가진다. 소통은 나도 좋고, 너도 좋을 때 서로 진심으로 마음이 전달되어 말을 이어가게 된다. 교사가 어린이들과 소통하는 올바른 방식은 말을 들었을 때 서로 이해할 수 있어야 하고, 상처를 줄 것이 아니라 긍정적인 소통을 통해서 가까이 다가갈 수 있어야 한다. 교사는 어린이들과 부드러운 언어를 사용할 때 더 친근하게 다가갈 수 있다.

4) 어린이들의 개인적 실수는 개인적으로 알려 주기

실수는 항상 성공적인 작업과 연결된다는 사실에 주목하여야 한다. 그러나 교사는 어린이들에게 자신의 실수를 알려 줄 때, 중립적인 태도를 취해야 하며, 어린이가 왜/무엇을/어떻게 실수했는지 설명할 기회를 반드시 주어야 한다. 실수할 수밖에 없었던 원인을 찾아서 그 실수를 다음에 성공의 발판으로 활용할 수 있어야 하기 때문이다.

아직 성숙하지 않은 어린이들은 자기들의 실수에 대한 관용이 부족하여 부끄럽거나 수줍어한다. 중요한 것은 어린이들에게 실수에 대해서 논리적으로 설명하고 이해시키면 실수를 인정하고 수용한다. 어린이 자신에 대한 행동에 책임 의식을 가지도록 가르치고 용기를 줄 때 그들의 내면에 자라고 있는 씨앗에 중요한 영양분을 주는 것이다. 교사들은 어린이들의 훌륭한 씨앗에 충분한 영양제와 물을 주는 일을 소홀히 하면 안 되는 사명이 있다.

몬테소리 교실에서 질서를 바로잡아 가는 훈련을 다시 시작하고 어린이들의 질서감을 다시 정상화로 돌이키기 위한 교육적 노력이 필요하다. 아직도 어린이들이 환경 속에서 다양한 장애 요인으로 인해서 어떤 방해를 받게 된다면 이는 어린이들의 생물학적 요구 사항을 이해하지 못한 어른들의 책임이다. 어린이들은 환경으로부터 장애물을 만나면 민감기, 잠재 능력을 정상적으로 발휘하지 못한다. 교사와 어른들은 어린이들 앞에 놓여진 방해물들을 치워 주기보다는 어린이들에게 보이는 잘못된 결점들을 수정하는 것을 사명감으로 생각한다. 어린이들에게 필요한 것은 민감기의 욕구를 충족시켜 주고 그들이 원하는 과업을 도와주고 안내해 주는 것이다. 만약 몬테소리 교실에서 교사들이 어린이들의 교육을 위해서 좀 더 심사숙고하고, 세심히 관찰한다면 그들의 작업과 활동이 좀 더 수월하게 진행되고 훌륭한 조력자 역할을 하고 있다는 것을 발견할 것이다.

만약 어른과 교사가 어린이들의 정상화, 인간화, 현실화 과정에 장애자, 방해자가 된다면 그들의 일생에서 얼마나 큰 고통, 어려움, 일탈의 경험을 주는 것인가? 몬테소리 교실에서 훌륭한 교사는 가르침, 교육에 주목하는 것이 아니라 스스로 할 수 있는 정리정돈된 환경을 제공하여 어린이들이 자기 구성을 할 수 있도록 돕는 것이다.

7

CHAPTER

인간화, 정상화, 현실화로 진화 과정에서 필요한 요인들

1. 어린이들의 움직임은 인지 발달을 촉진하면서 인간화에 기여한다

움직임은 감각을 훈련하는 것이고 감각 발달은 어린이들이 세계를 열 수 있는 열쇠와 같은 것이다. 어린이들은 3가지 운동 커리큘럼을 가지고 있다.

첫째, 목표를 가지고 움직이는 목표 지향적 운동이다.

리듬 운동에 관한 논리로서 리듬이 인간의 운동을 무엇으로/어떻게 조절하는가의 문제이다. 리듬은 더 효율적으로 운동하기, 더 원활하게 움직이기, 움직임을 가장 정확하게 실행하기 위해서 우선 목표가 정확하여야 한다. 인간에게 목표는 개인이 걸어갈 방향을 정확하게 정해 주는 방향 감각이다. 어린이들이 목표 지향적으로 움직일 때 운동 결과는 효율성, 원활성, 정확성이 고려되어야 한다는 의미이다.

둘째, 리듬에 맞추어서/따라서 움직이는 운동이다.

운동을 할 때 조화롭게 움직이기 위해서 리듬에 따라서 반복 활동을 하여 익숙하도록 훈련한다. 리듬은 숙달과 연결되는 운동이다. 운동이 리듬에 맞추어서 숙달되고, 균형을 잡아간다. 예를 들어, 선 위에서 걷기를 할 때 음악과 함께 리듬에 따라 움직이면서 몸의 균형을 숙달시킨다.

셋째, 리듬에 맞춰 몸 기능, 특히 다리 기능을 조절해 주는 운동이다.

기능 회복 운동의 측면에서 다리 운동은 중요한 역할을 한다. 그래서 리듬에 맞추어 목적을 가지고 다리 운동, 즉 백조의 호수 춤을 추는 것이 운동 측면에서 아주 중요한 역할을 한다. 어린이들이 목적을 가지고 움직일 때 인간의 몸이 우리의 생각과 일치하고 방향 개념, 공간 개념을 동시에 훈련할 수 있다. 우리가 공간을 표현하면서 긍정적인 생각을 하며 머리를 끄덕일 때, 생각과 몸의 움직임이 동일할 때 더욱 그러하다. 몬테소리 교육에서 몸과 생각의 연관성을 어떻게 활용하는지 보여 주는 예를 들어볼 수 있다. 즉 공간, 장소, 물체의 관계에 관한 실증적 이야기이다.

1) 공간과 물체에 관한 표현

10개월이 된 서준이라는 영아에게 두 종류의 천으로 된 작은 보자기를 놓고, 하나는 보자기만, 다른 하나는 천 밑에 장난감을 숨겨 놓고 직접 찾아보도록 하였다. 똑같은 작업을 네 번 반복하여 같은 숨기기 작업을 진행한 다음 서준이에게 기어가서 천을 치우고 장난감을 가져올 수 있도록 허용하였다. 이때 서준이에게 천 밑에 자기가 좋아하는 장난감이 있다는 것을 보여 주었다. 네 번의 시범을 보인 다음 서준이가 두 개의 보자기가 있는 곳으로 가도록 허락하였는데, 서준이는 바로 기어가서 장난감이 있는 보자기를 집어 들었다. 서준이는 장난감을 발견하고 너무 만족해했다. 목적을 가지고 움직이고 기어다니는 서준이는 행동의 목적이 있기 때문에 스스로 움직이고 기어다니며 공간을 최대한 활용한다.

영아들의 공간에 자기들이 필요한 물건을 배치하여 영아들이 목적을 가지고 방향과 공간에 대한 개념을 동시에 훈련할 수 있도록 하는 것이다. 특히 영아용 공이나 보물 바구니, 한쪽에서는 계단으로 올라가고 반대편에서는 미끄럼으로 내려올 수 있는 계단식 미끄럼틀이 좋은 예이다.

자신이 표현하고 있는 실제 공간을 기어다니며 움직이는 것은 활동으로 공간을 활용하는 방법을 훈련하는 것이다. 영유아들이 가만히 앉아 있는 것보다 자기 공간에서 직접 기어 다니고, 이동해 보았을 때 자기 공간을 더 잘 표현한다는 것을 보여 준다.

모든 교구교재들, 사물들, 예쁜 꽃이 피어 있는 화분들이 공간 안 어디에 있는지를 적극적으로 상상하는 것뿐만 아니라, 사람들은 움직임을 행동으로 옮겼을 때, 어떻게 물건과 물질이 움직이는지 더 꿈같은 상상을 하게 된다. 움직임으로 인지를 자극할 때 어린이들은 더 정확하고 정교한 표현이 가능해진다.

한 물체가 움직일 때, 그 물건의 모든 부분이 같은 속도로 움직인다는 것은 잘못된 생각이다. 인지 발달에 움직임이 주는 영향력에 대한 한 예로, 한국의 전통적인 수학 능력을 발달시키는 주판 셈하기는 어린이들의 인지 발달에 긍정적인 영향력을 준다는 논증이 있다. 목적을 가진 손의 능숙한 움직임을 의미한다. 몬테소리 교실에서는 주판이 시사하는 것과 같은 의미로 교구-작업을 통해서도 인지 발달을 구체화한다. 인간의 지식은 보는 것, 손 운동, 직접적인 경험을 통해서 발달한다. 결과적으로 움직임이 포함된 영유아들의 활동은 공간과 사물에 대한 표현 능력을 향상시킨다. 이러한 움직임과 인지의 통합적 개념은 교구 작업에서 나타난다.

2) 움직임과 판단력

어린이들이 움직인다는 것은 최소한 무의식적, 의식적으로 내가 어디로 가야 할까? 어디에 내가 좋아하는 장난감들이 있을까? 어디로 갈 때 장애물이 적을까? 등에 대해 생각하고 판단하여 움직이는 것일 것이다. 영아들의 움직임을 관찰해 보면 몬테소리가 왜 관찰을 통해서 과학적 교육학을 증명하였는지 알 수 있다.

어린이들의 인지 발달 과정과 행동이 같이 동행한다면 과정과 행동이 신속해지고 더 정확해진다는 많은 논증이 있다. 예를 들어, 동의하거나 동의하지 않는 메시지를 들으면서 고개를 가로젓거나 혹은 고개를 끄덕거리면서 사람들에게 무엇인가 요청했을 때, 사람들은 고개의 방향이 그 메시지가 의미하는 것과 일치하면 더 빨리 고개를 움직일 것이다. 어린이들의 생각과 일치하는 행동은 생각하지 않은 행동보다 속도감이 빨라진다. 어린이들이 공을 던지는 순간 떨어지는 방향으로 몸을 움직이는 것은 생각과 행동이 일치하는 한 예이다.

다른 종류의 움직임으로 제스처가 있는데, 사람들은 대화할 때 제스처를 자주 사용한다. 움직임의 연구를 보면, 사람들은 대화 중에 추상적인 생각을 인지하도록 돕는 과정에서 몸동작을 한다는 견해에 대한 논증이 있다. 예를 들어, 사람들은 자신이 전달하려는 생각이 더 복잡할 때, 더 정확하게 전달하기를 원할 때 더 많은 제스처를 하는 경향이 있다는 것이다. 고차원적으로 자신이 생각하는 것을 표현하는 방식으로 제스처를 활용한다. 사람들은 제스처가 인지를 도와줄 수 있다는 가능성을 활용하는 것이다. 제스처는 말하는 사람만큼이나 청취자의 사고과정을 도와줄 수 있고, 제스처가 의사소통의 기능을 하고 있다고 신뢰하기 때문이다.

사람들은 제스처가 어휘를 다시 이끌어 내도록 돕는 협조자라고 믿을 수 있다. 표현하는 단어의 의미가 전달되기 전에 의미는 때로는 그 사람의 제스처 속에 이미 내포되어 있다. 어쨌든 모든 제스처가 사고를 용이하게 표현한다는 관점에는 동의한다.

2. 어린이들의 활동과 움직임은 작업, 학습, 인지 발달을 촉진한다

일반적으로 성인들은 어린이들의 활동을 그 자체로만 생각했을 뿐 활동이 유아들의 심리학적 특별한 기능과 관계가 있다는 사실이 알려진 것은 유아교육이 학문의 한 영역으로 연구 대상이 된 이후이다. 어린이들의 정신 발달은 활동과 긴밀하게 연결되어 있기 때문에 활동의 중요성을 아동 연구가들은 강조하였다. 몬테소리는 어린이들의 교육 이론과 실제가 활동의 민감기와 관계됨을 증명하였다.

몬테소리 교육은 활동과 학습을 연결하여 가정, 보육 기관에서 영아들에게 낮은 바닥 침대를 사용하도록 권고한다. 영아들이 자유롭게 몬테소리 교실이나 응접실, 방, 빈 공간에서 기어 다니고, 돌아다니면서 물건과 환경을 탐색하고, 만지고, 던지고, 기어가서 다시 집어 올리고, 교구교재, 물건을 마음대로 잡을 수 있는 환경을 제공하는 이유는 그들의 활동 양이 학습과 인지 발달에 중요한 영향을 미친다는 것이 증명되었기 때문이다. 단순한 논리로 어린이들은 활동하고 움직여야만 뇌에 자극을 줄 수 있다.

몬테소리 교실에서 어린이들을 위한 준비된 환경은 그들이 구속에서 벗어나 자유롭게 돌아다니면서 작업할 교구교재를 스스로 선택하고, 직접 테이블을 닦고, 자음과 모음을 손가락 촉각으로 감지하고, 커다란 지도 조각들을 퍼즐로 끼워서 지도를 만들고, 거울 속의 자기 모습을 사랑하고, 음감 벨을 가지고 뮤지컬을 즐기면서 자기만의 유능한 지휘자가 되도록 하는 것이다.

좀 더 나아가 어린이들이 카드에 그려진 사물과 낱말 카드를 연결하여 사물의 이름을 정확하게 배우고, 그 의미가 무엇인지 경험하도록 한다. 기하 도형의 3가지 기본 도형인 정삼각형, 정사각형, 원에 대해서 수학적, 기하학적 개념을 설명해준다. 어린이들은 기하 도형을 보고 다양한 도형을 새롭게 창조하면서 자기 환경 속에 있는 다른 도형과 비교한다.

어린이들은 다른 기하 도형들을 손으로 만지고, 끼우고, 빼고 조작하면서 도형의 모양과 크기에 맞는 곳에 넣는다. 몬테소리 교실에서 학습이란 작업 활동을 통해서 이루어지지만 전통적인 대부분의 교실에서 학습은 듣고, 읽고, 낭송하고, 쓰면서 배운다. 일반적인 교육 방법은 하루 대부분의 시간을 의자에 앉아서 수업을 들으며, 지필로 연습을 하고 교과목만 바꾼다. 동작 수업과 연계된 상징 표현법을 제외하고는 몸을 움직여서 배우는 것이 거의 없다. 예를 들어, 동사가 무엇인지 배울 때 동사를 활용해서 배우지 않고 문장을 읽고 동사를 찾아서 동사가 무엇인지 배운다. 전통적인 수업에서는 몸을 움직이는 것은 제한되고 대부분은 추상적인 의미인 숫자나 문자를 읽고 쓰면서 배운다. 최근에 전통적인 학교에서도 일부 소수의 교사가 손으로 조작하면서 배우는 수업을 포함시키고 있는데, 이러한 현상은 긍정적인 일이다.

몬테소리는 움직임과 생각은 매우 밀접하게 연결되어 있기 때문에 움직이지 않고 가만히 있는 어린이들은 문제가 있다고 보았다. 몬테소리는 영역별 활동을 개발하여 교육 프로그램과 통합하였다. 최근 아동 연구가들의 심리학적 연구와 이론에서 몬테소리의 생각을 지지하는 이유는 그의 이론에서 인지를 체계적으로, 순차적으로 발달할 수 있도록 프로그램을 구성하였기 때문이다. 체계화된 인지 발달 이론이란 다양한 의견을 포괄할 수 있는데, 인간의 몸이 어떻게 이루어지고 기능하는지를 보여 준다는 생각에서부터, 신체 기관들이 환경에 적응하면서 발달하는 모든 신체 시스템을 역동적으로 움직인다.

몬테소리는 어린이들의 몸 움직임이 발달과 사고 그리고 학습과 긴밀한 관계가 있다고 주장하는 연구들과 몬테소리 교육에 활동이 어떻게 포함되는지를 살펴보았다. 발달과 움직임이 밀접하게 연관되어 있다는 몬테소리의 주장은 어린이들을 연구하는 데 중요한 관점을 제공하였다. 발달 심리학적인 측면에서 피아제(Piaget)의 이론이 지지하는 유아기에 지능은 무의식적이든 의식적이든 활동, 움직임, 실천적 행동 없이는 불가능하다는 논리와 일치하는 부분이다.

예를 들어, 어린이들이 물건을 잡는 행위를 배우는 것은 어린이가 세상에 대한 관심 가지기와 지식에 상당한 영향을 준다. 먼저 손으로 주변 환경을 더 적극적으로 탐색하려는 유아는 한 물체가 어디서 끝나고 다른 물체는 어디서 시작하는지 주목하면서 물건에 있는 경계를 인지하는 데 능숙해진다.

관찰해 보면 영아들은 두 가지 장난감이 따로따로 움직일 때 놀라움과 신기함을 더 강하게 표현하였다. 유아는 물체와 상호 작용하는 것을 통해 외부 세계에서 어떻게 장난감을 움직일 것인가에 대한 중요한 지식을 배우는 것이다. 유아들이 장난감을 잡으려고 손을 뻗기 시작할 때 사물에 대한 강한 흥미를 보인다. 어린이들에게 흥미와 관심은 다음 발달 단계에서 지식을 형성하는 근거가 될 수 있다. 이런 측면에서 유아들이 손을 뻗어 물건을 잡을 수 있을 때 사물에 대한 관심과 흥미를 느끼게 되고 동시에 공간 개념도 발달한다.

어린이들은 사물과 공간 사이에서 상호 작용은 물론 손 운동과 활동이 강화된다. 어린이들에게 인위적으로 추론하고 유도해서 물건을 잡게 만드는 경험을 반복하면 발달 단계보다 훨씬 일찍 사물에 대한 관심을 가지게 되고, 사물과 협응 능력이 발달한다.

어린이들에게 손의 움직임이 발달하는 것은 또 다른 측면에서 그들의 사회적 인지 발달과 관계된다. 유아들은 주변의 다른 사람이 손을 반복적으로 뻗는 것을 보고, 두 물건 중의 하나를 집는 것을 종종 볼 수 있다. 유아들은 장면이 지루해지면, 그 장면을 쳐다보고 활동을 중단하며, 그때 두 물건의 위치를 바꾼다. 그다음 영아들은 새로운 장소에 있는 같은 물건을 잡거나 예전 장소에 있는 새로운 장난감, 교구, 물건을 잡는다. 영아의 손이 다른 새로운 교구와 물건을 잡았을 때 영아는 더 오래 집중하여 쳐다보는 경향이 있다. 이러한 현상은 자기에게 관심이 다시 발생했다는 의미로 볼 수 있다. 이처럼 영아기를 넘어서는 유아들은 목적 있는 움직임과 활동을 통해 옮겨 가는 통찰력이 발달한다.

흥미로운 것은 더 빨리 잡을 수 있도록 찍찍이 장난감을 주면, 더 빨리 자기가 원하는 것을 잡으려는 목적을 성취하여 더욱 즐거움을 만끽한다는 것이다. 인간 학습은 게으른 움직임으로는 원하는 것을 성취할 수 없다. 아직 인지가 발달하지 않은 어린이들의 절대 조건은 부지런하게 움직이고 활동할 수 있는 환경을 제공하는 것이 중요하다.

3. 몬테소리 교실에서 잡기와 기는 활동은 인간화의 출발점이다

영아들이 사물을 잡는 것과 잡기 위해서 사방으로 기어 다니는 활동은 몸 전체 움직임으로 인지 발달에 영향을 미친다는 것은 앞에서도 언급하였다.

1) 영아들의 기기 훈련

기는 활동을 시작하는 것도 물리적, 사회적 모든 영역의 측면에서 사회화, 인간화로 진화하고 발달하는 단계와 연관되어 있다. 이러한 사회화, 인간화 진화와 발달은 거리의 인식, 자신의 신체 움직임의 인식, 공간에 대한 표현과 가리킴으로써 사물을 지각하는 능력과 다른 사회적 감정 발달을 포함한다.

인간이 스스로 움직일 수 있을 때 동시에 나타나는 발달의 한 예는, 숨겨진 물건을 찾는 유아들의 탐색 능력과 연관지을 수 있다. 자유롭게 혼자서 움직일 수 있는 유아와 기거나, 혼자 무언가를 붙잡고 움직일 수 있는 능력이 아직 자유롭지 못한 영아를 관찰하면 이해할 수 있다. 관찰자는 두 개의 색깔 컵 중 한 개의 컵 아래에 장난감을 숨겨 두고 멀리 떨어져서 관찰하였다. 그리고 영아들을 장난감을 숨겨 둔 곳으로 데려다 놓았다. 실험에 참가한 모든 영아는 1세 미만으로 스스로 움직이기 시작한 지 오래된 영아가 스스로 움직이지 못하는 영아보다 숨겨진 물건을 빨리 찾았다. 이러한 실험은 스스로 움직이기 시작하는 것이 자아 표현과 공간 표현 발달과 관계있다는 것을 증명해 준다.

스스로 움직이기 시작하는 것이 인간의 감각과 깊이 연관되어 있다는 것을 알 수 있다. 영아들의 높이에 대한 조심성은 그들이 스스로 움직이기 시작할 때 발달된다. 아직 기지 못하는 1세 미만의 영아들은 같은 나이에 벌써 기기 시작한 영아들보다 가파른 낭떠러지처럼 보이는 실험 장치인 '시각 절벽' 위에 안전 도구에 탄 채로 내려놓았을 때, 두려움의 반응, 심장 박동 수에 반응을 보이지 않았다. 보행기를 이용해 인위적으로 움직이게 한 경우에도 같은 결과를 보였다.

잡는 행동과 마찬가지로, 스스로 움직이기 시작하는 것은 사회적 영역에서도 발달을 일으킨다. 그 이유는 영아들이 다른 사람의 시선을 따라가기 때문이다. 인간화의 측면에서 다른 사람들의 시선을 따라가는 것은 다른 사람의 생각을 기본적으로 느낀다는 의미로서 사회적 인지 발달에서 중요한 지표가 된다. 부모들은 손이 더러워질까 봐 기는 행동을 종종 막는데, 이는 그들에게 가장 중요한 인지, 공간, 조망 개념을 방해하는 것이다. 영아들이 기어 다니는 행동은 사물을, 사람을 따라가는 공간 개념, 시간 개념과 관계가 있다. 스스로 몸을 이동하는 것을 시작하는 것은 다른 사람들의 정신적 경험을 공감하는 것으로도 해석된다.

2) 잡기 활동을 촉진하기

영유아들에게 손으로 탐색할 수 있는 교구교재, 다양한 물건들을 주는 것은 그들의 발달을 촉진하는 것이다. 오늘날에는 매우 평범한 이야기로 들리겠지만, 몬테소리의 개혁 교육학에 기초가 되었던 환경 개혁의 측면에서 그 당시에는 모빌, 딸랑이, 종 등을 제공하여 잡아 보도록 격려한 것은 매우 획기적이고 혁신적인 일이었다. 딸랑이는 개혁 교육 이전에 제공되었지만 목적이 다른 특별히 의학적 이유로 줬었다. 처음에 딸랑이는 산호를 넣어서 만들었는데, 산호는 질병으로부터 보호해 주는 의학적인 의미였다. 이후 사람들은 딸랑이를 교육적 접근 방법으로 흥미롭게 생각하였는데, 딸랑이가 발달을 안내한다고 생각하는 것은 그 당시 놀라운 사건이었다. 최근에는 동물 실험을 통해서 환경이 뇌 발달에 많은 영향을 미친다는 사실을 증명하기도 하였다.

어린이들에게 특히 영아들에게 교구, 사물을 제공하는 이유는 손 운동이 뇌 발달을 돕기 때문이다. 영유아들의 정신 발달을 위해서 자기 주변에 듣고, 만지고, 볼 수 있는 사물들이 제공될 때 정신 발달이 이루어지고, 기고, 잡는 활동이 더욱 활성화된다.

어린이들은 움직임과 손 운동 그리고 촉각을 통해서 발달하기 때문에 그들은 작업할 수 있는 대상이 필요하고, 그 대상들은 유아들을 활동하도록 내재적 동기 부여를 한다. 몬테소리 교육에서 유아 과정은 3세 이후에 점점 움직임의 속도가 증가함에 따라서 영역별 교구들을 제공한다. 유아들은 교구를 손을 움직이고 몸 전체를 움직이는 매체로 사용한다.

예를 들면, 영아들이 팔을 들어 흔들 수 있을 정도로 근육이 발달하면 몬테소리 교사들은 영아들이 앉아서 잡고 놀 수 있는 보물 바구니를 제공할 수 있다. 영아들은 만지고, 던지고, 기어가 다시 잡고, 가져오는 활동 등 교구와의 상호 작용을 통해서 발달을 촉진하는 동시에 인지적 활동을 정상화, 인격화로 발달시키는 작업을 즐긴다. 영아들이 교구와 사물을 잡는다는 것은 손과 눈의 협응 능력이 발달한다는 것이다.

4. 어린이들의 신체적 활동을 격려하기

어린이들을 위한 신체 활동의 중요성은 이미 언급하였다. 몬테소리 교실에서 교사들이 영아들을 보살필 때 그들의 신체 발달 요구를 탐색하는 것은 몸의 움직임, 활동, 발달을 정상적으로 안내하는 것이다. 물론 어린이들은 자연 발생학적으로 성장하지만 몸의 기능을 훈련하고 신체적 기능을 학습하기 위해서는 발달 과정에 맞는 신체 활동이 필요하다. 영아들이 매일 신체 활동을 하는 것은 건강한 성장과 발달 그리고 인성에 중요한 역할을 한다.

영아기에 훈련해야 하는 달리기, 뛰기, 던지기, 잡기, 치기, 매달리기 등은 영아기에서 유아기, 아동기로 넘어가는 과정에 꼭 필요한 기초 운동 기술들이다. 이러한 신체적인 운동들은 일생 동안 신체 활동, 건강한 삶, 건강한 인성으로 살아갈 수 있도록 인간화, 구체화, 정상화, 현실화를 돕는 훌륭한 움직임의 기술이다.

영유아들은 신체 발달에 있어 보호자, 양육자, 역할 모델, 교사와 부모에 의존하면서 자기 미래의 신체 활동을 위한 건강한 습관을 형성할 수 있는 근거가 바로 신체 활동인 것이다.

몬테소리 교실에서 이러한 어린이들의 신체 활동은 교사들이 함께 있는 동안 더욱 즐거운 시간을 가질 수 있다. 어린이들에게 제공되는 신체 활동은 그들의 신체적 기술 개발에 협력하고, 놀이, 활동, 운동에 적극적으로 참여하는 데 도움이 된다.

신생아기에서 유아기 초기까지 거의 5년 동안 어린이들의 움직임은 다음 발달 단계의 모든 학습에 중요한 역할을 한다. 어린이들은 운동을 통해 주변 세계에 적응하고 탐색할 뿐만 아니라 친구들과 긍정적인 관계를 형성하면서 자신들의 환경을 탐색하고 관찰할 수 있다. 어린이들은 신체 활동을 하는 동안 발달에 도움이 되는 중요한 운동 기술을 개발하여, 지적, 정서적인 부분은 물론 근육, 감각 자극, 몸을 안전하게 발달시킨다. 유아가 출생에서 5세까지 건강한 신체 운동을 촉진하기 위해 신체 활동을 할 때 다음 사항에 주목하여야 한다.

- 몬테소리 교사들은 어린이들과 상호 작용을 하면서 주변 환경을 탐색하고, 움직임, 신체 활동을 격려하여야 한다.
- 매일 짧은 시간, 여러 번 반복 운동과 반복 활동을 촉진할 수 있는 준비된 환경을 제공하여야 한다.
- 어린이들을 위한 신체 활동은 신체적 기술을 개발하는 활동이기 때문에 유아들에게 장려하여야 한다.
- 어린이들을 위한 신체 활동, 운동은 충분한 시간을 설정하고 시행하여야 한다.
- 충족 시간을 초과할 때는 신체의 대근육, 소근육 운동 활동을 안전하게 활용하는 것이 중요하다.
- 몬테소리 교사는 어린이들의 신체 활동에 대한 장점을 이해하고 구조화된 활동이나 비구조화 활동으로 운동 능력 기술의 발달을 촉진할 수 있어야 한다.

교사는 어린이들이 잠재적 능력을 개발하고 적응하도록 하기 위해 다양한 접근 방법을 시도할 수도 있다. 신체, 리듬 체조의 개발과 훈련은 적절한 운동 선택이 중요하다.

교사들은 영아가 너무 어리기 때문에 신체 활동 능력이 없다고 생각할 수 있지만 그들은 독립적이고, 자율적이고, 본능적으로 자연스럽게 움직임을 통해 신체 활동을 하기 때문에 가능한 한 빠른 시기에 시작하는 것이 정신적, 육체적 건강을 돕는 것이다. 영아들을 위한 신체 활동은 모든 움직임, 학습, 자기들의 환경, 세계를 알아 가는 방법을 시작하는 것이기 때문에 움직임과 신체 활동이 세계에 대한 학습의 기초가 된다. 유아들의 운동 근력 기술 개발은 탄생과 더불어 영아들이 무의식적으로 움직이기 시작하는 반사신경 운동으로부터 시작된다.

영아는 기기 전의 신체 활동으로 사물을 잡고, 당기고, 밀고, 흔들고, 머리와 다른 신체 부위를 이동할 수 있는 능력이 발달된다. 영아들은 힘의 균형 발전을 강화하기 위한 신체 활동과 반사신경 운동의 자극이 필요하다. 또한 신체 활동은 어린이들의 두뇌 발달과 성공적인 학습자가 될 수 있도록 긍정적으로 지원한다. 영아들은 자신의 세계를 탐색하기 위해 자신의 몸을 최대한 사용한다. 영아들의 초기 운동 능력은 미래 운동 기술을 위한 블록을 쌓아 가는 역할을 하기 때문에 이러한 기술 구축 활동은 생후부터 8세까지 중요하다. 영아들은 신체 운동을 통해서 다음과 같은 요소들을 성취한다.

- 건강한 체중을 유지한다.
- 바른 자세, 힘, 균형, 사물에 주목, 집중하거나 추적하는 기술을 개발한다.
- 자신의 몸을 활성화, 균형화, 통합화하여 새로운 환경 적응 능력을 훈련한다.
- 청각, 시각, 촉각, 후각, 미각의 감각 기관을 경험할 수 있다.

신체 운동을 활발하게 하는 어린이들은 정상적인 체중 유지는 물론 밤에 수면 장애가 없고, 강한 뼈와 근육이 생성되어 건강한 성장과 발달을 할 가능성이 크다. 신체적으로 활발한 어린이들은 아동기, 청소년기에 활동적이고 건강한 생활 습관을 가질 가능성이 큰 것으로 나타났으며, 이는 정상화, 인간화에도 많은 영향을 미친다.

5. 신체 활동을 위한 환경 제공하기

1) 신체 운동, 활동을 위한 물리적 조건들

어린이들은 움직이는 살아 있는 기계와 같기 때문에 깨어 있을 때 항상 신체 운동, 활동에 관심을 가지고 움직인다. 이 시기에 다양하고 적절한 도구, 움직이고 이동하는 데 필요한 교구와 공간을 포함한 적절한 환경은 영아에게 환상적이고 역동적으로 움직일 수 있는 영감을 준다.

어린이들의 신체 활동을 위한 환경에서 가장 중요한 부분은 신체적으로 상호작용하고, 놀고, 활동하는 교사와 관계가 있다. 교사, 환경, 어린이들의 관계가 아동기에 필요한 신뢰감, 유대감, 정서적 안정감을 형성한다. 이러한 심리적으로 중요한 신뢰감이 형성되면 교사에게도 도움이 될 뿐만 아니라 어린이들의 운동 발달과 신체 활동을 위한 안전장치 역할을 한다. 어린이들을 위한 신체 활동의 물리적 조건은 다음과 같다.

- **안전한 장소:** 교사들은 어린이들을 위한 특별한 구조적 혹은 비구조적인 육체적 활동과 놀이 시간을 제공해야 하는데, 책임감을 가지고 언제든지 그들이 원할 때 활동할 수 있는 환경을 제공하여야 한다. 어린이들은 실내, 실외 놀이 활동을 일상적으로 수행할 때 자연, 친구, 사람들과 더불어 건강한 자아를 형성해 간다. 어린이들에게 신체적 활동, 움직임은 필수이기 때문에 영아들이 움직이고 배울 수 있는 예측 가능한 공간이 필요하다. 어린이들의 신체 활동은 그들의 일상생활과 자연스럽게 연결될 때 가장 바람직하다. 환경은 조직, 연령에 적합한 놀이 도구와 교구교재, 시청각 매체를 많이 구성해 놓아야 한다. 어린이들이 처음 보는 새로운 환경과 도구일수록 새로운 세상이 어떤 세상인지 관심을 가지고 그 새로운 사실을 더 잘 기억하게 된다. 어린이들의 세계는 흥미진진하고 재미있기 때문에 교사와 부모들은 영아가 정서적으로 안전감을 느끼고 평화로움을 예측할 수 있는 공간을 일상생활 공간으로 연결해 주어야 한다. 건강한 운동, 움직임을 위한

신체 활동은 어린이들에게 일상생활의 일부가 되어야 한다. 어린이들은 놀이와 운동의 짧은 활동 중에도 긍정적으로 반응하고 집중한다. 특히 영아들을 위한 신체 활동은 주로 구조화되지 않은 상태에서 넓은 공간만 있으면 스스로 움직이기 때문에 교사와 부모의 안내, 감독, 보살핌이 필요하다.

2) 영아들의 탐색 활동을 위한 심리 운동장을 제공하기

영아 전담 몬테소리 교실에서 교사와 양육자들은 영아들이 만지작거리고 발가락을 움직이는 데 편리한 환경을 제공하여 눈과 손으로부터 모든 것을 탐구할 수 있는 환경을 제공해 주어야 한다. 영아들은 환경을 탐색하고 사람들과 상호 작용하면서 모든 것을 배우고 흡수한다. 영아들의 탐색 활동을 위해서 다음과 같은 조건을 제공하여야 한다.

- 영아들이 움직이는 공간 안에서 그들의 움직임을 방해하는 장애물들을 제거하여야 한다. 영아들은 움직일 때 장애물이 있으면 심리적으로 불안감을 느낄 수 있다.
- 영아들이 움직이다가 스스로 휴식을 취할 수 있는 매트와 큰 수건을 준비해 주는 것이 좋다. 영아들은 자기들이 사용한 물건에 냄새를 맡으면서 안정감을 느낀다.
- 영아들이 마음껏 돌아다니며 탐색 활동을 할 수 있는 충분한 시간을 제공하여야 한다.
- 영아가 잡고, 기고, 흔들고, 볼 수 있는 모빌, 딸랑이, 기어오를 수 있는 낮은 계단이 준비된 환경이 포함되어야 한다. 혼자서 놀이가 가능한 환경을 제공하는 것이 중요하다.
- 영아들은 손과 입으로 자기들의 세계를 탐색한다. 입으로 들어가도 위생적으로 안전한 것으로 준비하여야 한다.

- 교사는 영아들이 환경을 탐색할 때 미연에 사고를 방지할 수 있는 중요한 열쇠이고 역할자이다. 영아는 위험을 경험하지 못했기 때문에 교사는 그들을 보호해 주기 위해 눈과 귀의 역할을 하여야 한다.

3) 어린이들의 활동을 일상생활로 만들기

성인처럼 어린이들도 자기 나름의 일상생활이 필요하다. 어린이들에게 일상생활 훈련은 훌륭한 습관을 만드는 한 방법이기도 하다. 어린이들은 하루 일정에서 무엇/어떤 일이 일어나는지를 알고 싶어 한다. 예를 들면, 3~4개월이 된 영아는 하루의 패턴을 인식하기 시작하고, 4개월이 지나면 대부분의 영아는 밤과 낮의 차이를 인식할 수 있는 능력이 발달할 뿐만 아니라 6주~3달 사이에 함께한 모든 신체 활동을 일상생활과 연결할 수 있다.

영아들의 일상생활 훈련은 계획적으로 교사와 부모가 일관성을 가지고 실시할 때 성공적으로 목적을 성취할 수 있다. 영아기에 일상생활에서 습관이 된 신체 활동은 유아기, 학령 초기에 일상생활과 연결되는 신체 활동과 자연스럽게 연결된다. 어린이들의 이러한 신체 활동의 자연스러운 일상과의 연결은 먹고, 수면을 취할 때 일상의 질서, 규칙, 공동체 질서, 협력 관계를 발전시키는 선행 훈련 방법인 것이다. 계획된 신체 활동의 일상은 언제든지 수행이 가능하다. 예를 들어, 어린이들은 다리, 팔, 몸 전체를 스트레칭하며 매일 하루를 시작하고, 어린이들과 움직임, 리듬 체조 등의 상호 작용을 하면서 신체 운동, 스트레칭, 힘, 균형 감각 훈련을 규칙적으로 할 수 있다.

교사는 어린이들의 일상생활에 필요하고, 스스로 할 수 있는 신체 운동을 발전시키기 위한 시간을 마련해, 예측 가능한 순서대로 일일 신체 활동을 제시할 수 있다. 예를 들어, 같은 방법과 동일한 순서로 신체 활동에 참여하고 있는 어린이들이 익숙한 활동을 기대할 수 있도록 일상적인 순서를 반복적으로 수행할 때 효과적인 결과를 가져올 수 있다.

일상적인 신체 활동은 단순하고, 상호 작용이 일어나고, 엄격하지 않아야 한다.

하루 동안 실시하는 신체 활동은 엄격하게 분, 시간을 적용하는 것보다는 상호 작용, 시간, 모든 활동을 유연하게 제공하는 것이 더 효과적이다. 어린이들 스스로 새로운 운동, 리듬 체조, 기술을 개발하여 스스로 세계를 탐색하기 때문에 즐거운 시간이 될 수 있다. 영아를 위한 신체 활동 환경은 다음과 같은 요소를 포함한다.

- 움직임을 위한 준비된 환경과 공간
- 힘과 균형을 발달시키기 위한 일상적인 스트레칭
- 매일 일상생활과 관련한 신체 활동 계획을 세우고 실천하기
- 운동 기술을 배울 수 있는 신체 활동 반복하기
- 신체 활동에 도움을 줄 수 있는 교구, 운동 도구 제공하기

신체 활동을 위한 환경에서는 어린이들의 안전이 최우선 목표이다. 어린이들의 안전을 위해서 다음과 같은 사항들을 점검하여야 한다.

- 전기 코드는 어린이들의 손에 닿지 않는 곳에 설치하기
- 전원 콘센트에 덮개 씌우기
- 장난감은 가볍고 삼키지 못할 정도로 충분히 크기를 고려하고, 날카로운 각이나 모서리가 없는 것으로 준비하기
- 가구는 영아가 올라가도 전복되지 않을 정도의 무게를 유지할 것
- 영아가 안전하게 놀기 위한 담요나 매트를 준비할 것
- 어린이들이 움직이는 장소는 청결하게 할 것
- 화학 성분이 포함된 청소용품은 어린이들과 멀리 보관할 것
- 어린이들의 놀잇감은 청결하게 유지할 것

어린이들은 목적을 가진 활동을 하는 것이 중요하다. 자신의 신체를 이용하여 발달을 진행한다는 것은 자신의 몸, 손으로 무엇인가를 할 수 있다는 의미, 몸을 이동할 수 있다는 의미로 분명히 자신이 부지런한 행동가, 활동가임을 확신시

킨다. 영아들이 하는 활동, 움직임, 작업들은 모두 교육적 접근 방법이 될 수 있다. 영아들이 자신의 움직임으로 경험을 만들어 가는 교육 접근 방법은 움직임을 지속하고, 자신이 환경을 변화시킬 수 있다는 경험을 제공한다. 생물학자들은 쥐 실험을 통해 그들이 움직일 때 단순한 운동이 아닌 목적을 갖고 움직이는 것이 중요하다는 것을 보여 주었다. 쥐들은 높이 솟은 장애물 경로를 지나가거나 아니면 단순히 수레바퀴를 돌리는 훈련을 하였다. 장애물 경로를 지나가는 쥐들은 신경 연결의 밀집도가 상승한 반면, 단순히 바퀴만 돌리는 쥐들은 그런 현상이 나타나지 않았다. 목적이 있는 활동은 신경의 변화와 연관되지만 단순한 운동은 그렇지 않다.

목적 있는 활동은 유아들의 몸과 정신을 강화하고, 스스로 만들어 낸 움직임은 정신 발달의 아주 기본적인 과정과 밀접하게 관계된다. 이러한 연구 결과들은 발달을 돕기 위한 교육 접근 방법은 손과 몸을 영아기부터 움직이도록 격려해야 한다는 몬테소리의 주장을 지지하고 있다.

6. 어린이들의 움직임은 정상화로 이끌어 가는 역동적인 에너지를 제공한다

어린이들의 신체 활동과 움직임은 그대로 심리 운동과 연결되어 건강한 자아로 성장할 수 있는 에너지를 공급한다. 어린이들의 신체 활동은 그들의 자발적인 놀이 활동과 연결되어 자기 삶을 발전시키고, 감정과 애정을 놀이를 통해서 표현하고, 신체 활동을 통해서 전인적 발달을 증진시키고, 놀이를 통해서 문제해결 능력을 증진시키고, 놀이를 통해서 또래와 다른 사람들과 사회적 관계를 맺으면서 인간화로 진화하는 데 영향을 미친다.

어린이들이 즐기는 리듬 체조나 활동을 할 때 어린이들은 단지 움직이는 것 이상으로 인격 형성을 위한 다양하고 기본적인 에너지와 관계를 가진다. 어린이들은 놀면서 동시에 느끼고, 생각하고, 움직이고, 발달하고, 사회적 관계를 형성하고, 질서와 양보를 학습하고, 사회적 규칙을 학습한다. 신체 활동과 운동 경험을 통해서 어린이들은 자기들의 행동을 변화시키고, 배우고, 신체의 기능을 통합적으로 발달시킨다. 몬테소리 교실에서 어린이들은 신체 활동을 통해 다음과 같은 효과를 얻을 수 있다.

- **기본적인 운동 기술 배우기:** 어린이들은 기본적인 달리기, 점프, 던지기, 차기, 비틀기, 돌기 활동을 하며 운동 기술을 배운다. 운동 학습으로 인해서 어린이들은 신체적 건강이 향상될 뿐만 아니라 즐겁고 행복한 생활을 하면서 친구들과 사회적 관계를 맺고 공동체의 힘을 학습한다.

- **자기들의 감정 배우기:** 어린이들은 자기들이 움직이는 방법과 내용에 대하여 알고 즐거움을 느끼며, 자기들이 좋아하는 신체 운동은 무엇인지 알 수 있고, 활동을 계속하기를 원하는지 아닌지 스스로 결정할 수 있는 판단력을 학습한다. 어린이들은 서로 나누고 질서를 유지하는 것을 배우며, 다른 친구들과 어울리는 방법에 대한 사회적 관계를 학습하는 동시에 즐기면서 활동하여 신체 활동을 성공적으로 수행할 수 있다.

- **환경에서 세상 학습하기:** 어린이들은 교실에서 작업 성취도에 근거가 될 중요한 인지 개념을 학습한다. 또한 지시와 게임의 간단한 규칙 따르기, 자기들의 신체 부분의 명칭, 몸 기관이 어떻게 움직이는지 등에 대해 배우게 된다.

- **사물과 공간 개념 학습하기:** 어린이들은 사물, 색깔, 모양에 대해 배우고, 사물의 명칭을 인식하고, 공간 관계를 배우는 등 기본 개념을 배운다. 어린이들이 자기 몸을 건강하게 유지하도록 도와주는 건강한 식생활 습관과 방법에 대하여 학습한다. 어린이들이 신체 활동 훈련을 통해서 바른 습관을 들인다면 몸은 물론 정신, 영성까지 건강하게 안내해 갈 수 있다.

어린이들은 움직임을 통한 신체 활동을 통해서 다음과 같은 학습 성과를 이룰 수 있다.

- 어린이들의 신체 활동은 사물, 색깔, 모양 등 인지 학습을 돕는다.
- 어린이들의 신체 활동은 공간 지각 학습을 돕는다.
- 어린이들의 신체 활동은 신체 이동 기술 학습을 돕는다.
- 어린이들의 신체 활동은 사물 조작 기술 학습을 돕는다.
- 어린이들은 신체 활동을 통해서 정서적 안정감을 습득한다.
- 어린이들의 신체 활동은 집중력을 강화한다.
- 어린이들의 신체 활동은 근력과 지구력 발달을 강화한다.

몬테소리 교실에서 교사들이 나서 어린이들이 신체 활동을 통해서 위의 목표들을 성취할 수 있도록 협력하고 도와줄 때, 어린이들은 모든 활동에 적극적이고 생명력 있는 생활을 즐길 수 있다. 이처럼 운동 기술의 훈련과 연습을 통해 인간의 기본적인 운동 기능을 발달시킬 수 있다. 신체 활동은 다음과 같은 기본적이고 기술적인 범주로 구성된다.

- **이동 기술:** 이동 기술은 어린이들이 몸 전체를 움직이면서 이동하는 데 사용하는 움직임의 기술이다. 달리기, 한 발로 깡충깡충 뛰기, 전속력으로 달리기, 미끄러지기, 높이 뛰어오르기 등은 이동 기술을 훈련하는 훌륭한 방법이다.

- **사물 조작 기술:** 사물 조작 기술은 교구 작업 방법, 줄넘기, 물건을 손으로 휘두르거나, 공을 잡는 것 등의 통제된 방식으로, 다른 사물을 활용하는 동작들이다. 던지고, 잡고, 차고, 흔들고, 치는 모든 동작은 모두 사물을 조작하는 기술이다.

- **안정성에 대한 기술:** 안정성 기술은 우리가 자세를 바꿀 때 균형을 유지할 수 있게 도와주는 기술이다. 어린이들이 경사진 곳, 계단을 올라가거나 내려갈 때 비틀거리고, 돌리고, 굽히고, 늘이고, 수영하고, 뛰어오르고, 균형 잡는 움직임에 요구되는 기술이다.

유연한 어린이들이 기본적인 운동 기술을 훈련하는 것은 몸, 정신, 마음 전체를 동시에 훈련하는 중요한 요소이다. 모든 어린이에게는 정상화, 인간화, 구체화, 현실화를 완성하는 데 필요한 세련된 기본적인 운동 기술이 필요하다. 대 근육 운동 기술은 신체의 전체적인 움직임을 포함한다.

어린이들은 리듬 체조, 춤추기, 달리기, 롤러스케이트와 자전거 타기 등 자기가 좋아하는 운동을 즐기는 일상생활에서 자기 주도적 생활을 즐기는 모습을 보인다는 연구 결과가 있다. 또한 일반적으로 어린이들은 기본적인 운동 기술이 더 많이 숙련될수록 운동이나 활동적인 행동에 있어서 더 안전하고 성공적으로 자기 삶을 이끌어 간다고 한다. 어린이들이 팔, 손, 다리, 몸 전체를 움직이면서 조절하는 신체 운동은 몸 전체의 조화로운 발달을 촉진한다.

이처럼 어린이들이 신체 운동과 활동을 습관 들인다면 쉽고, 재미있고, 안전하게 평생 즐길 수 있는 기술을 습관 들이는 것이다. 교사는 어린이들에게 다양한 기본적인 운동 기술을 배우도록 도와줄 수 있는 방법은 무엇일까 생각해 보아야 한다. 몬테소리 교실에서 어린이들이 단순하면서도 쉽고 즐겁게 할 수 있는 신체 운동들은 다음과 같다.

- **달리기:** 도착점을 표시하고 달리기
- **점프:** 볼록볼록한 비닐 위에서 뛰면서 터트리기
- **뛰기:** 깡충깡충 뛰기, 줄넘기하기, 블록을 놓고 뛰어넘기
- **던지기:** 공을 던지고 가서 주워 오기
- **뒤뜰 청소하기:** 물건 정리하기

- **잡기:** 잡을 수 있는 물건 잡기, 물건을 잡고 당기기
- **차기:** 공 차기 등 찰 수 있는 물건 차기

어린이들이 신체적 운동과 활동이 쉽고 재미있고 평생 즐길 수 있는 것이라고 인지하고 배우는 것은 대단히 중요하다. 어린이들은 신체 운동을 통해서 자기 몸과 소통하는 방법을 학습하는데, 이때 다음과 같이 목적을 가지고 운동하고 움직이는 것이 중요하다.

- 어린이들은 달리면서 심장이 뛰는 것을 느낀다. 어린이들은 이렇게 뛰면서 자기의 심장을 강하게 훈련시킨다.
- 어린이들은 신체 활동을 하면서 자기 몸에서 나오는 땀, 가쁜 숨소리를 경험한다. 이를 통해 어린이들은 자기 몸의 건강을 확신한다.
- 어린이들은 지속적으로 걷는 신체 활동을 통해 건강한 다리 근육을 만든다.
- 어린이들은 징검다리를 건널 때 긴장해서 자기 몸 전체가 움츠러들고 단단해지는 것을 느낀다.
- 어린이들이 빨리 달리거나, 멀리 뛰거나, 무거운 물건을 옮길 때 팔을 사용하고 난 다음 피곤함을 느끼는 것은 건강한 상태를 알려 주는 것이다.

어린이들의 정상화, 현실화, 인간화를 위해서는 어린이들이 우선 자기 자신을 알고, 자신의 건강을 관리하는 방법을 습관 들이는 것이 중요하다.

8

CHAPTER

인간화, 정상화, 현실화를 성취하기 위한 생물학적 조건들

1. 어린이들의 발달에 필요한 도움들

우리는 어린이들에게 발견되지 않은 신비스러움을 발달 과정에서 단계적으로 알아 가게 된다. 어린이들은 끊임없이 내적 안내의 지시를 따르게 된다. 어린이들은 서로 조화롭게 행동하면서 나름의 질서에 민감하다.

협응 동작들은 아주 복잡한 현상으로 나타나고 있으며 자연적인 본능에 의해 안내를 받는다. 이 과정에서 협응 동작으로 연습, 활동이 조화롭게 이루어지는 것이 필요하다. 일반적으로 협응 동작으로 인해서 반드시 성취할 목표가 필요하다. 목표를 성취하기 위해서는 개인의 행동을 안내하고 지도하는 자신의 의지도 필요하다. 교사와 성인들은 어린이의 행동을 생각할 때 무질서하다고 생각할 뿐만 아니라 협응 동작을 할 수 없다고 생각하기도 한다. 어린이들이 협응 동작에 관한 능력을 가지고 있지 않았을뿐더러 아직 발달이 이루어지지 않았기 때문에 할 수 없다고 생각하기도 하고 성인들 자신의 의지대로 어린이들의 활동과 행동을 지시하기도 한다.

어린이는 자연적인 지시 능력과 스스로를 이끌어 갈 수 있는 욕구를 본능적으로 가지고 있다. 지시 능력과 자율적 행동의 분명한 증거는 어린이가 스스로 움직임을 주도하는 현상을 보고 증명할 수 있다. 만약 어린이들의 움직임들이 협응 동작으로 연결된다면 어린이들은 협응 동작을 성취하기 위해서 어떤/무엇의 안내와 지도를 받는다. 집에서 어린이가 부모들과 형제들의 움직임을 관찰하였다면 아마도 그런 어른들의 행동을 모방하려고 할 것이다. 어린이들은 주변 환경의 무질서에 대단히 민감하다. 교구와 물건이 있어야 하는 장소를 정확하게 기억한다. 교구와 물건이 있어야 하는 위치를 인지하며, 질서에 대하여 상상할 수가 있다. 다른 활동으로 넘어가기 전에 모든 교구교재, 물건들이 제자리에 있을 때, 작업 초기에 안정감을 가진다. 유아기를 지나면서 반 어린이들은 무질서에 대한 개념으로부터 해방되어 무관심해지고 자유로워진다. 교구교재, 모든 물건이 제자리를 벗어난 것이 이 시기에는 크게 문제가 되지 않는다.

협응 동작은 질서감에 익숙해지고 자기 자리를 잡은 뒤에 진행된다. 어린이들은 움직이고 운동을 하면서 환경 속에서 볼 수 있는 모든 것을 모방하려는 욕구가 발달한다. 이 시기의 이러한 모방 행동은 보고 그것을 정확하게 따라 하려는 마치 원숭이의 모방 행동과 같이 기계적인 행동은 아니다. 다시 말하면 움직임은 어린이들이 원하는 모든 것을 어떻게 성취할 수 있는가를 학습하는 것이다. 음식을 준비하기 위해 엄마는 어떤/무엇을 준비하는가? 음식을 만드는 엄마의 행동을 어린이는 기계적으로 아무런 목적 없이 원숭이처럼 보고 모방하려는 것이 아니라 음식을 만들기 위해서 야채를 깨끗이 씻고, 썰고, 정리하는 모습을 보면서 똑같은 동작을 흉내 낼 것이다. 어린이는 어른들의 모든 행동과 동작을 모방할 뿐만 아니라 야채를 정리하는 활동을 수행할 것이다. 동작과 활동을 보고 즉시 행동으로 옮기지는 않지만 행동과 동작을 습득하여 동시에 반복할 것이다. 어떻게 행동과 동작을 하는지를 학습하게 되며, 이를 흡수하고 습득된 기술을 근거로 창조적으로 새로운 움직임을 개발할 것이다.

어린이들에게 언어도 마찬가지다. 예를 들면, 어떤 소리를 들은 앵무새는 단지 소리만을 모방하고 말소리를 따라서 중얼거린다. 반면 어린이들은 자기가 학습하고 획득한 말의 의미를 이해한다. 기계적으로 소리를 내는 것이 아니라 말의 의미를 음미한다. 어린이가 "나는 먹고 싶어요."라고 말하는 것을 배웠을 때는 어린이가 배가 고플 때만 먹고 싶다고 말한다. 그러므로 그건 모방이 아니라 어린이가 경험을 통해 수행한 학습인 것이다.

어린이들이 협응 동작을 단계적으로 발달시키는 것은 반복적인 활동 경험의 결과이다. 반복적인 경험의 결과는 어린이들의 주변 환경이 왜 단순해야 하는지, 어린이들이 관찰할 수 있는 단순하고 자연적인 행동을 어른이 수행해야 하는 이유이기도 하며 어린이들은 이 경험들을 단계적으로 훈련하고 학습을 진행한다.

일반적으로 어린이들은 환경과 상호 작용하며 스스로 행동을 실행하는 데 많은 어려움을 경험하고 인내하며 반복 행동을 실행한다. 부모들은 어린이들이 움직이고 빠르게 행동할 때 재빨리 물건을 치우며 자기들 방식으로 정리정돈한다. 부모들은 어린이들이 자유롭게 물건과 상호 작용하면서 움직이고 놀이하는 것을 허락하지 않을 뿐만 아니라 만지는 것조차 허락하지 않는다. 어른들은 어린이들이 스스로 모든 행동을 자유롭게 실행하고, 독립적이고 자율적인 습관을 만들어가는 데 협력하여야 함에도 불구하고 어린이들의 자유로운 행동의 장애물이 된다.

이러한 교육 접근 방법은 어린이 자신이 직접 경험할 수 있는 기회를 주지 않으며 스스로 독립적으로 학습할 기회를 방해하고, 자유로운 생각, 활동, 마음가짐을 방해한다. 이는 어른들의 명령, 행동에 무조건 복종하는 종속적 관계로 성장을 안내한다. 모든 교육자, 모든 부모는 어린이들을 스스로 경험할 수 있는 환경 속에 넣어 주어야 한다. 우리는 협응 동작과 상호 작용이 어떻게 자연스럽게 발달되어 가는지를 관찰해야 한다. 어린이들의 곁에서 협력자, 동반자, 안내자, 보조자가 되어 그들의 진정한 동반자가 되어야 한다.

우리에게 보여지는 어린이들의 모습은 정말 경이롭고, 놀랍고, 신기하다. 사실 어린이 모두가 도움을 받는 것을 좋아하는 것은 아니다. 반대로 성인들은 여전히 어린이들이 우리의 도움을 받아야 하고 보호를 받아야 한다고 생각한다. 성인들은 어린이들을 위해 모든 것을 대신해 주어야 한다고 잘못 생각하고 있다. 우리나라의 경우에도 어린이를 돕는 가정, 어린이집, 유아교육 기관, 복지 기관에서 많고 다양한 사람들이 직업적으로 일하고 있다. 이들은 어린이들을 위해 다양한 활동을 할 때 마치 어린이들을 위해 완전히 희생하고, 봉사하고, 사랑을 주었고, 그래서 우리 어린이들은 행운아들이라고 생각한다. 심지어는 천복을 가지고 태어났고 운이 정말 좋다고 말한다.

유아교육자들은 도덕적, 직업적으로 어린이들을 위해서 지금 무엇을 하고 있는지 마음속 여행을 시작해 보아야 한다. 어린이들을 위한 직업을 가진 모든 사람은 우선 머릿속에 좋은 생각을 많이 가져서 좋은 사람이 되어 어린이 곁에 있어야 한다. 어린이들을 위한 소명을 받은 직업인들이어야 한다.

훌륭한 부모와 교사란 진실한 마음과 사랑으로 자녀를 씻기고, 옷을 입히고, 산책을 데리고 나가고, 잠을 재워 주고, 사랑을 아낌없이 전해 줄 수 있는 교사와 부모이다. 진정한 사랑이 없는 몬테소리 교사들은 어린이들의 몸과 마음 발달에 큰 상처를 주는 것은 물론 정상화, 인간화로의 진화에 무서운 장애 요인이 된다. 어린이들 곁에서 발달을 저해하는 무서운 장애물이 되어 어린이와 동행하고 있다는 사실을 알아야 한다.

어린이를 관찰하다 보면 씻는 것, 머리 빗는 것, 몸을 단정히 하는 것에 반항하는 것이 아니라는 것을 알 수 있다. 어린이는 누군가가 자기를 비참하게 만들고 모든 것을 다해 주는 사실에 반항하는 것이다. 누군가가 자기를 위해서 자기 대신 모든 것을 해 주는 것에 반항하는 것이다. 어린이들의 무의식적 반항 행동은 유아기에 보이지 않는 잠재적 의식으로 독립심과 자유로운 해방감을 강렬하게 원하는 것이다. 성인이나 교사들로부터 간섭받지 않고 스스로 할 수 있는 작업, 일, 활동, 행동을 자유롭게 하면서 스스로 만족감에 몰입하기를 원한다. 몬테소리는 "나 스스로 할 수 있도록 나를 도와주세요."라는 어린이들의 외침에 완전히 귀 기울일 것을 모든 몬테소리인들에게 권고하였다. 어린이들은 자유로운 정상화, 인간화, 현실화의 여정을 통해서 인간의 목적, 가치, 존엄함을 학습하여 진정한 인문학 속으로 들어가는 것이다.

부모와 몬테소리 교사들이 어린이들의 아름다운 본성을 이해한다면 그것이 얼마나 자연스럽고 위대한가를 깨닫게 될 것이다. 우리가 어린이들을 위해 모든 것을 편리함이라는 명분으로 대신한다면 아무것도 어린이들 스스로 경험하지 못한 채 성취해야만 하고, 협응 동작을 발달시켜야 하고, 자신감, 독립심, 자유로움을 느끼지 못하고, 타율적인 인성, 종속적인 인성을 가지고 일탈한 인간화로 진화할 것이다. 엄마가 씻겨 주고, 입혀 주고, 머리를 빗겨 준 어린이들은 잘 입고, 잘 빗겨진 머리를 가진 어린이일지는 몰라도 자신의 내부에 있는 창의적이고, 귀중하고 높은 발달을 스스로 내적 안내를 받으면서 독립적인 삶과 반대의 길로 안내받게 되는 것이다. 잘못된 인간화의 길 위에서, 잘못된 내적 안내를 받으며, 일탈된 왜곡된 삶을 살아갈 것이다.

성인들과 교사가 주목해야 할 것은 교육 방법에 있어서 가장 중요한 원칙을 수행할 때 어린이에게 불필요한 도움은 그들의 발달에 장애가 된다는 사실을 인식하는 것이다. 이것은 단순한 철학이 아니라 기본이 되는 중요한 사실이다.

일반적으로 사람들은 어린이들이 필요로 하지 않음에도 불구하고 도와줄 준비가 되어 있다. 예를 들면, 불필요한 도움은 장애가 되지만 정말로 도움이 필요할 때 우리를 도와줄 누군가를 찾는다는 것이 얼마나 어려운가, 어른들과 교사들은 어린이가 필요로 할 때 도와주어야 한다는 생각이다. 즉, 어린이들이 꼭 도움을 받아야만 하고, 도움을 받을 수 있는 상태를 생각하면서 도움의 한계를 생각한다. 모든 도움이 어린이들의 발달에 반드시 장애가 되는 것은 아니지만, 불필요한 도움은 방해 요인이 된다. 나 스스로 할 수 있게 나를 도와 달라는 어린이들의 외침은 그들의 요구를 훌륭하게 표현한 것이다.

어른과 교사들이 어린이들의 감성을 존중하고, 따라야 하는 안내자로서 어린이가 혼자 하도록 자유롭게 놓아두는 것은 어려운 일이다. 어른과 교사들은 어린이들을 위해 대신 일을 하는 것이 더 쉬울 수도 있다. 예를 들면, 혼자 씻거나 머리를 빗게 하려면 많은 문제가 발생하게 된다. 첫째 어린이들이 직접 가지고 씻을 수 있는 적절한 교구와 도구들이 있어야 하고, 스스로 머리를 빗는 어린이들은 손 크기에 맞는 빗이 있어야 하고, 은그릇이나 유리창을 닦으려면 손에 알맞은 작은 교구가 있어야 한다. 어른과 교사가 직접 하는 것이 시간과 일을 줄일 수 있을지는 몰라도 어린이들의 미래를 온통 책임질 수는 없기 때문에 어린이들이 혼자 하도록 가르쳐야 한다.

불필요한 도움이 어린이들에게 방해가 된다는 것은 어떠한 도움도 없이 어린이들을 방치한다는 것이 아니라 어린이들을 위한 환경을 준비해 주자는 것이다. 어린이들을 위한 준비된 환경은 그들의 능력, 힘, 지적 능력에 맞는 교구교재를 포함하는 것이다. 어른들과 교사가 어린이들의 발달에 도움을 주고 싶다면, 간섭의 한계를 이해하고 정지 버튼을 누를 시간을 알아야 한다. 가르치는 사람으로서 자신의 행동에 대한 방향을 결정해야 하며 어린이들의 필요에 따라서 그들을 도와주는 것이 행복해야 한다. 아름답고 절실한 인간애, 인간화, 현실화에 있어 우리의 도움이 어린이들의 마음, 정신, 영혼에 스며들어 그들의 발달에 방해가 되었는지, 도움이 되었는지 판단하여야 한다.

2. 어린이들의 자연스러운 복종은 온전하게 공감하는 공간에서 이루어진다

교사들은 어린이들의 마음속 사회적 정서를 어떻게 자극할 수 있는가? 어린이에게 긍정적인 측면에서 사람, 자연, 사물에 스스로 복종할 수 있는 내적 힘을 어떻게 가르쳐야 하는가? 이러한 질문에 대해, 교사들은 유아교육 기관에서 어린이들의 전인적인 발달에 협력하기 위해서는 그들에게 확실하고, 신뢰할 수 있고, 특별한 상태에서 사회적으로 수용할 수 있는 정서 발달을 하도록 보살펴야 한다고 하였다.

교사들과 부모들은 어린이들에게 자율적으로 복종하는 태도를 원하지만 그들의 생각은 그들 나름의 논리를 가지고 옳다는 생각이 들 때에만 "예, 맞습니다."라고 순수하게 인정하고 복종적 자세를 가진다. 이는 어린이들 생각이 적어도 '맞다라는 생각'이 들었을 때 나타나는 마음의 상태인 것이다. 다시 말하면 어린이들의 복종적 자세는 스스로 사실과의 관계를 인정할 때 나타나는 태도이다.

어린이들은 성인들과의 관계에서 사회적 규칙을 준수할 때 순수하게 복종한다. 어린이들에게 복종은 사회적 관계에서 자유 의지, 올바름, 맞다는 확신감을 가질 때 나타난다. 그러나 진정한 복종이란 어린이들이 스스로 올바르고, 논리적이라고 마음에서 동의할 때 하게 되는 것이다. 그러므로 복종은 바른 행동, 좋은 생각, 논리적인 공감의 공간에서 순수하게 이루어지면서 마음에 문을 활짝 열어 놓을 때 일어나는 현상이다. 예를 들어, 대부분의 사람이 자연에 복종하는 것은 자연은 진실하기 때문이다.

복종의 다른 측면은 자신의 바른 생각, 행동들이 다른 친구들과의 관계 속에서 서로 진심으로 공감을 이룰 때, 이러한 공감을 통해서 복종을 하게 된다. 어린이들의 순수한 복종적 태도는 이렇게 자신과의 공감, 즉 자기 생각과 논리에 공감할 때, 친구들과 올바르다는 것을 공감할 때, 자신은 물론 다른 친구들, 환경, 자연에 복종하면서 친밀한 관계의 공간을 만들어 간다. 복종을 공감하는 공간에서 어린이들은 서로 온전함을 경험하면서 정상화, 인간화로 진화한다. 복종적 공간이란 서로가 가르치고 배우는 과정, 방법, 내용에 대해 공감할 때 좋은 관계로 발전하며 복종하게 된다. 어린이들의 복종은 그들을 온전한 인간화로 안내한다.

어린이는 환경에서 보는 것을 지식으로 만들어 가고 관찰을 통해서 배운다. "모든 지식은 보는 것 안에 내재해 있다."라는 몬테소리의 말과 일치되는 부분이다. 어린이들은 보는 것, 관찰을 통해 자연스럽게 사실 여부에 따라서 복종을 하게 되고, 사회적으로 수용 가능한 행동이나 옳다고 생각하는 자신에게 복종하려고 준비한다.

그래서 어린이들에게 나타나는 복종은 자신의 내적 힘으로부터 나타나는 현상이며, 다른 사람들과 함께 사회적 규범을 지키려는 강한 힘의 결합으로 시작된다.

어린이의 복종은 사회적 관점에서 마음의 옳고 그름에 대한 규범으로부터 가지는 흥미와 관심에 스스로 정복당하는 상태를 의미한다. 어린이들의 이러한 흥미와 관심은 최상의 훌륭한 교사에게 애착을 가지면서 복종의 자세로 나타난다. 어린이가 교사를 존경하고 사랑을 느끼는 것은 훌륭한 지도자나 성인에게 순명하는 것과 같다. 어린이들의 복종은 보다 자연스럽게 배우기를 간절히 원할 때 환경의 질서 안에서 질서 있고 규범적인 행동을 통하여 자연스럽게 나타나는 현상이다.

어린이들이 환경에 적응한다는 것은 환경에 복종한다는 의미를 가진다. 교사들이 어린이들에게 관심, 호기심, 자유로움을 즐기도록 환경을 제공해 줄 때, 이는 단지 가르치고 학습을 강요하는 방법을 대신하는 것이다. 어린이들이 환경에 적응한다는 것은 환경에 복종한다는 의미를 내포하고 있으며, 다른 사람도 자기와 관계를 가지고 사회화를 진행한다. 어린이들은 환경에, 사람에, 사물에 복종할 때 기쁨을 느낀다. 어린이들이 복종으로부터 기쁨을 느끼는 것은 모든 것에 자신을 복종하게 만드는 것이다.

어린이들에게 복종은 사회적 규범과 질서와 관계된다. 몬테소리 교실은 질서, 규범, 독립심, 자율성을 훈련하는 어린이들의 작업장이다. 복종은 수동적인 복종과 같은 자연적 복종을 일반적으로 요구한다. 스스로 자기 활동, 생각의 옳고 그름을 판단하여 자신에게 즐겁고 활동적으로 복종한다.

어린이들의 자연스러운 복종은 옳고 그름을 판단할 수 있는 훈련과 환경 속에서 자연적 질서를 유지하면서 교사와 어린이를 하나로 연결하는 도덕적 힘이다. 그러므로 복종은 인간의 내적 힘으로부터 얻어지는 소중한 정신적 유산이다.

성장하는 어린이들에게 환경 안에서 정확한 행동을 실천으로 옮기도록 안내해 주고 교사의 가르침에 의지하며 작은 규칙이라도 환경 속에 정착시키라고 가르친다. 우리가 실천하는 복종은 외부 규칙을 보호하면서 규칙을 지키도록 돕는다. 교사와 어린이들은 외부 규칙을 위한 시간표를 만들어 그들의 마음속에 담아 갈 수 있는 강한 내적 힘을 훈련한다. 복종은 내적 파워라는 의미를 지속적으로 상기시킨다. 우리 자신이 활동하는 동안 사회적 규범을 적은 시간표를 근본적인 질서의 덕목으로 정한다. 그리고 어린이들의 내적 힘을 강하게 만드는 시간표를 다시 작성한다. 어린이들은 시간표를 생각하고 기억하면서 정확한 시간에 정확한 행동을 하도록 자신에게 복종한다. 교사는 일방적으로 어린이에게 모든 것을 명령할 수도, 정지 버튼을 누를 수도 없다. 어린이의 내적 시간표에 의한 감정과 마음의 흐름에 복종하는 것이기 때문이다.

어린이들이 몬테소리 교실에서 작업할 때 우리는 작업을 위한 환경을 제공하는데, 이때 자극을 주어 외부 자극이 질서를 방해하는 요인을 없애야 한다.

어린이들을 위한 사회적, 환경적 규범들은 일상적 행동과 관계된다. 어린이들은 자신들이 알고 있는 규범으로 자신이 모든 문제를 해결할 수 있을 것이다. 오늘날 유아교육 기관이 발전하면서 어린이들에게 적용되는 사회적 규범의 수는 증가하는 반면 실천 행동은 줄어드는 듯하다. 어린이들에게 있어 훌륭한 예절, 사회 교육, 규범, 도덕적 덕목 등과 같은 사회적 기대로서의 모든 사회적 규범들은 어린이들의 일상적 행동과 관계되므로 성실한 교육이 필요하다.

어린이들을 위한 확실한 규범들은 짧은 시간 안에 급속도로 개인적인 행동으로 분배된다. 예를 들어, 학교에서 점심 식사를 할 때, 어떤 어린이는 식사를 마친 다음 모든 것을 깨끗이 치우고 정리정돈을 하는 어린이가 있는가 하면, 식사를 하고 바로 가 버리는 어린이가 있고, 어떤 어린이는 자기 손만 씻고 가 버린다.

인간의 사회적 삶은 커다란 사회적 규칙과 질서의 기반 위에서 복종하는 것이다. 만약 우리 사회 삶의 방식에서 복종이라는 질서 개념이 없다면 항상 어린이들에게 이것 아니면 저것이라는 양자택일을 선택하도록 해야 하므로 혼란을 가져올 수 있다. 따라서 처음 사회적 삶은 내적인 발전이고 그다음은 환경의 규범에 복종함으로써 발전된다.

어린이들이 이러한 규범에 복종하는 것은 규범이 지시하는 것을 수행할 능력이 있기 때문이다. 이러한 사회적 조직화는 작업의 분배와 짧은 시간 안에 인간의 행동 역할을 천천히 유도한다. 어린이들은 사회적 조직화가 안내하는 사회적 경험을 한다. 어린이들은 몬테소리 교실에서 먼저 읽는 방법을 배우고, 그다음에 쓰기에 필요한 행동들을 배운다. 수학을 배우고 나면 그다음 수학과 관련된 기하학, 우주에 관한 이론을 작업을 통해서 숙달한다. 어린이들은 동시에 사회적 경험을 학습하여 공동체, 협력, 소그룹, 대그룹 작업의 경험을 한다.

이러한 사회적 규범은 3~6세 어린이들의 발달 단계에서 열정적으로 또래들과 함께 습득된다. 어린이들에게 열정은 몬테소리 교실에서 규범과 질서에 숙달하는 내부적인 법률이다. 우리는 닫힌 환경에서, 작은 사람 집단에서, 작은 사회에서, 새롭고 다양한 인지 발달을 위해 안내해 주는 선생님, 또래 친구들, 환경과 상호 작용을 하면서 열정과 도전에 숙달한다.

어린이들은 몬테소리 교실의 준비된 환경 속에서 다양한 기술을 필요로 하는 교구교재, 자료, 문화적 유산을 직접 보고 만질 수 있는 경험을 한다. 새로운 환경, 교구교재를 통해서 인간화 작업을 활동적으로 이끌어 가고, 다른 활동적인 또래 친구들과 열정적으로 사회적 관계를 맺는다. 어린이들은 물질적인 사물에 관한 규범을 넘어서 자발적으로 따르는 자신의 사회적 규범을 존중하려는 마음으로 매우 흥미로운 새로운 규범을 학습한다. 환경, 질서, 규범에 자발적으로 복종하고 따르는 어린이들에 의해서 세상은 평화롭고, 조화롭고, 질서 있는 환경으로 변화된다. 어린이들이 창조한 작업과 배움을 즐길 수 있는 새롭고 자유로운 환경에 스스로 복종하는 것이다.

어린이들의 작은 사회 속에서, 사회적 생각 안에서, 사회적인 경험 속에서, 사회적 조직 속에서 항상 인간화, 사회화, 정상화로 진화하면서 자신에게 순수하게 복종하는 너그러운 인간으로 성장하게 된다. 어린이들을 통해서 움직이는 사회는 열린 사회로 새로운 환경을 다시 준비한다. 성장과 더불어 더욱 복잡한 사회적 삶의 형태로 들어가 자연스럽게 사회에 복종하면서 사회와 통합되어 간다. 어린이들의 조그마한 규범을 따르는 열정과 흥미를 자극하여 날로 성장하는 미래의 어린이들을 위해서 조직화된 사회를 만들어 가야 한다. 어린이들의 사회적 경험은 개인적인 인격 형성, 자존심, 삶의 에너지, 규범과 질서에 자발적으로 복종하는 마음가짐과 밀접하게 관련되어 있다.

어린이들이 사회적 경험을 준비하기 위한 교육, 가르침, 보살핌은 교사와 부모들에게 중요한 임무로서 그들의 삶의 과정에 큰 도움이 될 것이다. 교사와 부모들이 만약 어린이들에게 성공적으로 더욱 다양하고 중요한 사회적 경험을 할 수 있는 환경과 교육을 바르게 실천한다면 그들의 삶을 정상화, 인격화로 안내할 수 있는 에너지를 제공하는 것과 같다.

우리는 환경의 무질서, 성인들의 무분별한 행동으로 어린이들에게 작업이나 공동체 활동에 복종할 것을 요구하는 오류를 범한다. 어린이들에게 복종은 자기가 옳다고 생각할 때 가능한 것이다. 그러므로 우리는 복종의 의미를 정확하게 이해하는 것이 매우 중요하다. 어린이들에게 있어 진정한 복종은 수동적인 요인이 아니라 어린이들의 열정과 도전으로 체계화된 내적 에너지의 작용인 것이다.

3. 어린이들의 완전성을 위한 영원한 미완성 작업

모든 사람에게 인간화는 일생 동안 이루어야 할 과업이다. 몬테소리 교실에서 어린이는 매일 일상생활과 연결된 다양한 활동을 한다. 환경에서 어린이들에게 제공되는 활동의 다양한 기회들, 예를 들어 길에서 인사하는 것, 자신을 관리하는 것, 책상이나 바닥을 깨끗이 정리정돈하는 작업들은 일상생활을 통해서 정상화, 인간화, 구체화, 현실화를 향한 여정을 시작하는 것이다. 어린이의 일상생활 활동은 가르치는 것이 아니라 반복적인 훈련을 통해서 자신의 몸으로 익히는 것이다. 운동 조절이나 분석을 위한 훈련도 마찬가지이다. 같은 교실에 특별한 교구를 나누어 가진 개인, 소그룹, 대그룹 작업을 하는 어린이들은 같은 문제를 가지고 있다. 작업에서 어린이들은 모두 자기가 좋아하는 특별한 교구를 사용하고 싶어 한다. 그러나 교구장에는 그 교구가 한 개밖에 없어 먼저 그 교구를 사용하는 어린이가 끝날 때까지 기다려야 하는 인내심을 요구한다. 어린이들은 인내하며 기다림을 습득하고, 자신의 순서가 되면 열정적으로 작업한다. 어린이들은 자기가 작업하기를 원하는 교구를 다른 어린이가 가지고 작업한다면 기다림, 인내심을 가져야 한다는 것을 인식하게 된다. 작업은 질서 속에서 인내심과 기다림을 포함한다.

놀랍게도 어린이들의 인내심과 기다림은 교실 환경을 평화롭고 조용하게 만들어 간다. 인내심 훈련이 없이 어린이 스스로에게 복종적인 자세를 요구할 수 없다. 어린이는 다른 친구가 어떤 행동을 하고 어떻게 성취하는지를 조심성 있게 관찰한다. 어린이들이 단계적으로 훈련을 한다면 열정적인 태도는 훈련을 통해서 습득된다.

몬테소리 교실은 혼합 연령으로 구성되어 있기 때문에 서로 돕고, 인내하고, 기다리고, 협력하는 것을 자연스럽게 학습한다. 몬테소리 교실에서 어린이들의 사회적 정서는 서로 돕는 관계에서 자연스럽게 학습되는 것이다. 몬테소리 교실의 중요한 규칙 중 하나는 작업이 끝났을 때 사용한 모든 교구교재와 물건들을 원래 있던 자리에 원래의 상태로 정리정돈하는 것이다. 어린이들은 종종 다양한 교구를 개인 매트 위에 펼쳐 놓고 작업을 하는데 제자리에 가져가 정리정돈하는 훈련이 필요하다.

일반적으로 많은 교구를 선택하여 자기 매트에 가져오는 어린이들은 다른 친구의 도움을 받는다. 몬테소리 교실에서는 어린이들이 많은 교구를 선택하는 것을 허용하지 않는다. 어린이 자신의 목적을 위해서, 내재적 동기 부여에 의해서 자발적으로 작업에 집중하고, 활동을 평온하게 진행하는 어린이들의 작업 과정 속에서 사회적 관계, 사회적 정서, 집중, 몰입 과정을 습관 들인다. 어린이들의 안정된 사회적 정서 상태는 실제적인 작업을 통한 철저한 성공 결과, 자신이 흥미를 느끼고 작업과 활동을 반복할 때 일어나는 현상이다.

어린이들의 안정된 사회적 정서는 몬테소리 교실인 작은 사회의 아름다운 기능이다. 이는 몬테소리 교실에서 어린이들이 작업과 활동을 즐기면서 재창조 작업을 할 때 자연스럽게 일어나는 정신적 안정감이다. 몬테소리 교실에서 어린이들이 교구 작업들을 즐길 때 그들의 열정과 도전으로 이어지는 자아 만족감은 다시 내재적 동기 부여와 열정으로 연결된다. 어린이들은 환경에 숙달되거나, 독립심, 자유로워진 상태에서 만족감을 느끼며 자신이 느끼는 만족감이 무엇/어떤 것이든 할 수 있다는 자신감을 나타낸다. 그리고 "나 스스로 할 수 있도록 나를 도와주세요."라고 외친다.

우리나라에도 어린이들을 위한 멋진 몬테소리 어린이집, 유치원들이 있다. 어린이들이 실제적인 작업 활동을 성공적으로 이끌어 갈 수 있도록 멋진 디자인, 훌륭한 환경을 제공한다. 건물 자체도 어린이들의 심리학적, 생물학적 조건을 고려하여 설계되고 건축되었다. 실내 구조, 예를 들어, 응접실, 유리창, 교실, 놀이터, 강당, 문, 부엌과 부엌에 있는 물건들은 어린이들을 위해 훌륭하고 완벽하게 준비되어 있다.

이러한 환경이 어린이들에게 가장 안정된 심리 놀이터이고, 집중력을 이끌어 낼 수 있는 교육 환경이며, 어린이들을 정상화, 인간화, 구체화로 안내할 수 있는 최상의 교육 매체가 될 수 있다. 다시 말하면 어린이들을 위한 훌륭한 물리적 환경인 것이다. 몬테소리 교실에서 물리적 환경보다 더 중요한 것은 인적 환경이다. 어린이들과 함께 생활하는 모든 사람은 어린이들에게 미치는 영향력을 생각하여야 한다. 교사가 어린이들과 어떻게 연결되어 있는가? 교사가 가지고 있는 직업적 정체성에 대한 사명감은 무엇인가?

어린이들의 반복적 활동은 그들에게 내적인 흐름을 자연스럽게 만들어 준다. 어린이들이 반복을 좋아한다는 것은 자신 안에서 내재적 동기 부여가 일어나서 완전히 몰입 상태, 흐름 상태에 머문다는 것이다. 스스로 감동적인 작업을 진행하고 있는 것이다. 어린이들이 교사나 다른 친구들과 어떻게 상호 작용이 이루어지고 있는가에 주목하여야 한다. 어린이들은 반복적 행동으로 일상생활 영역을 연습하고, 완전함, 인간화를 성취하려고 노력하고 있다. 어린이들은 물리적 환경과 인적 환경을 통해서 가장 온전한 인간화를 성취하기 위한 작업을 지금도 하고 있다.

몬테소리 교실에서 어린이들은 작업과 함께 성장하고, 전인적인 완전함, 만족감, 독립심, 행복감을 느끼면서 성장한다. 즉, 전인적 발달을 진행하고 있다. 몬테소리 교실에서 모든 작업과 활동은 어린이들을 전인적이고 너그러운 정상화로 안내한다. 몬테소리 교사들이 좀 더 완벽하게, 좀 더 나은 가르침을 제시하고, 좀 더 나은 세상을 살아갈 수 있는 방법을 제시할 때, 자신의 문제를 스스로 해결할 수 있는 능력을 제시할 때, 몬테소리 교실과 교사는 성공적인 교육 매체의 역할을 하게 될 것이다.

몬테소리 교실과 교사들은 어린이들의 완전성을 위해서 오늘도 내일도 미완성 작업을 진행하면서 완전성을 추구하고 있는 것이다. 몬테소리 교실과 교사의 모든 가르침과 행동이 어린이들에게 좀 더 완벽해지고, 좀 더 사랑할 수 있는 수단으로 어린이들의 곁으로 다가간다면 정상화, 인간화, 현실화가 좀 더 온전하게 진행될 것이다. 이러한 온전성은 어린이들이 작업에 몰입하려는 노력에서부터 나타난다.

어린이들의 생활에서 자연적이고 일상적인 활동을 주의 깊게, 세심하게, 조심스럽게 그리고 가능한 한 완벽하게 실천하도록 안내하는 것이 완성에 도달하기 위한 작은 출발점이 된다. 어린이들은 준비된 환경을 활용하여 자기가 원하는 작업을 성취할 수 있도록 열정과 도전하는 태도를 가지려고 노력하여야 한다. 어린이들이 준비된 환경에서 작업, 활동을 완성으로 이끌어 가기 위해서 다양한 창의성, 더 많은 활동, 더 많은 경험을 구체적으로 자신의 일상에 적용할 때 자기가 원하는 작업을 완수해 나가기 시작하고, 더욱 완벽해지고, 구체적으로 정상화, 인간화를 성취하게 된다. 이는 어린이들이 완성을 향해 나아가려는 욕구들이다. 그러나 어린이들은 종종 작업이 지루하고, 싫증 나고, 혼자 할 수 없고, 하기 싫어지는 장애물을 만난다. 어린이들에게 정신적인 혼란, 무질서, 무기력함은 온전함, 완전함을 향해 나아가는 데 큰 장애물이 되며 절망을 가져다준다. 이때 중요한 것은 교사의 영적 보살핌이고, 환경을 새롭게 구성하여 새로운 에너지를 만들어 주는 것이다. 또한 몬테소리 교사는 자연스럽게 환경을 바꾸어 어린이들을 도와 그들의 삶에 더 큰 행복감을 줄 수 있어야 한다. 이러한 행동이 그들을 완전함, 완전성으로 이끌어 주는 에너지이고 원동력이 된다.

우리는 어린이들이 온전함과 완벽함을 성취하기 위해 그들의 일상생활에서 활동하고, 작업하고, 생각하면서 실행하고 있는 노력에 주목하여야 한다. 어린이들의 일상적인 활동은 그들의 타고난 표현 방식이며 삶의 방법이다. 예를 들어, 아주 단순하지만 어린이 혼자 옷의 단추를 잠그는 것은 스스로 자신의 몸을 관리한다는 의미이다. 어린이가 목표를 달성하고 나서 즉시 반복하는 이유는 완성을 원하기 때문이다. 어린이의 모든 행동은 자기완성과 자기 개발의 움직임이고, 대부분은 본능적이라는 것이다. 우리가 어린이를 정확하게 관찰할 때 어린이가 수행하는 모든 행동을 보면 자신이 더 완벽하게 성장하려는 본능임을 알 수 있다.

우리는 어린이들의 일상생활을 통해서 하루하루 발전하고 향상되어 가는, 즉 완성을 향해 나아가는 것을 볼 수 있다. 어린이들의 본성이 초자연적인 무엇/어떤 것을 가지고 있는 것은 분명한 것 같다. 더 발전하고, 더 향상되고, 더 완전함을 향한 에너지는 어린이들의 다양한 모습과 행동에서 나타난다. 어린이들의 다양한 종류의 민감기가 어린이의 질적, 양적 발달을 이끌어 가는 것은 분명하다. 모든 것의 기본은 완전함을 향하여 행동에 관심을 갖고 수행하며 성취하는 것이다.

어린이들이 완성에 이르는 길은 매우 높은 상상력이나 겸손한 행동, 작은 일들, 완성을 위해 신중하게 하는 것, 높은 감수성에 의해 도달하고 성취하는 것이 아니라 그들이 완성을 향해 걸어가는 과정에서 열정적이고, 활동적이고, 단순하고 행복한 삶을 수행하는 주인공이 될 때 가능한 것이다.

4. 어린이들의 인간화, 정상화, 현실화의 진화 과정을 촉진하는 민감기

몬테소리는 어린이들의 정신적 현상에 관한 이론을 생물학적인 측면에서 연구하여 발달 단계에서 나타나는 자연적인 현상을 교육, 활동, 작업과 연결하였다.

오늘날 학문적 연구 방향은 인간 발달의 기원에서부터 일반적으로도 영유아들의 생활 전체에 관한 육체와 정신 전반에 대한 중요성을 입증하고 있다. 최첨단의 과학적 학문 발달로 생물학, 심리학, 교육학, 문화 인류학은 물론 생명 본질에 관한 연구와 진화에 관한 연구도 영유아 존재에 주목하여 초점을 맞추고 있다. 본질적으로 어린이들의 연속적인 전체 삶의 생물학적, 심리학적, 사회학적 연구 가능성을 총체적으로 조명하고 있다.

발달 심리학자들은 민감기란 특정한 시간에 특정한 환경적 자극을 주었을 때 신체의 어떤 기능이 최대한 발달하는 시기라고 말한다. 유아기의 다양한 민감기 중에서도 몬테소리는 생후 5년 동안을 언어의 민감기로 보았다. 더욱이 몬테소리는 언어 능력이 선험적인 요인이라고까지 주장하였다. 이는 촘스키(Chomsky)와 같은 주장으로 언어 학계를 놀라게 만들었다. 몬테소리는 유아기의 직접적인 경험이 발달에 얼마나 중요한지를 계속 이야기했는데, 이것은 신경과학의 연구 결과들이 이 이론을 지지하기 훨씬 이전의 일이다. 그녀가 인간 발달은 24세까지 지속된다고 주장할 때가 신경과학자들이 신경 발달 연구를 완성한 시기와 일치한다.

네덜란드의 생물학자인 드 브리스(De Vries)의 성장 과정에서 식물들의 민감기 이론과 몬테소리가 영유아기 어린이들의 삶에서 민감기를 발견하여 발달 과정에 적용한 것은 현대 교육학과 생물학의 위대한 업적 중의 하나라고 할 수 있다. 어린이들의 민감기 이론은 그들의 발달과 성숙 과정에서 생물학적 욕구가 가장 강한 시기로서 진화론에 기초를 이루고 있다.

발달 단계에서 어린이는 가장 강한 생물학적 욕구를 민감기 내지는 민감성이라는 용어로 표현하면서 어린이들에게 생물학적으로 강한 욕구를 가르침, 학습 방법으로 활용하여 발달을 자연스럽게 촉진한다. 유아기의 민감기 이론은 특별한 생물학적 욕구가 일어날 때 그 욕구를 특별히 자극하여 어린이들의 발달과 삶에 있어서 도움을 주는 것이다. 유아기의 민감기가 자연스럽게 활용된다면 민감기의 목적, 목표, 정상화, 인간화로의 진화를 촉진한다. 일반적으로 민감기는 유아기에만 일어나는 생물학적 욕구로 알려졌지만, 일생 동안 다양한 형태의 민감기를 평생 거친다. 유아기는 주로 발달에 관한 민감기 현상이 나타난다면 성인이 되었을 때는 인간화의 민감기, 학문의 민감기, 지식의 민감기들이 나타나며 인간을 때로는 어렵게, 때로는 흥미롭고 하여 재미있는 삶을 살아갈 수 있도록 삶의 에너지와 생명력을 부여한다.

모든 시기의 민감기는 유아기나 성인기와 상관없이 그 시기에 생물학적으로 강렬한 에너지가 나타났다가 사라지고 새로운 민감기가 전 단계의 민감기 자리를 대신한다. 진화 과정처럼 하나의 민감기에서 다른 새로운 민감기로 옮겨 가 다시 생물학적 욕구를 충족시키도록 내적 안내를 받으면서 아동기, 청소년기, 성인기, 노년기의 단계를 거치면서 가장 성숙하고 풍부한 지혜를 몸 안 가득 지니고 살아가는 성숙한 인간화의 민감기 단계에 도달한다.

생물학적 측면에서 모든 인간의 생존과 인간화로의 진화는 단지 어른과 환경이 제공하는 도움뿐만 아니라 특별히 종족 본능이 어린이에게 제공되는 민감기에 도움과 보살핌을 받게 된다.

곤충의 생애에서도 경이로운 삶의 진화는 민감기 이론을 설명하는 데 도움을 준다. 예를 들어, 모충은 죽기 전에 알을 식물의 잎이나 가지와 같은 은밀한 곳에 무더기로 낳는다. 식물들은 곤충의 알을 최선을 다해 훌륭하고 경이롭게 보호한다. 산속 나무숲의 무섭고 어둠이 지속되는 세상에서 애벌레, 작은 유충은 알로부터 깨어나게 된다. 유충은 어둡고 은밀한 곳에서 태어난다. 유충을 즐겁게 만드는 먹이는 가장 부드러운 잎과 가지 끝에서 나오는 새싹이다. 누가 이 사랑스럽고, 신기하고, 마치 경이롭기까지 한 아주 작은 어린 존재를 보살필 수 있을까? 누가 먹이가 있는 가지 끝으로, 가장 연한 새싹 잎으로 기어가도록 안내해 줄 수 있을까? 아주 신기하고 기적과 같은 유충의 일생이 시작되는 순간이다. 유충이라는 창조물은 나름 빛에 관심을 가지는 민감기를 거치는데, 밝은 빛에 강한 관심을 보인다. 겨우 움직이는 아주 작은 유충은 밝고 강한 빛의 유혹에 반응하며, 가지 끝 가장 밝은 지점에 도달할 때까지 계속 전진한다. 밝은 지점에 도달하면 유충은 자기들에게 가장 맛있는 먹이를 찾는다. 유충이 차츰차츰 성장하면서 특별한 먹이는 더 이상 필요하지 않을 뿐만 아니라 결국 유충들은 빛에 대한 민감성을 상실하게 된다. 일반적으로 알려진 연구 결과에 따르면, 마치 신생아와 같은 어린 유충은 빛에 반응하고 구멍 뚫린 둥지 박스 안에서 빛을 향해 나아가다가 이후

빛의 유혹에서 멀어진다.

성인들은 민감기 동안에 어린 생명체–존재에게 무엇/어떤 강한 애정, 특별한 관심을 가진다. 인간은 본능적으로 어린 생명체에 특별한 사랑과 애정을 가지는 듯하다. 성인과 교사들은 종종 어린이의 행동을 특징짓는 민감기의 열정에 대해서 놀랍고 신기함을 느낀다. 위대한 생명체의 신기한 기능에 감동한다.

어린이들의 정신에 숨겨져 있는 열정, 민감성, 활동성, 강한 생물학적 욕구, 사랑은 자신의 삶을 진화시키고 생명을 보존하는 데 필수적인 요인들이다. 본능적인 강렬한 관심과 민감성은 어린이들의 나이에 따라 급진적으로 때론 느린 속도로 변화한다. 어른들은 이러한 어린이들의 생물학적 변화에 순간순간 주목하면서 그들이 변덕스럽다고 무지하게 말한다.

민감기는 어린이들이 특별한 발달 기능을 획득하도록 도와주지만, 민감기에 일어나는 특별한 기능이 획득된 다음 무관심하게 되고, 특별한 민감기는 지나가게 된다. 우리는 어른들이 어린이들보다 훨씬 더 지혜롭고 인내할 수 있다고 생각하지만, 어린이들은 어른 못지않게 훌륭하게 자기 구성을 하고 스스로 독립적으로 행동을 이끌어 간다. 우리는 영아들에게 안내자로서 길잡이 역할을 할 지적인 능력을 이미 보유하고 있다고 말하지만, 민감기라는 특별한 시기에 있는 유아들은 흡수력이 강하고, 스스로 지적인 능력을 발달시킬 수 있고, 강한 생명력과 삶의 에너지를 소유하고 있는 존재라는 사실을 인지하여야 한다.

유아기 어린이들은 민감기에 그들의 환경에 적응하고, 자아를 위한 내적 안내자로서 적응하면서 자신의 학습 능력을 강화한다. 몬테소리는 어린이의 삶에 있어서 아주 이른 시기에 질서의 민감기가 강하게 일어나는 현상을 관찰하였다. 자기들의 환경에서 볼 수 있는 사물의 위치를 관찰하는 어린이는 사물, 교구교재들이 제자리에 정리정돈된 상태에 있을 때 자신을 정리정돈된 환경에 적응시키려는 욕구를 가진다. 어린이들은 자기가 항상 보았던 물건이 같은 장소에 있을 때 탐색활동이 활발하게 진행된다. 이렇게 교구교재, 물건을 같은 장소에 정리정돈했을 때 어린이들에게 다음과 같은 민감성이 나타난다.

첫째, 같은 장소에 자기가 좋아하고 필요한 물건이 있는 것을 볼 때 어린이들은 안정감을 느끼고 편안해한다.

둘째, 있어야 할 장소에서 자기가 좋아하고 필요한 물건을 찾을 수 없거나 있어야 할 곳이 아닌 다른 장소에서 물건이 있는 것을 발견했을 때 어린이들은 격렬하게 불안한 반응을 나타낸다.

어린이들에게 준비된 환경을 제공하고, 교구교재를 제자리에 정리정돈하는 것은 바로 이러한 이유 때문이다. 어린이들이 자기들이 사용하는 물건을 같은 장소에서 보려는 욕구는 미적 욕구가 아니라 물적인 욕구이다. 어린이들이 같은 장소, 같은 사물을 질서와 정리정돈의 개념으로 보는 이유는 아직 보는 시야와 기억의 폭이 질적, 양적으로 확장되지 않아서 좁은 시각적 시야를 가지고 있기 때문이다. 따라서 어린이들은 환경이 혼란스러울 때 질서의 욕구가 사라진다.

1~2세 시기는 환경과 관련한 신체적 민감기가 진행되는 시기이다. 영아가 2세가 되면 신체적 민감기가 지나간다. 2세까지는 아직 환경과 관련된 물건의 위치에 특별한 민감성을 가진다. 반면 유아들은 방해를 받아도 더 이상 강한 반응을 보이지는 않지만 몬테소리 교실에서 특별히 유아들이 자기보다 형이나 누나들로부터 제외되기보다 함께 생활하려는 특성을 나타내는데 이럴 때에는 친구들과 자유롭게 어울려 작업하고 활동하도록 허락하여야 한다.

유아들은 손 씻기를 할 때 비누를 그릇에 놓지 않고 테이블 위에 놓는다. 유아가 자리를 옮기려고 일어날 때 유아들은 비누 용기를 뒤돌아보고는 다가가서 흥미롭게 비누를 그릇에 넣은 다음 다른 친구들과 함께 놀이를 한다. 2세쯤 된 유아들은 책상이 정돈된 상태로 놓여 있지 않으면 옆으로 비켜 간다. 영아는 의자를 가져다 테이블 옆에 자기가 사용하기에 편리하도록 정리정돈한다. 좀 더 큰 유아들은 이러한 질서 의식이 부족하기 때문에 주목하지 않는다. 영아보다 유아들은 이러한 조그마한 일에는 무관심하지만 대신 다른 일에 흥미를 느낀다.

어린이들의 정신 구조는 여러 단계를 거치면서 발달한다. 2~4세 또래 어린이들은 우리나라의 전통 놀이인 숨바꼭질 놀이를 좋아한다. 한 어린이는 숨고 다른 어린이는 찾아다닌다. 식탁보를 덮은 테이블은 어린이들이 숨기에 좋은 장소이다. 한번은 한 어린이가 테이블 밑에 숨었고 밖에서 다른 어린이들이 들어와 그 어린이를 찾게 되었다. 어린이를 찾는 데에는 오랜 시간이 걸렸고 숨은 어린이가 말하기를 "내가 여기 있는 게 안 보이니?"라고 웃으면서 큰 소리로 말하였다. 거기에 있던 어린이들은 서로 찾는 것을 무척이나 기뻐하였다. 다른 어린이가 숨을 차례가 되었고 그 어린이도 테이블 밑에 숨었다. 어린이들은 방으로 들어가서 숨은 어린이를 찾으려고 테이블 밑으로 갔다. 어린이들은 행복했고 서로 찾았다는 즐거움을 공유하였다. 대부분 술래잡기 놀이는 운동, 흥미, 반복적 활동이 즐거움이 되고 모든 어린이가 테이블 밑에 숨어 볼 때까지 계속된다.

어린이에 대한 선입견으로 어린이를 바라보고 생각하는 것을 멈추면, 성인이나 교사들은 많은 것을 배울 수 있고 어린이들에게 더 많은 도움을 줄 수 있다. 하지만 대부분의 성인은 사람들, 특히 어린이들에게 지시한다는 것에 동의한다. 성인들과 교사들은 유창한 말솜씨로 자기 사고방식으로 어린이들에게 명령하고 가르치려 한다.

그렇다면 성인과 교사들의 이러한 자연스러운 선입견과 능력은 어디에서 유래하는 것일까? 모든 사람은 어린이를 가르치고 지도하는 것은 어른이고 교사라고 생각하는데, 이는 공동체 생활에 익숙해져 가는 현상이다. 어린이들의 발달은 항상 어른들의 교육 때문이라고 생각하지만 몬테소리는 어린이들은 자기 스스로 창조자이고, 훌륭한 건축가라고 설득력 있게 말한다. 몬테소리는 반대로 어린이를 통해서 진정한 어른이 되어 간다고 하였다. 모든 활동은 우리에게 아주 자연스러운데 그것은 어린이들이 하나씩 쌓아 가는 현대식 건축물들이다. 예전엔 성인들도 어린이로서 작은 건축가였지만 지금은 고전적 건축가로서 현대적 감각으로부터 비판을 받을 수 있다.

어른들은 어린이들이 선천적으로 무질서하다고 생각해 왔다. 아주 잘못된 생각이다. 생각해 보면 질서란 지적 사고 체계의 구성체로서 필수적인 기본 조건이다. 신기하게도 질서는 어린이들에게 선천적으로 주어진다. 그럼에도 불구하고 우리가 어린이들을 위해 준비된 환경을 제공할 때 첫 번째 기본 조건은 교구교재, 사물, 사람들이 질서 개념에 주목하여야 한다는 것이다. 교사, 부모, 어른들도 자기 관리에 철저한 모습을 보여 주어야 한다. 어린이들의 지적 사고력을 촉진하기 위해서 우리는 다양하고 총체적으로 생각들을 통합하여야 한다. 교사와 어른들이 이야기를 하고 있는 동안에도 우리의 생각을 질서 있게 정리하여 표현하여야 한다. 어른들의 무질서한 대화, 행동, 표현, 무질서한 환경들이 어린이들의 생각과 행동을 무질서하게 만들 것이다.

만약 어린이들이 아주 무질서하다면 교사가 어린이에게 제공하는 준비된 환경이 발달 수준에 적절한 조건을 제시하는 방법에 실패한 결과이다. 그 결과로 질서를 훈련하는 데 실패한 것이다. 몬테소리 교실에서 다시 정상화로 질서를 바로잡아 가는 훈련을 시작하고 어린이들의 질서를 다시 정상화로 돌이키기 위한 교육적 노력이 필요하다.

어린이들이 환경 속에서 다양한 장애 요인으로 인해 어떤 방해를 받게 된다면 이는 어린이들의 생물학적 요구 사항을 이해하지 못한 어른들의 책임이다. 어린이들은 환경으로부터 장애물을 만나면 민감기, 잠재 능력을 정상적으로 개발하지 못한다. 교사와 어른들은 어린이 앞에 놓인 방해물들을 제거해 주기보다는 어린이들에게 보이는 잘못된 결점들을 수정하는 것을 사명감으로 생각하여야 한다. 어린이들에게 필요한 것은 민감기의 욕구를 충족시켜 주고 그들이 원하는 과업을 도와주거나 안내해 주며 스스로 독립적으로 작업을 진행할 수 있는 환경이다. 만약 몬테소리 교실에서 교사들이 어린이들의 교육을 위해서 좀 더 사려 깊게 심사숙고하고 관찰한다면, 그들의 작업과 활동이 더 순탄하게 진행되어 훌륭한 조력자 역할을 하고 있다는 것을 발견하게 될 것이다.

만약 어른과 교사가 어린이들의 정상화, 인간화, 현실화 과정에서 장애자, 방해자가 된다면 그들이 일생에서 얼마나 큰 고통, 어려움, 일탈의 경험을 하겠는가?

몬테소리 교실에서 훌륭한 교사는 가르침, 교육에 주목하는 것이 아니라 스스로 할 수 있는 정리정돈된 환경을 제공하여 자아 구성을 할 수 있도록 돕는 것이다.

몬테소리는 영역별 프로그램을 다음과 같이 민감기와 연결하여 어린이들의 잠재 능력을 밖으로 이끌어 내는 작업을 성공적으로 발달시켰다.

- **일상생활 프로그램:** 운동의 민감기
- **감각 영역 프로그램:** 감각의 민감기
- **언어 영역 프로그램:** 언어의 민감기
- **수 영역 프로그램:** 수의 민감기

위의 일상, 감각, 언어, 수 영역은 유아기인 0~7세 이전에 민감기가 진행된다.

- **우주, 문화, 생태 영역 프로그램:** 우주, 문화, 생태의 민감기는 6~12세까지 가장 활발하게 일어나지만, 이러한 민감기는 평생에 걸쳐 우주, 문화, 생태에 대한 관심의 영역을 확장하면서 세계화, 인간화, 현실화로 진화한다.
- **평화 영역 프로그램:** 평화에 대한 민감기는 5세부터 평생 동안 이루어진다.
- **뇌 기능 민감기:** 뇌의 민감기는 0~12세까지이다. 인간 뇌의 시냅스는 발달 과정에서 거의 7세까지 삶의 욕구가 더욱 강한 민감기로, 그들의 정상화, 인간화, 현실화를 이끌 수 있는 환경을 준비한다면 생물학적 욕구가 자연스럽게 일어나고 사라지는 과정을 반복할 수 있다. 일반적으로 뇌 과학은 0~12세까지를 뇌의 감수성이 가장 풍부해지는 시기인 동시에 생물학적 욕구가 가장 강한 시기로 본다. 특별한 지식이 없었던 우리 조상들의 '세 살 버릇이 여든까지 간다.'라는 이야기는 아주 과학적인 지식이라 할 수 있다. 출생과 더불어 아동기 초기인 12세까지는 일상적인 생활을 통해서 뇌의 신경 회로가 가장 많이 형성되는 시기이므로 뇌의 민감기라고 말할 수 있다.

5. 새로운 사회적 존재, 사회적 관계로서 인간화를 성취하는 어린이들

인간 정신의 총체적 능력인 상상력은 실제로 무엇인가를 시각적으로 보여 주는 것보다 더 많은 세상을 보여 준다. 인간 정신을 묘사한 상상력은 순수한 정신 작용일 뿐만 아니라 실제로 어린이들의 세계에 존재한다. 어린이들의 상상력을 보살펴 주어야 하고, 어린이들의 순수하고 아름다운 눈동자, 웃음, 뾰족이 솟아나는 신체적 특성뿐만 아니라 심리학적, 생물학적 미완성의 어린이들에게 교육이라는 용어를 적용시켜 어린이로, 인간화로 성장하도록 보살피면서 그들을 위한 모든 장애물을 제거하여야 한다. 우리는 어린이들이 삶을 시작해서 완성해 가는 데 다음과 같은 것을 생각해야 한다.

첫째, 우리는 사랑의 관점에서 어린이를 고려해야 한다.

어린이는 사랑스럽고 또한 어린이의 모든 삶 자체가 사랑이다. 어린이는 사랑의 중간에 서 있기를 바라고, 그 사랑 안에서 정말 이타적으로 순수하다. 어린이는 자신이 태어나는 순간 모든 조건을 돌아보지 않는다. 단지 자기를 진심으로 사랑해 줄 주위 사람들을 필요로 한다. 자신이 관계를 맺고 있는 모든 사람의 사랑을 순수하게 받아들여 자기의 삶과 활동에 에너지를 만들어 간다. 어린이들은 사랑을 보여 준 주변 사람들에게 다시 그들의 사랑을 주기 때문에 사랑을 주고받는 사람들은 모두 가치 있는 존재이다. 사랑이라는 전제로 잉태되는 순간부터 마음, 가슴, 머리로 사회화를 진행한다. 어린이들은 가족뿐만 아니라 동물들 또한 사랑하고 사랑을 주고, 그 사랑을 기억에 저장한다.

둘째, 몬테소리 교실은 생명체들 사이의 관계를 중요시한다.

생명체들의 관계도 사랑을 전제로 하며 서로 사랑하라고 가르친다. 사랑의 보살핌은 사랑의 관계로 연결되면서 모든 것이 사회적 관계를 만들어 가는 기초가 되기 때문에 중요하다. 어린이들은 가족들이 멀리 있든 가까이 있든 보살펴 주고, 사랑해 주기를 바랄 뿐만 아니라 자기들이 사랑하는 동물들까지도 안녕을 요구한다.

어린이들과 관계를 맺고 있는 모든 인적 환경은 그들의 정상화, 인간화, 현실화로 진화하는 데 중요한 역할을 한다. 몬테소리의 어린이들이 영적 존재, 영적 태아라는 말을 신뢰한다면, 자기와 관련된 사람들 모두와 자신의 행동에 관심을 가지고 보살펴 주던 사람들, 만약 그들이 영적 태아로 행복하다면 행복하게 해 준 사람들, 어린이가 아팠을 때 자신을 돌봐 주었던 모든 사람은 그들이 인간적으로 성장하는 데 인간적인 관계를 경험할 기회를 제공한 것이다.

어린이들의 삶은 이것만으로 제한되지 않는다. 또 다른 부분인 사회적 삶, 사회적 관계 속에서 다른 모든 생명체와 관계를 맺는다. 어린이들이 살아가는 사회가 건강하다면 그들은 건강한 사회를 경험하게 될 것이다. 가족으로부터 가정으로부터 벗어나 어린이들은 제한되고, 모든 것들을 공유하여야 하고, 나눔을 경험하여야 하는 어린이집, 유치원의 환경으로 들어온다. 어린이들은 가족도 없는 환경에서 새로운 사람들, 새로운 어린이들과 관계를 맺어야 할 뿐만 아니라 다른 어린이들과 마음, 교구, 작업을 공유해야 한다. 몬테소리 교실은 어린이에게 자유로운 활동을 제공할 수 있는 환경으로 구성되어 있기 때문에 자유로운 사회적 경험을 학습하게 된다.

셋째, 어린이들은 몬테소리 교실에서 교구교재, 사물을 만남으로써 사회화, 인간화를 성취한다.

어린이들이 몬테소리 교실에서 자신이 관심을 가지는 교구들, 친구들과 관계를 맺기 시작한다는 것은 사회적 관계를 시작하는 것이다. 어린이들의 활동 특징은 휴식도 없이 이루어지는 작업 시간 동안 몰입, 집중력을 통해 조용한 작은 사회를 스스로 만들어 간다. 작은 사회적 활동을 통해 어린이들은 서서히 자신의 인성을 형성해 나가고, 자아 정체성을 형성해 간다. 이러한 자기만의 특별한 인성을 형성하면서 인간화의 긴 여정을 시작하며, 차츰 순수한 사람이 되어 가고 성실한 자기 주도적 학습자가 되어 사회의 한 구성원으로서 사회화를 지속한다.

어린이들은 실제 도움이 필요할 때 도움을 받을 수 있는 특별한 능력과 자세를 보여 주고, 자신의 활동과 작업에 집중하고 몰입하는 모습도 보여 준다. 영아들은 자기들의 무능력을 호소하면서 이에 대한 특별한 연민과 이해심을 요구하기도 한다. 어린이들은 자기 환경에 함께 있는 교사와 또래 친구들의 정신에 공감하고 동의하며, 인내심을 보여 주기도 하며, 침착하고 조용한 가운데 자기들의 의지에 따라서 행동하기도 한다. 어린이들은 서로 주고받으면서 자기 의지와 교사들의 의지를 공유하는 사랑의 힘을 학습한다.

어린이들은 자신의 환경으로부터 생각한 것을 행동으로 옮기고, 몬테소리 교실 환경에서 제공되는 교구교재에 주목하고 집중할 때 열정, 도전, 즐거움이 커져 다른 친구들과의 사회적 관계를 성공적으로 이끌어 간다. 몬테소리 교실에서 어린이들은 작업을 성공적으로 마치고 경험한 후 재창조 작업을 생각하는데, 이는 바로 새로운 도전으로 연결되는 것을 뜻한다. 어린이들이 스스로 자아, 환경, 문화를 지배하면서 황홀한 상태에 도달할 때, 또래 친구들의 정신에 동조하는 것을 보여 줄 때, 자신을 능력 있는 자존감 강한 존재로 높여 갈 때, 교사, 부모, 친구들로부터 훈육과 기쁨을 끌어낼 때, 교사의 의지에 복종하는 자세를 보일 때 등은 모두 사랑을 공유한다는 의미이다.

다른 한편으로 어린이들은 민감기에 이미지를 흡수하고 교구, 물리적 환경, 또래 친구들과 공동체 생활을 즐기면서 스스로 애착을 형성한다. 이러한 현상은 어린이들의 언어적 민감기에 가능하며, 어린이들의 사회적 관계가 형성되었을 때 흡수하는 능력과 애착 형성이 가능해진다.

어린이들은 이러한 사회화라는 위대한 과업과 더불어 스스로 아주 특별한 교구, 학습 과정, 또래 친구와의 관계를 통해서 애착을 형성하면서 독립적이고, 민주적이고, 일상의 질서, 규칙, 미적 감각을 훈련한다. 어린이들은 미적 감각을 통해서 자기 관리에 민감해져서 외적 관리에도 관심을 가지게 된다. 이에 따라 어린이들은 자신의 환경을 깨끗이 하고 질서를 유지한다. 어린이들은 자신의 환경 안에서 다른 사람들과 멋진 관계를 유지하는 소위 다른 친구들을 즐겁게 만드는 매너도 알게 되고, 모든 것 안에서 완전함을 성취하려고 노력하는 정교함도 보여준다.

몬테소리 교실은 어린이들이 자발적으로 규율을 학습하고, 환경과 자신에게 스스로 복종하게 하여 최고의 행복감을 느끼게 한다. 몬테소리 교실의 신비로운 현상이다. 몬테소리 교실은 어린이들이 활동을 통해서 자유로워지는 환경을 만들어 어린이들을 사회화, 인간화로 안내한다. 어린이들에게 자유를 제공한다는 의미는 스스로 규칙과 질서를 지키는 것을 의미한다. 몬테소리 교실의 핵심 요소인 질서와 규칙은 어린이들이 환경에서 스스로 만들어 가는 기본적인 사회화 작업이다.

어린이들이 활동을 통해서 자유로워지기에 성공한다는 것은 부수거나, 싸우거나, 환경을 무질서하게 만드는 것 대신에 자기 돌봄, 조용함, 보살핌, 나눔, 함께하는 것, 독립적 삶을 위해서 침묵하면서 작업, 일, 창조에 몰입한다는 것이다. 어린이들은 이상적인 삶, 활동을 통해서 마치 평화로운 천국과 같은 이상적인 교실을 만들어 간다. 어린이들은 미래에 어떤 사회인으로 성장하여 우리의 사회를 이끌어 갈 것인가?

몬테소리 학교가 이상적인 사회를 꿈꾸는 어린이들의 공동체로 사회에 이상적인 비전을 제공할 수 있는 공동체가 된다면 어린이들 스스로 건강한 사회화를 이끌어 갈 것이고, 사회가 그들의 성공적인 비전에 협력할 것이다. 어린이들은 행복한 작은 사회의 주인공이 되며, 동시에 사회는 어린이들의 잠재 능력을 밖으로 이끌어 내는 데 기여할 것이다.

9

CHAPTER

몬테소리 교실에서 어린이들의 본성을 훈련하기

1. 몬테소리의 관찰을 통한 교육학적 논증과 교육적 안내

교육이란 인간의 본성을 밖으로 드러내는 것을 의미한다. 인간의 모든 세포는 발달 가능한 것들을 내포하고 있다. 인간의 본성은 이 작은 세포에서 시작하여 탄생과 더불어 인간화의 긴 여정에 오르게 된다. 몬테소리는 그들의 인간화를 돕기 위해서 어린이들의 본성을 발견하는 방법으로 관찰을 선택한 것이다. 몬테소리가 1907년부터 몬테소리 교실에서 어린이들의 행동을 관찰하여 기록한 자료들은 후에 교육 내용, 교육 방법으로 활용되어 개혁 교육학의 기초를 이루었다. 몬테소리는 처음으로 유아교육 측면에서 세간을 변화시킨 실증 교육학, 과학적 교육학을 세상에 발표하였고, 그녀의 교육학은 다시 개혁 교육학으로 널리 알려졌다. 몬테소리가 발견한 8가지 원리들은 현재까지 그녀의 교육철학인 과학적 교육학을 논증하는 데 중요한 역할을 하고 있으며 교육 시스템을 이끌어 가고 있다.

• **제1원리:** 관찰로부터 얻은 교훈들이다.

관찰로부터 얻어 낸 원리는 어린이들의 활동과 인지 발달이 밀접하게 연결되어 있을 뿐만 아니라 그들의 활동이 생각하고, 단계적인 학습과 배움의 과정에 기여한다는 사실을 발견하게 되었다. 인간의 인지 발달, 특히 어린이들의 인지는 양적이고 질적으로 움직이고 활동하면서, 물리적 환경과 인적 환경이 상호 작용하면서 미래를 위한 세계의 문을 열어 가도록 발달을 주도한다. 만약에 어린이들이 책상이나 응접실에 앉아서 인적 환경과 물리적 환경과 접촉할 기회를 제한받으면서 혼자 있다면 발달 기회도 제한될 것이다.

몬테소리는 생각이란 언어로 표현되고 옮겨지기 전에 손으로 표현된다고 언급하였다. 이러한 언어와 사고 발달의 상관관계에 대한 이론은 피아제의 감각 운동기 이론에 공감하는 것으로 보인다. 몬테소리는 영아 발달에서 생각과 움직임은 동일한 과정이라고 언급하였다. 피아제는 이 시기를 감각 운동기에만 제한되는 것이라고 한정하였지만, 최근의 심리학 연구에서도 동의했듯이 몬테소리는 2세 이후에도 활동과 인지 사이에는 밀접한 관계가 있다고 언급하였다. 이 즈음에 몬테소리는 다양하고 많은 양의 구체물인 교구를 조작하는 교육 방법을 발전시켰고, 최근에는 인지 발달에 영향력을 미치는 요인으로 활동의 중요성에 관한 몬테소리의 견해와 생각에 대응하는 다양하고 놀라운 연구 결과들이 발표되고 있다. 몬테소리의 관찰을 통한 이러한 놀라운 발견들은 영유아교육 과정에서 배움을 촉진시키기 위한 절대적 조건에 활동을 포함시켜야만 한다는 교훈을 수용하고 있다.

• **제2원리:** 자유 선택의 원리이다.

사람들은 자신의 삶을 스스로 통제한다고 느낄 때 일어나는 자아 통제 현상을 통해서 학습으로부터 자유로워지고, 즐겁고, 하고 싶은 욕구가 더 강하게 일어나고, 향상되고, 학습으로 인한 행복감이 더 많이 증가된다. 모든 학습이나 일상이 자유 선택이 아니고 강요에 의한 것이라면 의무감과 책임감으로부터 해방되지 않기 때문에 욕구가 사라질 것이다. 두 번째 원리에서 어린이들의 작업과 학습에 자유로운 선택을 허락한 것은 그들을 자유로워지도록 만드는 데 성공적인 전략이었다. 몬테소리의 교육 접근 방법은 어린이들이 자기가 원하는 것, 좋아하는 것, 할 수 있는 것을 선택할 수 있고 자신 환경에 대한 통제를 할 수 있을 때, 즉 제한된 자유에서 책임감을 완수하고 발전한다는 것에 주목하였다. 그녀는 발달이란 어린이 자신이 환경 속에서 주체적으로 되어 가는 과정이라고 확신하였다. 우리가 훌륭하다고 말할 수 있는 몬테소리인들이 그녀의 프로그램은 무조건적인 자유가 아니라 자유에 대해 분명한 한계를 그어 두지만, 몬테소리 교실의 어린이들은 전통적인 교실에서 배우는 어린이들보다 더 자유롭게 결정을 할 수 있는 능력을 훈련한다고 하였다. 어떤/무슨 작업 또는 공부를 할지, 얼마나 오랫동안 작업을 지속할지, 누구와 함께 소그룹, 대그룹, 공동 협력으로 작업을 할지 등을 스스로 결정할 수 있는 기회가 주어지는 것이다. 자유로워진 상태에서 작업하는 것에 익숙해지면서 집중력, 몰입 상태, 자연스러운 흐름 상태가 지속되고 높아진다. 이는 어린이들이 정교하게 계획되고 준비된 환경과 구조 속에서 더 많은 자유와 선택이 주어지면 긍정 심리학적 결과와 학습 결과를 가져올 수 있다는 사실을 증명해 준다. 인간에게 자유는 본능적이며 자신의 활동을 다양하게 발달시키는 촉진제 역할을 한다.

- **제3원리:** 배움에 흥미와 관심을 느낄 때 작업과 배움에서 자아 만족감을 느낀다.

인간이 배움의 최고 경지에 도달하게 되는 것은 학습, 작업에 관심을 가지고 흥미로울 때 가능하다. 흥미란 사람들이 아름다운 꽃이나 사랑스러운 애완동물에 관심과 흥미를 느끼는 것처럼 개인적일 수도 있고, 어떠한 사건, 동기, 활동, 경이로움에 노출되었을 때 개인이 흥미를 갖게 되는 것처럼 상황에 의해서 일어날 수도 있는 정신 작용이다. 몬테소리의 훌륭한 업적은 어린이들이 교감하고 싶고, 그들의 흥미를 이끌어 내고, 만지고 싶어 하는 교구교재들을 고안해 냄으로써 부분적이거나 상황적 흥미를 이끌어 낸 것이다. 몬테소리는 교사들에게 교육 접근 방법에 있어 가장 중요한 요소로서 흥미를 강조하고, 어린이들에게 흥미를 유발시킬 수 있는 방법으로 가르치도록 하였다. 예를 들면, 어린이들이 좋아하는 교구 선택, 좋아하는 친구들과 함께 작업하도록 허락하는 것, 흥미와 관심을 유발하기 위해서 가장 아름답고, 촉감으로 매력을 느끼고, 교구교재를 보았을 때 가지고 싶은 욕구를 자극할 수 있는 심리적 반응과 충분한 정보를 제공하도록 하였다. 또한 항상 교구교재를 제공할 때 어린이들의 발달 단계를 고려하여 난이도를 줄이고, 호기심을 가지도록 제시하도록 하였다. 어린이들의 흥미는 아마도 학습 욕구를 자극하는 단계에서 나타나는 현상들이라고 말할 수 있을 것이다.

몬테소리 교육 접근 방법은 자신의 개인적인 흥미에 따라서 배움이 이루어지도록 환경을 제공하였다. 어린이들은 자신이 관심 있는 것을 보고, 만지고, 작업하고, 관찰하고, 작업에 대한 이야기를 나눔으로써 만족감을 얻게 된다. 교재들과 기본 작업 내용과 방법을 모든 영역과 연결하여 그들의 상상력과 창의성이 발달하도록 자극해 흥미와 관심을 가질 수 있도록 물리적, 인적 환경을 제공하였다.

- **제4원리:** 외적 보상 행위를 거부한다.

어떤/무슨 활동이든 외적 보상 행위와 연결하는 것을 몬테소리 교실에서는 금지한다. 예를 들면, 책을 읽으면 돈을 준다든지, 시험 성적이 좋으면 선물을 한다든지, 착한 일을 했을 때 물질적으로 보상이 주어지면 활동의 의미는 물론 참여하고자 하는 동기에 부정적인 영향을 끼친다.

유아기에 희생, 봉사, 자기의 사명감, 책임감이 물질과 연결되어 본래의 목적이 상실되지 않도록 마음과 정신이 자기가 한 일에 대한 가치와 의미를 알아 가도록 안내해 주어야 한다고 주장한다.

• **제5원리:** 협력과 파트너십의 강력한 힘을 활용한다.

협력한다는 것은 서로의 지식을 공유한다는 의미이다. 친구와 함께 배우고 친구로부터 배우는 것이다. 몬테소리 교실에서 소그룹, 대그룹 작업의 의미는 협력을 전제 조건으로 하는 것을 포함한다.

전통적인 수업 방식은 교사가 교육 접근 방법을 위해서 정보를 제공해 주기 때문에 어린이들이 서로 배운다거나, 학습 재료로부터 직접 배울 수 있는 기회가 거의 없다. 몬테소리 교실과 전통 교실의 차이점은 일방적인 지시의 가르침이 아닌 자유 선택, 자유 작업이라는 것이다. 몬테소리 교육은 전통적 교육 방식과 다르게 가르치는 것이 아니라 어린이들의 발달 단계에 맞는 준비된 환경을 제공하여 스스로 할 수 있는 능력을 길러 준다. 따라서 독립적이고 자율적인 인간상으로 교육의 문을 열어 주는 것이다.

몬테소리 교실에서 어린이들이 원한다면 개인 활동, 소그룹, 대그룹 활동 모두가 가능하다. 자기들의 작업, 학습에 대한 책임감은 스스로 감내하여야 한다. 뇌가 하나 있는 것보다 뇌가 여러 개 모여 있으면 서로의 창의적인 생각, 경험, 자기가 알고 있는 것을 밖으로 표현하여 공유하고, 서로 도움을 주고받는 형식의 교육이 될 수 있다. 예를 들어, 박물관 견학을 간다면 모든 역할을 서로 분담하여 진행하면서 서로 공유하는 즐거움을 나눌 수 있다.

어린이들이 서로 돕고 나눔에 대한 영성을 실천하는 것은 어린이들에게 나눔의 영성을 가르치는 것이고, 어린이들에게 나눔 영성, 협력 영성을 교육적으로 접근시키는 몬테소리의 교육 방법의 하나이다.

• **제6원리:** 이미 있는 상황 속에서 배움을 촉진한다.

어린이들이 의미 있는 상황에서 배우는 것은 추상적인 상황에서 배우는 것보다 훨씬 더 교육 효과가 있고, 깊이 있는 배움 속으로 들어가 더욱 다양한 지식들을 얻을 수 있다.

전통적인 교육 접근 방법에서는 배우는 것은 단지 학습 결과를 테스트하여 결과물을 가지고 평가하는 것이 일반적인 상황이지만, 몬테소리 교실에서는 단순한 테스트 평가가 아니라 어린이들이 배우는 것이 무슨/어떤 의미이고, 어떻게/무엇에 적용되는지 실제로 경험하기 위해서 교구교재를 만들어 자유로운 학습 과정을 진행한다. 일반적으로 교사와 교과서가 전달해 주는 전달식, 주입식 방법으로 배우는 것이 아니라, 배움의 주체가 어린이들이 된다. 어린이들이 직접 경험하고, 행하고, 감각을 활용하면서 학습한다. 단지 듣고, 읽고, 쓰면서 배우는 것이 아니라, 작업을 감각적으로 만져 봄으로써 배우기 때문에, 어린이들의 배움과 작업은 배움의 세계 속으로 깊이 들어가서 어린이들 스스로 탐색 여행을 즐기도록 안내한다.

어린이들은 교실 밖으로 나가 세상 속으로 들어가 자신의 흥미와 관심거리에 몰입한다. 자연은 어린이들을 항상 진심으로 대환영한다. 어린이들은 현재의 상황 속에서 순간순간을 즐긴다. 그리고 즐기고 있는 상황 속에서 어린이들은 무엇인가를 인지하고, 호기심을 가지고 새로운 창조 작업을 상황 속에서 시작한다. 생태 해설가에게 식물의 이름을 듣는다는 것은 상황 속에서 얻는 인지 작용이라고 말할 수 있다. 오늘을 살아가는 어린이들에게 다양한 문화적, 심리적, 생태적, 경험적 현장 학습과 직접적인 문화 활동에 참여하게 함으로써 어떻게 배울 것인가에 대한 대답을 찾아가는 교육 여정을 즐기게 하여야 한다.

- **제7원리:** 교사의 방향과 어린이들의 방향을 한곳으로 수렴하여 작업을 촉진한다.

교사, 어린이, 부모가 어떻게 소통하고 상호 작용을 하는지에 대한 몬테소리의 신념은 일괄적이었다. 몬테소리는 각자의 자기 위치에서 자기 역할을 바르게 수행할 수 있는 자유의 한계선을 정하는 것이라고 하였다. 각자의 경계선 안에서 자유로워지도록 안내해 줄 때, 높은 기대감을 가지고 교육 접근 방법의 필요에 민감하게 반응할 때, 교육 접근 방법이 높은 수준의 성숙함, 성취감, 공감력, 또 다른 훌륭한 인성, 인격을 있는 그대로 보여 줄 때 교사와 어린이들은 한 방향을 향해 각자의 길을 성실하게, 진실하게, 바른 것을 탐색하는 길을 찾아갈 것이다. 전통적인 학교는 교사가 하라는 대로 할 것을 강요하는 권력과 권한으로 그릇된 배움을 실천한다. 몬테소리 교실에서 이루어지는 작업은 교사가 긍정적인 삶의 방식, 민주적인 가르침, 바른 사회를 만들어 갈 수 있는 정의로움을 어린이에게 사랑으로 연결해 주는 작업이다.

- 제8원리: 환경과 정신에 대한 질서를 스스로 잡아간다.

몬테소리 교실은 물리적, 인적 개념에 질서라는 개념을 도입한다. 다시 말하면 훌륭하게 정리정돈된 준비된 물리적, 인적 개념의 환경이 정리정돈되어야 함을 의미한다. 몬테소리 교실을 실제로 구성하는 조직화된 체계는 때때로 교사들에게 엄청난 희생과 노력을 요구한다. 지나치게 까다롭고, 세심한 정리를 요구하고, 때로는 강박 관념처럼 정형화되어 있다.

심리학의 연구 결과에 의하면 어린이들에게 질서 개념은 학습, 작업, 자기 관리, 발달에 중요하고 유익한 요소들이다. 이러한 측면에서 몬테소리 교실과 학교에서 질서 정연한 환경을 준비하여야 한다는 신념은 올바른 판단이고 생각이었다. 만약에 어린이들을 위한 이러한 환경이 준비되지 않았다면 교육 목적을 성취하지 못했을 것이고, 다른 측면에서 어린이들에게 학습 교구교재, 사물을 제시한다면 신경학적으로 영향을 미칠 수 있다는 논증도 있다. 어린이들의 정신은 환경, 어른들의 행동, 사랑에 영향을 받는데, 이는 그들의 인간화, 정상화로의 진화에 중요한 영향을 미친다.

2. 몬테소리 교육과 관계를 가지는 흐름 교육의 의미는 무엇일까?

흐름의 개념(The Concept of Flow)은 원래 칙센트미하이의 몰입 이론에서 발생한 또 다른 창의적 이론으로, 내적 동기 발생을 즐거움과 연결하여 탐색 과정으로 언급하였다. 어린이들이 무엇/어떤 것에 도전한다는 것은 어린이들이 활동할 수 있는 능력 정도가 작업, 일과 균형을 이룰 때 즐거움과 지루함, 두려움, 걱정의 경계점에서 나타나는 현상들이다. 이때 균형이란 작업, 일, 창의성을 성취해 가는 과정에서 흐름 이론 전체의 기본적인 요소이다.

예를 들어, 적당히 어려운 수준의 스케이팅을 한 어린이 스케이트 선수들과 기술의 한계를 시험할 수 있는 섬세한 수술을 집도한 외과 의사들, 세찬 바람 속에서도 그들의 항로를 즐기는 뱃사람들, 학생들에게 맞춰 나가는 선생님들을 예로 들 수 있다.

다시 말하면 모든 이들이 보기에 흐름(Flow)이 아무것도 일어나지 않고 물 흐르듯 조용히 흘러가는 것처럼 보이는 작업, 일, 창의성 활동에 사람이 밀접하게 연루된 상태를 의미한다. 이 시점에 도달한 어린이들은 일, 작업, 창의성 활동을 하기 위해 많은 노력을 하고, 어려움이라는 비용을 지불할지라도 이 자체를 즐길 수 있는 것을 경험한다.

흐름을 즐기는 어린이들은 칙센트미하이가 말하는 자기 목적적 경험이나 혹은 스스로에게 내적 보상을 생산하는 활동에 참여하고 있는 것이다. '자기 목적적(autotelic)'이란 용어는 스스로를 의미하는 'auto'와 목적이라는 뜻의 'telos' 두 개의 그리스어에서 유래한다. '자기 목적적'이란 스스로가 포함된 활동에 주목하고, 미래의 이익에 대해 기대하지는 않지만 자체로 보상이 되기 때문에 행해진 무엇/어떤 것인가를 의미한다.

'자기 목적적'의 의미는 몬테소리가 항상 강조한 '생산을 넘어선 과정'의 의미와 비슷한 이론이다. 몬테소리는 단지 학업적인 성취를 넘어 내적 발달을 강조했기 때문에, 어린이들은 때로는 외적인 결과를 생산해 내고 만들어 내는 과정보다 약간은 중요하게 여겨지는 활동에 참여하게 된다.

칙센트미하이는 자기 목적적인 작업을 행하는 과정에서 작업 과정 안에 내포되어 있는 어려움을 깨고, 진정한 내적 동기를 생성해 낸다는 결론을 내렸다. 몬테소리 교실에서 탐색하는 다양한 동기에 대한 묘사를 보면, '소외 효과(alienation)'는 외적 목표의 상실감 대신에 내적 자아감을 강화시키는 지루함을 개입과 즐거움으로 대체하고, 무력감을 통제의 감정으로 변화시켜 정신적 에너지를 제공해 준다.

어린이집에서 한 어린이가 소음과 방해에도 불구하고 44회에 걸쳐 꼭지 원기둥 작업을 한 다음 어린이가 자아, 환경, 문화를 완전히 지배하고 행복과 만족한 모습을 묘사한 몬테소리의 관찰과 비슷한 비유가 된다. 몬테소리가 관찰한 이러한 어린이의 집중과 몰입을 통해 변화되어 가는 모습의 경험이 바로 칙센트미하이의 흐름 이론의 묘사와 비슷하다. 어린이들이 매 순간 집중의 +와 −가 양극화로 만나서, 더 차분하고, 더 현명하며, 더 발전적인 사람으로 완전히 변화한다. 이러한 현상은 초인적인 영성적 에너지를 보여 주는데 이러한 변화가 일어날 때 어린이들은 가장 높은 의식 상태를 보여 준다. 이러한 유형의 경험과 결과에서 오는 동기부여를 성취하기 위해서 칙센트미하이는 다음과 같은 현재 필요한 조건들에 주목하였다.

• 너무 어렵지 않게, 너무 쉽지도 않게

칙센트미하이의 첫 번째 즐거움을 위한 요소는 도전적인 활동이 반드시 기술을 필요로 한다는 것이다. 시각적으로 볼 수 있는 경험들은 압도적인 확률로 목표 지향적이고 규칙에 의한 경계가 있는 활동 결과로 나타난다. 어린이들의 목적 지향적인 활동들은 영적, 정신적 에너지의 투자를 요구하며, 적절한 기술 없이는 이루어질 수 없으며 이는 매우 보편적인 현상이다.

어린이들이 모든 활동에 적극적으로 참여하였을 때, 자아 만족감과 즐거움이 매우 특정한 시점에서 나타나는데, 그들이 인지하는 행동의 기회는 개개인의 능력 수준에 따라 정직하게 나타난다. 너무 어렵지도, 너무 쉽지도 않아야 한다는 이런 미묘하고 아슬아슬한 특이한 시점에서 흐름이 일어나는 순간 또는 지점은 개인이 진정한 즐거움을 경험하는 순간이다.

어린이들에게 작업이나 주어진 활동이 너무 어려울 경우에 걱정, 좌절, 동기의 상실을 유발한다. 반대로 너무 쉬울 경우에는 흥미의 결여, 지루함 그리고 역시나 상실감을 유발할 수 있다.

- 흐름의 감각(The Sensations of Flow)

어린이들이 흐름을 만들어 내는 활동에 참여할 때마다, 그들은 다양하고 특별한 감각을 경험한다. 그들 주위의 모든 잠재적인 방해 요소들을 인지하지 못하게 되고, 직면한 도전 과제에 내재된 걱정들을 무시하게 되며, 너무 몰두해서 심지어 자아를 잊게까지 만든다. 즉, 자아를 완전히 지배하는 현상이 나타난다. 다른 한편으로 어린이들은 시간 감각의 변화를 느끼게 된다.

칙센트미하이가 언급하는 수준에 도달한 몰입, 집중력은 몬테소리가 말한 어린이들이 자유 선택한 작업 과정에서 나타나는 집중 활동의 현상인 정상화(normalization)의 상태와 매우 유사하다. 만일 어린이가 온전히 집중하지 못한다면 그는 흐름 경험이나 정상화를 성취하지 못할 것이다. 이 활동은 모든 방해 요소들을 제거해 낼 수 있을 정도로 적절한 욕구가 필요하다.

어린이들은 최고의 집중력 수준인 영적 에너지가 활성화되는 수준에 도달하기 위해서 이전에 경험했던 어려움을 자연스럽게 극복하고 무시한다. 만약 어린이들의 작업이 너무 어렵다면, 어린이들의 활동에 대한 집중력은 자기가 시작한 작업을 완성시킬 수 있는가에 대한 두려움과 걱정에 사로잡히게 될 것이다.

반대로 만일 어린이들의 작업과 활동이 적당한 수준의 난이도라면 그들은 진심으로 자기 작업에 참여하고 일을 진행하기 위해 자신마저 순간 잊어버리게 될 것이다. 하지만 역설적으로 자아감은 흐름의 경험이 끝나고 난 후 더 강해진다. 그러면 비로소 활동을 자아내는 흐름이 어린이들에게 모든 감각을 잊어버리게 하는 순간이 온다. 몬테소리 교실에서 어린이들에게 나타나는 이러한 현상은 그냥 지나칠 만큼 지루하지 않은 특별한 자기 작업과 활동에 참여하는 어린이들을 통해 볼 수 있다.

몬테소리 교실에서 어린이들이 얼마나 오랜 시간 자기 작업과 활동에 몰두하는지를 관찰하여 묘사한 어린이의 '각성(wake up)' 상태와 유사한 무언가를 경험할 때까지 신경을 쓰지 않는다. 만약 활동이 너무 어렵거나 너무 쉽다면, 이러한 감각들은 일어나지 않으며 흐름 경험 역시 나타나지 않는다.

• 목표, 통제 그리고 피드백 주기

칙센트미하이가 말하는 흐름(Flow) 경험의 마지막 요소는 명확한 목표를 포함하는 작업과 스스로의 행동을 넘어서는 통제력, 약간의 피드백 양식이나 방법이 무언가를 포함한다.

칙센트미하이의 이론은 목표와 피드백이 자연스럽게 서로 연결될 필요가 있다는 것이다. 명확한 목표를 갖고 있을 때, 작업하는 어린이들은 작업을 수행하는 동안 내적인 피드백을 받게 된다. 어린이들은 자기가 하는 작업과 활동이 흐름처럼 진행되고 있는지 스스로 인식하게 된다. 예를 들어, 어려운 3회전 점프를 뛰고 깔끔하게 착지하는 선수들의 만족감에서 볼 수 있다.

이러한 현상은 다양한 몬테소리 교구의 오류 수정의 본질과 같은 의미로, 작업은 어린이들에게 무언가 제대로 되고 있는지 아닌지 즉각적인 피드백을 발견할 수 있게 한다. 마지막으로 통제 요소는 또 다른 흐름 경험의 특성이라 할 수 있다. 어린이들 스스로가 아닌 교사나 다른 친구들이 조종하며 행해지는 활동으로써 간접적으로 흐름을 체험할 수 없다. 스스로를 통제하기 위해서 작업과 활동은 어려움을 지녀야 하는데, 그렇지 않을 경우 어린이들은 스스로 통제 밖으로 밀려날 것이다.

몬테소리 교육은 사람과 환경의 방해를 받지 않고 스스로 강한 집중력과 몰입의 시간을 가지면서 스스로 삶을 이끌어 갈 수 있는 능력을 기르는 것을 목표로 한다. 이러한 목적을 성취하기 위해서는 모두 동기 부여에 의한 집중력, 몰입 상태가 교육과 온전한 생애에 걸친 발달의 중심에 놓여져야 한다. 신 몬테소리 학파에서 흐름에 대한 이론은 자발적, 독립적으로 어린이가 스스로 걸어가면서 장애물을 제거하고, 인간화, 정상화, 건강한 자아 형성의 길을 걸어가도록 보살피는 교육을 의미한다.

흐름 교육의 특성은 외부의 자극으로부터 장애물을 제거하고 차단할 수 있는 집중력을 기르는 것이다. 자연스럽게 집중되어 가는 흐름 교육과 같은 맥락에서 자신이 제대로 작업, 일, 활동을 하고 있다고 느낄 때 이루어진다. 사람들은 종종 시간에 쫓겨 감각을 잊어버린다. 그럼에도 불구하고 피곤을 느끼지 않는 것은 신기한 일이다. 이 말의 의미와 핵심 요소는 어떤 일, 작업, 생각에 흠뻑 빠져들어 자아를 잊고, 시간을 잊고, 단지 의미 있는 작업, 일에 빠져들어 자연스럽게 흘러갈 때 일어나는 내적 변화라는 것이다.

이러한 현상은 집중을 기반으로 하는 교육이라는 명칭을 사용하는데, 집중적인 기반 교육을 형성할 수 있도록 돕는 것은 어린이가 어른으로부터 발생하는 외부 자극에 방해받지 않고 흐름을 형성할 수 있는 환경을 만드는 것이다. 이러한 현상은 위에서 몬테소리가 언급한 한 어린이가 다른 친구들의 방해에도 아랑곳하지 않고 꼭지 원기둥 작업을 무려 3시간이 넘도록 집중하는 모습을 관찰한 다음 과학적 교육학의 기본 틀을 마련한 것과 유사한 이론이다.

몬테소리는 어린이집에서 한 어린이가 작업에 집중하는 현상을 관찰한 다음 어린이들이 집중할 수 있는 환경을 만드는 것을 교육 목표로 삼았으며 그녀의 철학을 따르는 전 세계의 수많은 몬테소리인은 100년간 그녀의 철학적 배경과 이론을 근거로 어린이들과 영적 에너지를 생산해 내고 있다. 흐름 이론과 몬테소리 교실에서 어린이들의 집중화 현상과의 공통점은 어린이 스스로 독립적으로 모든 작업을 수행하는 데 보살핌이나 교사의 도움을 가능한 한 최소화한다는 것이다.

중요한 것은 인간은 자기가 살아가는 동안 어떤/무엇의 형태이든 자연스럽게 흐름 교육을 경험한다는 것이다. 흐름을 경험한다는 것은 한순간 무엇/어떤 것과 완전히 하나가 된다는 것을 의미한다.

또한 흐름 교육은 몬테소리 교육에서 어린이들의 집중력이 강화되는 현상과 일치한다. 교사들은 어린이들이 작업 중 무엇을 하는지 관찰하여야 하며, 그들의 작업, 배움은 어린이 스스로 경험하도록 하고, 하고 싶은 욕구가 발생하는 집중력, 내부 동기 유발을 통해 교육을 촉진하여 물 흐르듯 흘러가는 흐름 교육으로 어린이들의 창의성이 발달하도록 해야 한다.

1) 흐름을 자연스럽게 경험할 수 있는 교육 환경 제공하기

몬테소리 교실에서 집중화, 몰입 이론, 흐름 이론은 흡사한 학문적 해석이라 할 수 있다. 교사가 어린이들을 위해서 교육 환경을 구성할 때 중요한 요소는 학문적, 직업적 경험과 인생 경험이 흐름 교육을 더 유연하게 이끌어 갈 수 있다는 것이다. 어린이들은 흐름 교육을 통해서 정상화, 인간화의 흐름에 자신을 맡기는 것이다. 몬테소리 교실에서 주목하여야 할 것은 어린이들이 자신의 정신을 한곳에 집중하여 내적 동기 부여가 흥미와 관심 그리고 즐거움을 만났을 때 자연스럽게 작업이 흐름으로 연결된다는 것이다. 이러한 이론은 몬테소리가 어린이들에게 집중력, 몰입, 흐름이 얼마나 중요한지를 이미 인식하고 있었음을 알 수 있게 한다. 어린이들은 환경 전체를 활용하여 세상의 모든 것은 서로 연결되어 있다는 흐름의 관계학을 이해하게 된다.

중요한 것은 교사가 우선 어린이들의 환경 전체를 인식해야 그들에게 다양한 경험을 전달할 수 있다는 것이다. 결국 교사가 가르침, 배움에 대한 호기심 천국에서 살아가면서 직업의식과 그 직업을 수행할 수 있는 자신감, 행복함으로 가득한 생활을 할 수 있어야 하며, 동시에 어린이들을 충분히 사랑하여야 한다. 다음 단계로 세상을 사랑과 연결할 때 교사로서 사랑은 자기의 직업 정체성과 연결된다. 교육에 대한 진정한 준비는 교사 자신이 스스로를 배움의 과정으로 이끌어 내는 모습인 동시에 자신의 영성과 영혼을 준비하는 태도에 달려 있다. 즉, 진정한 교육자가 되는 것은 세계를 인식하고, 정신적 변화, 스스로에 대한 지식을 요구하는 것이다.

몬테소리 교사들이 진정한 자아를 탐색하고 마음속 깊은 곳으로 내적 여행을 떠날 때 진정한 자아와 만나게 된다. 교사가 신중하고, 진지하게 생각할 수 있는 가능성들을 현실화, 인간화로 진화시키는 활동이 필요하다. 이러한 활동들이 흐름의 상태와 긴밀한 연관성을 가지면서 자기 작업, 일, 정체성을 확장해 갈 수 있다. 흐름을 통해서 창의적인 생각을 하고, 새로움에 도전하고, 성실함에서 오는 생산성으로 인한 행복감을 경험한다는 것은 자신의 자아가 건강하고 올바른 길을 걸어가고 있다는 의미이고, 교사의 건강한 자아와 올바른 길은 진정한 몬테소리 교사가 되기 위해 끊임없이 걸어가야 할 과제인 동시에 사명감이 된다.

몬테소리 교육에서 강조하는 교사로서 영성적, 도덕적 의미는 내적 동기 부여를 통해서 그들의 직업적 정체성을 확신하는 요소들이다. 흐름과 최적의 경험 그리고 개인과 환경 사이의 조화로운 통합을 강조하는 것은 몬테소리가 언급하는 우주에 대한 사랑과 일치한다. 몬테소리에 의하면 어린이들이 자아를 창조하는 작업에 관여할 수 있는 열린 환경을 제공한다면 더 훌륭한 교사, 잘 가르치는 교육자가 될 것이다. 이러한 교사들은 자아 만족감이 높기 때문에 어린이들은 물론, 다른 교사들의 자아 정체성에 긍정적으로 도움을 주면서 참여할 수 있다. 몬테소리는 어린이, 다른 동료 교사들, 교직원들 모두가 흐름, 집중, 몰입을 경험하는 것은 개인의 발전과 성장을 위해서 필수적인 요인들이라고 하였다.

우리가 언급하고 있는 흐름에 대한 경험이 있는 어린이들과 성인은 일상적인 시험 결과와 목표보다 내재적 동기 부여의 긍정적인 요인에 훌륭한 가치를 부여할 가능성이 크다. 일반적으로 같은 경험을 한 어린이들끼리 동질감과 친밀함을 느끼는 것처럼, 흐름을 경험한 사람들은 어린이들의 강한 집중력 상태를 확인할 수 있는 확률이 높을 것이다. 이러한 현상은 작업과 배움 과정에서 흐름에 대해 이야기할 때 수용 가능성을 높일 것이다. 흐름을 경험한 사람들은 자신의 과거 경험에서 얻은 동질감을 느끼게 된다. 몬테소리 교사들이 어린이들을 위한 내재적 동기 부여의 가치를 중요시하는 것은 내적 욕구로 인해서 흐름을 따르게 되기 때문이다.

2) 흐름 교육과 흐름이 멀어지는 교육을 회복하기

어린이들은 자아 형성이라는 거대한 인간화의 과정을 부모나 교사들에 의해 더 쉬운 방법으로 경험할 가능성이 많다. 반면 어른과 교사들 사이에서 야기되는 서로의 책임들 때문에 이들이 어린이들의 인간화 과정에 부정적인 요인을 제공하는 것도 사실이다. 우리 성인들은 그들에게 얼마나 관심과 열정을 가지고 사랑했는지, 혹은 각자 관계없이 관심으로부터 멀어진 상태에서 어떻게 생활했는지 생각해 볼 필요가 있다. 가끔 학생들에게 자신의 삶에 대한 흐름, 자기 일, 작업, 배움, 활동에 대한 경험을 서술하라고 이야기하면, 대부분의 학생은 유아기에 겪었던 것보다 성인이 된 다음 모든 측면에서 흐름에 대한 경험을 하는 것이 어렵다고 밝혔다. 학생들은 자신이 어렸을 때에는, 학교나 가정에서 자신의 흥미를 탐구할 수 있고 보호받는 공간이 있었다고 말한다. 저자 역시 가족 누구와도 나의 삶의 방향과 미래에 대한 고민을 이야기 나눈 기억이 나지 않는다.

성인이 되어 유학 시절 그 누구도 나를 돌봐주지 않는 외로운 삶의 과정에서 나 스스로 삶을 책임져야 하고, 무엇이든 생산적인 일을 하여야 한다는 강박 관념에 사로잡혀 흐름이 무엇인지 모르면서 최선을 다해 학문의 흐름을 따르려고 노력했다. 20~30대의 열정적인 삶을 살아가면서 습관이든, 인위적이든 학문의 흐름을 경험하였고, 이러한 나의 경험은 학문적 흐름을 내 삶의 중심에 놓았다. 유학생활에서 배움 이외에는 내가 마땅히 할 일이 없기도 하였지만, 그 당시 독일어, 이탈리아어를 배우기 위해서 열정을 쏟았던 경험은 오늘도 나를 학문의 흐름 속으로 몰아가는 작은 습관이 되었다.

내가 삶의 굴레에서 벗어날 즈음 이러한 행동들이 얼마나 부정적인 영향을 미치고 있는지 스스로 느꼈을 때 다시 원래 상태의 흐름 속으로 돌아가려고 노력하며 열정을 토해냈다. 이러한 경험으로 지금도 어떤 일이든 시작하면 흐름 속으로 들어가려고 노력하는 자신을 발견하게 된다. 흐름의 경험들이 나의 학문과 삶에 있어서 얼마나 큰 영감을 주는지 알고 있기에 난 지금도 학문의 흐름 속으로 들어

가는 것이 내 삶의 일부분이다. 어쩌면 습관화된 열정, 성실성으로 나는 다시 학문을 나의 삶의 일부분으로 만들기 위해 노력하고 있는 것일지도 모른다. 습관은 하나의 목표를 향해서 움직이고 또 움직이는 동사와 같은 본질을 가지고 있다는 것을 경험을 통해서 터득해 가고 있는 중이다.

나의 삶에 학문을 다시 가져와 즐기고 습관을 위해서 학문의 세계로 들어가는 것부터 다시 시작할 때 도전과 열정으로 무엇인가를 해결하고 즐기면서부터 이전에 경험하였던 학문의 흐름과 최적의 즐거움과 만족스러운 경험들을 다시 새롭게 느끼기 시작한다. 이런 경험들을 보다 구체화시키기 위해서 몬테소리 연구회, 세미나, 프로그램 개발 활동을 꾸준히 하였으며, 학문적 어려움을 조금씩 극복하게 되었다. 삶과 학문 사이의 어려움이 해결될 때마다 나는 흐름과 최적의 경험을 느꼈다. 아주 성공적인 학문 활동을 즐기는 지금이 되었다. 소위 세속적으로 큰 성공이 아니라 내가 학문을 즐기는 방법에 있어서 성공했다는 의미이다.

나에게 배움과 가르치는 활동은 나 자신을 즐겁고 행복하게 만들 뿐만 아니라 나의 삶 자체에 긍정적인 영향을 미치고 있다. 이러한 나의 삶의 흐름은 자신을 위한 자아 발견과 관계성이 있음을 알게 되었다. 몬테소리의 이론과 중요한 연관성이 있다는 사실을 논증할 수는 없지만 몬테소리 학문은 나의 삶에 항상 삶의 프로젝트와 연결되어 큰 영감을 주었다. 노년기의 삶에 대한 책임감을 느낌에도 불구하고 다시 몬테소리 학문을 위한 자아 정체성을 가지고 걸어가도록 만드는 영감을 주는 것이다. 몬테소리 학문을 지속하고 싶은 책임감에도 불구하고 자신의 열정이 때로는 에너지를 잃어 가는 순간도 있다. 그때마다 다시 흐름 속으로 방향을 돌리려고 많은 시간을 투자하고 노력을 한다. 몬테소리인으로 다시 자신의 길을 찾을 수 있도록 나 자신을 채찍질하면서 흐름을 경험하려고 노력한다.

몬테소리 교육에서 강조하는 자유 개념, 집중력, 독립심이, 결과적으로 어린이들이 일하고, 작업하고, 집중하는 과정에서 흐름 속으로 들어가게 한다면 교사 자신의 삶은 물론 어린이들을 정상화, 인간화로 안내하는 능력에 긍정적인 영향을 미칠 것이다. 몬테소리 교사가 어린이들에게 반복적인 작업과 활동을 통해서 흐름과 연결되도록 해 준다면 몬테소리 교실은 평화로운 공동체가 되어 어린이들의 인간화를 돕는 진정한 배움의 공간이 될 것이다. 어린이들은 자신의 열정, 도전, 친구들과 협력하는 활동으로 자기 작업을 창조해 나가기 때문에 도움이 필요 없이 스스로 자유로워지면서 흐름 속으로 들어가는 것이다. 대부분의 몬테소리 교사들이 어린이들과 함께 자연스러운 흐름 속에서 만족함, 도전, 열정으로 하루의 일과를 진행하게 될 것이다.

다른 측면에서 어린이들이 흐름을 경험할 수도 있지만, 외부 환경이나 인적 환경으로 인해서 흐름과 멀어지거나 방해를 받을 수도 있다. 그럼에도 어린이들은 기억 속에 과거의 기억과 열정을 가지고 있기 때문에 다시 의식화하여 재창조할 수 있다. 이러한 재창조 작업은 몬테소리 공동체에서 직업의 정체성을 가진 교사와 어린이들의 상호 작용의 결과이다.

그러나 어린이들에게 흐름과 열정이 뚜렷하게 나타나지 않는 이유는 대부분의 어린이가 흐름을 느낄 수도 있지만 너무 많은 시간이 흘러간 과거의 일이나 기억이기 때문에 더 이상 기억하지 못할 수도 있고 흐름을 전혀 느끼지 못하는 어린이들도 있을 것이다.

이럴 때에는 어린이들의 정상화, 인간화라는 전인적 교육 측면에서 집중과 흐름의 역학적 관계에 다시 집중하여야 한다. 흐름 과정을 정확하게 관찰하는 것이 몬테소리 교사의 사명감, 책임감 내지 의무이다. 작업, 일, 활동의 흐름을 알아야 어린이들의 집중력을 어느 방향으로 안내할지, 어린이들이 언제 자유로워지고, 내재적 동기 부여를 할지 판단할 수 있기 때문이다.

집중화, 흐름, 자유로움에 대한 실천 교육은 몬테소리 교육을 타 교육과 차별화하는 중요한 요소들이다. 몬테소리 교사들은 가급적 적게 가르치고, 다양한 측면을 많이 관찰하여야 하므로 스스로 활동과 작업을 이끌어 가도록 자유 선택을 허락해야 한다. 교사의 역할은 어린이들의 흐름의 방향을 정확하게 안내할 수 있는 환경을 제공하는 것이 중요하다. 교사가 어린이들에게 방향을 알려 주고 제시할 수 있는 능력은 교사의 과거와 현재의 흐름과 관계, 경험에서 발생하는 것이다. 모든 인간은 자연스러운 흐름에 적응하면서 살아갈 때 자신의 삶의 의미와 가치를 진심으로 느끼게 될 것이다.

어린이들은 흐름 교육을 통해서 정말로 물 흐르듯 자기 삶을 이끌어 가는 과정에서 내적인 만족감, 온화함, 경쟁이 아닌 진심으로 알기를 원하는 지식화, 다른 어린이들을 방해하지 않고 스스로 자기 작업에 충실한 작업화를 안정적으로 진행하면서 평화로운 인간화를 성취해 갈 것이다.

3. 창의성은 모든 인간에게 내재되어 있다

창의성에 대한 새로운 견해는 일반적으로 모든 사람은 일부 영역에서 창의성과 그에 대한 잠재력을 본능적으로 어느 정도 가지고 있다는 것이다. 창의적으로 표현할 수 없는 것은 일반적으로 개인의 능력적인 한계보다는 자신의 내면에 내재된 창조적인 잠재력을 인식하지 못했기 때문이다. 우리는 삶과 경험에 대한 신선하고 사실적인 인식을 통해서, 어린이들은 보편적으로 창작 활동을 즐기면서 개인의 욕구를 충족시키고 있다.

다른 한편으로 잠재적인 창의성에 대한 능력은 사람마다 다르기 때문에 모든 어린이에게 자신의 독특한 창의적 재능을 표현할 수 있는 기회를 제공해야 한다. 어린이들이 동일한 분야에서 동등한 재능을 지니고 재능을 발휘하는 것이 비현실적인 이유는 모든 인간은 자기만의 재능을 가지고 있기 때문이다.

몬테소리 교실에서는 어린이들의 마음속에 자라고 있는 각자의 잠재된 씨앗을 인식하고, 그 씨앗을 교육 기반으로 하여 창의성을 개발할 수 있도록 한다. 창의성 개발을 위한 준비된 환경 조건이 필요함을 알 수 있다. 준비된 환경은 모든 어린이의 독창적인 잠재력을 밖으로 이끌어 내어 구체화하고, 자기만의 정체성을 가지고 인간화를 이루어 가는 데 도움을 줄 수 있다. 모든 어린이가 특별한 능력과 재능을 인식하지 못하고 이를 개발해 주지 못한다면 "어린이를 따르십시오, 어린이들은 인간의 스승이고, 인간의 어버이입니다."라는 몬테소리의 말을 진심으로 이해할 필요가 있다. 이것이 몬테소리의 관찰을 통한 과학적 교육학이 어린이들을 위한 치료 교육학이 되는 이유이다.

몬테소리 교사들은 어린이들을 조용히 따라가며, 어린이들의 리듬과 성장 과정에서 필요로 하는 심리적 요구에 맞추어 발달할 수 있도록 도움을 주어야 한다. 교사는 어린이들의 개인적 필요, 재능, 잠재 능력뿐만 아니라 그들의 긍정적인 표현도 수용하여야 한다.

다시 말하면 인간은 독창적 존재로 자기 내부의 내재적 동기 부여를 촉진하여야 하고, 환경과 세계와의 관계를 이해하고 인식하여야 하기 때문이다. 어린이들은 새로운 세상을 새롭게 보기 위해 관습적인 개념에서 벗어나 새로운 세상을 볼 수 있는 경험을 축적하여야 한다. 이러한 개념은 몬테소리 철학의 중심 요인으로 어린이를 돕기 위한 것이고, 교사들의 교육적인 사명감인 어린이들을 발견하고, 개발하고, 변화시킴으로써 사회와 세계를 자기 위치에서 연결해 주어야 하기 때문이다.

몬테소리 교사는 어린이들이 살아가고 있는 사회, 세상과 마주할 수 있는 기회를 가능한 한 많이 제공하여야 한다. 어린이들이 세계를 처음으로 경험할 수 있는 기회를 조율해 주고 세상을 새롭게 볼 수 있는 시각을 만들어 주어, 스스로 세상과 적극적으로 만남을 경험할 수 있도록 하여야 한다. 어린이들이 세상과 만난다는 것은 자신이 삶을 구성하는 요소들과 직접 관계를 맺음으로써 지식을 확장시켜 새로운 창조적 지식에 항상 주목하면서 살아간다는 것이다.

또한 어린이들이 효율적이고, 조화롭고, 올바르게 인간화의 길을 걸어갈 수 있는 방법, 목적을 이해할 수 있도록 도움을 주어야 한다. 만약 어린이가 사회와 세계의 일, 순환을 경험한다면 그들이 바라보는 세계는 더 관용적이고, 더 아름답고, 더 너그러워질 것이다. 어린이들의 창조적 성장에 주도적인 동기는 내적인 드라이브, 즉 내적 운동이지만 환경과의 정상적이고 효과적인 상호 작용의 기회가 필요하다. 세계라는 넓은 자연 공간과의 상호 작용은 어린이들의 내적 욕구를 충족시킨다. 몬테소리가 우주 전체를 어린이들의 환경으로 정의한 이유도 바로 여기에 있다.

창의성 발달의 요인은 영감으로부터 얻어지는 측면이 무엇보다 중요하다. 창의력은 어린이들의 타고난 위대한 유산이며 권리이다. 교육은 어린이들의 창조적 권리를 보장하고 양육하여야 한다. 몬테소리 교실에서 감동적이고, 경이로운 순간과 기회가 자주 일어난다고 몬테소리 교사들은 이야기한다. 세계와 우주관계에서 일어나는 매력적인 창조적 이야기를 풀어놓아서 어린이들을 유혹하여 더 많은 것, 더 신기한 것, 더 새로운 것을 추구하고 더 많은 것을 발견하도록 도와주어야 한다.

몬테소리 교실에서 어린이들은 다른 친구들의 작업, 활동, 행동을 서로가 관찰할 수 있기 때문에 자유롭게 다른 친구들의 작품을 보면서 영감을 얻을 수 있다. 어린이들은 주변에서 함께 작업하는 것을 보고 먼저 스스로 가능성을 관찰한다. 그 순간 어린이들은 서로에게 매력을 느낄 수도, 내재적 동기 부여를 받을 수도, 옳고 그름을 판단할 수도 있다. 그런 다음 서로서로가 개인적으로 매력적인 자기가 좋아하는 작업을 자유롭게 선택한다. 그다음 단계로 어린이들은 자기 방식대로 작업을 마치고 질서와 규칙을 존중하면서 자신의 창조적인 충동과 능력을 요구한다. 이러한 순간을 반복하면서 어린이들은 인간화, 정상화, 자유화, 사회화를 경험적으로 익히면서 배워 간다.

어린이들이 창조한 지식은 또 다른 새로운 지식을 창출하고 생산해 낸다. 창조적 지식은 기존의 지식을 또다시 새로운 지식으로 창조하여 영감의 근원을 찾아가고 궁극적으로 지식의 새로운 혁신을 발견한다. 영감을 받으려는 마음은 준비된 마음이며 준비된 환경의 일부가 된다. 예를 들어, 에디슨(Edison)이 전기를 발명했고 아인슈타인(Einstein)이 상대성 이론을 발견한 것은 한 번에 이루어진 것이 아니다. 일생에 걸쳐 누적 경험한 이전의 지식 체계 없이 성취한 것이 아니라 이미 알고 있었던 지식에 또 다른 새로운 지식을 창조하여 새로운 지식을 만들어 자기 것으로 만든 지식 재산이다. 역경을 이겨내는 모든 창조자는 숙고하고, 다시 배열하고, 역경과 마주 서고, 인내를 반복하여 결국 새로 만들고, 새롭게 변화시키고, 새롭게 발전시킬 수 있는 노력을 지금도 끊임없이 열정적으로 진행하고 있다.

예술적 아티스트는 자신이 선택한 영역 중 어느 영역에서든 반복적으로 조사하고, 탐색하고, 만들어 보고, 부수면서 주제에 대한 기존 지식을 탐구할 수 있는 기회를 찾아다니고, 작가는 다른 사람들의 작품을 수천 번 읽으면서 작품의 가치를 평가해서 새로운 내 것을 창조한다.

어린이들의 창조적 작업은 몬테소리 교실에서 작업 단계의 다양한 부분에서 자주 일어나고 발생한다. 몬테소리는 1907년 어린이집을 개원한 다음 어린이가 꼭지 원기둥을 무려 3시간 동안 반복하면서 창조적 작업을 하는 것에 놀라움을 금치 못했다. 몬테소리 어린이들은 준비된 환경에서 경험적이고 스스로 선택한 작업을 통해 자신의 세계를 발견한다. 어린이들이 지식 몸체에서 자기들의 상상력을 발휘할 때 창조적 기능이 작용한다.

모든 어린이의 창조적인 노력은 새로운 것을 생산해 내어 다음 세대로 자동적으로 전달된다. 창의성 발달을 준비하기 위해 어린이들에게 언어, 논리적 수학 이론, 노래, 놀이, 이야기, 공식, 가치에 관한 정보가 필요하다. 이미 존재하는 어떤 지식으로부터 무엇/어떤 것의 새로운 지식을 생산해 내기까지 변화를 일으키는 기초를 제공하여야 한다.

어린이들의 인상적인 작업 과정과 그에 상당하는 지식 체계는 어린이가 아이디어를 재배치하여 새로운 아이디어를 구상하고 실행하려는 노력에서 이루어진다. 어린이들이 개발한 새롭고 창의적인 아이디어와 제품들은 에디슨, 아인슈타인, 피카소(Picasso)와 같은 창조적 과정에 동참할 수 있다. 몬테소리는 모든 어린이의 독립성, 열정, 도전이 창조적인 사람들의 특징이라고 하였다. 아인슈타인은 자신에 대해 나는 단지 열정적인 호기심을 가지고 있을 뿐이라고 말하였다. 이러한 창의성은 다음과 같은 특성을 가지고 있다.

• **어린이들의 열정을 활용하기:** 어린이들의 창조적 작업을 위한 내재적 동기 부여는 그 자체의 즐거움, 만족감, 도전이라는 관심의 범주 안에서 작용한다. 보상이나 형벌을 피하기보다는 일 자체에 열정을 기울이는 것이 중요하다.

• **어린이들의 독창성을 인정하기:** 몬테소리 어린이들은 외부적 동기 부여보다는 내재적 동기 부여의 결과로 행동하는 어린이들이기 때문에 훨씬 독창적이고, 창조적이다. 그러므로 몬테소리 철학은 어린이들의 독창성을 인정하고, 창조적인 작업을 즐긴다.

• **어린이들의 독립성을 촉진하기:** 독립적인 작업은 창조적 작업과 연결되는데, 이는 어린이들의 육체적, 정신적 독립성을 몬테소리 철학의 핵심 요소로 삼았던 이유이다. 어린이들은 질서, 규칙, 책임의 환경과 자유롭게 상호 작용할 수 있도록 도와줄 때 독립적으로 생활한다. 어린이들에게 독립성은 그들의 열정과 지적 파워를 자극하는 방향을 향해 발달하는 특성이 있다. 몬테소리 교사들은 어린이들이 독립적으로 생활하면서 방해받지 않고, 자기 일과 활동을 즐기고, 자신을 있는 그대로 표현하도록 돕고, 만족하고 성취하도록 도와주어야 한다. 몬테소리 교실은 어린이들의 지적 자유를 허용한다.

몬테소리 교실은 어린이들의 상상력과 창의적 활동을 연결하고, 어린이들의 상상력과 창의적 탐색 활동을 통해서 다른 요소들을 정리하고 재구성하여, 작업에 익숙해짐으로써 정신적인 질서를 훈련한다. 몬테소리 교실에서 어린이들은 다양한 감각 교구를 자유롭게 접할 수 있는 기회를 가질 수 있고, 새로운 지식을 창조하는 창의적인 과정에 만족하는 놀라운 기적을 만날 수 있다. 몬테소리 교실은 어린이들이 자유롭게 생각하고, 작업할 수 있는 기회를 적절히 활용하여 지적이고 심리적인 독립심을 훈련하는 책임감이 부여된다. 창의성은 자유롭고 다른 사람들과 상관없이 자유롭게 결정할 수 있는 자유와 다른 사람들과는 다르게 자유롭게 행동할 수 있는 특권이 부여된다. 그러므로 창의적인 표현과 더불어 어린이들은 열정적으로 다른 작업을 선택할 수 있는 기회를 누린다.

진심으로 창조적 작업을 위해서 노력하는 어린이들은 창조적 작업으로 자신들의 행동 가치를 인정받고, 자기들의 시간과 작업에 관심을 받을 가치가 있는 일을 독자적으로 열심히 수행한다. 몬테소리 교실에서 볼 수 있는 지속 가능한 작업과 집중력은 열정이라는 내적 에너지의 발현과 강한 정신력의 중요성이 증명해 준다. 종종 어린이들은 창조적인 활동을 좋아하거나 즐기지 않지만 그들은 창조적 작업이 매력적이고 도전적이고 자극적이기 때문에 스스로 활동에 집중하는 열정의 중요성을 배우게 된다.

우리는 몬테소리 교실보다 더 창의적인 열정을 자극할 수 있는 교실이 있는지 질문한다. 몬테소리 교실에서 배운 질서, 도덕적 기준, 규칙, 자유 선택과 같은 교훈은 어린이들을 창조적 세계로 안내한다. 몬테소리 교실은 어린이들을 세계와 우주의 모든 요소와 이야기들에 노출시킨다. 어린이들은 준비된 환경에서 학습에 대한 사랑을 인식하고 장려하면서 그들이 건강하게 삶을 즐기고 발전하면서 자연스럽게 창조적 충동을 조장하고 촉진할 것이다.

- **설득력 있는 생각과 혼란스러운 생각의 차이점을 인정하기:** 인간의 생각은 이미 정해지거나 기존의 답을 향해 움직인다. 즉, 미지의 세계에 해결책을 보장할 수 있는 방법을 찾는 것이다. 반면, 다른 방향이나 반대로 생각하는 것은 주어진 답 없이 여러 가지 방향으로 움직이는 것이라고 생각하는 순환적 사고방식이다. 올바른 생각을 한다면 올바른 방향으로 움직이고, 생각하는 것이 혼란스러우면 움직이는 방향이 혼란스러울 것이다.

어린이들은 생각보다는 사물을 향해서 움직이고 활동하는 경향이 있으므로 일단 정해진 생각보다는 자유로운 존재이기 때문에 자유로운 방향, 즉 물건이 있거나, 소리가 들리면 그 방향으로 머리를 돌리고 행동을 개시한다. 반대로 성인들은 해결할 정해진 방법이 없는 경우 자아를 잃어 가는 성향이 나타난다. 생각 없이 사는 사람들에게 일반적으로 나타나는 현상이다. 몬테소리 교실은 어린이들이 자유롭게 생각하도록 환경이 준비되어 있고, 생각에 차이가 있으면 의견 수렴을 통해서 하나의 올바른 해결책을 암시해 준다. 이러한 생각의 차이는 다양하고 적절한 해결책을 제시할 수 있게 하며, 이것이 협력을 강조하는 이유이다.

교사들은 몬테소리 교실의 준비된 환경과 문제, 상황적 개념에 대한 이해와 인식을 위해 제공되는 자유로운 환경을 자유로운 생각으로 돌아볼 수 있어야 한다.

사실은 엄청난 양의 사고들, 생각들, 창의성을 이끌어 낼 수 있는 기회를 제공하는 몬테소리 환경은 어린이들의 인지 발달, 창의성, 협력 관계, 파트너십, 나눔 영성을 생의 초기부터 학습할 수 있는 지식 놀이터이다. 어린이들에게 이러한 지식 놀이터를 제공해 줄 때 그들은 정상화로, 인간화로 사랑을 받아먹으면서 진화하게 된다. 어린이들은 그곳에서 자유가 무엇인지, 왜 자유로워지는 것이 중요한지를 터득하게 된다. 어린이들은 능력을 다양한 관점으로 바꿀 수 있는 능력을 발달시켜 마침내 특별한 창의적 생각을 조화롭고 균형 있게 발달시키며 자유롭게 선택할 수 있는 독창성을 가지게 된다. 유창하고 유연하며 창의성을 가진 어린이들은 적절한 아이디어를 고안할 수 있는 사람으로 성장할 가능성이 크다. 어린이들이 작업과 학습에 몰입 상태, 집중화 현상을 나타내어 내재적 동기 부여를 하여 스스로 창조적 작업을 지속하기 때문이다. 결과적으로 작업과 생각에 집중하고 생각을 공유하는 공간인 몬테소리 교실은 창조적 어린이들로 안내할 수 있는 곳이다.

• **일을 창조하기:** 직업의 정체성을 가지고 자기 직업을 사랑하는 것은 극히 창의적인 사람들에게 나타나는 특성이다. 자기 일을 사랑하는 사람들은 시간에 상관없이 지속적으로 영감을 얻고자 끊임없이 노력한다. 사실은 진정한 창의적인 성취는 갑작스러운 통찰력의 결과가 아니라 몰입과 집중을 거듭하면서 완전한 성취감을 느끼는 오랜 숙달 과정에서 얻는 결과들이다. 작업을 즐기면서 새로운 작업을 창조하는 어린이들의 특성을 관찰한 몬테소리는 어린이들은 작업이나 활동에 집중화 현상이 지속된 다음 잠시 휴식 시간을 갖고 다시 새로운 도전, 재창조 작

업을 진행한다고 하였다.

어린이들은 어떤 종류의 건설적인 작업, 활동, 생각, 상상력에 장애물이 없고 자유로워질 때, 규칙을 지키면서 지적 능력과 상상력을 발휘하여 창의성이 촉진된다. 어린이들이 창의성 발달 과정에서 중요한 단계를 반영하고 사려 깊고 섬세하게 생각할 때 더 훌륭한 새로운 생각을 현실과 연결하는 창조적 작업이 지속될 수 있다. 몬테소리 교사들은 어린이들의 작업 기간을 보호하는 책임감과 의무감을 동시에 가지게 된다. 교사들은 자신들의 직업 윤리를 지키려는 노력을 통해 어린이들을 보살피고, 창의적인 영감의 실현을 촉진하여야 한다.

몬테소리 교사들은 어린이들에게 끊임없이 영감을 줄 수 있는 훌륭한 생각과 더 지속적인 인내심으로 그들이 창의성을 발견하도록 노력하여야 한다. 몬테소리 교실에서 어린이들이 훌륭한 작업, 활동을 하기 위해 자유롭게 선택한 그들의 작업은 바로 창의성으로 연결되는 징검다리 역할을 한다. 몬테소리 교사들은 작업에 대한 도덕적 규칙들, 활동들, 내적 가르침과 정상화, 인간화로 안내하면서 건강한 사랑 속으로 어린이들과 함께 걸어가야 한다. 그러면 어린이들은 새로운 환경에서 자기들을 기다리는 새로운 영감을 맞이할 준비를 하게 된다. 어린이들은 자신의 일을 회피하는 것이 아니라 자기들의 지식, 창의적 열망, 새로운 도전에 호소할 수 있는 자유로움을 좋아한다. 어린이들은 자기가 선택한 자유를 작업할 수 있는 자신들의 열정을 위한 연료로 사용하여, 프로젝트를 완성하는 데 필요한 열정의 내적 에너지를 가지게 된다. 우리가 어린이들에게 자유를 빼앗아 버린다면 그들이 원하는 창조적 지식, 창조적 열망, 새로운 도전, 열정을 발휘할 수 없을 것이고 자신의 작업에서 흥미는 사라질 것이다. 몰입 이론의 대가인 칙센트미하이는 강한 호기심을 갖지 못한다면 어린이들은 새로운 창조 작업이나 새로운 기여를 할 수 있는 에너지를 생산하지 못할 것이라고 언급하였다. 인간은 창조적 작업, 열망, 내적 욕구를 완성해 감으로써 정상화, 인간화 과정에 자연스럽게 참여하게 된다.

4. 창의성을 몬테소리 개혁 교육학 또는 과학적 교육학이라고 부르는 이유는 무엇일까?

창의성은 단순히 음악, 미술과 같은 독창적이고 특별한 분야에 관계되는 것이 아니다. 몬테소리 철학을 자세히 분석해 보면 창의성은 연속적인 발달 단계와 어린이들 개인적 특성과 밀접하게 관계되어 있다. 창의성을 몬테소리 과학적 교육학 또는 개혁 교육학이라고 부르는 이유는 무엇일까? 몬테소리는 『어린이 신비』라는 저서에서 다음과 같이 언급하고 있다.

> 어린이들은 모든 것을 스스로 자발적으로 형성해 가야 한다. 새로운 것을 거부한다는 것은 발달을 정지시키는 행위이다. 새로움은 계속해서 반복할 때 새로운 것을 수용할 수 있고, 새로움으로 인해서 인간은 만족감과 생산성을 연결하여 자아를 건강하게 만든다. 인간은 무엇인가 새로운 것을 인지하고 자각할 때 인간으로서 의미를 찾는다. 우리는 어린이들 스스로에게 새로운 것을 발견하도록 세상의 문을 열어 놓고 새로운 경험을 할 수 있도록 배려하여야 한다. 인간 정신은 항상 새로운 것에 신속하게 반응하는 특성을 가진다. 우리가 새로운 것을 이해하기 위해서는 이미 알고 있는 것으로부터 출발해야 한다. 그래서 새로운 것들은 꼭꼭 잠금 장치를 한 문을 부수거나, 우리가 방심하고 있는 틈을 노려야만 들어올 수 있다. 이때 새로운 것은 놀라움을 유발시키고 개혁을 이끌어 간다.

몬테소리는 어린이들의 학습 능력, 작업, 활동은 어른들이 실천하고 생각하는 것과 전혀 다른 차원으로 이해한다. 어린이들에게 교사는 기존의 작업을 새롭게 창의적으로 만들어 내는 과정에서 무의식 속에 잠겨 있는 파라다이스의 일부라고 말할 수 있다. 어린이들은 흡수 정신을 통해서 자기가 환경에서 흡수한 것을 모두 무의식 세계에 저장한다. 무의식 속에 저장된 모든 지식들은 어린이들의 반복 활동, 반복적 경험을 통해서 의식화시키는 작업을 끊임없이 진행한다. 그래서 몬테소리는 교사와 준비된 환경이 어린이들의 무의식 속에 잠자고 있는 보물을 이끌어 낼 수 있도록 돕고 환경을 구성해 주어야 한다고 말한다. 어린이들은 그 시점부터 이미 작업한 내용, 방법들을 근거로 새로운 창의적 작업과 과업을 이루어 나간다. 즉, 이는 창의성 발달을 의미한다. 창의성이란 무에서 유를 찾아내는 것이 아니라 유에서 또 다른 유, 새로운 유를 만들어 가는 작업이다. 그래서 몬테소리 교육은 어린이들의 작업, 활동, 생각의 내면에 숨겨진 보물을 발견하는 것이다. 몬테소리 교실에서는 숨겨진 보물을 발견하는 매체로 관찰을 활용하여 그들이 원하고, 잘할 수 있는 것을 도우면서 항상 새로운 지식을 만들어 내는 작업을 한다. 즉, 새로운 환경에서 새로운 지식을 만들어 내는 창의적 작업이다.

어린이들의 발달과 성장 과정에서 무의식적 역할, 즉 창의성, 창의력의 중요성이 부각된다. 어린이들을 위해 일관성 있게 준비된 환경은 무의식을 자극하여 개인의 창의적인 사고를 생성하고, 창의적 사고는 평생 내재적 동기 부여와 새로운 지식을 요구하는 개혁 교육의 방법을 탄생시킨다.

몬테소리 교육은 어린이들의 창의력을 응용 활동과 연결하는 방법과 일치한다. 몬테소리 교육 프로그램으로 교육받은 어린이들은 공동체의 중요성을 인식하고 적응력을 평생 간직하게 되는데, 몬테소리는 바로 이것이 창의성과 연관된다고 말한다. 왜냐하면 기존에 전통적으로 해 왔던 작업을 근거로 새로운 것을 창의적으로 만들어 내기 위해 가장 훌륭한 방법은 공동체 작업, 정보 교환, 작업, 사물, 환경, 교구를 바라보는 시각의 차이점을 인지하는 것이기 때문이다.

몬테소리 교육에서 강조하는 창의성은 인간만이 가지는 특성인 동시에 미스터리이다. 창의성은 모든 어린이 개인의 발달 전체에 영향을 미치는 영향력 있는 장소와 환경이 필요하다. 우리가 유아교육 기관, 학교라고 부르는 이러한 준비된 환경은 지속적으로 새로운 지식과 정보를 새롭게 구성하고 재탄생시켜 인간화, 현실화할 수 있는 구체화된 환경을 의미한다. 인간화는 어느 시점까지가 아니라 인간이 생명을 다하는 순간까지 완성을 향해 창조하고 도전하는 과정으로, 이렇게 인간사에서 가장 축복인 거룩한 죽음을 맞이하는 것이다.

몬테소리가 『어린이 신비』에서 언급하였듯이, 1907년부터 어린이집에서 어린이들이 환경에 적응하여야 한다는 이론이 시작되었다. 어린이들이 세계에 적응하도록 훈련하는 것이 일반적이고 보편적이지만 세계가 창의적으로 어린이들에게 맞추어 변화할 것을 요구할 수도 있다.

몬테소리 교실에서 작업과 배움을 즐기는 어린이들은 성장과 더불어 세계에 적응하면서 세계를 변화시킬 때 교육의 본질에 가깝게 다가가는 것이다. 왜냐하면 교육은 궁극적으로 인간의 변화를 추구하는 것이 목적이기 때문이다. 몬테소리는 좀 더 광의적인 의미에서 몬테소리 교실과 교육 차원의 진보는 인간의 과업으로 새로운 몬테소리 어린이와 새로운 청소년이라고 『어린이 발견』 저서에서 정의하였다.

몬테소리 어린이들은 몬테소리의 교육 과정에서 정상화, 인간화의 과업을 진행하면서 다양한 측면에서 도전이라는 과제와 만나는 창의적인 어린이 개인들이다. 몬테소리는 창의적인 어린이는 어른이 되어 가는 과정이라고 표현하였다. 어린이들의 미래를 위한 비전으로 개인이 보이는 것뿐만 아니라 보이지 않는 세계를 준비한다는 것은 어린이들의 창의성을 돕는 것이다. 유연성, 전체성, 세계관뿐만 아니라 빠르게 인간, 사물과의 모든 관계를 전체적으로 볼 수 있는 시각, 그리하여 세계의 역동적인 힘, 새로운 창의적 지식에 적응하는 힘을 발달시켜야 한다. 이것이 몬테소리인들 모두가 생각하는 몬테소리 어린이들을 위한 전체적인 비전이다.

몬테소리는 어린이들을 건설자이고 창조자라는 관점으로 보고, 인간화, 정상화, 현실화로 계속 진화하면서 새로운 도전과 새로운 것을 발견하여 응용하고, 새로움에 적응하는 창조적인 사람이라고 하였다. 그 당시 개혁 교육학적인 측면에서 이러한 몬테소리의 새로운 생각은 놀라운 비전이었으며, 현재도 전 세계의 어린이들이 그녀의 철학을 따르고 실천하는 이유이다. 우리는 새로운 환경, 새로운 어린이, 새로운 교사, 새로운 몬테소리인들을 전 세계에서 1907년부터 보기 시작하여 지금도 보고 있고 앞으로도 보게 될 것이다.

몬테소리 교실에서 어린이들은 공동체와 선을 위해 노력하고, 자존감, 도전 정신, 세계를 향한 열린 마음으로 열정을 가진 세계 시민으로 변화해 가고 있다. 몬테소리 교육은 인격, 독립심, 자유인을 강조하고 있다. 인간 발달 과정에서 몬테소리 교육이 개인의 인격화, 인간화와 직접적으로 연관되어 있다는 실증적 증거는 "어린이들이 나 스스로 할 수 있도록 나를 도와주세요."라는 외침을 통해서 과거, 현재를 거쳐 미래에도 인간화를 향해 진화하고 있다는 것이다. 인격은 발달 단계인 초기 유아기에 입력된 많은 인상이 영향을 미친다. 초등학교 학생, 청소년, 젊은이와 어른 등 모두 자기들의 나이와 관계없이 인간은 모두 영유아기를 거쳐서 성인으로 성장한다. 인격은 어느 한 단계에서만 나타나는 것이 아니라 모든 연령을 거치며 형성되기 때문에, 우리는 모든 연령을 위한 교육 환경, 교육 방법, 교육 내용에 주목하여야 한다.

5. 몬테소리 교실에서 창의성은 중요한 의미를 가진다

몬테소리가 언급하는 창의성을 다음 2가지 측면에서 고려할 필요가 있다.

첫째, 창의성의 의미는 몬테소리 이론에서 중요한 위치에 있다.
둘째, 창의성의 중요성은 교육과 일반 교육 사이를 연결해 주는 역할이다.

창의성은 시각과 행동적인 측면에서 측정될 수 있고 구분될 수 있는 현상으로 정의된다. 대부분의 사람은 창의력이 문제해결 능력, 발명, 적응력과 관계를 가지는 것으로 이해한다. 창의성은 탐색적 사고와 수렴적 통합 사고이다.

탐색적 사고는 유연성, 호기심, 모험심으로 묘사되기 때문에 대부분의 학자는 이를 창의성의 일부분으로 받아들인다. 탐색적 사고자들은 호기심을 가지고 있으며, 새롭고 복잡한 아이디어를 떠올릴 수 있다.

통합적 사고, 혹은 선형적 사고는 속도와 정확성 그리고 가장 합리적이고, 객관적인 해결 방법을 제시하는 사고이다. 통합적 사고자들은 분석과 기존에 있는 정보를 최대한 활용하는 것에 능숙하다. 따라서 이러한 사람들은 능률성, 효율성을 높이고 기존의 선택지들을 다루는 것에 능숙하며, 인지 발달이 뛰어난 사람들로 인정받거나 묘사되는 것이 일반적이다. 탐색적 사고자들과 반대의 사람들로 인식되기도 하지만, 창의성은 탐색적 사고와 통합적 사고 모두를 필요로 한다.

탐색적 사고와 통합적 사고가 모두 중요한 만큼, 몬테소리 교육은 제시와 제한된 자유의 억제를 동시에 강조한다. 몬테소리 교실은 기존의 정보를 습득할 수 있도록 돕는 것뿐만 아니라, 사고의 유연성, 도전 정신, 인내심을 촉진할 수 있도록 강조한다. 몬테소리 교실에서는 탐색적 사고와 통합적 사고, 이 두 가지를 동시에 교육한다. 우리는 위대한 창조자들을 일컬어 창의성을 선천적인 것이라고 말하지만, 몬테소리는 교육과 환경이 창의성 개발에 미치는 영향을 강조하며 아래와 같은 조건들이 필요하다고 하였다.

- 몬테소리 교실에서 어린이들의 자유 선택, 자유 활동, 자유 작업의 가능성
- 교사-어린이 사이에 존중, 신뢰, 사랑의 관계 형성
- 내재적 동기 부여 문화
- 독립심과 자율성
- 공동체에서 서로 협력을 보장하고 기회를 제공
- 자유로운 환경 구조와 균형, 조화로운 관계 형성

어린이들의 창의성 발달을 위한 몬테소리 교실 환경은 이러한 요소들을 모두 갖추고 있으며, 모든 발달 단계마다 탐색 활동과 통합적 사고를 자극할 수 있는 환경을 제공한다. 몬테소리 교실의 어린이들이 훨씬 창의적인 태도를 보인다는 연구 결과들이 이를 잘 설명해 준다.

창의성의 의미와 가치에 대해서 미국의 유명한 베스트셀러 작가인 다니엘 핑크(Daniel Pink)는 몬테소리 이론을 지지하고 생각과 디자인의 중요성을 언급하면서

유연하게 창의적인 사고를 촉진할 수 있는 교육 기관으로 몬테소리 학교를 지목하였다. 그 이후 미국에 어린이들을 연구하는 휴스턴 텍사스에서 켄 로빈슨(Ken Robinson)은 다니엘 핑크의 이론을 지지하면서 그의 이론을 공유하였다. 그는 어린이들의 창의성에 대해 직접적으로 언급하면서 유아교육의 중요한 영역으로 강조하였다. 물론 학술계와 문학계 모든 학교와 일자리에서 창의적 사고의 중요성을 강조하는 것은 당연한 이야기일 것이다.

몬테소리가 창의성에 대해 관심을 가지는 것은 당연한 것이다. 지식 기반 사회로 넘어가면서, 새롭고 독창적인 사고를 할 수 있는 어린이들은 사랑을 받을 수밖에 없다. 탐색적 사고와 창의적 문제해결은 어린이들의 미래를 성공적으로 열어가는 새로운 창조적 열쇠가 될 것이다. 현재 세계의 모든 유아교육 기관과 초등교육 기관들은 사회적 요구에 따라서 창의적인 인재들을 배출하려고 노력고 있다.

이러한 사회적 흐름에 따라 몬테소리 교실에서도 창의성의 가치에 대한 작업을 진행하고 있다. 즉, 스스로를 창의적이라고 생각하는 어린이들이 더 긍정적이고, 더 자유롭고, 더 오랜 시간 집중하고, 몰입을 통해서 훌륭한 작업 결과를 성취한다. 몬테소리 교실의 창의적 환경은 작업, 과학적 사고, 창의적 사고 역시 성공적으로 이끌어 가고 있다. 놀라운 현상은 교육이 보다 훌륭한 결과를 가져올 수 있는 주요한 요인은 어린이들이 몬테소리 교실에서 창의적으로 작업할 때 자유를 선택할 수 있는 기회를 전적으로 제공하기 때문이다.

모든 교육자가 창의성에 관심을 가지는 근본적 문제와 원인은 무엇 때문일까? 몬테소리인들을 포함한 모든 교육자가 교육과 창의성을 미래의 비전으로 보는 것은 물론이고 때로는 경제적 관점에서 보는 것은 이를 인간의 문화와 문명을 창조하여 인간 삶의 행복과 발전, 번영의 기본 요소로 보기 때문이다. 몬테소리인들은 몬테소리 교실에서 작은 영역의 창의성 발달을 추구할 것이 아니라 통합적, 전체론적인 관점에서 창의성 교육을 바라보려는 노력이 필요하다.

몬테소리 교육 환경, 교실 운영 방법, 창의성 개발을 위한 가능성 사이의 관계에 대한 이야기는 중요하다. 우리는 탐색적 사고, 통합적 사고, 전체론적 사고 사이의 밀접한 관계와 인간의 무한한 가능성을 이끌어 내는 방법을 연구하여야 한다. 창의성 개발을 위해서는 다음과 같은 내용을 알고 있어야 한다.

- 창의성을 양육하는 것은 교사-어린이, 교육 내용에 대한 전체론적인 접근이 필요하고, 개별적인 접근 방식으로는 이루어질 수 없다.
- 몬테소리 교육이 더 발전적이고, 더 분석적이고, 더 전체론적이고, 더 통합적 교육으로 이끌어 가야 한다. 창의력은 자신의 새로운 학습 자료, 환경, 새로운 정보와 긴밀한 연결 고리를 가진다.
- 창의성 개발을 위한 집행 기능 수행은 다른 한편으로 사회 경제적 상태, 개인의 창의적 사고의 틀과 강한 연결 고리를 가진다.

훌륭한 몬테소리 교실은 몬테소리 교육 환경에서 창의성, 응용성, 유연성 교육에 높은 효율성과 결과를 이끌어 낼 수 있어야 한다.

6. 상상력과 창의력에 대한 몬테소리의 생각과 비판

어린이들에게 상상력(imagination)의 의미는 무엇/어떤 것을 의미하는가?

몬테소리는 어린이들의 정신은 수동적이 아니어서 절대 쉬지 않고, 삶의 에너지가 멈추지 않는 활활 타오르는 강렬한 불꽃과 같다고 하였다. 상상력의 정확한 의미를 몬테소리는 진지하게 현실을 직관하면서 정신을 능동적으로 만드는 것이라고 정의하였다. 즉, 상상력은 사람들이 단순하게 이해하는 것을 훨씬 넘어선 단계로 나아가도록 안내하는 것을 의미한다. 어린이들이 이해의 단계를 넘어서면 창의적 생각, 작업으로 진행하면서 세상에 대한 가설들을 증명할 수 있게 된다. 몬테소리에 의하면 이러한 심리적 과정은 인지 발달에 매우 중요한 역할을 한다. 몬테소리는 인지를 발달시키는 정신력은 어린이 자신들의 상상력에 근거를 가지고 있으며, 이러한 상상력은 좀 더 고차원적인 단계의 개념을 형성한다.

상상력이 인지 발달의 도구 역할을 하는 이러한 현상은 우리가 흔히 말하는 환상(fantasy)과는 다른 개념이다. 실제로 환상은 가능한 세계(possible world)가 아닌 존재할 수 없는 세상을 의미한다. 가드너는 상상력(Imagination)이란 의미가 맥락상 유효하고 현실에 적용 가능한 세대의 패턴을 드러내야 하며, 환상(fantasy)이란 주관적인 표현의 욕구, 갈등, 소망을 나타낸다고 하였다. 반면 프로이트(Freud)는 환상이란 정신적으로 내적 평정의 원인이 된다고 하였다. 환상이 환각(illusion)을 만들어 내는 반면 상상력은 잠재적으로 창의적인 아이디어를 생산해 낸다.

몬테소리에게 상상력이란 '단순한 공상의 기쁨'을 위해 인간에게 주어진 것이 아니라, 인간이 창조를 위해 사용하는 위대한 정신적 작용이라고 말한다. 다시 말하면 어린이들의 상상력은 창의성과 관계되지 않으면 아무런 의미가 없다. 몬테소리는 어린이들의 상상력이 그들의 창의성과 연관되지 않는다면 상상력은 스스로 빈 공간을 떠도는 영혼만을 이끌어 내고 무의미한 산물이 된다고 하였다.

이러한 현상은 특히 어린이들에게 주어진 환경이 사회적, 문화적으로 중요한 활동에 참여를 허락하지 않을 때, 그리고 그들에게 적절한 발달에 필요한 교구교재, 환경이 제공되지 않았을 때 일어난다. 어린이들은 환상을 이용해서 현실적인 도전들로부터 멀리 도망치려는 경향을 보인다. 어른들이 한 걸음 뒤로 물러서서 보살핌을 제공하지 않으면 어린이들은 스스로 환상을 만들어 낼 수 있다.

환상은 현실의 요구에 대한 보상과 관련된 메커니즘의 일종이다. 몬테소리는 환상을 멀리하면서 상상력의 중요성을 강조한다. 어린이들이 미성숙한 점을 과장해 구성한 환상은 어린이를 올바르게 정상화로, 인간화로 안내하지 못하고 무질서하고, 허상적인 정신이 형성되므로 유아기에 아주 중요한 내면에 설계된 질서와 규칙의 아름다움을 파괴할 것이다.

어린이들은 분명하게 상상력에 의해 정신적 능력과 창조성을 연결하여 탁월하고 때로는 천부적으로 특별한 재능에 숙달해 가도록 훈련한다. 부모와 교사들의 고정 관념과 다르게 유연한 정신, 단순한 생각, 단순한 행동을 한다는 점에서 차이가 있다. 어린이들은 성인들의 제한된 한계에서 벗어나 자유롭고, 비현실적이고, 현재 자기 환경에 집중하여 환경 자체를 사랑하면서 문화화되지 않은, 미숙한 사람의 특성을 가진다.

몬테소리 교실에서 어린이들의 문화적이고, 미숙한 존재의 성향을 극복할 수 있도록 보살피고 도와줌으로써 어린이들이 일탈에서 벗어나 정상화, 인간화로 성장하도록 돕는 것이 몬테소리 교사들의 사명감이다.

몬테소리는 어린이들의 타고난 환상적인 경향성은 유아기 순간에만 존재하며, 여전히 현실적인 특징을 인지하는 능력에 있어 미성숙한 신호로 표현하였다. 그러므로 교사들은 어린이들에게 환상적이고 허상적인 이야기보다는 구체적인 사실, 실재 사물, 교구를 제공하여 과학적, 사실적, 이론적, 객관적으로 가르침으로써 정상적인 생각과 행동으로 연결시켜야 한다.

특히 오늘날 많은 사람은 어린이들을 환상적이고, 비현실적이고, 공상적인 세계에 과도하게 노출되는 것에 비판적인 견해를 나타내며, 유아기에 그들의 인지 요구는 과학적 환경, 설명을 통해서 현실 세계에 대한 정확한 묘사를 발전시킬 수 있도록 격려하여야 한다고 주장한다. 몬테소리는 유아기의 지나친 환상은 지적으로 충분히 훈련되지 않았기 때문에 어린이들에게 극복할 수 없는 장애물이 됨을 경고하였다. 몬테소리는 어린이들을 위한 자동교육에서 "환상적인 것들을 현실로 받아들이게 함으로써 어린이들의 상상력을 발달시킬 수 있다 할지라도 환상은 어린이들에게 맹목적인, 순간적인 속임으로 자연적으로 무시당하고 미성숙하게 지연시키면서 어린이들의 정상화, 인간화, 사회화에 장애 요인이 된다."라고 언급하였다.

반대로, 어린이들은 어떠한 결과로 인해서 상상력이 풍부하게 발달할까?

현재 새로운 문제는 성인들이 어린이들의 환경에 부적절한 행동 노출, 게임 제공, 걸러 내지 않은 문화, 문명화, 산업화로 인한 비정상적인 정신문화의 결과로 어린이들의 허상적 세계가 확장되고, 정신적 능력이 약화되고, 옳고 그름에 대한 판단력의 기준, 규범이 빠르게 급속도로 약화되어 가는 현상이다. 중요한 것은 어린이들의 세계에서 환상이 없어져야만 한다는 의미도 아니고, 몬테소리는 환상 이야기를 하지 말라고 언급한 것도 아니다. 신중하고 조심스럽게 환상적 이야기와 판타지의 이야기를 선별하여 어린이들의 정상 상태와 환경을 환기시켜야 한다는 의미를 포함하고 강조하였다.

어린이들은 동화, 위대한 위인전의 이야기들로부터 마음과 생각을 동요시키는 지식의 씨앗이 내재해 있기 때문에 유아기에 스토리텔링이나 동화책을 자주 제공하는 것이 중요하다. 환상 이야기는 자유롭게 현실적인 요소들과 연결하여 어린이들의 호기심을 자극할 수 있고, 그들의 상상력, 창의성과 연결시킬 수 있지만, 어린이들에게 구체적인 것이 아니라 단지 이야기일 뿐이기 때문에 이를 허구적인 이야기로 인식하며 이러한 일이 실제 세상에서 일어나는지 의문을 가지지 않도록 특별한 주의가 요구되는 영역이다.

특히 유아기는 신경가소성(neuroplasticity)의 최정점에 도달하여 정신 기능이 유연한 시기이므로 다양한 경험을 통해 받아들인 인상들을 그대로 흡수하는 시기이다. 유아 발달 시기에 어린이들이 허상적, 비정상적인 개념과 자신의 믿음 사이에 갈등으로 노출된다면 자극으로부터 얻어지는 새로운 지식과 충돌하게 될 것이다. 예를 들면, 비고츠키(Vygotsky)는 어린이들에게 환상적인 정신으로 둘러싸여 있도록 환경을 제공한다면 우리는 어린이들을 정신적 혼란에 감금하는 비정상적인 상태로 안내할 수도 있기 때문에 주의할 것을 강조하였다. 상상력과 환상에 대한 몬테소리의 연구는 정확하게 어린이들의 정신과 정신적 발달을 위한 필수적인 개념으로 정상화, 인간화, 사회화를 위한 필수적인 정신 요소들임이 틀림없다.

7. 어린이들의 정신과 상상력에 대한 욕구는 강하다

삶의 초기인 유아기에 신경가소성(neuroplasticity)은 최고의 단계로 발달하며, 몬테소리는 이를 어린이들의 정신 특성인 흡수 정신(absorbent mind)의 민감기라는 특별한 용어로 설명하였다. 사물과 사람의 접촉과 만남으로부터 자극은 점진적으로 행해지고, 구분되고, 외부의 현실을 이해해야 하는 인지적 카테고리의 것들을 발달시킨다. 몬테소리는 이렇게 사실을 한곳으로 모으고, 사실들 사이의 차이점과 공통점을 구분하고 차별화하는 변별 능력은 인지 발달을 현실화해 나아가는 첫 과정이라고 말한다.

다른 한편으로 상상력을 촉진하고 강화시키는 것을 목표로 하는 교육 방법은 현실적인 상황을 탐색할 다양할 기회를 제공함으로써 어린이들의 정신에 대한 신비를 고려했다. 비고츠키와 일치되는 이론은 영아기부터 현실을 반드시 교육적으로 보살펴 주어야 한다는 것이다. 다시 말하면 어린이들의 측면에서 현실보다 어린이들에게 가장 흥미로운 일은 무엇이 있을지 고려해야 한다.

모든 유아교육 기관의 교육 환경은 어린이들을 둘러싸고 있는 현실적 환경에서 작업과 배움의 열쇠를 가지고 자유롭게 의미 있는 경험을 제공하여 어린이들의 배움 공동체, 배움의 공간 기능을 할 수 있어야 한다. 훌륭한 배움 공동체는 어린이들에게 자유로운 선택, 자유 작업을 제공하고 몬테소리 교구를 활용하여 감각적 세계를 탐구하는 상징적 장소로서 세계적으로 확산되어 있다. 어린이들에게 이렇게 구체화된 개념은 그들에게 집중적으로 수학적인 상징, 조작, 물리적 경험, 언어적 경험, 사회적 경험, 인간화의 경험을 소개하고 제공해 준다.

어린이들의 유아기 경험들은 상상력 발달을 필요로 하는 조건을 충족시키는 내용이다. 모든 상상력과 창조물들은 언제나 현실에서 착안된 요소로 구성되어 있으며, 심지어 그 요소들이 새로운 형태로 변화되어 있을지라도 창의성의 기원이 된다. 우리가 아름다운 경치를 한없이 바라본 다음 나는 나의 상상력으로 가장 아름다운 경치를 가장 아름답게 그려 색칠할 수 있다고 말할 수 있다. 그런 다음 나름 자기 마음을 그림을 통해서 소통한다. 예술가들의 특징이 더욱 그러하다. 훌륭한 예술가든 과학자든 상상력은 항상 그들이 살면서 경험하는 현실에서 무엇인가 창의성으로부터 유래한, 다시 말하면 훌륭한 천재적인 예술가란 무엇/어떤 것에 영감을 얻는 초월성을 가졌다거나 현실적인 실제로부터 얻은 영감을 가지고 새로운 창조 작업을 했을지라도 모든 인지적 요소는 현실에서 경험한 것에 근거한다.

몬테소리 역시 어린이들이 흡수하는 환경에서 사물을 정확하게 받아들이도록 준비하는 것이야말로 그들이 상상력에 의해서 습득한 것을 지속적으로 지키기 위한 필수 조건이라고 말한다. 현실적으로 모든 현상을 관찰해서 현실에 대해 얻은 정확한 지식을 근거로 발전하도록 도와주기 때문에 상상력을 풍요롭게 만들어 준다고 말한다. 항상 무언가 상상하고 상상력을 발휘하는 사람들은 통찰력 있는 관찰 능력을 근거로 풍요롭고 다양한 경험적 지식을 가지게 되고, 경험적 지식이 더 정확하고 완벽해질수록, 더 역동적이고 실효 효과가 있는 결과물을 생산해 낸다.

몬테소리 교육 방법에 대한 정의를 진지하게 생각해 보면 창의적 상상력을 정의하려고 효과적으로 사용한 연상 작용을 일으키는 비유와 통합될 수 있다. 이것은 비고츠키가 '생산적 상상력(productive imagination)'이라고 정의한 상상력의 개념과 유사하다. 몬테소리의 창의성 개념은 유(有)에서 또 다른 유(有)를 만들어 내는 것이다. 상상력은 완전히 현실을 근거로 하기 때문에 개인의 경험이 풍부할수록 사람들은 자기가 더 많이 경험한 실제를 자기들의 상상력에 투영시킬 수 있다. 그래서 상상력은 인간을 아주 풍요롭게 만들고 정상화, 인간화로 안내하는 힘을 가지게 된다.

8. 어린이들은 상상력을 통해서 새로운 세상을 발견한다

어린이들의 본질은 정상화, 인간화로 이끌어 가는 과정에서 지속적으로 정신적, 육체적으로 사랑을 받으면서 진화한다. 몬테소리는 발달 구분이라는 그림을 실제로 제시하면서 신생아에서 청소년기까지를 4단계로 구분하여 발달 단계를 설명하고 있다. 발달 과정에서 어린이들의 상상력 발달 시기와 과정은 지속적인 활동과 잠재 능력에 의해 실제로 경험한 기억과 사건을 연결한다. 몬테소리는 유아기의 상상력은 유아기 발달 시기에 나타나는 위대하고 경이로운 정신적인 힘이고 에너지라고 하였다.

어린이들은 발달 과정에서 상상력이 존재하는 상상력의 민감기를 가진다. 몬테소리는 민감기에 관한 관찰과 어린이들을 지도하는 과정에서 이러한 상상력의 민감기를 반드시 이끌어 내야 한다고 강조하였다. 몬테소리는 현실에서 구체적 사항들이 전개될 때마다 상상력의 민감기를 발견하였고, 상상력은 어린이들의 작업 전체를 재구성할 수 있다는 사실에 대해서 언급하였다. 이러한 작업 전체를 재창조하는 능력은 과정이나 전체를 아우를 수 있는 새로운 학습으로 선행되어야 한다.

몬테소리는 어린이들의 교육 과정에 있어 작업과 상상력을 연결하는 것이 몬테소리 교육의 중요한 역할임을 강조하였다. 어린이들에게 상상력은 특별한 감정적 요소와 연결되는 한 과정이기 때문에 인간의 의식은 불덩어리처럼 상상력의 얼굴을 세상에 내민다.

몬테소리는 어린이들이 상상력과 더불어 작업, 배움, 학습 과정에 흥미를 유발시키기 위해서 상상력을 적용시킬 것을 지지하고 주장하였다. 현대적 관점에서, 인지적 과정과 정서적 과정 사이에 상호 작용과 모든 영역에 대한 인지 발달 과정에 어린이들이 긍정적 태도로 발달시키기 위한 연결 고리로서 상상력이 관심을 환기시키기 때문이다.

어린이들은 자기가 배우는 정신적, 감정적, 정서적 성장과 연결된 모든 것을 사랑한다. 자기에게 보여지는 무엇/어떤 것이든 모두 아름답고, 신기해하면서 동시에 상상력을 자극한다. 어린이들은 이러한 사랑에 익숙해지면 교사들에게 직면한 모든 문제를 자동적으로 해결할 수 있는 기회를 가진다. 다시 말하면 몬테소리 교사들의 목표는 어린이들을 이해시키는 것만이 아니라 그들의 깊숙한 내면을 울릴 수 있는 정도의 상상력을 자극시켜야 한다. 몬테소리는 교사들에게 상상력을 지능(intelligence)과 별개의 것으로 발달시킨다면 그러한 교사는 인간 특성의 생체 해부 옹호자라고 지적하였다.

상상력, 정교함, 섬세함, 사랑, 모든 사물과 인간의 관계와 같은 전체론적 관점은 현실적으로 다양성, 관계성, 세밀함이 전체의 일부이고, 전체의 모든 것들은 세밀함 안에 있음을 탐구할 수 있는 세상을 제공하는 것이 몬테소리의 우주교육(cosmic education)의 중요한 핵심 요소이다. 우주교육의 측면에서 상상력은 인지발달 과정에서 우주 전체의 부분까지 감싸 안도록 협력하여야 한다. 이미지를 자각할 수 있는 흥미로운 이야기, 자신이 스스로 떠나는 우주 탐구 여행, 실험 활동, 직접적인 현실 탐구는 어린이들의 상상력에 불을 점화하는 전략과 같은 것이다.

어린이들을 위한 훌륭하고 현실적인 스토리텔링의 중요한 요소는 그들에게 상상력이 가능하고 이해할 수 있는 흥미로운 이야기로 보여지도록 안내하는 것이다. 이것이 우주 이야기(cosmic fables)의 목적이다. 우주 이야기, 우주교육의 목적은 주로 우주에 관한 다양한 인상, 관계, 역사를 배우고, 어린이들의 흥미를 최대한 고려하여 우주의 기원과 연결된 것을 스토리텔링으로 엮어 내는 것이다. 어린이들의 느낌과 감정을 근거로 서술적으로 생각하기(narrative thinking)와 이성과 과학적 규칙에 근거하여 호소하는 패러다임 방식으로 생각하기(paradigmatic thinking)로 양면성을 가진다. 이 두 가지 요소들은 몬테소리의 우주 이야기를 전개하는 생각과 일치하고, 논쟁적인 스타일로 특정화되고, 때로는 무언인가를 자각시키고 상징성을 포함한 이미지와 함께 몬테소리의 우주 이야기 작업에서 반복적으로 나타난다.

9. 어린이들에게 작업, 배움 공간, 학습 환경은 창의적인 활동과 긴밀한 관계를 유지한다

몬테소리가 언급하는 상상력은 단순히 어린이들의 마음을 열린 세상으로 확산하고 그리하여 더 나은, 더 넓은 열린 세상을 바라보도록 만드는 긍정적인 마음상태에 대한 무언가를 넘어서 추상인 것을 창의성과 연결하는 징검다리와 같은 역할임을 강조한 것이며, 상상력은 창의성을 자연스럽게 이끌어 가는 강한 에너지인 동시에 강력한 힘을 포함하고 있다. 몬테소리 교실에서 어린이들이 종종 순간적이고, 즉흥적이고, 즉각적으로 창의성을 발휘하는 것은 놀라운 일이며, 몬테소리 어린이들을 통해서 이미 알려진 것처럼 창의적 작업 과정은 강화된 인지적, 정서적 능력을 반복하여 모든 개개인이 갖고 있는 창의적 잠재력을 개발하고, 즉흥적 영감에 의한 논리와 거리가 먼 이성적 교육 과정을 재촉하는 원동력이 되기도 한다.

몬테소리는 상상력과 창의성을 연결하여 교사들에게 어린이들이 가지고 있는 위대한 본능적 요소와 정신적 원천을 깊이 이해할 수 있도록 조언한다. 동시에 몬테소리는 교사로서 어린이들에게 사라질 수 있는 위험성이 도사리고 있는 정신적 요소의 원인을 배제할 적절한 환경을 제공할 것을 진심으로 제안한다. 창의성은 어린이들이 마음, 정신, 영성을 건강하고 유연하게 창의적으로 다양하게 표현할 수 있도록 환경을 구성하여 제공하는 교사들이 과업으로 행한 훌륭하고 위대한 작업 결과물이 될 수 있다. 그래서 몬테소리 교실에서는 어린이들의 인간화, 정상화, 사회화, 문화화를 위해서 준비된 교육 환경이 창의적 행동을 촉진하고, 창의적으로 발달할 수 있도록 강화시켜야 함을 강조한다. 창의성 발달을 위한 교육 환경에 대해 설명하면 다음과 같다.

첫째, 준비된 환경, 창의적 환경, 협력적 환경이 가능할 때 창의성이 발달한다.

준비된 환경이 창의적 환경으로, 협력적 환경으로 연결될 때 어린이들은 새로운 개념들을 창조해 낼 수 있고, 창조적 작업으로 평가받고, 불편함을 느낄 위험이 없는 심리적으로 안정적인 환경에서 새로운 개념들, 창의적 개념들을 작업을 통해서 생산해 내고, 발달시킬 수 있다. 어린이들에게 다양한 기회들을 제공할 수 있도록 이러한 조건을 보장해 주어야 한다.

다른 한편으로 어린이들에게 준비된 환경, 창의적 환경, 협력적 환경은 자유 선택, 자유 작업의 조건, 자유로운 환경을 통제할 가능성을 포함하고 있다는 사실을 이해할 수 있도록 도와주어야 한다. 어린이들에게 모든 창의성은 집중력, 불필요한 정보를 배제시키고, 적절하고 필요한 정보를 차별화하여 선별해 낼 수 있는 능력과 관련된다.

둘째, 어린이들은 정리정돈된 환경에서 창의성이 발달한다.

몬테소리 교실조차도 어린이들이 살아가는 환경은 종종 혼란, 무질서를 야기하는 과도한 돌발 상황들로 뒤섞여 있다. 신경과학자들의 말에 의하면 과도하지 않은 양의 자극만이 존재하고, 시간적 여유가 있는 상황에서만 전두 피질이 적절한 자극을 선별하여 특정 상황과 관련된 개념의 이미지들을 연결시키면서 우리의 집중력을 규제할 수 있다고 하였다.

어린이들의 창의적 잠재력은 이러한 능력들로부터 나온다. 창의적 잠재력을 촉진한다는 의미에서 몬테소리의 교육 환경은 매우 흥미로운 조건을 보여 준다. 구조화된 교구들은 어린이들이 발전적으로 중요한 지식 정보를 지향하여 창조적 작업으로 시선을 돌리고 다른 자극들의 구성을 제공할 수 있는 교육으로, 미세 환경의 상징적인 예시를 보여 준다. 몬테소리 교구들과 작업할 때, 어린이들은 자기들의 능력과 흥미에 완벽하게 맞는 과제를 수행하게 되는데, 이러한 상황에서 어린이들은 자기들의 작업 목표를 정확하고 확실하게 받아들일 수 있고, 즉각적인 피드백을 제공받는다.

모든 몬테소리 환경 요소들은 어린이들에게 자신이 직접 학습 환경을 통제할 기회를 경험할 수 있는 조건을 제공한다. 몬테소리는 이러한 환경에서 어린이들로부터 나타나는 강한 집중 현상을 관찰하였고, 이렇게 즉흥적이고 순간적으로 교구, 환경을 완전히 지배하면서 자아를 지배하는 어린이들의 집중 상태를 성취해 낸 어린이들에 대한 그녀의 실증 교육학, 과학적 교육학의 논증은 대단히 혁신적이고 매우 흥미로운 사건이었다.

몬테소리는 완전한 몰입, 집중화 현상의 상태에 있는 어린이들은 세상을 신선한 탐색의 국경 없는 새로운 장으로 받아들이는 것 같다고 언급하였다. 몬테소리의 상상력, 창의성, 집중화 현상들이 창의적인 작업들과 연결되는 현상과 조건들을 근거로 몬테소리 교실에서 창의적인 작업의 결과는 결국 개혁 교육학의 모델이 되어 전 세계 어린이들의 교육 방법으로 공유되고 있다. 모든 어린이가 가지고 있는 스스로 자신을 이끌어 가는 발달의 선구자가 되는 능력인 상상력, 창의성, 자유 개념, 자유 선택의 진지한 개념들이 창의성을 구체화하는 원동력이 되었을 것이다.

10. 어린이들을 위한 동기 부여와 뇌의 화학 작용

어린이들은 집중, 몰입, 흐름 상태에 있을 때, 그들의 작업 과정에서 적당한 난이도가 일어날 때, 뇌 속에서 왜 그러한 난이도에 대한 경험이 내재적 동기 부여를 하는지에 대한 설명을 뒷받침하는 무언가를 발견한다. 어린이들의 이러한 도전은 정상적인 것이며, 이는 뇌 속에서 너무 쉽거나 어려운 일을 할 때와는 다른 화학 물질이 생산된다.

수많은 뇌 연구에 관한 문헌을 살펴보면, 이해하기 어려운 집중의 요소나 내재적 동기는 인간 행동의 두 가지 가능한 목표에 의존한다고 볼 수 있다. 하나는 생존 혹은 삶을 촉진하거나 독려하는 것, 다른 하나는 기쁨, 즐거움, 안정감의 상태를 확장시키는 것이다.

스트레스를 위협하는 뇌의 지배적인 화학 작용은 코르티솔(cortisol), 바소프레신(vasopressin), 엔도르핀(endorphin)을 포함한다. 우리가 일반적으로 알고 있는 코르티솔과 바소프레신은 생존에 치명적인 영향을 미치고, 엔도르핀은 기쁨, 즐거운 에너지와 연관되어 감정적 만족을 제공한다.

뇌를 연구하는 여러 학자는 동기의 부정적인 면에 관해서, 학교 환경에서의 스트레스와 위협은 아마도 개별적으로 배움의 기여에 손상을 주어 가장 큰 영향력을 미친다고 하였다. 이러한 원인은 스트레스가 뇌 속 코르티솔의 배출을 야기하는데, 이는 사람을 투쟁이나 도주 반응 상태로 몰아가고, 뇌의 원시 상태인 뇌 발달 중 파충류의 뇌로 돌아가는 것을 의미한다. 사실적으로 뇌는 높은 확률로 생존을 위해 셧다운(shut down) 상태로 되돌아가는 것이다.

어린이들이 작업을 통해서 무엇인가 의미 있고, 배움으로 무언가를 생산하고 적응하도록 요구받을 때 적응하고 수용하고 싶은 상태가 아니다. 이는 예기치 못한 위험 상황에 처했을 때는 분명 좋은 반응이지만 어린이들의 작업 과정에서 이러한 반응은 문제들을 야기시킬 가능성이 있다. 만성적으로 높은 수치의 코르티솔은 외현 기억의 형성에 중요한 해마에 있는 뇌세포를 사멸시킬 가능성이 크다.

뇌 연구와 학습을 연결시킨 작가 로버트 실베스터(Robert Sylwester)는 높은 코르티솔 수치는 스트레스에 의해 일어나며, 이는 우리가 실패했을 때 느끼는 우울감을 촉진한다고 하였다. 스트레스와 위협은 우리가 살아가는 생존 과정에서 중요하지만 작업과 학습에는 부정적 방어 기제를 활성화시키며, 반복되거나 지속적인 스트레스는 실질적으로 뇌를 재설계하고, 재창조하는 만성적이고 학습된 무력함이라고 불리는 황폐화된 정신 상태를 만든다.

너무 많은 동기는 부정적인 화학 작용을 일으키기도 한다. 이는 어떠한 상황이 생존에 위협이 된다고 보여지면 관심을 초토화시킨다. 그러므로 내적 동기 부여를 촉진하고 증진시키기 위한 첫 번째 전략은 위협 요소를 제거하는 것이다. 긍정적인 측면으로, 어려운 일을 성공적으로 이끌어 가는 집중력, 몰입 상태, 흐름 경험과 같이 기쁨과 관련된 경험은 엔도르핀과 다른 혼합물을 방출하는 화학 작용과 긴밀하게 연관되어 있다. 이런 화학 작용은 집중과 내적 동기 부여의 원천적 요소가 된다.

긍정적인 사고는 좌측 전두엽에 영향을 미치고, 보통은 천연 아편제라 불리는 도파민(dopamine)이나 엔도르핀과 같은 기쁨과 밀접하게 연관된 화학 물질을 방출해 낸다. 이렇게 뇌는 자기 스스로 보상을 만들어 낸다. 뇌는 스트레스나 고통을 완화시키는 아편제라 불린다. 이러한 뇌는 모르핀(morphine), 알코올(alcohol), 니코틴(nicotine), 헤로인(heroin), 코카인(cocaine)과 유사한 천연의 물질을 생성한다. 근원적으로 인간에게 기쁨을 생성하는 시스템은 애정, 섹스, 유희, 보살핌 혹은 성취감 같은 행동을 즐길 수 있게 해 준다. 우리에게 이러한 근원적인 기쁨이 오랜 기간 동안 머물러 장기 생존 체제가 되면 얼마나 행복할까? 이러한 뇌의 작용은 마치 뇌가 "넌 참 잘했어, 최고야, 좋았어, 넌 가장 훌륭해."라고 기억하면서 "우리 다시 도전해 볼까!"라고 확신을 가지고 즐겁고 자신감 넘치게 말하는 것과 같다.

그렇지만 우리의 생활이 늘 좋은 것만은 아니다. 반대로 우리가 매일 좋고 행복하다면 무서운 마약을 가슴에 안고 살아가는 것이다. 마약은 노력이 필요 없고 순간적인 즐거움을 준다. 도전적인 작업을 하고자 하는 동기는 사람이 도전을 충족함으로써 갖는 만족을 경험할 때 생성되며, 이때 뇌는 우리에게 스스로 만들어 낸 보약을 공급하는 것이다.

스트레스에 의해 발생하는 코르티솔과 대조적으로 더 긍정적인 핵심인 엔도르핀은 고통과 기쁨의 감정 연속체를 완화시키고, 강한 고통을 감소시키며, 즐거움, 편안함, 삶의 에너지를 증진시키는 역할을 한다. 예를 들어, 도파민은 뇌에서 동기 부여를 하는 신경전달 물질로서 엔도르핀과 매우 밀접한 연관이 있다. 도파민의 정확한 기능은 불분명하지만, 아마도 기쁨의 생산자이거나 기쁨으로 보이는 물질에 관심을 이끌어 내는 역할을 하는 것으로, 결국 뇌가 원하고 요구하는 것과 연결되어 있다. 그래서 도파민을 '요구 분자'라 부른다.

우리에게 일반적으로 다양한 종류의 기쁨을 생산하는 화학 물질의 분비는 자연적으로 내재된 '내생의(endogenous) 보상 시스템'이라 부르는 대뇌 변연계에서 발생한다. 예를 들어, 어린이들의 즐거움이나 기쁨과 같은 기분에 영향을 주는 처방약이나 불법 약물을 통해 얻는 외인성의(exogenous) 기쁨을 활성화시키는 시스템과 같다는 것에 주목할 수 있다.

뇌 연구가들이 쥐를 대상으로 약물 실험을 실시하였다. 우선 기쁨을 생산해 내기 위해 배치된 자극에 의해 대뇌 변연계 핵들을 인공적으로 자극하는 실험에서, 실험 쥐의 일부가 그들이 기진맥진할 정도로 자극을 활성화시키는 레버를 누르자 먹이, 음식 혹은 교미를 포기하려 했다는 연구 결과가 나왔다.

다른 한편 코르티솔과 엔도르핀, 도파민은 다른 뇌 학습과 같이 반응하는 감정적 반응과 협력한다. 이러한 화학 물질들은 어린이들에게 작업, 활동을 회피하거나 배우고자 하는 내재적 동기를 더욱 강화시키고 촉진시킨다.

PART Ⅱ

몬테소리 프로그램 영역과 인문학의 관계

제2부는 현장에서 다양한 경험을 통해 학문의 깊이를 이해하려고 노력하며, 인생에서 가장 왕성한 현장의 민감기를 경험하고 있는 제자들의 조언과 실제적인 경험을 근거로 서술하였다. 가르치는 사람들은 아마도 모두 같은 마음이겠지만 제자들과의 만남이 세월을 만나는 느낌이 든다는 생각을 언제부터 하게 되었다. 제자들도 이제 나이가 들어가면서 인생의 중턱에 서 있는 것을 보면 시간의 흐름을 느낀다. 글을 쓰는 사람으로서 제자들과 항상 건강한 모습으로 학문의 길을 가면 좋겠다는 바람을 가져 본다.

CHAPTER 1

몬테소리의 일상 영역과 인간화, 정상화와 인문학의 관계

1. 몬테소리의 일상생활 훈련의 의미

몬테소리의 영유아 프로그램에서 일상생활 영역을 훈련하는 것은 창조적인 목적을 성취하기 위한 활동을 촉진하기 위해서 계획된 연습과 훈련들이다. 일상생활 활동들은 마루를 닦고, 나무와 은그릇에 광택을 내고, 식물에 물을 주고, 간식이나 점심을 준비하고, 식탁을 차리는 지극히 일상적인 활동을 훈련하는 것이다. 몬테소리 교실에서 일상생활 활동을 훈련에 포함시키는 가장 중요한 목적은 다음과 같다.

- 어린이들의 행동이 목적을 향해 움직일 수 있도록 교육시키기 위해서
- 어린이들이 작업에 집중할 수 있는 능력을 발전시키기 위해서
- 어린이들이 차례대로 순서에 맞게 단계별로 작업과 일을 수행할 수 있도록 하기 위해서
- 어린이들이 환경을 돌보고 정리정돈하는 것을 배울 수 있도록 하기 위해서

이러한 연습과 훈련들은 몬테소리 교육의 다른 영역을 훈련하는 데 기초가 된다. 어린이들의 몸의 움직임과 인지 사이의 관계에 있어서 일상생활 활동 연습이 특히 중요한 이유는 몸이 의미 있는 목적을 이루기 위하여 정신을 사용하기 때문이다. 일상생활 훈련과 같은 목적을 행한 일련의 행동들과 발달 사이의 관계에 대해서 연구가 이루어지지 않았지만, 물건을 잡거나 목적지에 기어가는 것과 같은 목적을 향해서 이루어지는 단순한 행동들은 발달에 영향을 미친다.

몬테소리는 관찰을 통해서 어린이들이 그들의 환경에서 흥미로운 교구, 사물, 사람들을 만나면 주변을 살피고 관심을 가지고 상호 작용을 한다고 하였다. 또한 몬테소리는 어린이들이 일찍부터 정확성과 질서에 관심을 갖는 것을 보았다. 그래서 어린이들은 활동 중에 정확하게 어떤 단계를 수행하고 있는지를 알고 싶어 한다. 예를 들면, 정확하게 어떻게 비누를 비누 접시에 놓는지 알고 싶어 한다. 그들은 정확성을 좋아한다.

몬테소리는 어린이들이 정확성에 관심을 갖는 정확성의 민감기인 결정적 시기임을 신뢰하였고, 정확성의 민감기는 흥미로운 연구 대상이 될 수 있었다. 일상생활 활동은 어린이들의 본성을 이끌어 낼 수 있는 이러한 동기를 자극시키기 위해 고안된 것이다.

일상생활 활동의 한 예로, 몬테소리는 어린이집 교실에 세면대를 처음으로 일상생활 활동 교구로 준비하였다. 교구 세트는 물로 가득 채워진 큰 대야, 탁자 밑의 플라스틱 매트, 비누, 솔, 스펀지, 수건으로 구성하였다. 모든 물건은 어린이들의 눈높이에 알맞은 크기와 무게로 되어 있고, 보통 같은 색상이어서 서로 잘 어울리도록 하였다. 몬테소리 교실의 다른 교구들처럼 이 교구 세트도 어린이들이 사용하고 싶은 욕구가 발생하도록 흥미를 이끌어 내도록 구성하였다.

교사는 어린이들에게 세면대에서 작업하는 일련의 행동을 순차적으로 정확하게 제시하면서 보여 주었다. 모든 물건을 세면대 탁자로 가져오기, 플라스틱 매트 펴기, 양동이를 어느 선까지 채우기 등이다. 또한 어린이들은 다른 친구들이 일련의 일상생활 활동을 수행하는 것을 관찰하며, 관찰을 통해서 실제 활동을 배울 수 있도록 하였다. 몬테소리의 관점에서 보면, 이 활동에서 중요한 것은 탁자가 깨끗해지는 게 아니라 어린이들의 손이 정신적 작업을 위해 활용되어 목적이 있는 행동으로 옮겨진다는 것이다. 이 과정에서 행해지는 동작들은 목적에 맞는 순서와 방법으로 행해진다. 목적을 이루기 위해 일련의 행동을 하는 이 대단한 목표는 물건을 잡기 위해서 팔을 뻗고 사물을 향해 기어가는 단순한 행동에서 시작된다. 몬테소리 교육의 측면에서 이러한 행동은 다음 단계의 활동을 위한 작업에서 정점을 이룬다. 일상생활 활동은 신체를 정신을 위해서 활용하면서 어린이들이 조직화된 일련의 활동을 수행할 수 있도록 교육시키는 과정이다. 어린이들은 이러한 과정을 통해서 사회화, 인간화, 정상화를 이루어 간다.

어린이들이 작업하는 일상생활 활동 중 옷 틀 활동은 약간 높은 수준이다. 이것은 네모난 나무 틀 안에 헝겊으로 된 '셔터문'이 달려 있고 리본, 똑딱단추, 단추 또는 지퍼가 그 셔터에 달려 있다. 옷 틀 활동은 어린이들이 옷을 입을 때 필요한 기술들을 배우게 하는 활동이다. 옷 틀 활동이 대부분의 몬테소리 일상생활 연습들과 다른 점은 옷 틀은 실제적인 목적을 직접적으로 경험하는 것이 아니라 간접적으로 수행한다는 것이다. 즉, 활동의 목적이 간접적이다. 왜 몬테소리가 최종적인 목적인 어린이들이 스스로 옷을 입도록 하는 것 대신 일상에 필요한 기술을 간접적으로 배우도록 이런 특별한 틀을 만들었는지를 생각해 보는 것은 흥미로운 일이다.

일상생활 활동들은 보통 실제적 목표가 있고 교실에 실제로 필요를 충족시킨다. 탁자들은 실제로 더러워져서 닦아야만 한다. 사과나 당근은 간식으로 먹으려면 잘라야 한다. 식물을 키우려면 물을 주어야 한다. 신발을 깨끗이 닦으면 보기에 청결하고 아름답다.

몬테소리 교실에서 활동은 실제적이고 명확한 목표를 위해서 진행된다. 어떤 연령이든 상관없이 자신의 활동에서 의미를 찾는다는 것은 중요하고, 그래서 교육자들은 어떤 활동도 시간 낭비나 헛수고가 되지 않도록 주의해야 한다. 자신의 셔츠 단추를 실제로 채워 보는 것이 아니고, 옷 틀에서 단추를 채우기 때문에 직접적인 목표를 이루는 것이 아니다. 옷 틀은 '실제'를 목표로 하는 몬테소리 기준에는 예외이다. 중요한 목적을 직접적으로 성취하는 것 대신에 옷 틀은 옷을 잠그는 것을 가르쳐서 간접적으로 그 목표를 성취하도록 도와준다. 이러한 간접적인 방법에 대한 몬테소리의 논리는 자신의 옷에 직접 해 보는 것은 좌절감을 줄 수 있어서 학습을 방해하는 요인이 된다는 것이다. 그러나 옷 틀에 하는 것은 직접 자기 옷에 하는 것보다 덜 실망스러우면서도 기술들을 배울 수 있는 대안적 방법이기 때문이다.

일상생활 활동이 실제적인 목표를 이루어야 한다는 사실은 이론적으로 중요하다. 왜냐하면 몬테소리는 행동이 정신적 발달에 유익하려면, 모는 일상 행동은 실제 일어나고 있는 정신 활동과 연결되어져 있어야만 한다고 믿기 때문이다. 진정으로 성취하려는 목적을 가질 때 실제로 정신을 그 활동에 참여시킨다. 활동에 의미를 더해 주는 것 외에, 일상생활 활동들은 어린이들에게 몬테소리 교육의 특징인 집중력, 몰입, 흐름의 교육을 훈련하도록 이끌어 준다.

몬테소리는 집중을 통해서 어린이들이 내면에서 평안을 느끼도록 안내하고, 이러한 편안함이 교실에서 다른 활동에 영향을 미친다고 믿었다. 몬테소리는 집중을 통해서 이루어지는 평안을 '정상화'라고 불렀다. 대부분의 어린이 문제 행동이 의미 있는 활동에 집중했을 때 사라지는 것을 보고, 관찰하면서 그렇게 명명하였다. 어린이들은 종종 자신의 활동, 작업 상황에서 집중력을 보인다. 예를 들면, 어린이들이 걷는 것을 배우는 중이라든지 숟가락으로 무엇을 떠먹는 상황이 그러하다.

어린이들의 일상생활 활동의 기초는 초등 교실로 그대로 연결되기 때문에 일상생활을 훌륭하게 할 수 있는 능력은 필수적이다. 몬테소리 교육 경험이 부족한 다른 일반 어린이집 어린이들은 몬테소리 작업에 집중하는 데 어려움이 종종 일어나기도 한다. 이렇게 작업과 활동에 집중화 현상이 일어나지 않는 어린이들은 읽기, 쓰기, 수학, 기본적인 단어, 자기 동기화, 내재적 동기 부여, 자기 방향성, 그리고 자기 훈련과 같은 일반적인 기술들도 부족하다는 것은 이미 관찰을 통해서 얻어진 결과들이다. 이처럼 어린이들을 위한 몬테소리 일상활동 영역은 일생 살아가는 과정에 필요한 기초적인 활동을 학습하는 중요한 훈련들이다.

2. 인간화, 정상화, 사회화로서 일상생활 훈련

유아기에 사회적 규범을 지키고 전통문화를 학습하는 것을 강조하는 이유는 이 두 가지 요소가 개인의 문화와 인류학적인 정체성을 드러내기 때문이다. 어린이들은 자기 주변에서 움직이고, 활동하고, 사물을 만지고, 빨고, 던지는 것을 즐기고 행복해하고, 두려워하지 않고 무의식적으로 자기 발달을 스스로 안내해 가는 용감한 발달 안내자이다. 어린이들은 휴식 없이 최고로 열심히 하는 성실한 작업자가 되지만 아직 준비된 능숙한 작업자가 아니라 미숙한 상태로 작업을 진행한다. 어린이들은 자기들이 보고 있는 것을 응용해서 모든 것을 실행할 수 있을지라도 어린이들이 하는 작업은 아직 사회적 가치, 효율성, 필요성을 고려한다면 쓸모가 없는 무의미한 것들이 대부분이다. 그래서 실제로는 어린이의 노력은 자신의 인간화, 현실화를 위한 자발적인 연습을 위한 자연스러운 활동이다.

어린이들은 부모님과 함께 같은 공간에서 생활하지만 하는 일이나 작업들은 엄연히 다른 공간 안에서 이루어진다. 어린이들은 미래 삶을 준비하기 위해서 실수를 많이 하는 완벽하지 않은 행동을 끊임없이 수행한다. 그런 어린이들의 움직임과 활동에 엄마가 자기들의 생각을 강요함으로써 방해하고, 무질서하게 만들고, 그들의 정서를 혼란스럽게 만들고, 활동을 방해하여 발달을 저해하는 바보 엄마가 되지만 정작 부모는 그 사실을 인식하지 못하는 경우가 많다.

영아들은 부모들이 하는 모든 것을 사용할 수 없다는 사실을 인지하여야 한다. 그래서 어린이들의 발달 수준에 맞고 스스로 활동을 할 수 있는 넓은 준비된 환경이 필요하다. 어린이들은 자기 환경을 최대한 활용한다. 부모들은 어린이들이 집에서 무슨 일/어떤 일을 하든지 자유롭게 내버려 두고, 어린이들이 환경을 좀 혼란스럽게 만들지라도 그들의 자유로운 활동을 방해하지 말고 행동이 학습이라는 것을 인식하고 자유롭게 움직이도록 허락하여야 한다. 어린이는 장애물이 없는 환경에서 자유롭게 활동하고, 작업하고, 움직이면서 자기 미래와 연결된 삶을 계획하고 발전시키려고 열정과 도전을 실행하고 있다. 어린이들을 위한 준비된 환경 속에서 창조 작업, 자기 구성 원리, 자유로운 활동, 독립심을 스스로 경험하고 발달시킨다.

우리는 어린이들의 삶을 발전시킬 준비된 환경을 만들어 주어 그들 스스로 작업, 활동, 일로부터 자유로워지도록 하고 격려하여야 한다. 어린이들에게 가장 평화롭고, 안정되고, 사랑이 가득한 첫 번째 교육 기관은 행복한 집이다. 어린이들에게 우리 집이라는 개념은 집 안에서 스스로 주인이 되어 자기들이 원하는 대로 좋아하는 것을 마음껏 즐기고 활동할 수 있는 가장 편안한 공간일 것이다. 어린이들은 자신들의 유연한 몸을 적극적인 활동을 통해 아주 단계적이고, 과학적으로 발달시킨다. 어린이들은 건강한 몸에 익숙해 있다. 그래서 어린이들은 몸이 아프면 짜증을 내고 움직임의 속도와 양이 저하된다.

어린이들의 활동은 그들의 발달 속도와 비례한다. 어린이들이 집 안에서 무엇을 할 수 있을까? 가정 안에서 어린이들은 가족 구성원 모두를 즐겁게 만드는 가족 코미디 극장의 주인공 역할을 종종 수행한다. 어린이들은 유능한 연극인처럼 자유롭고, 신기하게 그리고 정확하게 새로운 것을 하나씩 첨가하면서 창의적 연극을 즐긴다.

몬테소리는 어린이들에게 가정처럼 자유롭게 활동할 수 있는 환경을 제공해 주었다. 가정에 비해서 더욱 과학적으로 구성해 주었다. 1907년 개원한 어린이집 Casa dei Bambini가 환경을 과학적으로 구성한 최초의 어린이들을 위한 과학적 교육학의 산실인 과학적 어린이집이었다. 어린이들을 위해 준비한 사물, 물건뿐만 아니라 모든 가구를 직접 벽에 세워 놓고 키 높이, 팔 높이, 앉은 높이, 어린이들의 능력과 몸의 육체적 비율을 고려하여 환경을 준비하였다. 몬테소리 교실은 아름답고, 건강하고, 해맑고, 희망과 꿈을 가지고 원하는 삶을 살아가도록 안내해 주는 환경을 만들려고 노력하였다. 몬테소리는 빈민촌 지역에서 문화가 결핍된 어린이들을 위해서 그들이 정상화, 인간화로 성장하는 데 다양한 혜택을 주려고 자신의 모든 것을 내려놓았다.

이러한 몬테소리 교실은 어린이들을 가르치고, 훈육하는 것이 아니라 자유 선택이 가능한 작업 중심, 놀이 중심, 개인 활동, 소그룹, 대그룹 활동 중심으로 친구와 친구들 사이에 사회적 관계를 만들어 인간화, 정상화로 변화시켜 갔는데, 몬테소리는 이를 관찰하면서 자신도 놀라움에 어찌할 줄을 몰랐다고 고백하였다. 새로 단장한 어린이집 벽에 낙서를 하였고, 정원에 파종했던 꽃들을 발로 마구 밟아 죽이고, 자르고, 꺾는 무질서했던 어린이들이 4개월 후부터 다시 정상화로 되돌아왔다. 그리하여 몬테소리 어린이집이 전 세계 유아교육 기관의 교사와 운영자들의 성지가 되었다. 1907년 1월 7일에 로마에 처음 개원한 어린이집은 다시 3곳에 문을 열었고, 이탈리아 전체는 물론 세계로 확산되어 갔다.

몬테소리 교실 환경에서 어린이들이 주로 하는 일과는 자유 선택한 교구를 가지고 작업, 배움, 사람, 사물과의 관계를 연결하는 것이다. 몬테소리 교실은 각각의 어린이들의 나라 문화에 맞는 환경을 준비한다. 그러면서도 세계의 모든 어린이는 일상과 언어 영역을 제외하고는 똑같은 교구를 똑같은 방법으로 사용한다. 몬테소리 교실은 어린이들이 인간화로 진화하는 데 필요한 가장 기본적인 일상부터 시작한다. 예를 들어, 책상, 식탁 차리기, 옷 입고 벗기, 다른 친구들을 위해서 식탁 닦기, 자기 몸 관리하기, 인사하기, 균형을 이루면서 바르게 걷기를 훈련하기 위해서 교사가 시범을 보인다. 다시 말하면 자기 관리, 환경 관리를 학습한다. 모든 교구는 다양한 특징들을 가지고 있다. 모든 교구는 어린이들에게 작업의 중요성, 독립심, 가르침, 사회화, 교육적 활동의 의미를 포함하고 있다. 모든 물건은 깨지기 쉬우므로 어린이들에게 조심스럽게 다루어야 한다는 것을 인지시키고, 깨질 경우에 대비해 미리 주의해야 함을 가르친다.

우리 어린이들이 소중하듯 그들과 관계된 모든 생명체와 무생명체도 중요하고 존엄한 권리를 가진다. 자기와 관계를 맺은 모든 사람과 환경이 존엄하고 귀중하다는 인식을 유아기부터 가르치고 습관 들이도록 환경을 존중하고, 자기 몸처럼 잘 관리하고 즐기도록 어른들이 모범을 보여야 한다.

어린이들은 어른들이 그릇을 닦고, 책상을 닦는 것과 동일한 목적을 가지고 행동하는 것은 아니지만 다른 목적 안에서 자신의 정상화, 인간화를 위한 일상생활을 훈련한다. 어린이들은 외부의 다른 상황에서도 물건과 함께 있으면 똑같은 행동을 취하는 본능을 가진다. 예를 들면, 어린이들에게 처음으로 청소하는 방법을 순차적으로 가르치면 청소하는 행동을 다시 반복하게 되는데 그것이 청소라서가 아니라 청소하는 작업 자체가 그들에게 매력적인 것이다.

어린이들이 하는 작업이나 일상 활동을 반복적으로 행한다는 것은 어느 면에서 특별한 반복적 활동 혹은 운동의 반복이라 할 수 있다. 이러한 반복 활동은 사물이 목적이 아니라 말 그대로 어린이 고유의 인성을 개발시키는 방법으로, 인간화를 진행하는 과정이다.

한번은 유치원에 견학을 갔을 때 나는 외투의 단추를 전부 잠그지 않고 완전히 열어 놓은 채 교사들과 인사를 하고 6~7세 병아리 반에 가서 나를 소개하고 의자에 앉았다. 그런데 갑자기 한 어린이가 나에게 다가와서 아무 말도 하지 않고 네 개의 단추를 처음부터 차례로 끼워 주었다. 순간 교사는 나를 배려한다고 그 어린이의 손을 잡으려고 하였고, 난 그냥 놓아두라고 하였다. 어린이는 4개의 단추를 끼웠다 빼었다를 두 번이나 반복하면서 슬며시 귀여운 미소를 지었다. 아주 행복하고 만족스러워 보였다. 어린이가 자리로 돌아가려고 일어서는 순간 나는 손을 잡고 "친절하게 나의 단추를 잠가 주어서 고마워, 아주 잘했어요."라고 칭찬해 주었다. 어린이는 칭찬에 아랑곳하지 않고 자리로 되돌아갔다. 어린이는 분명히 나의 외투 단추가 열려 있는 것이 정상이 아니라고 생각하였다. 그러면서 분명한 목적을 가지고 단추를 잠그고 여는 것을 반복하며 몬테소리 교실에서 작업한 운동을 계속한 것이다. 어린이는 인내심을 가지고 반복 작업을 하면서 즐거워하였다.

이러한 현상들이 어린이들의 세계이고, 그들의 순수한 생각이다. 그래서 어른들은 어린이들의 반복 활동을 격려하고 인정하여야 한다. 정확하게 반복적으로 옮기기 작업을 하는 것도 흥미로운 일이다. 컵에 물을 따르고, 쌀과 곡식을 옮기는 작업은 사회적 관계에서 규범, 질서, 협력을 훈련하는 것이다. 어린이들의 일상생활 훈련을 반복하는 것은 완전하게 작업을 할 수 있도록 훈련하고, 공동 작업에 익숙해지도록 훈련을 돕는 것이다. 어린이에게 제시되는 환경은 그들의 운동, 작업, 움직임의 욕구를 충족시켜서 자신들의 행동에 주인이 되도록 돕는다. 준비된 환경에서 교사들은 어린이들에게 인지적, 지적인 활동을 할 수 있는 수단과 방법을 제공한다. 이러한 준비된 환경에서 어린이들이 그들이 자유 선택한 교구교재들에 얼마나 강한 집중력을 보여 주는지 정확하게 관찰할 수 있다.

어린이들은 교구교재와 상호 작용을 하면서 스스로 창조자가 되고, 건축가가 되는 행운을 누리고 자신을 스스로 완성해 간다. 어린이들은 무엇인가 새로운 것을 터득하고, 배우고, 창조하는데, 이때 자기가 자유 선택한 교구교재가 선생님보다 더 까다로운 스승이고, 안내자이고, 촉진자가 된다.

교사들은 어린이들의 오류를 지적하기보다 스스로 오류를 수정해 가도록 그들의 무능력을 능력자로, 그들의 잠재 능력을 밖으로 이끌어 내 주는 유능한 안내자가 되어야 한다. 어린이들을 괴롭히는 오류를 인정, 배려할 수 있다는 자신감, 사랑으로 너그러움을 베풀어야 한다. 교사의 진심 어린 배려는 어린이들의 작업 과정에서 일어나는 오류를 새로운 탐색 활동으로 연결해 준다. 교사는 어린이들의 작은 잘못도 깨닫도록 보살피고 도와주어야 하지만 쉽게 잘못을 용서해 준다는 의미는 아니다. 친구나 선생님의 잘못되었다는 지적이나 꾸중에 부끄러움을 느끼지 않게 하고 할 수 있다는 용기를 주는 것이 목표이다. 그래야만 자기의 오류를 극복하고 작업을 계속 하려는 욕구가 샘물처럼 솟아날 것이다. 어린이들에게 욕구를 충족시킨다는 것은 그들의 가능성에 박수를 보내면서 그들의 내면에까지 만족감을 느끼도록 용기를 주는 것이다.

심리적인 측면에서 어린이들이 자기들의 작업에 집중한다는 것이 쉬운 일은 아니다. 미국의 심리학자인 제임스(James)는 만약 교사들이 어린이가 집중하는 이상의 인간 행동을 자제하는 데 성공했다면, 교육 문제를 확실하게 해결해 주는 것이라고 하였다. 어린이들이 집중하면서 활동에 몰입한다면 그들은 활동을 성공적으로 완성하면서 자아를 완전히 지배할 것이다. 어린이들은 집중력 속으로 완전히 빠져들 것이다.

무능력하고, 불안하던 어린이들은 집중력, 몰입하는 훈련을 통해 인간화, 정상화, 현실화로 진화하는 마음을 습관 들이게 될 것이다. 어린이들의 활동이 감각과 인상을 받아들여 그들의 주의력을 한곳으로 빠져들게 하는 비밀 창고를 만들어 갈 것이다. 어린이들의 마음속이 한 가지 색, 한 가지 작업만 정착되어 고정될 수 없는 이유는 어린이들이 보는 것은 하나만이 아니라 총명한 눈으로 다양한 것을 보고 흡수하기 때문이다. 어린이들은 지치지 않는 기계를 몸속에 장착한 듯하다. 이러한 상황은 어린이들의 언어를 발달시킨다. 어린이들은 마음을 움직이며 다양한 소리들을 항상 듣기 때문이다. 어린이들은 움직이면서 동시에 흡수하기 때문에 그들의 움직임은 교육과 직접 연결된다. 다시 말하면 어린이들의 움직임이 그들을 자동교육으로 연결한다.

3. 몬테소리의 일상생활 훈련과 인간화, 정상화의 관계

몬테소리의 교육 프로그램에서 일상생활 혹은 일상 영역 훈련은 어린이들을 사회화, 인간화, 정상화로 안내하며, 인간의 가장 기본적인 행동 양식과 사회적 규범, 질서, 규칙, 사람과 사물의 관계, 공동체 속에서 협력의 의미를 학습하게 해 자기 나라의 문화를 근거로 일상생활의 목표를 성취할 수 있도록 활동을 반복 훈련하는 영역이다. 예를 들어, 구두, 은그릇을 닦고, 광택을 내고, 식물에 물을 주고, 간식이나 점심을 준비하고, 식탁을 차리고, 자기 관리나 환경 관리와 같은 일상적인 생활 훈련은 어린이들이 성장하면서 사회적 규범을 따르고 예의 바르게 실제 생활에 적응하도록 하기 위한 기초 훈련들이다.

일상 영역 훈련은 몬테소리 교육의 모든 영역에 있어 기초, 원리, 원칙, 규범을 훈련하는 것이다. 몸의 움직임과 인지 발달 관계에서 일상 영역 훈련이 중요한 이유는 다양한 움직임과 훈련들은 의미 있는 활동을 목적으로 몸과 정신 기능을 사용하기 때문이다. 발달과 일상생활 훈련과 같이 오랜 시간에 걸쳐 목적을 행하는 다양한 움직임과 행동들 사이의 관계는 물건을 잡고, 교구교재를 활용하기 위해 목적지에 옮기는 작업 같은 목적을 향해서 이루어지는 단순하지만 사회적 관계를 위해서 반드시 필요한 행동들에 영향을 미친다.

몬테소리는 어린이들이 집중력을 통해서 평화롭고 안정된 상태에 이르는 것을 정상화, 인간화로 진화하는 과정이라고 언급하였다. 그 이유는 대부분의 어린이 문제 행동이 의미 있는 활동에 집중과 몰입을 할 때 사라지는 것을 직접 관찰하였기 때문이다. 다시 말하면 어린이들은 작업, 일, 활동에 집중하고 몰입하는 순간 아주 평화롭고 행복해하는 정상인이 된다.

어린이들이 몬테소리 유치원에서 훈련하는 일상생활 활동들은 초등 교실에서 자기 스스로 독립적으로 학교생활을 할 수 있는 기본적인 기능을 훈련하는 것이다. 몬테소리 교육 프로그램은 읽기, 쓰기, 말하기, 수학 그리고 내재적 동기 부여, 자기 동기화, 자기가 좋아하는 것을 선택해서 즐기는 작업들, 작업의 방향성, 자기 훈련과 같은 더 일반적인 기술들을 몬테소리 교실에서 일상 영역을 통해서 강하게 훈련하며, 정상화, 인간화로 진화하는 과정에 기본적인 틀을 마련하였다.

4. 어린이들은 일상생활 훈련을 통해서 인간화의 완전성을 성취한다

어린이들은 매일 일상생활과 연결된 다양한 활동을 한다. 그들에게 제공되는 활동의 대부분은 누군가를 만났을 때 인사하는 것, 자신의 복장을 관리하는 것, 책상이나 교실 바닥을 깨끗이 청소하는 것 등 다른 사람들과 더불어 살아갈 수 있는 공존을 위한 요소들이다. 어린이들의 일상생활 활동은 가르치는 것이 아니라 몸으로 익혀 훌륭한 습관이 되도록 훈련하는 것이다. 어린이들에게 훌륭한 습관은 어린 시절에만 국한되는 것이 아니라, 평생 동안 훌륭한 습관을 훌륭한 스승으로 모시고 생활하도록 격려해야 한다.

운동 조절 능력과 분석을 위한 훈련도 마찬가지이다. 몬테소리 교실에서 자유 선택한 자기가 좋아하는 특별한 교구를 가지고 또래 친구들과 작업하며 다양한 문제를 직시한다. 이때 어린이들은 자기가 좋아하는 교구를 선택해 작업을 하려고 한다. 하지만 때로는 교구가 한 개밖에 없어 먼저 교구를 사용하는 어린이가 끝날 때까지 기다려야 한다. 어린이들은 친구들 사이에서 양보와 기다림을 배우고 인내를 습득하고 훈련한다. 몬테소리 교실에서 어린이들의 양보와 기다림은 평화롭고 조용한 환경을 만들어 준다. 자기가 원하는 교구교재를 다른 친구가 사용하고 있을 때 참을성 있게 기다리는 습관을 만들어 간다. 이러한 과정을 거치며 인내심 있고 복종적인 어린이로 변화되어 간다. 이러한 변화는 교사가 어린이를 변화시키는 것이 아니라 어린이 스스로 변화하는 것이다. 어린이들은 다른 친구들이 어떻게 작업하고, 인내심, 습관을 성취하는지를 열정적으로 관찰한다. 어린이들의 관찰력에 대한 열정은 선천적으로 타고난 것이다.

몬테소리 교실에서 혼합 연령 반 어린이들은 자기보다 어린 친구들을 신기해한다. 예를 들어, 접시를 닦고 있는 두 살이 된 어린이를 큰 형과 누나들이 보고 서로 만족한 미소를 지으며 신비스러운 표정으로 바라본다. 자기보다 어린 어린이가 작업을 완성해 내는 것에 대한 신비로움, 감탄, 흥미로움의 표현이다.

몬테소리 교실에서 원하는 사회 정서는 어린 어린이를 도와주는 것을 바라는 것이다. 어린이들은 조그마한 어려움과 역경이 발생했을 때 다른 친구를 돕기 위해서 자발적으로 같은 곳으로 움직인다. 예를 들면, 한 어린이가 물이 가득 찬 유리그릇을 옮기다가 부딪쳐서 미끄러졌다. 그릇은 바닥에 떨어져서 산산조각이 나고, 물은 바닥에 엎질러졌다. 자연히 어린이는 울기 시작했다. 다른 어린이가 물을 닦고, 유리 조각을 치우면서 "괜찮아 누구나 실수할 수 있거든. 우리가 깨끗이 정리할게."라고 말하고, 다른 그릇을 가져다주며 그 어린이를 위로했다.

학교 규칙 중 하나는 작업이 끝났을 때 사용한 모든 물건은 의무적으로 원래 있던 자리에 원래의 상태로 정리정돈하는 것이다. 어린이들이 교구 작업을 한 다음 제자리에 가져다 정리정돈하는 연습과 훈련을 반복할 필요가 있다. 어린이들은 자기들이 작업에 집중하여 스스로 무엇인가를 창조할 때 절대로 다른 친구들을 돕지 않는다. 자신의 작업에 완전히 몰입되어 있기 때문에 다른 친구들을 돕는 것에 관심이 없다.

이처럼 어린이의 목적 위에서, 자발적으로 이 환경 속의 실제 생활에서, 평안하게 진행하는 일상생활 속에서 사회적 정서를 자동적으로 발달시킨다. 이렇게 자연스럽게 발달한 사회적 정서는 어린이들의 일탈 행동을 방지하고 인간화, 정상화에 영향을 미친다. 어린이들의 사회적 정서는 실제 작업, 작업의 온전한 성취 상황, 자신이 흥미를 느끼는 것을 반복하는 것에서 발생하는 제한된 교실인 작은 사회의 아름다운 기능이다. 어린이들은 활동을 통해서 이러한 사회적 정서를 발달시킨다. 어린이들이 필요한 교구를 가지고 작업할 때 나타나는 능력을 그들의 열정이라 부른다. 어린이들은 환경에 숙달되고, 독립심, 자유를 통해서 무엇인가를 성취할 때 만족감을 느끼며 창조 능력에 자신감을 가진다.

몬테소리 교실에서 일상생활 활동을 성공적으로 성취할 수 있는 아름다운 색상, 교실 구성, 교구교재, 영적 교사는 훌륭한 환경에 포함된다. 어린이들이 몬테소리 교실을 좋아한다는 것은 어린이를 위한 가장 아름답고 훌륭한 집으로서 자연적이고, 놀잇감 창고이고, 자기와 함께 작업할 수 있는 친구들이 있기 때문이다. 어린이들의 반복된 행동은 재미있게 보이고, 반복을 좋아하고, 작업을 통해 감동을 느끼고, 즐거운 기분을 느끼는 것으로, 그들의 하루 일상생활을 안정적으로 이끌어 가고 있다는 것을 증명해 준다.

어린이들은 일상생활 영역의 훈련과 연습을 위한 교구 작업을 자동적으로 반복할 때, 완전함, 온전함, 평화로움, 정서적 안정감을 성취함으로써 더욱더 완전한 활동을 이루고, 나아가 창조 작업으로 발전할 수 있다. 이러한 현상은 발전적 성장이고, 전인적인 완전함, 만족감, 독립심의 느낌, 행복감의 느낌으로 어린이 스스로 인간화, 완전화를 향한 활동이 계속된다. 어린이들은 교실 환경에서 모든 사물, 교구교재들을 활용함으로써 자기가 원하는 모든 욕구를 충족시킬 수 있다. 어린이들은 반복 활동과 작업 완성을 통해 성취감을 느끼며, 더 많은 창의적 아이디어, 열정적인 작업 욕구, 더 많은 움직임과 활동을 지속적으로 완성해 나아간다.

어린이들은 본능적으로 깨어 있는 슈퍼 잠재 능력이 있다. 이는 본능적 생명력이다. 어린이들은 진화, 발전, 완전함을 향한 본능적인 내재적 생명력을 다양한 형태로 표출하며, 본성인 강한 민감성은 자신의 본능을 발달시키는 매체로 활용한다. 어린이들은 모든 기본적인 활동들에 대한 호기심과 관심을 가지고 완전함을 향해 무엇인가 성취하여 인간화에 도움을 받는다. 어린이들이 완성에 이르는 길은 초자연적인 상상력, 겸손한 행동, 작은 일들, 완성을 위해 신중하게 행하는 것, 높은 감수성으로 성취하려고 노력하는 것이 아니라, 단순히 본능적으로 완성 과정에서 열정적이고, 단순하고, 만족스럽고, 즐겁고, 행복한 하루 삶을 수행하는 자신이 주인이 되어 인간화의 진화 작업을 진행하는 것이다. 어린이들의 인간화에 필요한 것은 일상생활을 위한 준비된 환경이다.

2

CHAPTER

몬테소리의 감각 영역과 인간화, 정상화와 인문학의 관계

1. 어린이들은 인지 발달 감각을 통해서 인간화, 정상화, 현실화를 성취한다

몬테소리는 "인간의 모든 지식은 보는 것 안에 내재해 있다."라고 말하였다. 보는 것이 지식이 되고, 보려는 시각은 항상 새로운 것에 주목한다는 것이다. 태아는 태내에서 감각 기관을 우선적으로 발달시킨다. 태내에서 생존하기 위한 수단으로 감각을 활용한다. 어린이들은 우주 환경에 노출되는 순간 감각 작용과 환경의 상호 작용을 통해 끊임없이 움직이고 자신의 생각과 몸을 지속적으로 구체화, 인간화하는 살아 있는 기계와 같다.

어린이들의 감각 작용은 환경 속에 있는 모든 사물과 사람을 완전히 흡수하여 기억 저장소로 운반한다. 어린이들이 새로운 지식을 기억 저장소로 옮기는 것은 그들의 활동, 운동, 움직임이 일등 공신 역할을 한다. 그래서 어린이들의 움직임과 활동은 인지 발달과 밀접한 관계를 가진다. 아름다운 색상을 보는 시각, 소리를 들을 수 있는 청각, 만질 수 있는 촉각, 맛을 아는 미각, 냄새를 맡을 수 있는 후각에 관한 교구, 사물들이 몬테소리 교실에 가득하다면 어린이들의 감각 활동은 활성화될 것이고, 기억 저장소에는 새로운 지식들이 차곡차곡 쌓이게 될 것이다.

어린이들은 호기심 천국에 살고 있기 때문에 끊임없이 움직인다. 어린이들이 보는 모든 사물과 사람들은 모두 새로운 것이기 때문에 집어던지고, 만지고, 빨면서 활동의 민감기를 실행한다.

영유아들은 움직임의 민감기 또는 감각 운동기이다. 인간은 본능적으로 놀이하는 인간인 호모 루덴스(Homo ludens)라고 고대의 철학에서 언급하고 있듯이 어린이들의 활동은 인지의 지식 기반을 형성하는 근거로 생각하여야 한다. 어린이들은 감각과 운동을 수단으로 환경과 접촉하고 흡수하는 자유로운 존재로, 우주 환경을 그들의 놀이터로 활용한다. 어린이들이 이미 습득한 지식, 활동, 물건, 자료, 교구교재들을 이용해 환경과 상호 작용하는 자유로운 활동이 그들의 삶을 이끌어 가는 가치 있는 순간임에 주목하여야 한다.

감각 운동기에 중요한 과업은 이 시기의 어린이들에게 도움을 주는 5가지 감각 작용을 충분히 할 수 있도록 환경을 구성해 주어야 한다는 것이다. 어린이들을 위한 준비된 환경은 감각 운동을 자극하면서 그들의 활동을 적극적으로 안내한다. 모든 교구교재, 다른 구체물들은 활동과 운동을 자극하는 학습 도구이다. 이렇듯 교구, 사물과 상호 작용을 할 때 나타나는 집중력 현상을 어린이들의 초정신력이라고 한다. 어린이들의 초정신력은 어린이들의 집중력, 주의력, 사고력, 상상력을 강하게 자극한다.

모든 생명체는 감각 기관을 가지고 있지만 인간의 5가지 감각 기관은 인간을 인간화로 진화시키는 데 아주 중요한 역할을 한다. 이는 청각, 미각, 후각, 촉각, 시각이다. 인간의 감각 기관 분류는 귀, 혀, 코, 손, 눈이 작용할 때 가능하다.

어린이의 외부 세계와의 접촉은 일반적으로 물체와 어린이의 외부 자극 영향의 기계적인 관점으로부터 고려되어진다. 어린이들의 질문을 잘 고려해 보면 그들은 보는 지각 작용에 근거해 질문한다. 또한 어린이들은 손으로 구체물을 집어 들고 똑같은 방법으로 자기의 감각을 이용하여 외부 세계 사물들을 받아들인다. 환경 속에 어린이들의 모든 감각 기관을 활용할 수 있는 자극들이 있고, 특히 어린이들은 언어를 흡수한다. 어린이들의 지능은 그들을 둘러싸고 있는 모든 자극을 받아들여 무의식적 또는 의식적으로 저장한다. 그러므로 어린이들은 환경과 상호 작용을 하여 지식을 구성한다.

어린이들은 시각을 사용하여 색, 빛 감각을 받아들인다. 시력을 위한 특별한 감각들은 소위 색채감이라 불리는 감각의 집합체이다. 우리가 환경으로부터 받아들일 수 있는 감각들의 양이 본능적으로 제한된다는 것은 흥미롭다. 태양은 다양한 광선들을 만들어 내고 다양한 광선들은 다양한 색상들을 만들어 낸다. 인간은 태양빛이 만들어 내는 표현할 수 없는 색상 중에 일부분만 인지할 수 있다. 어린이들이 강한 태양빛을 보면 눈을 감는 것을 볼 수 있는데, 이처럼 자기 방어 능력도 발달된다.

소리 역시 마찬가지다. 모든 인간과 자연의 소리 중 단지 한 부분이 만들어 내는 소리를 청각에 의해 받아들일 수 있다. 이러한 현상을 논리적으로 설명하기는 어렵다. 인간은 모든 면에서 자유로운 것이 아니라 제한된 자유라는 명제 아래 제한되는 것, 제한받는 것들이 많다. 몬테소리 교실에서 자유로운 활동, 자유로운 선택은 제한된 자유를 의미한다.

인간이 무엇/어떤 것으로부터 제한을 받는다는 것은 인간이 사회적 규범, 이성적 사고, 도덕적 인간으로 살아가기 위해 사회적 규범을 따르고 인간화로 진화하는 데 사회적으로 올바른 잣대를 제공하는 것이다. 그럼에도 불구하고 인간은 어떤 제한된 자유 안에서 외부 세계와 관계를 맺어야 하는 사회적 인간으로서, 사회적 위치에서 자기 사명감을 완수하면서 살아가야만 하는 제한된 자유 속에서 살아간다.

몬테소리 교실에서 어린이들은 다른 물체들을 비교하여 형태와 모양이 더 작거나 더 크거나 하는 차이점을 인지한다. 시지각에 관해 이야기할 때 많은 다른 것들을 이야기한다. 시지각 내용은 색채군, 크기군, 형태군의 3가지 영역으로 다시 세분화된다. 또 다른 중요한 감각 중에 촉각이 있다. 촉각은 사물과 접촉하여 처음으로 느껴지는 감각을 한번에 받아들인다. 가장 빠른 속도로 뇌에 전달한다.

우리는 몸과 피부의 어떤 부분들, 예를 들면 손끝이 촉각에 매우 민감하다. 움직임에 따라서, 누르는 정도에 따라서 촉각과 압각 사이는 분명하게 차별화된다. 누군가 한 사람이 당신에게 손바닥으로 찰싹 때렸다면, 그것은 닿는 것이 아니라 접촉감이라고 부른다.

우리는 가볍게 내 오른쪽 손가락 끝을 나의 왼손 위에 놓고 만지는 것조차도 무겁게 누르는 압력감을 느낀다. 피부를 통해서 우리는 온 감각과 같은 또 다른 감각들을 구별할 수 있다. 이런 감각들은 각자 다른 그룹들의 한 부분으로 피부의 다른 말초 신경을 통해서 느낄 수 있다. 우리는 말초 신경으로 얻는 정보를 촉각(sense of touch)이라고 부른다. 기압계 감각이라고 불리는 압력(pressure)과 접촉(touch)은 하나의 능력(faculty)으로, 온도 차이를 구별하는 능력을 열량감이라고 부른다.

인간을 인간화로 진화하도록 만드는 밖으로 나온 뇌라고 불리는 인간의 손은 두 개의 물체를 잡고 있을 때, 단지 아무것도 없는 촉각이라고 말한다. 손으로 모든 물체를 만지는 데 필요한 다양한 다른 움직임으로부터 물체 크기의 차이, 즉 차별화를 인지할 수 있다는 것이다. 다시 말해서 어린이들의 움직임이 정교하고 복잡하게 이루어질 때 어린이들은 모든 사물과 물체들을 정확하게 인식할 수 있게 된다. 이러한 조화감, 조화로움을 입체 영지감(stereognostic sense)이라고 부른다.

환경으로부터 물려받은 우리의 재산인 감각 기관은 인간의 지식을 창고로 가져와 저장하고, 정체성을 만들어 준다. 그래서 감각은 인간의 지식 생산 창고라고 말한다. 지식은 만들어지는 것이지 유전적, 선험적인 것은 아니다. 우리는 지식을 만들 수 있는 원천을 제공하는 DNA 씨앗이 잘 자라도록 항상 주시하여야 한다. 단지 모든 인간은 아주 작은 유전적 씨앗을 가지고 태어나지만 환경과 감각 기관을 활용하여 마지막 죽음의 순간까지 끊임없이 도전하고 노력하여 인간화로 진화한다. 한편 지식의 근거로서 생각들은 환경으로부터 받아들이는 실제적인 감각에 근거한다. 철학자들이 감각에 근거하지 않는 지식은 아무것도 없다고 말했듯이 이

때 감각은 지식을 통과하는 대문과 같은 역할을 한다. 그래서 가르치는 사람들은 감각과 지식의 관계를 이해하는 것이 중요하다. 더욱 중요한 것은 감각은 지식과 외부 세계 사이에 무한하고 광대한 관계들을 의미한다.

외부 세계로부터 감각을 받아들여 감각에 능력을 부여하는 인간의 힘은 항상 모자란 무엇인가를 느낀다. 인간의 모자란 한계는 게으른 활동이고, 자기 노력 부족이고, 게으른 삶을 살아가는 습관들이다. 어린이들이 지금도 자연 속에서, 사람들 속에서, 환경 속에서, 문화 속에서 광대처럼 춤추고, 뛰어놀고 있을 때 어린이들은 감각 작용과 더불어 자신이 필요한 지식을 만들어 인간화, 정상화, 현실화의 진화 과정 속으로 들어간다. 그곳에서 자신의 삶의 가치, 비전, 희망을 위한 도전 정신으로 지금도 창의적 활동을 지속하고 있다.

어린이들에게 미각과 후각의 발달은 그들의 생명력과 관계되어 신체의 생리학상의 활동과 연관된다. 예를 들어, 어린이들이 음식을 먹을 때 미각과 후각이 연관된다. 어린이들이 미각과 후각을 통해 음식을 느끼고 건강을 유지하며, 불필요한 독소들은 미각과 후각이 방어자 역할을 해 준다. 미각과 후각은 환경의 위험으로부터 수비병 역할을 하기도 한다.

이러한 미각과 후각은 음식만으로 제한되는 것이 아니라 위생과도 밀접한 관계를 유지한다. 몬테소리 교실이 불결하다면 어린이들의 미각과 후각을 자극하여 위생에 대한 경고장을 보낸다. 불결하다고, 냄새가 지독해서 이 공간에서 있을 수 없다고, 머리가 어지럽다고 미각과 후각이 말해 준다. 모든 어린이는 먹는 것을 좋아한다. 생물학적 기능을 위해서 음식을 먹을 수 있는 건강한 치아가 필요하고, 먹는 즐거움을 위해서 자연적인 미각과 후각 역할이 중요하다.

어린이들은 아직 완성되지 않은 인지 발달로 인해서 지금도 굶주린 지식을 만족시키려고 성인의 몇 배로 강한 움직임을 시도한다. 굶주린 지식을 충족시키기 위한 운동에 에너지를 보급하는 건강한 음식은 욕구를 만족시키고, 세련된 맛을 변별하는 미각과 후각이 지적인 감각으로 활용된다. 왜냐하면 미각과 후각은 맛의 감각을 만족시키기 위해서 지적 활동을 하기 때문이다. 결과적으로 어린이들은 아직 완전하게 변별하지 못하는 4가지 맛, 즉 단맛, 쓴맛, 짠맛, 신맛을 느낄 수 있다. 혀의 역할은 음식이 들어오면 활동을 시작한다. 후각은 어린이들에게 음식을 만족스럽고, 안전하게 먹을 수 있도록 한다. 어린이들이 음식을 즐기는 것은 맛있는 냄새를 좋아하기 때문이다. 그러므로 코는 사람들의 식욕을 촉진한다. 어린이들은 냄새를 맡고 "와 맛있는 음식이다."라고 말한다. 공기는 우리의 코를 거쳐 통과하기 때문에 코의 기능은 숨을 쉴 때 공기를 조절하는 역할을 한다. 유럽인들은 향료를 찾기 위해 처음 인도에 왔는데, 향료를 통해 동·서양 사람들과 처음 접촉(contact)한 것만 보아도 후각과 미각이 얼마나 중요한지 알 수 있다. 인간의 후각이 인문학적 역사를 기록한 것이다.

만약에 인간 지능이 후각이나 미각처럼 발달한다면 잠자고 있는 지식들은 지금을 살아가는 어린이들에게 더 지적인 삶과 지적 관계를 만들어 주었을 것이다. 어린이들은 지금도 자기들의 환경 속에서 5가지 감각 기관을 총체적으로 움직이면서 인간화에 필요한 지능을 발달시켜 미래의 위대한 창조자를 꿈꾸고 있을 것이다. 어린이들의 감각 활동은 봉사나 희생이 아니라 지식 성취를 위한 위대한 작업이다. 인류 역사는 인간의 감각을 최대한 활용한 결과라고 말할 수 있을 것이다. 인간에게 코와 입은 세상의 모든 냄새와 맛을 제공하여 잠자고 있는 잠재된 지능을 인간화로 이끄는 역할을 한다.

2. 어린이들에게 촉감은 인지 발달의 중요한 유산이고 주인공이다

가장 먼저 발달하는 인간의 기관은 감각 기관이다. 어린이들이 손으로 터치하는 감각은 움직임과 활동을 학습하는 모든 어린이에게 중요하다. 만지는 것은 사물, 사람들과 접촉해서 느끼는 고유하고 특별한 감각으로서, 특히 손으로 느끼면서 모든 감각에 자극을 주고 자극을 발달시킨다. 감각은 어린이들이 팔다리와 몸을 움직이는 데 센서 역할을 한다. 움직임, 이동 활동을 시도할 때 도움을 주는 근육과 관절 안의 센서를 자극시킨다. 어린이들이 어떤/무엇에 관한 새로운 기술을 배우는 것은 우선 감각이 작용한 것이다. 예를 들어, 우리가 걷는 동안에 직립형으로 서 있다는 것은 발을 보는 것, 어린이들이 스스로 밥을 먹을 때나 공을 던지려고 시도할 때 손을 바라보는 것은 감각 작용 없이는 불가능하다. 즉 직접 눈으로 보고, 코로 음식 냄새를 감각적으로 받아들였기 때문에 행동으로 연결된다. 어린이들이 자기 힘을 개발하고 유연성을 높이기 위해 촉감을 활용하듯이 그들은 자기들의 감각을 자유롭게 활용한다. 인간의 감각은 인간이 인간화로 진화하는 데 절대적으로 필요한 인간의 가장 섬세한 기능들이다.

신생아들은 출생과 더불어 접촉을 처음으로 경험하게 된다. 신생아가 세계와 처음 만나는 첫 접촉은 중요한 의미를 가진다. 접촉은 감각 기능의 촉각 시스템의 일부이다. 촉각 시스템은 뇌에 신호를 보내는 아기의 피부 표면 아래에 있는 가장 가까운 신경을 포함한다. 온도가 변화할 때마다 뇌의 신경 신호가 열심히 움직인다. 신경과 뇌의 상호 작용은 영아들이 자기 주변 환경 변화에 민감하게 반응하고, 환경을 이해하는 데 도움을 주는 역할을 한다.

신생아들은 모양, 크기, 무늬, 디자인, 색상, 질감 사이에 차이점을 변별하는 경험을 인지하지 못하지만 촉감은 그들의 환경에 있는 모든 사물의 특징을 학습하는 데 지대한 공헌자 역할을 한다. 어린이들은 촉각을 사용하는 모든 시간에 미래에 다른 기술을 배울 수 있도록 새로운 기억을 만든다. 촉각은 어머니의 자궁에서 개발한 최초의 감각 기관이며, 노인에게는 마지막 사라지는 감각 기관이 촉각이다. 촉각은 어린이들이 부모와의 긴밀한 유대 관계를 학습하는 중요한 방법이기도 하다.

몬테소리 교실에서 어린이들은 촉각을 통해서 사물, 사람, 환경과 상호 작용을 하고 신뢰감을 학습한다. 교사들이 어린이를 껴안고, 입맞춤하고, 안아 줄 때 어린이들의 사랑이 강화한다. 어린이들은 자기들의 촉각을 활용하여 공간을 지각하고 환경의 여러 부분을 위험으로부터 통제할 수 있다는 것을 인지하기 시작하고 사람들과 사물을 이해하기 시작한다. 어린이들은 작업을 위한 교구들의 유사점과 차이점을 이해하게 된다. 어린이들은 촉각을 통해서 탐색 활동을 발전시키면서 만지기에 안전한 것인지 위험한 것인지를 배우고, 어떤 질감으로 느껴지는 원인과 효과에 대해서도 학습한다.

어린이들은 놀잇감과 다른 사물을 변별하는 능력을 발달시키기 위해서 근육과 관절들을 사용한다. 어린이들이 사물과 교구를 조작할 때 그들의 손과 신체는 새로운 환경을 구성하는 데 일등 공신의 역할을 한다. 어린이들은 모든 사물의 표면을 탐색하면서 부드럽고, 거칠고, 단단한 재질을 느끼는 과정을 통해 특별한 경험을 하게 된다.

어린이들은 이러한 과정을 거치며 물건을 쥐고, 던지고, 음식을 집어서 먹고, 높은 곳에 올라갈 때 사다리를 잡고 오르고, 자전거를 타기 위해서 핸들을 잡고 돌릴 수 있게 된다. 촉각은 다양한 모양, 형태, 크기 변별하기, 구슬 꿰기, 옷의 지퍼를 올리고 단추 잠그기, 크레파스와 연필을 잡고 쓰기와 같은 정밀한 조작 기술을 개발하기 시작할 때 도움을 준다. 어린이들은 사물의 질감이 안전하다는 것을 촉각으로 인지한다. 날카로운 모서리, 너무 차갑거나 너무 뜨거운 물질을 촉각으로 인지하면서 자신의 만족감과 위험성을 구분하여 행동을 조심한다.

3. 어린이들에게 감각교육이 필요한 이유는 무엇인가?

인간의 감각 기관은 출생 시에 이미 대부분 발달한 상태에서 태어난다. 특히 3~6세 어린이들에게 감각교육이 가장 적절한 시기이다. 감각은 어린이들의 잠재 능력은 물론 인지 발달과도 밀접한 관계가 있다.

어린이들의 모든 감각 기관은 발달에 적극적인 자극을 촉진하는 민감기를 가지고 있다. 교사와 부모들이 어린이들의 발달을 성공적으로 이끌어 가기 위해서 감각 기관의 민감기를 적극적으로 활용할 수 있다.

태내에서 이미 발달한 감각 기관은 3세까지 감각 능력이 최대한 강화되고, 3~6세는 활성화된 감각 기관을 어린이들의 정신 발달을 위해서 훈련하여야 한다. 어린이들에게 감각 훈련은 다음 단계의 인지 발달과 밀접한 관계를 가지고 있기 때문에 모든 감각 기관 영역에서 발달하는 뇌의 뉴런 발달 활성화는 감각 경험을 중요시한다.

영아기에는 시각, 청각, 촉각, 후각과 같은 감각 기관 훈련을 통해서 감각을 먼저 발달시킨 다음 인지 발달과 자연스럽게 연결시킨다.

어린이들은 특히 시각이 발달하데, 눈으로 들어오는 모든 정보는 어린이들의 뇌를 활성화하고, 이 같은 시각 정보는 어린이들의 정신 작용과 마음 움직임에 영향을 미친다.

몬테소리 교실에서 제공되는 모든 교구는 특별한 형태, 색상, 크기를 가진다. 어린이들이 교구의 단계별 차이점 등을 정확하게 보는 시각을 훈련시켜 뇌에 정확하게 무엇이, 어디에, 어떤 것이 있는지 모든 속성을 뇌에 입력시키는 기능을 한다.

어린이들이 크기와 길이가 다른 10개의 꼭지 원기둥을 가지고 꼭지가 들어갈 꼭지 판에 높이와 길이에 맞추어 정확하게 끼워 넣는 것은 시각의 정확성을 감각적으로 훈련하는 것이다. 그러므로 어린이들에게 감각 훈련은 다음과 같은 중요한 기능과 연결된다.

- 감각 훈련은 인지 발달을 정확하고 논리적으로 발달하도록 안내한다.
- 감각 훈련은 인지 발달과 논리적 사고를 연결시키는 역할을 한다.
- 감각 훈련은 세상의 모든 형태, 소리, 움직임을 내 것으로 만드는 역할을 한다.
- 감각 훈련은 어린이들의 집중력을 강화하여 인간화로, 정상화로 이끌어 간다.
- 감각 훈련은 어린이들이 집중력을 강화하는 동안 뇌 활동을 활성화한다.

- 감각 훈련은 어린이들의 몸과 정신을 통합하여 만족감, 행복감을 증진시킨다.
- 감각, 인지 발달, 행동의 삼각관계 흐름은 감각 기관, 뇌 운동, 신체적 운동 기관과 연결되어 신경계를 자극하기 때문에 이러한 자극을 중심으로 몬테소리 교육 프로그램이 구성되어 있다.
- 어린이들은 감각 기관이 발달할수록 자기 주변의 환경과 관계를 맺고, 더 긍정적인 상호 작용을 하면서 인간화, 정상화로 진화한다.
- 몬테소리 교실에서 어린이들은 감각적으로 경험할 수 있는 모든 사물을 가지고 작업을 하기 때문에 감각교육의 장점을 최대한 활용할 수 있다. 예를 들어, 어린이들에게 실제 사과를 보여 주고, 사과 그림을 보여 주고, 사과 그림과 함께 사과라는 이름을 쓴 글자 카드를 보여 주고, 사과라는 단어를 제시한다면 어린이들이 감각적으로 사과라는 실물에서 그림, 글자까지 감각적으로 연결되어 사과에 대한 정확한 인지 작용이 이루어질 것이다.

3

CHAPTER

몬테소리의 수 영역과 인간화, 정상화와 인문학의 관계

1. 어린이들을 위한 수학교육의 특성

몬테소리는 수학이란 계산이 아니고 논리라고 말하며 어린이들의 세계는 모두 수학적 세계라고 말한다. 우주에 존재하는 모든 생명체와 무생명체를 활용하여 얼마든지 어린이들에게 수의 개념을 설명할 수 있기 때문이다. 우리는 어린이들에게 왜 수학을 가르쳐야 하며, 어떻게 가르쳐야 하고, 수학 지식의 활용도는 무엇이고, 수학 지식이 어린이들에게 어디/무엇/어떻게 활용되는가에 대한 답을 찾기 위해서 우리는 '어린이들에게 수학이란 무엇인가?'라는 질문을 먼저 해 보아야 한다.

어린이들을 위한 수학교육은 바로 수학 지식과 연결되는데, 이러한 수학 지식은 어떻게/무엇에 의해서 획득될 수 있는가와도 연결된다. 발생학적 인식론자인 피아제는 "고전적 접근 방법인 지식이란 무엇인가?"라는 질문을 "지식은 어떻게 형성되어지는가?"라는 질문으로 바꾸어 생각해 인식론의 새로운 지평을 열어 갔다. 피아제는 지식이 이루어지는 요인을 물리적 지식, 논리 수학적 지식, 사회적 지식으로 구분하였다.

• **물리적 지식:** 외부적 인상으로 인한 재료, 사물을 통해서 얻어지는 지식 범주를 의미한다. 예를 들어, 어린이들에게 사과를 설명할 때 사과라는 사물을 보여 주면서 사과에 대한 지식을 설명하는 것과 사과가 없는 상황에서 사과를 설명해야 하는 어려움의 차이점을 들 수 있다. 사람들에게 가장 정확하게 올바른 지식을 만들어 줄 수 있는 것은 재료와 사물을 직접 가지고 속성을 활용하여 감각기관을 통해서 설명할 때 가장 명료화된 지식을 획득할 수 있다. 영유아교육 기관에 어린이들이 감각적으로 경험할 수 있는 물건이 많은 이유는 그들에게 올바른 지식을 형성하도록 안내해 주기 위해서이다. 예를 들면, 큰 바구니에 플라스틱 과일 종류를 담아 놓고, 보고, 만지고, 촉감을 감각적으로 느끼도록 해 물리적 지식을 형성하는 절대적 요소인 감각 기능을 경험할 수 있는 기회를 제공하고 사물을 관찰할 수 있게 만드는 것이다.

감각 기관이 어떤 재료나 사물을 탐색할 수 있을 때 어린이들은 지식을 구성하게 된다. 어린이들이 관찰한 재료가 학습 내용이 되고 방법이 될 수 있다. 물리적 지식은 신체적 운동을 통해서 더욱 정확한 지식을 구성하게 된다. 어린이들은 사물을 향해 움직이고, 만지고, 조작하고, 탐구하면서 다양한 지식을 구성해 간다. 물리적 지식 특성은 어린이 자신이 발견하고, 경험하고, 감각으로 느낀 것에 의해서 얻어지는 지식이다. 몬테소리의 모든 영역별 교구는 어린이들이 물리적 지식을 구성하는 데 필요한 요소들을 담아 내고 있다.

• **논리 수학적 지식:** 사물의 차이점, 사물과 사물의 관계를 통해서 서로 다른 점을 이해하며 지식을 구성해 가는 과정이다. 같은 사과이지만 빨간 사과와 파란 사과의 색의 차이점을 알아 가고, 큰 사과와 작은 사과의 차이점과 관계를 이해하고 파악하는 것이다. 논리적 지식은 빨간 사과와 파란 사과는 색상은 다르지만 사과라는 본질은 같다는 것이 아니다. 논리적 지식은 사과 자체가 아니라 어린이의 생각에 달려 있다. 즉, 논리적 지식은 어린이들 자신이 만들어 가고 구성해 간다. 인간의 지식은 관계로부터 시작해서 관계로 인해서 확산되는 지식이므로 관계

성 지식이라고도 한다.

빨강 사과와 푸른 사과의 차이점을 판단하는 것은 사과 자체의 반응에 의해서 발견하는 것이 아니라 어린이들 자신이 사과를 직접 감각적으로 보면서 일어나는 인지 활동의 결과에 의해서 얻어지는 것이다. 사물과 사물을 보며 높고 낮음을 비교하고, 짧고 길다를 비교하는 것은 사물 간의 관계를 분석함으로써 논리 수학적 지식을 학습하는 것이다.

- **사회적 지식:** 어린이가 속한 사회에서, 부모, 교사, 양육자와의 관계 속에서, 관계에 의해서 얻어지는 지식을 의미한다. 사회적 지식은 학습과 배움에 의해서 사회적 규범, 규칙, 관습의 전승에 의해서 형성된다. 예를 들면, 어린이날, 어버이날, 삼일절과 같은 우리나라의 국경일, 어린이집에서 정해 놓은 다양한 규칙들을 어린이들이 지키면서 사회적 지식을 구성하게 된다. 어린이들의 사회적 지식 형성에 있어서 교육자들의 가르침은 매우 중요한 역할을 한다.

사회적 지식은 어린이들이 성장하면서 문화를 형성해 가는 학습 매체의 역할을 한다. 어떤 사회든 그 사회가 원하는 일반적인 지식들이 있다. 이러한 지식이 사회적 규범을 만들어 가고, 규범을 통해서 정상인과 비정상인을 구별하기도 한다. 예를 들면, 한국 사람은 숟가락과 젓가락으로 밥을 먹고, 인도 사람들은 손으로 밥을 먹는다. 사회적 지식이 다른 것이다. 이때 한국 사람이 손으로 밥을 먹으면 사회적 지식이 허락하지 않기 때문에 비정상인이라고 말한다. 어린이들에게 사회적 지식은 인간화, 정상화, 문화화로 진화하는 과정에서 중요한 역할을 한다.

위에서 언급하고 있는 3가지 지식 유형의 구성 방법을 비교해 살펴보면 다음과 같다.

〈표 2-1〉 3가지 지식 유형의 구성 방법

	물리적 지식	논리 수학적 지식	사회적 지식
지식을 구성하는 근원	사물, 재료, 힐레(Hyle)	어린이 자신	교육자, 양육자, 문화
지식을 구성하는 방법	사물을 관찰하고, 사물과 함께 움직이고 운동함	정신적 활동, 뇌에 자극이 가해져야 함	교육에 의해서만 가능함
	절정 경험, 다양한 경험	내재적으로 스스로 구성해 감	사회적 규범, 질서가 중요함
	스스로 발견하는 것	새로운 것을 발견, 발명하여야 함	교육자와 피교육자의 상호 작용이 필요함
지식을 구성하는 예	이것은 사과이고, 빨간색이고, 다른 것은 푸른 색이야, 사과는 서로 관계가 있어.	사과는 먹는 것이다.	이것은 사과이고, 공공장소에서 조용히 해야 하고, 파란 불이면 건너가도 된다.

이 3가지 지식 중에서 수학적 지식에 해당하는 것은 물론 논리 수학적 지식이다. 왜냐하면 우리가 어린이들에게 수 막대를 가지고 수와의 관계를 설명할 때 수 막대 하나는 10cm이고, 10cm가 10개이면 1m가 된다. 여기에서 10cm는 빨강 막대 자체가 아니고 빨강 막대와 다른 빨강 막대와의 관계를 의미하는 것이므로 수 개념에 관계된다. 10cm라는 개념은 어린이가 인지적 작용을 통해서 구성하거나 창조하는 개념들이다. 그러므로 수는 논리 수학적 지식이라고 말할 수 있다. 우리가 사회적으로 규정해 놓은 하나, 둘, 셋과 같은 수의 명칭은 논리 수학적 지식이 아니고 사회적으로 규정해 놓은 사회적 지식인 것이다. 몬테소리 교실에 이러한 물리적 지식, 논리 수학적 지식, 사회적 지식 구성을 위한 환경이 준비되어 있는 것을 볼 수 있다.

다른 한편으로 일반적으로 수학교육자들은 수학 지식 개념을 개념적 지식과 절차적 지식으로 구분하는 경우도 있다. 개념적 지식이란 물리적 지식과 같이 사물이나 상황의 관계로부터 발생하는 지식을 의미한다. 예를 들어, 4×4=16이다. 개념적 지식의 측면에서 4를 4번 합산하면 즉, 4+4+4+4는 16이라는 숫자가 발생한 것이다. 개념적 지식은 자신이 이미 알고 있는 지식과 관련하여 사고함으로써 자연 발생학적으로 얻어지는 지식이다. 반면 절차적 지식은 수학적 지식과 수학적 문제를 해결하기 위해서 이미 정해진 공식, 과정, 절차, 수학 기호, 수학 상징 표시에 관한 지식이다. 수학 지식을 절차적이고 순차적으로 이해할 수 있도록 돕는 방법이다.

2. 어린이들을 위한 수학교육의 목적

어린이들이 수학을 왜, 무엇으로, 누구와, 언제, 어디에서, 어떻게 배울 수 있을까? 수학교육이 어린이들의 물리적 지식, 논리 수학적 지식, 사회적 지식을 포함한다면 수학적 경험은 인지 발달에 많은 영향력을 미친다. 수학적 경험을 함으로써 논리적 사고와 문제해결 능력, 수학적 인지를 발달시킬 수 있다. 어린이들이 수학을 학습해야 하는 이유는 수학적 경험이 인지 발달에 활력소가 되기 때문이다.

유아기 수학적 경험은 어린이들의 생활을 객관적이고, 질서 있고, 규칙적이고, 합리적으로 만들어 주는 기초적인 역할을 한다. 언제 식사를 하고, 언제 어린이집, 유치원에 가고, 언제 일어나야 하는지 등의 일상생활은 시간 개념과 더불어 수의 개념을 인지하고 있지 않으면 불가능한 일이다. 수학교육의 목표는 다음과 같다.

- 일상생활에 정상적으로 적응하기
- 수학적 가치 이해하기
- 수학 학습을 통해서 자신의 능력에 자신감 가지기
- 수학적 문제해결사 역할 하기

- 수학적으로 의사소통 훈련하기
- 수학적 추론 훈련하기
- 논리적으로 사고하는 방법 훈련하기

어린이들의 민감기에 나타나는 특성은 다음과 같다.

- 발달 과정에서 나타나는 어떤 종류의 민감기든 흥미와 열정으로 대처한다.
- 모든 민감기는 생물학적 욕구가 가장 강하게 나타나는 현상이다.
- 모든 민감기 학습을 자발적으로 돕는다.
- 모든 민감기는 인지 발달에 협력해 주는 안내자 역할을 한다.
- 민감기는 여러 종류의 발달 영역 혹은 주제에 흥미를 느끼도록 자극하여 인지 발달을 촉진하는 내적 생명력과 같다.
- 모든 민감기 동안 학습되어 습득한 지식들은 어린이들의 정신세계가 발전하면서 완벽하게 완성된다.
- 어린이들이 현재 가지고 있는 관심은 하나에만 집중하는 것이 아니라 또 다른 관심으로 전이되면서 새로운 관심을 불러일으키고 다른 민감기를 촉진한다.
- 어린이들의 다양한 관심은 서로 논리적으로 연결되어 단계적으로 더욱 다양한 지식의 정신세계가 발달하면서 확산된다.
- 어린이들의 특별한 인지 능력이 발달했다면, 이는 민감기를 적절하게 생물학적으로 발달시킨 결과이다.
- 어린이들의 감각은 일반적으로 성격, 본능, 생활의 지속적인 발달과 관계되어 내적 습관을 만들어 간다.
- 어린이들의 내적 활동은 민감기의 본능적 내적 생명력을 발달시킨 결과의 작품이다.

어린이들의 정신은 운동, 감각, 자유 그리고 환경 속에서 지속적인 활동을 통해서 구성된다. 이러한 어린이들의 활동은 생물학적 욕구가 가장 강하게 일어나는 단계이므로 작업과 협력할 수 있어야 한다. 다시 말하면 통합적인 활동이 강하게 일어나야 한다는 것이다. 실제로 감각 기관은 계속해서 환경을 탐색하려고 하며, 운동 활동(motor activity)을 계속한다. 어린이들은 활동에 능수능란한 탐험가가 된다. 어린이들은 필요한 이미지를 외부 환경에서 무조건 수용하는 것이 아니라 오히려 활동적 욕구를 나타내면서 스스로를 위해 만족하는 의지력과 더불어 정확하고 결정적인 목적으로 안내한다.

소위 말해서 어린이의 변함없고 지속적인 수학에 대한 열정은 결과적으로 민감기 활동인 것이다. 스스로 작업 선택을 강요하고 자신만의 자동 학습 방법으로서 자발적이고 반복적인 연습이자, 감각과 심리적 활동 운동이 동시에 일어난 것이다.

3. 어린이들의 수학적 사고 발달과 인간화

어린이들에게 쉽게 수학을 가르치기 위해 연구한 결과가 몬테소리의 심리 수학과 심리 기하학이다. 대부분의 어린이는 유아기에 수학적 개념을 성취한다. 몬테소리 교실에서는 이미 취학 전 어린이들에게 수학적 환경을 제공해 주어 수학적 감각과 수에 대한 기본 개념을 획득하도록 간접적이고 비형식적인 수교육에 노출시킨다. 어린이들은 생활하는 공간에서 의식적이든 무의식적이든 수의 세계를 접하고 있다. 어린이들의 수학적 개념 발달을 발단 단계에 맞추어 살펴보면 다음과 같다.

- **영아기:** 탄생과 더불어 영아기인 0~3세까지 어린이들은 이미 태내에서 발달한 5가지 감각 기관을 더욱 발달시키기 위해서 자기들의 본성을 최대한 활용한다. 5가지 감각 기관을 통해서 자기의 환경 속에 준비되어 있는 모든 사물과 사람들을 흡수한다. 사물을 탐색하여 들어 올려 봄으로써 무게 감각을 훈련하고, 각각의 방, 부엌, 응접실을 돌아다니면서 공간 개념을 훈련하고, 사물의 형태와 모양

을 변별하는 훈련을 통해서 형태를 알아가고, 잠자고 배고픈 것을 경험함으로써 시간 개념을 훈련하게 된다.

영아들이 마음대로 움직일 수 있도록 자유로운 공간을 제공하고, 자유로운 탐색 활동을 할 수 있도록 허락하여야 한다. 영아들은 탐색 활동을 통해서 운동의 민감기를 발달시키고, 가장 기본적인 운동과 움직임을 통해 소근육과 대근육을 발달시킨다. 영아 전담 몬테소리 교실에서 제공되는 분홍탑을 쌓고, 꼭지 원기둥에 꼭지를 끼우고, 빼는 끼워 넣기 놀이를 한다. 터널 기어서 통과하기, 블록 쌓기 활동은 감각과 운동 능력을 발달시키는 동시에 수학적 사고와 수학적 지식을 발달시킨다. 어린이들은 교구의 색상, 크기, 촉감, 형태를 통해서 사물을 인식하게 되고 영아기 후반기에는 대상영속성의 개념과 표상적 사고 능력이 발달하게 된다. 영아기에 5가지 감각 운동을 통해 기억 저장소에 저장된 의식적, 무의식적 지식들은 다음 단계인 유아기의 인지 발달과 연결된다.

[그림 2-1] 감각 도형 상자

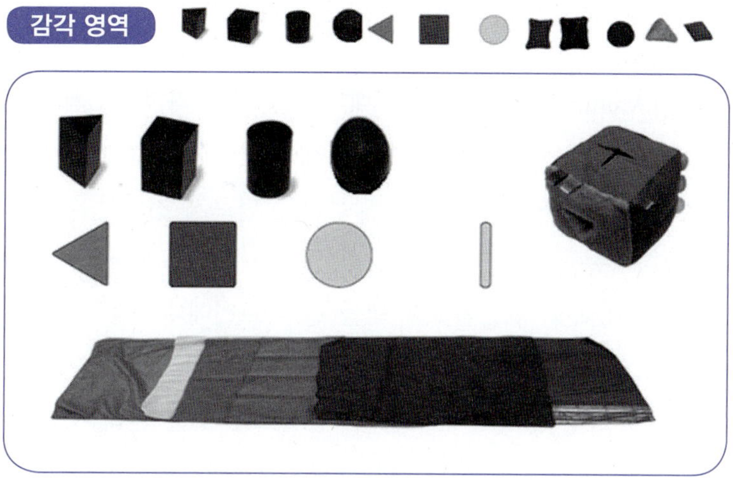

[그림 2-2] 감각 변별 천 조각

• **유아기:** 수학적 개념이 발달하는 시기로 피아제의 이론에서 전조작기에 해당된다. 어린이들은 전조작기에 언어가 발달하며, 특히 양과 질의 개념이 발달하는 시기이다.

몬테소리 교실에서 어린이들은 감각 교구를 사용하여 가볍다-무겁다, 높다-낮다, 빠르다-늦다 등의 감각을 익히고, 삼각형, 네모, 둥근 모양을 구별하는데, 이는 이 시기 어린이들의 인지적 발달을 반영한 개념들이다. 이 시기 어린이들은 사물의 모양, 순서, 배열이 바뀌면 물체의 양도 변화한다고 생각한다. 즉, 긴 컵과 넓이가 넓고 낮은 컵에 같은 양의 물을 부어도 긴 컵에 물의 양이 많다고 생각하는 것이다. 이 시기의 어린이들은 셈하기, 일대일 대응하기, 형태, 공간, 비교하기, 분류하기, 배열하기 등을 학습한다.

4. 어린이들의 수학을 통한 정신적 조직

아르키메데스(Archimedes)가 수학의 대가라는 것은 라파엘로의 『아테네 학당』 명화에서도 잘 표현하고 있다. 물론 예술적인 측면에서 표현한 것이지만 우리가 일반적으로 알고 있는 죄와 관계있는 천당문과는 다르게 천당문을 들어가기 위해서 지혜가 필요하다는 상징적 의미로 양쪽 문에 아리스토텔레스와 플라톤을 그려 놓고, 바로 문 아래에 책을 들고 수염을 한 아르키메데스를 그려 놓은 이유는 지혜도 수학을 모르면 불가능하다는 것을 상징적 의미로 표시한 것이라고 전해진다. 인간의 지혜를 가장 정확하게 표현할 때 필요한 것은 논리 수학적 사고이다. 모든 명작이 기하학 형태를 기본으로 활용하는 이유이기도 하다.

예술 작품에서 기하학 그림을 보면 기하학적 형태와 서로 연결되어 있는 관계들은 정확할 뿐만 아니라 아름답고 정적으로 표현되어 있다. 형태를 연결한 다음에 예술적으로 장식한 기하학적 예술 작품은 서로 연관되어 찬란한 모습을 드러낸다. 이러한 형태들은 정확한 도형으로 측정이 가능하다. 이를 통해 인간의 마음을 표현하는 것뿐만 아니라 인간의 미적 감각을 측정하기도 한다.

[그림 2-3] 기하학 도형들

몬테소리는 어린이들을 위한 기하학적 형태들을 예술적으로 장식하고 창조하여 어린이들의 관심을 끌기 위해 노력하였다.

그러나 기하학은 단순하게 도형의 본질을 실제로 증명하는 것만이 아니라 실제적 증명을 통해서 논리적 사고를 학습하는 데 목적이 있다. 장식 예술, 건축 예술로 유명한 이탈리아 예술가인 조토(Giotto)는 사각형과 삼각형을 가지고 자기의 미술 세계에서 활동한 유명한 화가이다. 만약 우리가 단지 삼각형과 원을 생각해 본다면 눈에 보일 정도로 다른 차이점을 볼 수 있게 된다. 기하학적 미술 작품에 대한 관념적인 관계들을 이루기 위해서 어린이들은 기하 도형을 서로 조립해 보면서 기하 도형의 구체물들과 작업을 할 수 있다.

이론적이고 학문적인 근거를 제시하는 기하 도형은 후에 다양한 예술 작품을 위한 창조 작업에 없어서는 안 되는 예술학문 영역에 도입되었다. 모든 예술품은 기하학적 도형을 근거로 건축되고 조각되었다. 그리스에서 2,000년보다 훨씬 더 이전에 유클리드에 의해 쓰여진 『대수학』에서 볼 수 있고, 이러한 저서들을 이용하여 유럽, 미국, 미남부에서 기하학을 가르쳤다는 기록도 있다. 유클리드는 지구상의 모든 기하학적인 관계들을 자신이 연구하여야 한다는 신의 영감을 받은 것처럼 최선을 다해 연구하였다. 어쨌든 과거의 학자들은 기하학에 많은 관심을 가졌고 기하학에 대한 열정도 대단했던 것으로 기록하고 있다. 예술가들은 기하학을 근거로 마치 인간화를 이루어 가야 하는 것처럼 인식될 만큼 기하학은 예술의 일부분이 되었다.

기하학은 어린이들의 마음에서 매력적이고 예술적인 형태들을 구성하고 찾아내는 수학적 여정에 필요한 학문이다. 몬테소리 교실에서 어린이들에게 기하학 영역을 작업할 수 있도록 제공했을 때 어린이들은 모양과 형태들 사이의 연결과 관계들을 발견하고 경이로움과 놀라워하는 모습을 보인다.

가장 매력적이고 놀라운 사실은 어린이들이 기하학이 수학과 관계되어 있다는 사실을 발견한다는 것이다. 기하학을 통해서 수학적 개념과 연결시키는 것이다. 몬테소리 교실에서 기하학을 적용하는 어린이들은 실제로 수학 영역의 학습 목표를 발전시켜 가는 것을 볼 수 있다.

어린이들은 무한히 창조할 능력이 있고 또래 친구들과 새로운 어떤 것을 창조하는 상호 작용을 하기도 한다. 교사는 어린이들에게 기하학 교구들과 모양들을 보여 줌으로써 그들의 예술적인 영감에 도움이 되기를 바란다. 사실은 어린이들이 생활하는 모든 공간은 모두 기하 도형으로 구성되어 있다. 단적으로 말해서 지구 자체가 둥근 원이다.

몬테소리 교실에서는 다양한 활동이 어린이들을 위해 개방되고 열려 있다. 기하학 교구를 어린이들에게 얼마만큼 제공하는가에 따라서 그들이 기하학에 관심을 가지고 이해하는 데 중요한 역할을 한다. 특히 기하학 교구에 중요성을 부여하는 이유는 교구가 추상적이고 상상력을 촉진하는 방법으로 어린이들에게 제공되기 때문이다.

몬테소리 교실에서 어린이들이 어떤 과목 이상으로 수학을 사랑할 수 있도록, 수학 활동을 좋아할 수 있도록 안내했을 때 얻어지는 긍정적 효과들이 바로 몬테소리가 심리 수학과 심리 기하학이라는 명칭을 붙인 이유이다. 단순한 수학이 아니라 수학을 좋아하도록 다른 영역과 연결하여 수학적 정신을 만들어 가도록 지도한 것이다.

대부분의 어린이는 원래부터 다른 과목보다 수학을 더 선호하고 좋아하는 것은 아니다. 수학 영역은 어린이들에게 다양한 흥미와 관심을 자극하도록 안내하여야 하고, 그들이 진심으로 수학에 열정은 아닐지라도 관심 정도라도 가지도록 하기 위해서는 사실적 상태를 뛰어넘어서 심리적으로 안정된 상태에서 수학을 바라볼 수 있도록 지도해야 하는 것이다.

대부분의 부모와 교사들은 어린이들이 수학에 흥미가 없고 수학을 성공적으로 학습하기 어렵다는 선입견을 가지고 있다. 만약 교사가 몬테소리 교실에서 온몸을 활용하면서 수학과 기하학을 가르친다면, 즉 어린이들에게 마음의 수학을 가르친다면 어린이들은 기분 좋게 교사와 부모를 바라보면서 흥미 있게 웃을지도 모른다.

대부분의 어린이는 수학이라는 단어가 언급되면 마음을 닫아 버리고, 마음의 장벽을 쌓고 수학 병을 앓고 있는 수학 거부증 환자 같은 모습을 보인다. 일반적으로 수학을 배우는 어린이들의 90% 이상은 수학에 대한 거부 반응을 나타내고 있다. 어린이들은 수학을 모르는 것이 아니라 계산하는 방법, 수학 자체에 대한 선입견으로 우선 지루해한다. 몬테소리가 수학 거부증 환자인 어린이들에게 교구로 수학에 접근하는 방법을 개발한 것은 엄청난 과업이었다.

위대한 프랑스 철학자 파스칼(Pascal)은 인간의 마음에 본래 수학적인 마음이 있다는 것을 증명하였다. 몬테소리는 수학적 본능을 가지고 있는 어린이들에게 수학적 정신을 창조해 주고 구성해 주는 것이 중요하다는 것을 이미 알고 있었던 것이다.

어려서부터 수학과 과학에 특별한 관심을 가졌던 몬테소리는 언어 매체를 통해서 수학을 가르친 것이 아니라 어린이들의 오감을 자극하여 몸을 움직이면서 교구와 더불어 스스로 배울 수 있는 환경을 만들어 주었다. 어린이가 스스로 결정하여 수학과 기하학을 배우도록 안내해 주었다. 수학적 정신을 만들어 갈 수 있도록 환경을 구성해 준 것이다. 만약 몬테소리 교실이 수학과 기하학으로부터 멀리 떨어진 것 같이 환경 구성을 하였다면 어린이들에게 심리 수학과 심리 기하학이 아니라 단순히 가르치는 수학이 되었을 것이다. 예를 들면, 음악에서조차 수학은 박자와 연결되어 있고, 어린이들의 놀이 활동에서도 리듬과 박자는 수학과 연결되어 있다. 인간의 삶은 총체적으로 수학적 세계 속에서 어렵든 쉽든 간에 적응하면서 살아간다. 사람들은 숫자로 된 수학보다 삶을 바르게 살아갈 수 있는 논리 수학적인 수학에 접근하는 것은 아닐까? 모든 놀이 활동은 어린이에게 수학의 유사관계로 인식될 수 있으며, 정신적인 요소들은 모두 수학적인 기초를 갖는다. 수학의 어떤 형태는 피타고라스에 의해 설립된 철학 학교의 형태를 제공하기도 한다.

어린이들의 마음에서 생각하는 것, 단호하게 결정하는 것, 섬세하게 감각을 훈련하는 것은 대단히 중요하고 흥미로운 일이다. 수학은 어린이들의 정신이 더 훌륭하고, 찬란하고, 신기한 것을 창조할 수 있게 만드는 수단이고 도구이기 때문이다. 훌륭한 창조물들은 수학적인 마음으로부터 발생학적 기원을 가진다. 수학은 추상적인 마음의 방을 논리적으로 조직화된 기능적인 방으로 만들어 간다. 몬테소리 교실은 아직 지혜롭고, 현명하고, 정직한 방법으로 쉽게 받아들일 수 있는 유연한 유아기, 마음이 아직 질서 있게 정상화, 구조화, 조직화되지 않은 어린이들을 자극하여 심리 수학과 심리 기하학을 제공해 줄 수 있는 절호의 기회이다. 모든 심리 수학과 심리 기하학은 추상적인 평면 위에 스스로 조직해 가기 시작하는 어린이들의 마음, 즉 그들의 추상성을 의도적으로 자극하는 학문이다. 어린이들을 위한 심리 수학과 심리 기하학은 그들을 논리적으로 완전성으로, 정상화, 인간화로 진화하는 데 지대한 기여를 하는 학문 영역이다.

4

CHAPTER

몬테소리의 언어 영역과 인간화, 정상화와 인문학의 관계

1. 어린이들의 언어 발달을 통한 인간화, 정상화, 현실화의 진화 과정

어린이들은 기계와 같이 수동적으로 무엇/어떤 것을 습득하지 않는다. 영아들은 끊임없는 움직임, 노력, 작업, 활동을 통해서 인간화에 필요한 지식을 스스로 획득한다. 다시 말하면 타불라 라사(Tabula Rasa)에서 사물, 경험, 선험적 근거로 환경과 상호 작용하면서 인지를 발달시킨다.

신생아들은 한 번도 사용하지 못한 기관들을 스스로 움직이고, 활동을 놀라울 정도로 반복하면서 열정적으로 노력한다. 영아들은 언어 발달을 위해 열정적인 움직임과 활동을 진행하며 자기의 모든 미성숙한 기관들을 쉴 새 없이 활용한다. 예를 들면, 모유나 우유를 먹을 때 입술의 움직임과 울음을 터트릴 때 음성으로 감정을 강하게 표현하는 것 역시 언어 발달을 위해서 자동적, 본능적으로 준비하는 운동인 것이다. 모유를 빠는 것과 울음은 대부분 근육 운동과 연결된다.

부모, 교사들이 영아들에게 특별히 언어 소리를 모방하고 복제할 수 있는 과학적으로 비상한 기술을 가르치지 않아도, 그들은 언어를 배우려고 자신의 생물학적 기능을 최대한으로 발달시키려고 지독한 노력을 한다. 신생아기부터 자기 언어를 발달시키기 위해서 입술을 움직이는 훈련을 스스로 하고, 가끔은 자기만의 언어를 사용하면서 지속적으로 입 근육 운동을 한다. 영아들은 언어 습득 훈련을 위해 놀라운 생물학적 움직임을 보인다. 즉, 언어 발달과 관련된 다른 근육을 통합하여 스스로 균형을 이루어 간다. 이러한 그들의 위대한 작업을 경이롭지 않다고 할 사람이 누가 있겠는가?

영아들은 언어 발달을 위한 본능적인 노력은 물론 배고픔의 강한 욕구를 표현하는 감각 기관을 활용하는 방법을 발견한다. 영아들의 울음은 배고픔, 아픔, 배변 관계와 직접적으로 연결되는 생물학적 표현 방법이다. 다시 말하면 신체적, 감각적으로 느끼는 통증, 울음, 빨기 본능은 그들의 정상화, 인간화, 구체화를 위한 가장 기초적인 작업이라 할 수 있다.

4개월쯤 된 영아를 부모가 안고 다니면, 영아 얼굴을 부모가 위에서 내려다보면서 눈을 맞추고 사랑을 주며 이야기한다. 그때 영아가 집중하여 엄마의 얼굴을 쳐다보며, 천사 같은 순진한 모습에 감탄을 한다. 영아는 엄마의 목, 입술 움직임, 표정을 쳐다본다. 영아가 엄마의 목소리를 듣고, 엄마 냄새를 맡고, 표정을 쳐다보는 것은 자기 나름 엄마와의 밀착된 상호 작용이다. 영아들은 완전히 몰입하여 쳐다보면서 전체를 흡수할 것이다. 영아는 엄마의 얼굴은 물론 목, 볼, 입술, 입 움직임을 보게 될 것이다. 영아의 시야에 들어온 모든 엄마의 얼굴 전체를 가장 가까운 거리에서 쳐다봄으로써 자기가 들었던 소리들을 흡수하여 모방하고 저장할 것이다. 이것은 영아의 언어 발달을 위한 첫 수업 시간이나 마찬가지다. 단순하게 엄마 품 안에 안긴 영아가 가장 가까운 거리의 엄마와 상호 작용하면서 움직임과 표정을 습득하게 되는데, 이것은 아마도 인간의 본능을 표출하는 것일 수 있다.

영아는 엄마의 모습을 관찰하고, 이해하면서 자신이 듣고 눈으로 본 단순한 작은 움직임에 주목해 그러한 강한 힘, 에너지, 인상들을 자신의 몸에 복사해 넣는 것이다. 이러한 본능은 단순히 유전적인 요인이나 영아들이 단지 모국어를 습득하기 위한 힘만은 아니다. 어린이들에게 모국어는 따로 정해지는 것이 아니라 자기가 처음 배운 언어가 모국어가 된다. 영아가 다른 나라로 엄마와 함께 이민을 갔다면 이민국의 언어를 습득하는 상황과 같은 현상이다. 언어를 기억하기 위해서 열정적으로 노력하고, 모방하고, 반복하는 강한 힘, 에너지 덕분에 영아들은 새로운 정보를 자기 것으로 만들어 간다.

영아들은 무엇인가 하나를 학습하기 위해서 땀을 뻘뻘 흘리면서 시간을 소요한다. 아주 재빠르고 열심히 하루 일과를 수행한다. 영아들도 노력과 움직임 없이는 인간화로 진화하지 못한다는 사실을 환경에서 성인들로부터 일찍 학습하게 된다. 영아들을 관찰해 보면 한시도 가만히 있지 않은 이유를 알 수 있을 것이다.

모든 부모와 교사들은 영아가 4개월이 지나면서 아주 빠른 속도로 발달하는 것을 관찰할 수 있다. 영아들이 발달하면 5~6개월 이후에 다른 사람, 다른 환경과 사회적 관계를 맺으려는 욕구가 나타나는 특성을 나타낸다. 이 시기에 사회적 관계가 이루어지지 않으면 영아는 지겨움을 느끼고, 우울해지고, 짜증을 내고, 때로는 마구 던지고, 잡아당기는 약간의 폭력적인 행동을 한다. 5~6개월 이후 영아들은 자기를 즐겁고, 행복하고, 사랑해 줄 수 있고 이야기해 줄 누군가 또 다른 친구, 새로운 환경의 필요성을 요구한다. 어린이들이 필요로 하는 사회적 관계, 환경들은 그들의 언어 발달에 특별히 필요하며 중요한 역할을 한다.

영아는 2음절로 된 명사를 반복하면서 엄마, 아빠라는 말을 학습하게 된다. 영아들이 한 단어를 듣고 반복하는 것은 들은 단어를 이해했다는 증거이다. 영아들은 단어를 이해하고 나서도 또 다른 단어들을 모방하기 위해 기관들을 움직이며 엄청난 노력을 한다. 영아들은 이러한 엄청난 노력으로 자기가 들은 가장 가까운 가능성의 단어를 만들어 낸다. 예를 들어, 우리나라 영아들은 고속버스라는 말을 처음 들으면 고속이나 버스 중 한 단어만 발음한다. 영아들은 언어를 습득하는 초기 과정에서 다른 단어들도 짧게 줄여서 발음한다. 영아들은 발음할 때 단어를 이해하고, 개념을 형성하지만 그중에 겨우 1음절만 반복하는 경우가 많다.

어른들은 이런 방식으로 자신에게 이야기하고 표현하는 영아들의 말을 들음으로써 영아들에게 단어를 정확하게 발음하도록 가르치기보다 그들이 단어와 소리를 반복적으로 재창조하도록 도와주어야 한다. 영아들이 언어를 현실화하기에는 아직 많은 여정이 기다리고 있다. 영아들은 어른들의 말을 듣고, 모방하고, 반복해서 자기들의 언어를 정상화 과정으로 이어 간다. 엄마들은 영아에게 밥 먹어 대신에 냠냠이라는 말을 사용하는데, 영아들은 이미 의미를 알고 입을 벌린다. 영아들은 완벽하고, 정확하고, 분명한 말과 발음을 더 원한다.

대부분의 영아는 한 살이 지나면서 음절에서 문장으로 진화한다. 이를 언어의 폭발적 시기로 언어의 민감기라고 부른다. 놀랍고 흥미로운 사건은 영아가 단어들의 본질을 구분할 수 있는 능력과 재능을 가지고 있다는 것이다. 예를 들어, 한 번 번호가 언급되면 영아들은 1, 2, 3… 등을 순차적으로 이야기할 수 있다. 1~2세의 영아들은 숫자와 다른 생각들 사이의 차이점을 구별할 수 있다. 영아들은 1, 2, 3을 말하고 우리 집, 강아지와 같은 말을 이어 구사한다.

어린이들은 환경, 사람들과 상호 작용하면서 언어를 자연스럽게 습득한다. 영아들은 가족 구성원들이 듣고 있는 것을 인지하지 못한 채 일상생활 속의 말들을 들음으로써, 나중에 들은 것들을 기억하며 가족을 통해 언어를 습득한다. 또한 어린이들은 또래의 어린이들이 말한 것을 듣고, 들은 말을 반복하면서 차츰 또래들과 언어로 소통이 가능해진다. 우리는 자연이 어린이에게 넘겨준 소통 수단인 언어를 어린이들이 완벽하게 학습하도록 소통, 이야기 나눔을 통해 문화, 환경, 자연이 선물한 우리만의 언어를 만들어 갈 수 있도록 촉진하여야 한다.

어른들의 입장에서 보면 어린이들은 특별한 도움 없이 자연으로부터, 환경으로부터 많은 지식, 경험을 습득한다. 우리는 어린이들의 이 놀랍고 신기한 능력과 자기 노력을 통한 자기 구성 원리에 찬사를 보내 주어야 한다. 아주 훌륭하다고, 참 잘했다고 말해 주어야 한다. 부모가 2~3세의 자녀를 데리고 외국 생활을 시작하는 경우, 대부분의 어린 자녀들은 자신에게 아주 생소한 외국어를 얼마의 시간이 지나지 않아 마치 모국어처럼 습득한다. 다른 나라 어린이들과 언어 소통이 가능할 뿐만 아니라 그 지역의 억양까지 습득한다. 그래서 종종 성인들은 어린이들을 언어와 소리를 생산하는 언어개발 기계라고 부르기도 한다.

이처럼 어린이들은 특별히 언어개발 기계를 활발하게 움직이는 언어의 민감기를 가진다.

언어 민감기의 첫 번째 단계는 어린이의 감수성이 자기가 듣는 소리들을 즉시 등록하여 저장하고, 고정시키는 시기이다. 두 번째 단계는 어린이가 사물들의 명칭뿐만 아니라 말의 중요성과 의미를 나타내기 위해 단어들을 차례로 나열하는 단계이다. 어린이들이 문법적으로 완전하게 학습하는 단계이다.

어린이들은 단지 주변 사람들의 이야기를 듣고 문법을 이용하여 문법적으로 말하는 것에 흥미를 느낀다. 어린이들은 새로운 단어와 그 단어가 가지는 소리를 구성하여 습득하는 즐거움을 느끼는 것이다. 어린이들은 일생 동안 이루어야 할 마음의 과업을 가지고 있다. 어린이들은 7세경에 이르러 자신의 생물학적 과업을 대부분 완성하는데, 이 시기에는 특히 말을 멈추지 않기 때문에 고차원의 언어 구사 능력의 과업을 완성하면서 언어 발달과 함께 사회적 관계를 맺고 진정한 인간화로 발달해 간다. 생활을 언어로 표현할 수 있게 되었을 때 몸짓, 미소, 행동으로 소통하는 것이 아니라 언어로 소통하는 발전을 성취한다. 어린이들은 에너지, 열정, 앎을 언어로 소통한다. 이때가 언어의 민감기가 최대 절정에 이르는 시기이다.

어린이들은 언어의 민감기를 통해서 쓰기를 배움으로써 또 다른 언어 영역인 문학 속으로 빠져들게 된다. 유아기의 모든 민감기는 교육적인 측면에서 가장 중요한 지도자, 안내자, 교사의 역할을 한다. 우리의 언어를 통해서 문화 개념을 어린이들에게 알리기 위해 긍정적으로 말하고, 자연적으로 접하는 환경 속에서 인간화, 현실화에 필요한 기본적인 언어적 지식을 축적해 간다. 우리는 민감기 동안 어린이들에게 배우는 즐거움을 제공하고, 어린이들이 흡수 정신을 통해서 기억 저장소에 저장하였던 무의식적 지식들을 후에 새로운 경험을 반복하면서 의식적 지식으로 구성하여 자기 문화를 형성해 가도록 해 주어야 한다.

2. 어린이들의 읽기와 쓰기를 통한 인간화 준비

언어는 모든 사물, 사람과 연결된다. 예를 들면, 우리 주변에 있는 모든 물건은 이름이 있고, 이름은 그 사물의 실체를 다른 사람들에게 알리는 하나의 언어이다. 이름이 없으면 그 사물을 설명하기가 무척 복잡하고 까다롭지만 이름 하나만 이야기하면 우리는 즉시 이해하고 알아듣는다. 그렇지만 이름은 읽기가 가능할 때 쉽게 사용할 수 있는 것이다. 어린이들이 배움, 관계, 지식, 사고의 폭을 넓히려면 우선적으로 언어교육인 읽기, 쓰기, 말하기 능력의 총체적 개념인 어휘력을 길러야 한다. 인간은 말, 소통, 읽기, 쓰기를 통해서 다른 사람과 관계를 가지고 자기의 생각, 마음, 정서 상태를 표현한다. 언어는 자신을 밖으로 드러내는 매체이다. 사람의 말을 들으면 그 사람의 삶을 거의 이해할 수 있다. 언어는 자기가 살아가는 곳에서 자기를 표현하기 때문이다.

언어는 사람들에게 여러 다른 형태로 인식되는 복잡한 주제이다. 몬테소리 교실에서 언어를 어떻게 훈련하는지는 중요하다. 몬테소리 교사와 부모들은 어린이들에게 직·간접적으로 도움을 준다. 간접적인 방법으로는 그림을 그리게 한다든지 글을 쓰기 위해 연필 등을 가볍게 쥐는 동작을 연습시킬 수 있다. 이렇게 잡는 방법을 연습하는 것은 글자를 쓰기 위해서 그들의 손 움직임을 간접적으로 준비하는 것이다. 직접적인 방법으로는 손가락으로 모래종이 글자(sandpaper letters)를 따라 움직이는 방법이 있다. 또한 어린이들이 소리를 듣고 단어를 분석하게 하여 글자 각각에 대응되는 소리를 인지하게 하는 지적 활동인 소리 분석 표출 방법 등을 통해 간접적으로 준비를 시킬 수 있다.

이러한 모든 과정이 끝났을 때, 어린이들은 쓰기 준비를 단계적으로 이행한다. 어린이들의 쓰기 활동은 훈련 과정인 손 운동, 연필 잡는 방법에 익숙해지면 자연스럽게 얻어지는 결과이다.

이 단계에서 어린이들에게 연필이나 색연필을 손에 쥐여 주면 글쓰기를 시작할 수 있다. 가끔은 단어를 쓰게 되고, 어떤 경우는 완전한 문장 쓰기에도 성공한다.

어린이들과 생활하면서 이러한 놀라운 변화를 인식한 사람만이 언어 발전의 중요성과 언어 발달이 어린이들의 정신에 미치는 영향과 차이점을 이해할 수 있다. 어린이들이 단어를 통해 자신의 생각을 표현할 수 있게 됨으로써 얻어지는 흥미와 즐거움은 발달 과정에서 즐거움과 만족감 그리고 쓸 수 있다는 자신감을 키워 주며, 무엇/어떤 것이든 기록하려는 인간화 작업을 시작할 수 있게 한다.

어린이들이 자신의 능력으로 글자 쓰기, 즉 자기 이름, 친구 이름, 부모님 이름을 쓸 수 있는 단계에 도달하면, 자신에 대해 놀랍고 새로운 발견을 하게 된다. 어린이들은 "선생님도 글자를 쓸 수 있어요? 나는 이제 이름을 쓸 수 있어요."라며 흥분된 얼굴로 쓸 수 있는 자신감을 자랑한다.

갑자기 어린이가 글자를 쓰기 시작하면 그 시기에 다른 모든 것들도 쓸 수 있는 쓰기의 민감기를 맞이한다. 어린이들의 쓰기 민감기는 멈추지 않고 종이나 쓸 수 있는 칠판이 있으면 아무 데나 쓰기를 즐기면서 쓰기의 달인이 된다. 쓰기의 민감기를 즐기는 단계이다.

중요한 것은 어린이들이 쓰기 민감기 과정을 통해 얻은 즐거움과 흥미로움이 다른 작업과 연결되어 관심과 흥미를 야기시킨다. 어린이들의 첫 번째 글자 쓰기 과정은 대단히 가치 있고 중요한 작업이 되기 때문에 교사들은 당연히 기쁨과 사랑으로 자신감을 가지도록 격려해 주어야 한다. 어린이가 그림과 비슷하게 쓴 글자가 매우 서투르다고 할지라도 찬사와 격려를 아끼지 말아야 한다. 교사는 어린이의 이러한 성취감에 내재적 동기 부여를 할 수 있는 모든 방법을 적용하여야 한다.

칭찬 대신 잘못 쓴 글자를 수정해 준다면 어린이들의 기쁨과 흥미가 사라지기 때문에 어린이의 정서적 흥분에 답하면서 함께 흥분과 감탄에 동참하여야 한다. 어린이들의 이러한 흥분이 사라진 다음, 단계적으로 언어교육이 이어지게 된다. 어린이들이 잠시 동안 이러한 행동 현상을 보인 다음 다른 모든 언어에 대한 세부적인 사항에 흥미를 느끼기 시작할 때, 쓰기의 오류 수정과 언어교육이 이루어지고 말하기 과정도 이와 유사한 과정으로 진행한다.

읽기 과정에는 다음 3가지 측면의 준비 단계가 있다.

- **첫 번째 준비 단계:** 발음의 수정 과정이다.

어린이가 발음에 문제가 있는 경우에는 큰 목소리로 단어를 발음하면서 교사가 수정해 줄 수 있다. 어린이가 3살 이하라면 아직 언어 발달 시기이므로 수정 과정이 어렵지 않다. 발음 교정 기간은 어린이가 5살에서 7살이 될 때까지 계속된다. 어린이가 이동식 상자로 시작했다면 자신이 하는 발음의 부정확함을 깨달을 수 있다. 발음의 문제점은 모래 상자를 활용해서 소리를 분리해 들려줌으로써 어린이에게 정확하게 잘못된 부분을 지적해 수정해 줄 수 있다. 물론 오류 수정은 어린이들의 모든 작업 과정에서 일반적으로 일어나는 현상들이다. 교사는 어린이들의 발음에 대한 잘못을 지적할 것이 아니라 교사가 정확하게 단어를 발음해 준 뒤 어린이들에게 그대로 발음하도록 안내해 준다.

- **두 번째 준비 단계:** 어린이들의 단어 표현은 일상적인 습관과 관련이 있기 때문에 어린이들에게 더욱 올바른 단어 사용을 권고하여야 한다.

어린이들은 종종 의미는 같거나 유사하지만 부적절한 단어를 사용하는 경우가 있다. 예를 들어, 두꺼운 것과 뚱뚱한 것은 의미론적으로 약간 유사한 의미를 가지고 있지만 어린이는 두 가지를 혼동해서 사용하기도 한다. 어린이는 아직 얇다, 두껍다, 뚱뚱하다, 크다, 길다, 짧다는 단어뿐만 아니라 사물의 이름이나 특징을 다루는 단어들 사이의 차이를 구분하는 학습을 하지 않았기 때문에 잘못 사용하는 경우가 있는데, 이러한 현상은 어린이들이 성장하면서 사회화, 인간화, 정상화 과정에서 스스로 해결해 간다.

어린이들이 읽는 방법을 인지한 다음 단어의 정확한 의미를 설명하기 위해서 단어, 문법, 유사한 단어를 알맞고 적절하게 사용하는 방법을 가르치게 된다. 이때 올바른 단어 사용을 가르쳐야 한다. 어린이들의 잘못된 단어 표현 습관은 사물이나 그림을 통해 새로운 단어를 학습했을 경우에 더욱 수정이 어려워진다. 이러한 현상은 지리학(geography), 기하학(geometry), 자연과학(natural science),

물리학(physics), 화학(chemistry) 등과 같은 전문 단어를 새롭게 배울 때 흔히 나타난다. 중요한 것은 어린이들은 읽기에 이미 숙달된 후에는 수정이 어렵다는 것이다. 어린이들의 언어 표현은 어린이가 처음 경험한 지각 능력에 바탕을 두고 있기 때문이다. 어린이가 처음에 사물을 정확하게 지각하였다면 정확하고 올바른 과학 용어를 사용할 수 있게 된다.

- **세 번째 준비 단계:** 어린이가 읽는 방법을 알기 이전에 준비해야 하는 것은 자기표현이다.

교사는 어린이가 말을 잘할 수 있도록 격려해 주는데, 보통의 어린이들은 몬테소리 교실에 처음 오면 말하는 것을 약간 수줍어한다. 수줍음 현상은 천성적으로 수줍음을 타는 것이 아니라 새로운 환경에 위축되기 때문에 나타난다. 어린이들은 본능적으로 말을 하고 싶어 하지만 어린이들의 말은 어른들처럼 논리적이지 않다. 어린이들은 주변에서 본 것이나 자신의 지적 능력에 영향을 미친 것으로부터 약간의 간단한 생각을 형성한 다음 단어로 표현한다. 하지만 듣는 사람들은 바보 같은 소리를 한다고 말한다. 이처럼 자연적으로 발달하는 어린이들의 말하기 능력의 대부분은 항상 어른들에 의해 위축된다.

몬테소리 교실에서는 어린이들의 이러한 위축된 말하기 능력을 다시 개발시키기 위해서 대화식 방법, 담론식 스토리텔링을 활용한 토론 그룹을 구성하기도 한다. 아무리 자신의 생각과 계획을 논리 정연하고, 사실적으로 준비한 어린이일지라도 자신을 바라보는 친구들과 선생님과 눈이 마주치게 되면 몸이 굳어질 수 있고 위축될 수 있다.

일반적으로 말과 연관된 3가지 사람의 유형이 있다.

첫째, 말하는 것을 좋아하는 사람이다.
이런 사람은 자연스럽고 열성적인 방식으로 이야기한다.

둘째, 연설하는 사람보다 더 많이 아는 것처럼 보이는 사람이다.

이런 사람은 연설자가 실언을 했을 때 즉시 그것을 정정한다. 하지만 정작 자신에게 연설 요청이 들어온다면 한마디도 못하거나 먼저 연설한 사람보다 더 조리없게 말한다. 마치 춤추는 무희가 발이나 팔 동작에서 실수를 하면 알아볼 수 있지만 정작 자신이 무대에 오르면 전혀 추지 못하는 사람과 같다.

셋째, 일어나서 말은 하지 않고 단지 고개만 흔드는 사람이다.

이런 사람은 모든 표현을 묵시적으로 또는 몸짓으로 표현하는 사람들이다.

실제로 어린이들을 이 3가지 유형의 사람들과 비교해 보면, 수줍어하지 않고 자연스럽게 자신의 말을 정확하게 표현하는 방법을 가르쳐야 한다. 이를 위해 어린이들은 연습이 필요하다. 교사들이 어린이들에게 언어로 자기를 표현할 때 격려해 주는 방법은 과학적인 근거를 가지고 다음에 일어날 여러 생각을 근거로 안내해 주어야 한다.

어린이들이 학교에 오면 교사들은 전체적인 이야기를 들어줄 수 있다. 어린이 중 일부에게 자신이 하고 싶은 이야기를 해 보라고 하거나, 어린이가 집에서 식구들과 함께한 일이나, 박물관을 관람한 소감을 이야기해 보라고 자연스럽게 말할 수 있다.

이렇게 어린이들에게 자신을 표현하는 것을 격려하고 고무시키기 위해 제안하는 여러 행동은 말하기 놀이이다. 교사와 어린이들은 점심 시간에 보통 다음과 같은 말하기 놀이를 한다. 교사가 어떤 일어난 일에 대해 언급을 한다. 예를 들면, 요리사가 수프를 가지고 왔을 때 교사는 "요리사가 수프를 가져왔네요."라고 말하며 다시 질문한다. "요리사는 무엇을 가져왔을까요?" 어린이들은 "요리사가 수프를 가져왔어요."라고 대답한다. 3살에서 3살 반 사이에 어린이들은 이러한 놀이를 많이 한다.

이러한 방법으로 어린이가 7살이 되었을 때에는 주제를 끄집어 내어 이야기하고, 다른 친구는 부족한 점을 보충하는 일련의 문장 분석을 하는데, 어린이들은 이를 통해 필요한 정신 체계를 만들어 나간다. 예를 들면, 엄마가 차에 놓고 내린 모자를 가지러 다시 차고로 갔다. 어린이는 묻기 시작한다. "엄마는 어디 갔어요?", "왜 갔어요?", "무엇을 하러 갔어요?" 결국에 어린이는 질문을 통해 왜라는 이유를, 무엇이라는 구체물을, 어디에라는 구체적 장소에 대해 알게 된다. 어린이들이 다음에 배우게 되는 문법 체계와 문장 분석력은 어린이 개개인의 정신 체계 내에 존재하기 때문에 어린이가 읽고 쓰기를 배우기 전에도 이런 체계는 반드시 필요하다.

글로 쓰는 말과 입으로 말하는 말 사이에는 연관 관계가 있다. 쓰는 글은 어린이에게 어떤 소리도 나지 않지만 다른 사람에 의해 표현된 생각을 소통할 수 있게 한다. 속삭임조차 없고, 누구도 들을 수는 없지만 영혼에서 영혼으로, 마음에서 마음으로 비밀을 말하는 듯한 소통도 가능하다. 이런 관점에서 읽기는 매우 정신적으로 가치가 있다.

몬테소리 교실에서는 3가지 다른 종류의 읽기를 인식하도록 구성하였다. 기계적으로 읽기, 해석을 하면서 읽기, 큰 소리로 읽기 등이다.

기계적인 읽기는 단어의 의미를 생각하지 않고 단지 마음속에 단어를 그림의 한 종류처럼 생각하면서 철자가 가리키는 소리를 인식하는 능력이다. 기계적인 읽기는 정신적인 타자기의 한 종류와 같다. 철자가 표시되어 있는 타자기를 치면 종이에 출력이 되어 나온다. 여기에서는 철자를 인식하면 입에서 소리를 만들기 시작하는 경우이다.

해석을 하면서 읽는 것은 문장을 이해하면서 말하는 것의 의미도 이해하는 능력이다. 이런 경우 마음속에서는 단지 듣기만 하며, 소리를 재생할 필요가 없다. 이것은 귀를 사용하지 않고 말하는 것을 듣는 것과 같다. 이 경우에는 말하고자 하는 바를 듣기 위해 눈을 사용한다. 도서관에서 사람들은 책을 가지고 있는 것이 아니라 소리 내어 읽는다. 그들은 해석을 하면서 읽는 것이다.

몬테소리 교실에서 동화책을 해석하면서 읽는 것은 활동적이고 역동적인 읽기이다. 또한 어린이들은 사물의 이름이 적혀 있는 일련의 명칭 카드를 가지고 있다. 어린이들은 사물의 옆에 그 사물의 이름이 적혀 있는 카드를 놓는다. 어린이들은 받은 종이 위에 적힌 내용을 읽을 수 있고, 어떤 일을 할 것을 명령받을 수도 있다. 종이 위에는 단어나 명령이 적혀 있다. 이를테면, 직접 가서 평화의 종을 울릴 수 있니?, 촛불을 켤 수 있니? 등과 같은 내용이다. 어린이들은 이 소리 없는 명령에 스스로 복종한다. 교사는 어린이들의 행동을 관찰하면서 정확하게 잘 읽는 법을 알고 있는지 판단할 수 있다. 어린이가 사물 옆에 잘못된 이름 카드를 가져다 놓는다든지 명령과는 다른 행동을 한다면 교사는 어린이가 읽을 수 있는지 없는지를 알 수 있다.

어떤 사람이 흥미로운 이야기를 할 때 그 사람의 표현 방식과 목소리의 변화를 보게 된다. 이야기하는 어린이도 이야기를 듣고 있는 친구들의 흥미를 끌어내기 위한 자신만의 읽기 행동이 있다. 어린이들의 큰 소리로 읽는 기술은 약간의 훈련이 필요하다. 책 읽기 훈련은 책 내용을 기계적으로 읽어 내려가는 것이 아니라 다른 친구들의 표정, 감정, 마음, 영혼을 느끼면서 단어를 하나하나 읽어 내려갈 때 다른 사람들의 느낌과 자기가 알고 있는 모든 내용과 일치시켜 새로운 읽기 창조를 할 수 있게 되는 것이다. 읽는 어린이의 눈은 혀보다 더 빨리 글을 읽어 나가면서 기억은 눈이 이미 읽고 지나간 곳에 머무르는 것이다. 눈이 다른 단어의 이미지를 받아들이는 동안 기억은 혀가 말하고 있는 단어에 머무른다.

큰 소리로 읽기를 어린이가 할 수 있도록 도와주기 위해 어린이에게 주는 종이에는 반드시 큰 소리로 말해야 하는 부분을 문장에 표시하는 것이 중요하다. 예를 들면, 어린이가 일어나 자기 형에게 가서 물어보았다. "오늘 밥 먹으러 집에 올 거야?" 이것을 큰 소리로 읽게 하기 위한 간접적인 방법이다. 어린이가 큰 소리로 읽기 위해서는 단어에 표시하여 생각할 수 있도록 큰 글자 내지 상징적 표시를 하는 것이 중요하다. 다음 단계는 처음에는 소리 내지 않고 읽게 한 후 다시 큰 소리로 읽게 한다. 이 단계에 도달하면 어린이는 책 속에서 말하고자 하는 느낌이나 정신을 깨달을 수 있게 된다. 마지막 단계는 처음에 소리를 내지 않고 읽는 과정을 생략하고 곧바로 큰 소리로 읽기 시작하는 것이다. 이것은 어린이가 읽기에 익숙해진 상태이다.

어린이들이 언어를 공부하는 것에는 3가지 측면이 있다. 첫 번째는 언어의 생리적 현상이다. 언어 생리는 화술의 각 부분별로 기능을 알게 해 준다. 두 번째는 언어의 골격이다. 어떻게 만들어야 하는지도 모른 채 인간의 몸을 만들려고 한다면 다리를 머리 위에 붙일지도 모르는 일이다. 언어도 이와 마찬가지이다. 언어의 골격, 즉, 짜임새는 올바른 문장 형성을 위해서도 필요하다. 세 번째 측면은 화술의 각기 다른 부분들의 이름과 같은 분류화 작업이다. 명료하고 정확한 의미를 부여하기 위해서는 모든 단어가 올바른 위치에 배치되어야 하므로 언어의 조합을 가르쳐야 한다. 이것이 어린이가 언어의 골격을 이해해야 한다고 강조하는 이유이며, 언어의 구조를 이해해야 하는 이유이기도 하다.

어린이들은 읽기와 쓰기 과정에서 자기 주도적 학습 방법과 세계의 정보를 수집하여 내 지식으로 만드는데, 이때 어린이들의 원초적 본능이 작용한다. 어린이들은 읽기와 쓰기를 통해서 세계의 문화를 만나고 세계 공동체와 작업할 수 있는 기회를 획득한다. 몬테소리는 세계를 평화로운 공동체로 만들기 위해서 첫 번째로 문맹퇴치 운동을 전개하였다. 세계의 모든 사람과 소통하고 새로운 지식, 문화를 받아들이기 위해서 첫째 조건이 읽기와 쓰기라는 것을 터득한 것이다. 몬테소리는 어린이들이 사회화, 정상화, 인간화로 진화하는 과정에 필요한 조건이 언어 습득이라고 강조하였다.

3. 어린이들을 위한 언어 구조

특정한 소리는 특정한 문자와 통합된다는 개념을 어린이가 이해할 수 있을 즈음에, 특정 소리가 단어의 형태로 빠르게 반복되면 어린이는 단어의 의미를 알려고 노력한다. 실제로 어린이들은 읽기의 민감기가 찾아오면 종종 무엇/어떤 것이

간판 등에 쓰여져 있는지 보고 글자를 읽으려고 하는 것을 볼 수 있다.

어린이들의 이러한 욕구는 6~7세 반에 나타나는 현상이다. 언어의 민감기 동안 어린이는 엄청난 호기심을 가지고 간판 위의 문자도 이해하고, 여러 가지 언어의 어려움을 극복하여 아무런 장애 없이 읽기가 가능해진다. 어린이들의 언어 민감기는 그들이 언어를 학습하는 데 근거가 되는 모든 언어 지식을 직·간접적으로, 잠재적인 심리학적 지식을 어린이에게 제공하여야 한다.

몬테소리 초등 교실에 어린이들은 이미 언어 능력이 발달되었기 때문에 그들은 명사를 알고, 복수와 단수의 차이점도 알고 있다. 결과적으로 어린이에게 가르칠 수 있는 새로운 언어에 대한 것은 그리 많지 않다고 생각할 수 있다. 하지만 어린이들이 언어를 더 잘 이해하도록 돕기 위해서 교사는 몬테소리의 언어 교구를 최대한 활용하여 사물과 함께 언어를 구성하고 언어의 구조를 이해시켜야 한다.

어린이가 글을 읽을 때, 단수와 복수의 차이점을 이해할 수 있도록 도와줄 수 있는 방법으로 탁자 위에 여러 개의 컵을 올려놓고 '컵'이란 단어와 '컵들'이라고 쓴 단어 카드를 제시한다. 보여 주는 물건과 단어 카드 사이의 관계를 알려 주기 위해 컵들 중 하나를 집어 '컵'이라고 써 있는 단어 카드 옆에 놓는다. 그런 다음 '컵들'이라고 써 있는 단어 카드를 선택해서 많은 컵 사이에 놓아둔다. 이러한 방법으로 단수와 복수의 차이점을 알려 주고, 실증적이고 과학적으로 체계화된 지식을 전달한다.

이러한 방법은 어린이들이 언어를 논리적이고, 구체적이고, 정상적으로 배울 수 있도록 하며, 인간화를 이루어 진화하도록 돕는다. 의자 몇 개와 칼 하나가 있다. 우리가 칼을 말할 때 특정한 칼을 참조한다. 그래서 우리는 다른 것과 구별되는 특정한 대상을 결정한다. 의자가 많이 있는데 우리가 '의자 하나'라고 말할 때 우리는 그 의자 중 어느 하나를 가리키는 것이다. 또한 우리는 사물의 명칭들과 관사들이 써 있는 카드들을 가지고 있다. 어린이는 카드를 읽어 보고 정확하게 사물과 일치하는 자리에 놓는다. 또한 '칼들'이라는 복수를 준비해 둔다. 의자나 주전자 그리고 탁자들 같은 많은 물건 사이에 두 개의 칼이 있고 어린이는 칼을 찾았다. 이것 역시 적합한 카드들이 있다.

명사는 항상 그대로이며 형용사도 명사와 함께 한 문장으로 연결된다. 형용사의 기능을 설명하기 위해 다른 크기와 색상을 가진 컵들을 예로 들 수 있다. 만약에 어린이가 '작은' 컵이라는 단어를 읽으면 큰 컵과 중간 컵들은 빼고 작은 세 개의 컵들만 고르도록 제한한다. '작은'이라는 단어로 우리는 컵들 사이의 크기를 구별할 수 있다. 그런 다음 교사들은 어린이들에게 '불투명한'이라는 또 다른 형용사가 써 있는 종이를 제시한다. 작고 불투명한 컵만 남기고 투명한 컵은 잠시 내려놓는다. 그런 다음 다시 교시는 '갈색'이라는 단어를 더 첨가한다. 결과적으로 어린이들이 가진 몇 개의 컵이 작고 갈색이며 투명한지에 도달한다. 이러한 단어들은 우리가 구별을 요구하는 형용사의 컵을 찾을 때까지 몇 개의 컵을 제외하는데 사용할 수 있다.

우리는 어린이에게 형용사의 기능을 설명하는 또 다른 연습을 제공할 수 있다. 다양한 크기와 각도를 가진 많은 종류의 삼각형이 있다. 각 삼각형을 구분하기 위해서 우리는 몇 개의 형용사들을 사용한다. 우리는 어린이에게 '직각 삼각형'이라는 단어가 있는 종이를 준다. 한 내각이 직각이 아닌 삼각형들은 없어진다. 그런 다음 이등변 삼각형이라는 단어가 있는 종이를 주면 두 변의 길이가 같은 이등변이 아닌 모든 삼각형은 없어진다. 그런 다음 흰 삼각형을 요구하면, 색칠된 모든 삼각형은 제외된다. 마침내 우리는 다른 모든 삼각형보다 작은 삼각형을 요구하고, 어린이는 작고 희고 직각이고 이등변인 삼각형 하나를 잡는다.

몬테소리 교실에서 작업하는 우리는 이것이 문법 공부도 아니고 수동태로 읽기를 이해하는 훈련도 아니라는 것을 알아야 한다. 어린이가 자기가 읽는 단어들의 의미를 이해할 수 있는지 없는지를 볼 수 있는 기회이다. 더 많은 형용사를 첨가하여 더 복잡해지고 더 재미있는 언어 게임이 되어 갈 것이다. 어린이들은 신기하게도 단어에 흥미를 가지고 단어의 의미를 쉽게 이해한다. 우리는 모든 단어의 기능, 단어의 생리학을 어린이에게 제공하는데, 어린이는 배워서 아는 것이 아니라 단어가 마음속으로 스며들어 풍부한 언어 지식을 만들어 간다.

이렇게 언어 구조의 연습은 많은 대상을 통해 반복적으로 진행할 수 있다. 대신에 형용사의 경우 명사에 동반하는 단어의 수가 증가하는 반면 명사 자체는 똑같이 남아 있다. 여기에 하나의 사물만이 있다. 우리가 원하는 특별한 사물을 결정할 가능성은 형용사를 점점 더 사용함으로써 훨씬 더 쉬워지고 사물을 풍부하게 묘사할 때 점점 더 완벽해져 간다. 그러면서 대상 그 자체는 항상 그대로 남아 있는 것이다.

시작 단계에 우리는 어린이에게 고체이고 딱딱한 사물을 표현하는 명사만을 준다. 어린이는 이해하려고 노력했고, 우리는 문장 속에 그룹을 나타내는 표시에 의해 사물을 가리키며 그러한 단어들을 결정하기를 원했다. 그래서 분석을 위한 문장 하나가 어린이에게 주어진 이후에 어린이는 명사인 다른 단어를 찾기 위해 노력한다. 우리는 처음에는 명사의 개념도 제공해 주지 않고 사물을 표현하는 이러한 단어들을 알아내고 각각에 기호를 놓고 명사를 표현하도록 요구하여 단어가 속한 그룹을 나타낸다. 문장의 분석은 공통적으로 특정 기능들을 가진 그러한 단어들을 분류하거나 이름으로 다른 것들로부터 구분하는 방법이다.

몬테소리 교실은 어린이들이 읽기를 위해 아무런 준비도 하지 않고 지나가는 감각적 민감기에 주목한다. 어린이들은 특정의 문제를 제시할 때 극복할 수 없는 무능력한 존재가 아니라 몬테소리 방법의 비밀은 어린이들에게 작업을 제공할 때마다 모든 발달 시기별 민감기의 중요성을 주목하고 그들의 마음과 만나는 작업을 진행하는 것이다. 만약 어린이가 6~7세 반 사이에 있다면 어린이의 흥미는 사물의 기능에 있는 것이 아니라 사물의 본질에 있다. 즉, 심리학적인 것에 주목한다는 것이다. 우리는 실험실에서 자연과학의 실험을 과학적으로 분석하거나 어린이들에게 단어의 기능을 소개함으로써 그들의 흥미를 자극해야 한다.

어린이들의 흥미와 관심은 어린이들의 내재적 동기 부여를 자극하여 지적 삶으로 안내한다. 그리하여 어린이들의 자아 만족감을 촉진한다. 만약 몬테소리 교실에서 어린이들이 흥미, 열정, 도전을 자극하는 데 장애물을 제공한다면, 내재적 동기 부여는 즉시 정지되고 무엇이든 할 수 있는 용기는 사라질 것이다.

어린이들의 지능과 나이에 맞게 작업을 선택함으로 그들의 흥미를 촉진시켜야 한다. 예를 들면, 십진법에서 우리는 어린이들에게 십진법의 모든 기능을 설명하고 그들이 가지는 흥미에 따라 정신적으로 안전하게 성장하여 인간화를 이루도록 허용하여야 한다. 마찬가지로 몬테소리 교실은 읽을 준비가 된 어린이들에게는 자신의 연령에 맞는 흥미를 줄 수 있는 읽을거리를 제공해야 한다. 어린이들의 열정은 읽는 것에 그치지 않고 자신들이 읽은 책으로부터 다양한 생각과 정보를 얻어 상상의 세계로, 창조의 세계로 여행을 떠난다.

어떻게 읽을지 모르는 어린이는 읽을 줄 아는 친구에게 가서 가르침을 요청할 것이고, 읽지 못하는 어린이들이 읽을 수 있도록 협력하여 읽기의 흥미로운 놀이터를 만들어야 한다. 우리가 어린이들의 흥미, 열정, 도전을 자극한다면 어린이들의 읽기 활동은 계속될 것이다.

책을 많이 읽음으로써 어린이들은 다양한 문화, 다양한 지식에 관심을 가지게 될 것이고, 다양한 방면으로 공부할 준비가 될 것이고, 배움의 어려움을 극복하게 될 것이다. 문자의 형태를 인식하는 것을 한번 배우고 나면 언어의 민감기가 지난 어린이들도 흥미를 느끼게 되고 읽기에 집중하게 된다. 몬테소리 교실의 모든 어린이에게 읽기를 자극하여 어떤 장애물도 극복할 수 있는 용기를 가지게 하여야 한다.

5

CHAPTER

몬테소리의 우주, 평화, 생태 영역과 인간화, 정상화와 인문학의 관계

1. 몬테소리 교실에서 우주적 과업으로 인간화 작업

우주교육의 필요성을 이해하기 위해서 우주교육의 기원은 어디이며, 무엇이며, 왜 일반적으로 유치원과 초등학교 어린이들에게 교육하여야 하는가를 정확하게 인식하는 것이 대단히 중요하다. 위 3가지 질문들에 대해서 우주교육은 과거, 미래, 현재와 밀접하게 연결되어 있으며 우주교육의 기원과 뿌리는 우리가 현재 우주교육을 어떻게 규정하는가, 우리가 가르치는 우주교육이 어린이들의 미래에 어떠한 영향력을 미치는가, 무엇을 제공할 것인가와 대단히 중요한 연관성을 가진다.

몬테소리는 생의 대부분을 어린이 교육을 위한 교육 방법론 개발에 헌신하였다. 몬테소리는 자신의 교육 방법을 초등교육 과정으로 확산시킨 우주교육 계획을 위해 인생의 마지막까지 매진하였으며, 이는 그녀의 사고를 더욱 발전시켰다.

몬테소리의 우주교육은 새로운 시대를 열어가는 밀레니엄 시대에 이탈리아, 독일, 미국과 전 세계에서 유치원과 초등학교 어린이들을 위한 효율적인 교육 접근 방법임에 틀림이 없을 뿐만 아니라 세계적으로 평화와 종족 그리고 행성 보존을 위한 촉진제 역할을 하는 교육 수단이 되었다. 우주교육의 가치와 귀중한 목표를 달성하기 위해서 단순하게 새로운 교구를 습득하고 훈련하는 것 이외에 좀 더 고차원적인 무엇인가 다른 것을 이해하여야 한다.

우주교육의 목적은 나는 누구이고, 나는 어디에서 왔고, 나는 지금 왜 여기에 있는가에 답을 주는 것이다. 이러한 단순한 질문은 실제로 인간의 삶과 자신의 본질적인 기원, 근원, 뿌리에 대해서 우리가 던질 수 있는 가장 심오하고 신비스러운 질문들이다.

만약 어린이들이 이러한 질문에 대답을 한다면, 첫 번째 질문은 자기 이름을 말하는 동시에 좀 더 자세히 말한다면 어린이가 소년이라는 것, 한국인이라는 것, 대구에 산다는 것 등이다. 우리가 생각하기에 이름을 제외하고 그다음으로 수백, 수천 가지를 설명할 수 있을 것이다. 어떠한 이유에서든 이 어린이들은 서로 다른 차이점이 있으며 다른 특성을 가지고 우주 공동체를 살아가는 것이다.

어린이들의 대답은 그들의 정체성을 찾는 것으로부터 시작된다. 어린이들은 인간 종족의 한 구성원으로서 이 세상 모든 사람과 차별화되는 한 개인으로서 규정되어지는 어떤/무엇으로 시작되는 동시에 현재 이 순간 개인의 정체성을 찾아내는 첫 번째 시도가 된다. 어린이들의 의미를 규정하는 이러한 시도들은 어린이들의 정체성과 더불어 다른 두 가지 측면과도 밀접한 관계를 가지고 있으며, 이는 과거와 미래를 나타내기도 한다.

나는 누구인가?(Who am I?)와 더불어 다른 두 가지 질문은 나는 어디에서 왔을까?(Where do I come from?), 나는 왜 지금 여기에 있을까?(Why am I here or Where am I going?)이다. 이러한 질문들은 어린이들의 과거와 밀접한 관계를 가지고 있으며 역사를 통한 현재 정체성의 일부분이며 몬테소리는 이것을 무네메(Mneme)라고 부른다. 무네메는 모든 종(種)의 특성으로 가장 포괄적인 의미이며 모든 이론의 근원이 된다.

"나는 왜 지금 여기에 있는가?"라는 질문은 미래와 연결되는 것이고, 삶과 관련된 목적으로서 몬테소리가 말한 인간의 "우주적 과업"은 우주에 대한 사명감

내지 공헌도와 깊게 연결되어 있다. 우주적 과업은 호르메(Horme)인 인간의 생명력으로서 삶의 진화를 이끌어 가는 힘이라고 할 수 있다. 인간 종족의 한 구성원으로서 또는 유일무이한 한 개인으로서 한 어린이의 기여도를 말하고 정체성을 말하기도 한다. 정체성은 세상에 자기 존재를 존속시키는 것이고 더 아름답고 훌륭한 세계를 위한 원동력이 되기도 한다.

이러한 두 가지 질문보다 더 기본적이며 복잡성을 내포하고 있는 질문인 "나는 누구인가?"라는 질문은 외부로 표출되는 물음의 의미보다는 보다 광의적으로 이해하여야 하는 함축적인 측면이 있다고 할 수 있다. 이 질문은 인간이라는 관점으로 접근될 수 있으며 우리 행성 안에서 진화된 삶의 과정을 보면서 특별히 자기 자신의 종족에 관한 삶의 위치를 발견하도록 안내하고 있다. 즉, 자기 자신을 과거, 미래 그리고 현재의 관점에서 직관할 수 있도록 제시한다. 또 다른 측면에서 접근 방법은 인간 개인의 차원에서 전체 종족의 우주적 과업에 즈음하여 우리 개인 각자가 공헌한 바를 발견하도록 노력하는 것이다. 이러한 두 단계의 차원이 서로 공존하며 몬테소리 교육 과정 속에서 또는 어린이들 속에서 끊임없이 상호 보완적으로 영향을 주고 있다.

우리는 몬테소리의 교육철학 속에서 우주적 대과업의 개념을 탐구하여야 한다. 그녀가 가장 관심을 가지고 있었던 것은 태양과 지구상에서 생명의 탄생 장소와 지구를 극대화하는 것이었다. 이 지구는 물에 의해서 융해된 수천 톤의 미네랄이 축적되어 있으며, 바닷속으로 풍화되어 씻겨 내려가 있다. 칼슘, 탄산염들과 다른 광물질들은 아름답게 피어나는 생명체들이 생존할 수 있는 자리와 공간을 정하기도 전에 위험한 독소들로 엄청난 위험에 처해 있다. 지금 현재 사라져 가고 있는 삼엽충의 갑각류, 오징어류 그리고 산호 등은 자신이 직접 포획했거나 자기 자신이 광물질의 일부가 되어버린 것이다. 그러므로 우리는 치명적인 생태학적 오염, 파괴로부터 바다를 구해야 하는 사명감을 느껴야 한다. 물은 광물질을 융해하고, 바다로 보내는 우주적 과업이 있고, 산호는 그런 광물질들을 아름다운 암초로 만들어 대량의 섬으로 변화시키는 대과업을 진행하게 된다. 이러한 작업들이 바로 산호의 우주적 과업이며 이 작은 피조물들의 위대한 우주적 역할들이다.

몬테소리 운동에 많은 관심을 가지고 있는 심리학자이며 그녀의 아들인 마리오(Mario)는 자기 어머니의 사상인 우주적 과업을 다음과 같이 설명하고 있다.

우주적 과업은 자연 속에서 우주적 질서를 유지하려는 창조성이라고 강조한다. 결과적으로 몬테소리의 철학적 개념 속으로 들어가서 우주적 과업을 설명하려면 그녀가 예견했던 현상들을 지속적으로 관찰하여야 하며 사물들이 자연적인 질서로 귀환할 수 있도록 돕는 것이다. 그 당시 마리오는 오늘날 우주적 과업은 자연적 질서의 균형을 유지하는 것이라고 언급하였다.

우주교육은 우리 각자가 인간 공동체로서든 개인적으로든 우주적 과업을 수행하는 것을 적극적으로 협조하여야 한다는 것이다. 우주적 과업을 수행하기 위해서 우리는 한 맥락 속에서 우리 자신을 이해하여야 하며 우주 안에서 우리의 위치와 다른 종의 생명체와의 관계, 문화적 다양성 속에서 인간의 통일성을 대비하여 보려는 관점을 강조한다. 다시 말하면 우리는 누구인가에 대한 질문의 답을 진심으로 시도해 보려는 것이다. 우리는 우주 속에서 사회화, 인간화, 정상화를 이루어 갈 때 우주적 사명감을 완성하는 것이다. 그러기 위해서 우리는 종족, 문화를 초월하여 세상을 바라보는 통일된 시각을 가져야 하고, 질서와 조직력으로 구성된 우주에 대한 광의적인 지식을 가져야 하고, 상호 독립적인 이해를 하면서 서로 이해한 것을 공유하여야 하고, 인간으로서 우주적 과업과 역할을 인식하여야 하고, 우주 안에서 우리의 새로운 삶의 방식을 경험하여야 하고, 전체에서 부분적인 세부 사항으로 진행되는 교육 이론을 습득하여야 한다.

우주교육은 어린이들이 도덕적 질서를 발견하여 자신의 삶을 긍정적으로 살아갈 수 있도록 도와주는 것이다. 도덕적인 질서 속에서 인간은 종족으로나 개인적으로 자기의 위치와 역할을 찾게 되는 것이다. 몬테소리는 6세에서 12세까지 어린이들과 아동들의 발달 변화로 새로운 교육적인 방향을 제공하여 어린이들에게 우주 전체를 보여 줄 수 있도록 촉구하는 것이다. 우주를 보여 준다는 의미는 우주에 대한 지식을 습득할 수 있도록 돕고 우주적 지식을 조직한다는 것이다.

인간이 창조되는 순간 인간을 포함한 우주에 존재하는 모든 생명체는 자기 위치에서 자기 사명감을 완수하여야 하는 책임감이 부여된다. 인간에게 주어진 우주적 과업과 사명감은 탄생과 더불어 주어지고, 이러한 사명감과 과업을 수행함으로써 다른 생명체들도 우주적 사명감인 순수한 바닷물, 대기, 자연, 생태계를 지켜냈다고 말할 수 있을 것이다. 인간의 가장 위대한 업적 중의 하나는 이러한 우주 질서를 위해서 인간에게 주어진 사명감을 수행함으로써 그나마 자연의 평형 상태를 유지하여 왔다는 점이며, 이것은 우리 자신에게도 감사하고 칭찬할 만한 일이다. 인간이 지켜 낸 자연의 평형 상태는 수억 년 동안 다른 생명체들의 구성원 속에서 식물이나 동물들 개개의 본능 상태를 보호하였다. 인간의 위대한 과업을 수행한 것이다. 육지는 마치 복잡한 기계의 회선처럼 하나의 거대한 조직망을 가지고 서로 소통하고 있다. 동식물들에 필요한 식량, 번식, 서식지를 보존함으로써 그들 존재의 안녕과 번영을 지켜준 것이 바로 인간이다. 사실적이고, 놀랍고, 경이로운 휴머니즘의 본질을 사랑으로 감싸고, 사랑의 실천을 보여 준 것이다.

그 대가로 의식적이든 무의식적이든 동식물들은 그 이상으로 인간에게 자기들의 사랑을 되돌려 주고 있다. 우리 인간이 노력해서 얻는 것보다 훨씬 더 많이, 더 가치 있고, 더 훌륭하고, 더 중요한 것들을 인간에서 선물로 되돌려 주고 있다. 인간들은 그들과 더불어 우주 공동체를 만들어 서로 협력하고, 서로 부족한 점을 보완하는 너그러운 마음을 실천하고 있다. 생태학적으로 건강한 우주를 보존하기 위해서 서로 공동의 집인 우주를 움켜 안고 서로 주인 의식을 가지고 생활하려고 노력한다. 우리 모두는 건강한 어머니의 땅인 우주의 집에서 사랑을 나누고 공존하며, 서로 위로하고 위로를 받으면서 살아간다. 우주에 존재하는 모든 생명체의 이러한 결합된 삶으로 우주 생태계를 다음 세대에게 전달해 줄 것이라는 신념과 약속을 지키려고 노력한다.

동물들은 수백만 년 동안 오로지 공존이라는 신념으로 멋진 생명의 집을 회복하고 유지하기 위해 각각의 자연과 그들이 살아가고 있는 멋진 사회의 발전을 위해 모두 협동하며 최선을 다해 일해 왔다. 우주에서 상호 의존적으로 살아가지 않는 자연 현상은 없다. 만약에 동물들이 지금까지 우주에서 자기 위치와 역할을 수행하지 않았다면 황폐한 삶을 영위할 것이고 세계와의 관계가 혼란스러워 세계의 발전은 물론 강자만이 살아남아 지금과는 전혀 다른 세계를 창조했을 것이고, 서로가 공존하는 세상이 아니라 분열된 야만적인 삶의 공동체를 만들어 인간다움이 아닌 다른 사악한 형태의 세상에서 살아가면서 인간 본질을 벗어나 비인간화로 진화했을 것이다. 그리고 우주는 조화로움이 아니라 분열되고, 전쟁을 일삼는 권력, 힘만을 위해서 살아가는 가치 없는 삶을 살아가고 있을 것이다.

인간의 과업은 인간이 우주를 지배할 것이 아니라 다른 생명체와 더불어 공동으로 살아가는 방법을 더 찬미해야 할 것이다. 보존과 협력의 관계적 삶의 모델을 더 많이 훈련하여야 한다.

우리가 이렇게 과거에 이루어 놓은 휴머니즘은 과학의 놀라운 발전으로 인해서 차츰 상처를 입어 가고 있다. 그럼에도 불구하고 과학의 위대하고 매혹적인 주제들은 어린이들의 열정과 호기심을 자극하고 단지 학교에서 배우는 이론들뿐만 아니라 세계에 대한 신기한 지식을 제공해 주었다. 어린이들에게 우주에 대한 광범위하고 어려운 주제들은 방대하고 마치 신기한 마술사들만 알고 있는 것 같은 착각을 가져왔다. 몬테소리는 이즈음 교실에서 교구교재, 사물을 가지고 알기 쉽게 우주 이론을 풀어갈 수 있도록 환경을 준비해 주었다. 어린이들의 우주에 대한 관심은 실물교육을 통해서 더욱 커지게 되었다. 그래서 그녀의 교육학을 과학적 교육학이라고 한다.

몬테소리의 우주교육 관점에서 생명체는 그 자체만을 즐기기 위해 세상에 존재하는 것이 아니라 우주에 존재하는 모든 생명체와 무생명체까지 관심을 가지고, 우주에서 자기 역할과 사명감을 수행할 책임감을 갖고, 지구촌 곳곳을 탐색하고 즐기는 우주여행을 시작하도록 교육 과정을 구성하였다. 과거에는 동물들을 그 자체 영역인 자기들만의 형식, 자기들만의 자기 방어, 보존 방법, 생리학적인 기능 안에서만 연구해 왔다. 그러나 몬테소리 교사들은 이제 동물들의 기능과 종에 대한 일반적인 복지와 유지를 위한 동식물들의 공헌과 기여도를 잘 찾아봐야 할 것이다. 동식물들은 그들 자체만의 권익과 이익만이 아니라 우주와 세계의 이익과 공존을 위해 존재하는 것이 사실이라는 논증이다.

동식물들이 인간과 더불어 살아가는 공동체의 주역이라는 사실은 어린이들에게 매력적인 개념으로 다가간다. 즉, 형제 관계에 있는 동식물들은 모두 함께 훌륭한 공존의 삶을 살아간다는 흥미로운 이야기들은 어린이들에게 매력적으로 느껴진다.

예를 들어, 코끼리 등에 앉아서 잠자는 새들, 쥐와 소들이 함께 밥을 먹으면서 평화롭게 살아가는 모습은 어린이들에게 마냥 신기하기만 할 것이다. 동물들이 공존하는 아름다운 생활 중에 갑자기 오리들이 말하기를 "나는 물속으로 가야 해!" 다른 황새가 말하기를 "물에 왜 가려고 하는데?" 오리가 대답하길 "너처럼 물속에 있는 고기들을 먹으려고, 우리는 나무나 돌 위에만 있는 것이 아니라 물속으로 들어가 밥을 먹어야 어미가 되거든. 그래서 우리에게 물은 매력적인 놀이터야!" 그러나 원숭이가 말하기를 "아름다운 삶은 나무 꼭대기에 있어. 그래서 나는 나무를 타고 올라가야 해!" 그러자 두더지가 나무로 올라가는 원숭이를 보고 말하기를 "원숭이야! 네가 무슨 말을 하는지 모르겠구나! 진정한 삶은 땅굴을 파는 데 있는 거야. 나는 구멍을 멋지게 파고 돌로 문을 만들어 세상에서 가장 아름답고 안전한 구멍 집을 짓고 있거든!" 염소가 물끄러미 쳐다보며 말하기를 "물, 나무, 땅굴? 너희는 모두 삶이 무엇인지를 모르는구나! 산속, 들판 어디든지 돌아다니면서 사는 것이 얼마나 건강한지 알아? 나는 가만히 서 있지를 못하겠어. 나는 뛰어서 모든 공간을 내 다리로 밟아 봐야 해."

이렇게 서로 다른 동물들은 특별한 자기들만의 특성과 기능들을 최대한 활용하고, 그 매력적인 특성을 보존하고 사랑한다. 그래서 하나는 물로 가고, 다른 하나는 굴을 파게 되고, 또 다른 하나는 나무를 타게 되고, 다른 것은 높이 뛰어다니게 되었다.

우리의 추론, 논리, 감정보다 무섭고 강한 어떠한 위대한 힘이 존재한다. 모든 생명체의 존재는 신비의 힘으로 우주에서 자신의 사명감과 책임감을 수행하기 위해 최선을 다한다. 정답고, 통일성이 있고 질서를 유지하면서 자기 위치를 지키면서 세계 속에서 공동체의 삶을 유지한다. 사실 동물들은 다른 동물들에게 저항할 때, 다른 동물들이 감히 인지하지 못하는 특별한 감각을 발달시켜 자신을 지킨다. 바로 이러한 행위들 자체가 주어진 임무감이다.

동물들에 대한 우리의 태도는 동물들이 창조에 대한 사명감과 책임감을 수행하기 시작할 때 시작한다. 인간들은 이러한 동식물과 조화로운 삶에 대한 경탄과 모든 것을 제공하는 자연의 아름다움에 대한 경이로움, 위대함, 존경스러움이 절로 나온다.

자연, 생태계 자체는 휴식 없이 영원히 평행선을 유지하면서 수많은 다른 피조물로 구성되는 신비로움으로 가득 차 있는 어머니의 땅이기에 거룩하고 찬미를 받을 가치가 있다. 자연은 진화하고 있는가? 우리는 진화라는 단어가 과거의 시대를 지속적으로 변형하는 것만이 아니라는 것을 알아야 하고, 삶의 일부분만이 아닌 전체적이고 통합적인 진화를 의미한다는 것도 알아야 한다. 자연은 평형 상태에 있으며 평행선을 유지하기를 원하고, 평행선이 위대한 진화를 안내해 가고 있다.

그러나 우리가 다른 측면에서 생각하여야 할 것은 우주는 훨씬 더 진화되었고 변형되었다. 위대하고 놀라운 변형은 지금까지 보아 왔던 다른 에너지와는 전혀 다른 에너지이다.

인간의 새로운 에너지는 세상의 발전과 과학의 새로운 발견과 연관되어 있다. 인간은 지식을 겸비한 지혜로운 동물이다. 우리가 종종 관찰해 보면 동물들도 지적인 행동을 하지만 그 자체가 지적인 것은 아니다.

그래서 우주상에서 지적인 추론, 지적인 계획은 인간이 처음이다. 지적 추론은 인간만이 가능하다고 해도 과언은 아니다. 인간은 일할 수 있는 손과 지능을 부여받았기 때문이다. 인간이 이렇게 말할 수 있을까? 나는 위대한 지능과 도구인 두 손을 가지고 있기 때문에 내 앞의 다양한 것들을 변화시킬 수가 있다고 한다.

인간의 새로운 에너지도 우주적인 과업을 수행하는 위대한 능력을 가지고 있다. 인간은 단순하게 먹고 즐기려고만 지구에 존재하는 것이 아니라 자신의 삶을 풍요롭게 만들고, 종족을 재생산하며, 자신과 가족을 위한 최적의 삶의 조건을 제공하기 위해서 생존한다. 모든 생명체는 개인과 종족의 보존을 위한 강한 에너지를 가지고 살아간다. 우리는 배고픔과 사랑을 충족시킬 수 있는 최적의 삶의 조건을 만들어야 한다. 인간 최적의 삶을 위한 목표를 달성하기 위해서 일하는 인간, 즉 호모 라보라레(Homo Laborare)의 본질로 지금 현재도 진화를 이끌어 가고 있다.

인간은 지적이며 민감하며 위험을 스스로 예측할 수 있는 존재로, 현재 자신의 삶과 상황에 적응하기 위해 최대한 노력한다. 인간은 다른 피조물보다 더 많은 경험을 하는데, 인간의 지식은 우리가 보는 것 안에 모두 내재해 있는 경험적 지식이다. 인간은 지적인 동물이 분명하지만 때론 자신들의 진정한 과업을 깨닫지 못하고 일탈하기도 한다.

인간은 다른 동물들보다도 더 많이 노력하고 신비함을 내포하고 살아간다. 결과적으로 지적인 존재와 이성적 존재로 살아간다. 인간은 이 세상에서 무엇/어떤 것을 하면서 살아가는가? 확실히 인간의 과업은 무한대이다. 인간은 때때로 자신을 무의미한 존재로 생각하기도 하지만, 다른 하등 동물과 같이 종족 보존과 개인의 보존 본능만을 가지고 생존하지는 않는다. 가장 중요한 것은 인간은 일하고, 활동하고, 작업하고, 배움과 학습해야 할 고차원적인 본능을 가지고 있기 때문에 인간화, 정상화, 현실화의 길이 험난한 것이다. 그중에서 가장 중요한 것은 전 생애에 걸쳐 배움을 통해서 인간화로 변화하고 진화하는 있다는 것이다.

인간 내면 깊숙한 곳에 본능적으로 자리 잡고 있는 것은 다른 사람, 다른 사물, 다른 생명체들과의 관계이다. 인간은 개인으로서가 아니라 사회적 구성원으로 세상 안에서 모든 피조물과 관계를 통해서 일생에 걸쳐 끊임없이 인간화로의 역경을 감내하여야 한다.

인간은 변화하는 삶을 위해서 움직임, 활동 돌아다니는 이동 충동을 가진다.

어린이들은 발달을 위해서 움직이고 돌아다니지만 성인은 욕구 충족을 위해서 돌아다닌다. 인간은 땅의 조건, 기후의 조건, 음식의 조건에 상관하지 않고 지구 전체를 돌아다닌다. 태양, 거리, 언어, 의식주와 같은 어떠한 장애도 인간을 멈출 수 없도록 만들어, 인간은 여전히 움직이고, 보고, 새로운 문화에 매력을 느끼고, 움직이고, 활동하고, 창조적 작업을 즐긴다. 오대양 육대주를 가로지르면서 새로운 문화를 흡수한다. 우주 속에 있는 신선한 공기를 이용해서 돌아다니면서 인간은 다른 생명체인 동식물들과 함께 이러한 신비한 욕구를 공유한다. 동식물들은 자신의 힘으로 지구상의 나머지 부분을 총체적으로 관리하는 데 한계가 있다. 인간들은 세계의 여러 곳에서 그들의 한계를 보충해 주면서 함께 진화를 이끌어 간다. 새로운 땅으로 이주할 때에 동식물과 함께 가면서 우주 표면을 가급적 완전하고 평화롭게 만든다. 단지 돌봄의 관점에서 볼 때 지혜로운 인간은 지구를 지배하게 된다.

중요한 것은 인간의 대부분은 이동을 하며 일정한 지역에 머물러 삶을 꾸미려는 경향이 있다. 즉, 인간은 이주한 새로운 땅에서 뿌리를 내리며 땅의 모든 지역, 모든 부분에 자신을 안착시켜 놀라운 적응력을 보인다. 인간의 특징 중 하나는 탁월한 적응력이다. 인간은 우주의 땅 모든 부분에 과학을 적용하여 이용하려는 절대적인 욕구가 있고 그로 인한 땅에 대한 소유욕도 대단하다. 심지어 현대의 과학을 땅속 깊은 곳에까지 적용하여 지하자원을 활용하면서 심각하게 지구 토양을 변형시키기도 한다. 하지만 인간의 욕심을 부정적인 관점으로 볼 것이 아니라 긍정적인 측면에서 보면 욕심은 인간을 움직이도록 만드는 정신적 작용을 한다.

인간의 지혜로 지구의 지하자원은 보이는 것, 드러나지 않은 신비로운 것, 감추어진 것, 심지어 보이지도 않는 것들도 인간이 이용하거나 점유하게 되었다. 이는 인간이 자연을 한없이 지배할 수 있는 가장 위대한 존재임을 말해 준다. 몬테소리 교실은 어린이들에게 지구 역사, 지리학, 지질학, 우주교육을 제공하여 지속적으로 지구를 분석할 수 있게 교육한다. 예를 들면, 인간이 식물을 어떻게 변형시키는지, 다른 나라로 어떻게 이동하였는지, 동물들이 어떻게 더 진화하였는지 인류 문화학적으로 분석한다.

인간은 지구 전체를 변화시키고, 보살피고, 변화시키고, 보존할 수 있는 강한 에너지와 활력소를 가지고 있다.

다른 한편으로 인간은 모든 종교의 성스럽고 신비스러운 지도자가 되어 모든 종교의 영성을 따른다. 모든 종교가 말씀으로 전달하는 영성을 오늘도 이웃 사람들에게 전달하고 교육한다. 종교의 영성을 실천하는 사람들은 우리가 살아가는 나라, 마을, 이웃집을 평화롭고 안정될 것이라는 확실한 신념을 교육을 통해서 전달한다. 우리가 알고 있고, 생각하는 사람들이 종교와 영성 속으로 들어가서 영적인 삶의 특성을 일상으로 실천하는 것을 보면 알 수 있다. 부모, 교사, 직업인들은 자기 위치에서 영적인 에너지를 가지고, 직업적 정체성을 가지고 일할 때, 진화할 수 있으며, 자신은 물론 다른 사람들에게 영향력을 미치면서 변화시킬 수 있다.

동식물들의 일상적인 일, 행동, 움직임은 자연적으로 진행되지만 인간이 만들어가는 일, 창조적인 일들은 모두가 생각과 노력에 의해 행해지는 인공적인 작업들이다. 그러므로 인간이 살아가는 어떤 곳이든 인간이 이루어 놓은 문명은 인공적 인간의 걸작인 동시에 인간의 창조물들이다. 인간은 새로운 문명과 문화를 창조하는 경쟁적 작업으로 인해서 차츰차츰 자연과 멀어지게 되고, 자연을 비참하게 훼손하여 자연-생태계를 위협한 지 오래다. 그러나 인간은 자연을 떠나서는 생명을 보존할 수 없기 때문에 모든 편리한, 화려함, 영토에 대한 욕심, 창조물에 대한 욕심을 줄이거나, 버리고 빨리 마라톤의 마지막 지점인 자연으로 되돌아가야 한다.

신생대에 모든 생명체는 생존하기 가장 좋은 조건으로 진화했었다. 그 시대에는 동물만 있었으며 자연은 정말 눈부시게 아름다웠을 것이다. 하지만 인간이 출현했을 때 자연은 생존 조건이 충분치가 않았으며, 그럼에도 불구하고 인간은 아름다운 세상에서 살기를 원했다. 그래도 인간은 자연으로 되돌아가야 한다. 인간은 자연적인 삶을 살아가도록 여전히 노력하고 있으며, 자연 위에서 아마도 가장 강한 힘을 가질 것이다. 인간은 자연을 지배하고 그것을 변화시켜 마음대로 활용한다. 인간은 지구 안팎의 모든 자원을 최대한 활용한다. 이러한 위대한 힘은 문명 대신에 초자연이라 부를 수 있으며, 자연보다 가장 상위권에 있는 위대한 창조자로 존재한다. 한편으로 인간은 창조를 위한 사다리를 만들어 마지막 새로운 단계에 도달하려고 최선을 다해 노력한다.

인간들이 문명이라 부르는 것은 지구 전체를 완전히 침범하는 인간의 노력과 인간 사이에 서로 연관되어 창조한 건축물로 인류를 발전시키는 세대 간의 작업이 끊임없이 이루어진다. 인간은 자연으로부터 자신을 최대한 발전시키고, 다시 자연으로부터 멀어진다. 창조라는 명제를 활용하여 스스로 자연을 남용하였기 때문이다. 그러나 소위 우리가 말하는 초자연을 자연 위의 사다리에 올려놓는다. 인간은 자연과 함께 지속적으로 접촉한다. 인간의 자연 접촉은 자연이 포함하고 있는 모든 자원을 활용하여 자연의 지배자가 되어 자연의 왕이 된다. 초자연은 자연 위에서 자라며, 모든 것을 이용하고 땅과 공기 중의 에너지를 이용한다. 따라서 문명화된 환경은 자연을 또 다른 형태로 변화시킨다.

예를 들어, 인간이 세계 곳곳에 세운 아름다운 궁전과 사원들을 보는 것은 인간 창의성의 한 조각을 차곡차곡 쌓아 올린 것이다. 인간 작품인 모든 건축물은 인간 정신, 창의성을 쌓아 올린 마음의 빌딩이다. 이러한 빌딩과 사원들은 땅에 거주하는 종족들이고, 그 종족들은 초자연을 창조했다. 자연의 일부인 인간은 자연에서 창조된 기술을 연마하여 새로운 창조물을 건축한 것이다. 인간 지능은 자연의 도움을 받아 손을 사용하여 창조적으로 건축한다.

더 중요한 현실은 모든 복잡한 건축물들은 인간의 복지를 위해 건축이 되었으며 인간 삶을 가장 편리한 기술왕국으로 만들어 주었다. 기술왕국을 다른 관점에서 바라보면 이것들은 놀라운 자연의 노작인 것이다. 인간은 짧은 생을 살며 모든 생명체의 불변의 법칙에 의해서 생을 마감한다. 인간이 누리는 기술왕국에서 어떤/무엇을 하면서 살고 싶은가? 인간의 욕망은 '나는 가장 아름다운 도시를 건설하고 싶어. 가장 예술적으로 아름다운 건축물을 창조하고 싶어.'라고 한다. 이는 인간의 자만심이 함께 작용하는 욕심, 충동, 예사롭지 않은 행복론들의 결합체들 때문이다. 인간은 자신의 이익과 때로는 삶의 업적, 사회적 기여라는 아름다운 미덕을 빙자하여 지속적인 작업을 초월하여 스스로를 피곤하게 만든다. 지구상에는 수백만 명의 사람들이 있는데, 더 많은 것을 소유하고, 더 많이 생산하기 위해 지구를 파헤치고, 땅 위에, 물 위에 건축을 한다. 세계인들은 의식주를 해결하기 위해서, 식량을 만들기 위해 식물 주변에서 끊임없이 일하지만 때로는 과잉생산으로 피땀 흘려 가꾼 곡식을 다시 버린다.

몽고의 양치기들은 몇 날, 몇 주, 때로는 몇 달을 온전히 양들을 위해서 수평선이 없는 평원에서 생활한다. 양치기들은 실제로 동물들의 하인들이다. 양치기들은 실크를 얻기 위해 그들에게 온전히 희생한다. 양의 주인들은 자신을 위해서 실크를 가지는 것이 아니라 실크를 상품화하여 삶을 유지한다.

우리가 먹는 쌀은 많은 농부의 피땀과 노력이 듬뿍 들어 있다. 사람들에게 식량을 제공하기 위해서 농부들은 많은 시간을 땅에서 산다. 세계 시민이 무엇을 먹든 간에 누군가는 우리를 위해서 노동이라는 큰 대가를 치러야만 음식을 생산해 낼 수 있을 뿐만 아니라 사람들에게 음식물의 안전성을 보장해 준다.

인간은 불굴의 의지로 자신뿐만 아니라 인간이 살아가는 우주 공동체 전체를 위해서, 다른 사람들을 위해서 지금도 작업과 일을 번갈아 한다. 작업과 일을 하는 동안에 자연에서 경험하는 똑같은 법칙인 문명은 자연의 위력에 의해서 건축되었고, 자연은 인간 창조물의 일부가 된다. 사람은 분명 자기 자신을 위해서 일하지만, 실제로는 다른 사람을 위해서라는 말이 더 설득력 있다. 왜냐하면 다른 사람을 위해 일하는 동안 인간은 자연이 아닌 환경을 창조하며 자연 위에 창조물을 쌓아 올린다.

보편적으로 인간사와 관계된 일들을 생각할 때 우리는 위대한 통합의 현상이나 모든 관계를 중요하게 만드는 관용성을 생각하지 않고 단지 개인의 능력을 앞장세운다. 현대 사회가 가장 중요하게 생각하는 공동체, 협력, 파트너십, 모든 것과 모든 것의 관계성에 대한 인문학적 이해가 아직도 부족한 것이다. 자연은 모든 것을 우리에게 주고 있지 않은가? 자연이 우리에게 램프를 주는가? 자연이 우리에게 옷감을 주는가? 자연이 우리에게 테이블을 주는가? 어린이들이 앉아서 작업하는 매트는 누가 주었는가? 보석, 의식주, 과일 등등은 누가 주었고 어디에서 왔는가? 우리가 소유하고 있는 모든 것들이 자연으로부터 얻어진 것이 아니라 인간의 손으로부터 가공되어진 것들이 많다. 문명화된 세계일수록 인간의 손으로 창조한 것이 많다. 어린이들은 목욕하는 것, 물 마시는 것 등 다른 사람들에게 직·간접적으로 의존해야만 한다. 운하를 파기 위해서도 대단히 많은 일이 행해지고, 그 결과 우리가 먹는 물이 우리에게 전달된다. 과일을 먹기 원한다면 직접 사과나무에서 딸 수도 있지만 대부분은 과일을 기르거나 파는 사람들의 손을 빌려야만 한다.

인간은 살아가는 동안 다른 사람들과 관계를 맺으면서 서로 협력하고, 때로는 서로 도움을 받는다. 그래서 우리에게 주어진 모든 자연물과 사람들에게 감사해야 한다. 종교만이 아니라 인간이 인간에게 감사하고 사랑하면서 신을 찬양하여야 한다. 자연이 신에게 의지한다면 인간도 신에게 의지해야 한다. 우리가 갖고 있는 모든 것들은 감사할 수도 없는 어떤 사람이 우리를 위해 만든 것들이다.

우리가 소유하면서 사용하고 있는 모든 것들은 우리가 모르는 무수히 많은 사람의 노고, 노력, 열정, 도전을 통해 우리에게 전달된 것이다. 우리가 그들의 기여와 공헌을 무보수로 사용하는 것이다. 모든 사람이 즐기며 하는 작업은 다시 다른 사람들을 위한 일이 되며, 이는 서로 순환한다. 이것이 공생의 법칙이다. 우리의 의식을 일깨우고, 다른 사람들이 우리가 편안하게 살아갈 수 있도록 배려하고 희생하고 있기 때문에 우리가 행복하게 살아가고 있다는 것을 마음으로 깨닫게 된다. 이러한 인간의 순환 고리, 협력, 공생의 중요성은 어린이들에게 분명히 각인되어야 한다. 이러한 각인으로 인해서 인간사의 단일 통합 현상, 평화로운 공동체, 몬테소리가 마지막까지 염원했던 이레네 동산이 만들어지는 것이다.

2. 어린이들의 인간화를 위해서 우주 전체에 대한 비전 제공하기

몬테소리 교실에서 우주 프로그램, 문화 영역은 어린이들의 다중문화에 대한 이해와 세계화에 필요한 문화교육의 일부분이다. 어린이들에게 문화교육의 영역은 생물학에서 시작하여 언어, 수는 물론, 지리, 역사, 음악, 예술, 종교, 평화, 도덕교육과 같은 다양한 영역을 포함한다.

어린이들을 위한 교육의 중요성을 인정함에도 불구하고 어떤/무슨 교육과 교육방법을 제공하여야 하는가는 교사들의 가장 어려운 과제로 남아 있다. 특히 3~6세 사이의 어린이 교육은 내용, 정확한 기술, 물리적, 인적 환경을 포함한다. 유아기의 모든 생활, 교육, 기억, 경험들이 중요한 이유는 생의 초기에 마음에, 가슴에, 기억에 깊이 침투할 수 있는 근거의 일부가 되기 때문이다. 가르침에 대한 기술, 방법, 내용에 대해서 숙달된 지식과 경험을 축적하는 것뿐만 아니라 각자 다른 교육 수준을 가진 어린이들에 대한 교육 계획을 세울 때 유익하게 활용될 수 있는 다음의 몇 가지 일반적인 생각들을 검토할 필요가 있다.

- **감각 영역:** 어린이들을 위한 감각에 대한 교육이다.
- **언어 영역:** 읽고 쓰기를 배움으로써 언어 학습을 통한 문화적 능력, 지적 능력을 축적하는 것이다.
- **수 영역:** 수 영역 학습이다.

위의 3가지 요소들은 독립적으로 하나씩 고려하는 것이 아니라 3가지를 모두 전체적인 하나로 고려하여 모든 어린이의 특성과 개성에 맞도록 교육과 지적 능력을 교육으로 연결시킬 수 있는 전체적인 관계로 보아야 한다. 어린이들에게 전체적인 관점이 중요한 이유는 그들의 인간화 과정에서 전체적으로 보는 관점에 익숙해져야 하기 때문이다.

어린이들의 발달 과정에서 감각은 외부의 지식을 인간 내부로 침투시키는 작업이고, 이 시기에 감성이 발달하여 감각을 최대한 활용한다. 이러한 어린이들의 발달 특성과 더불어 감각은 지식을 만드는 지식공장 같은 역할을 하고 단계적으로 풍요로운 지식 민감기를 맞이한다. 인지적 능력이 발달하는 동안 더 많은 단어를 알고 더 복잡한 이야기를 이해하기 위한 언어 발달이 필요하게 된다. 어린이들은 언어의 민감기를 맞이하면서 언어를 더 세련되게 완성해 간다. 언어의 민감기를 최대한 활용하면서 언어를 스스로 발달시킨다.

어린이들은 이 시기에 언어 발달만이 아니라 수학에 대한 지식을 동시에 발달시키는데 그 이유는 어린이가 교육의 연속성을 이해할 수 있어야 하기 때문이다. 수학을 이해하는 마음이 부족하면 지식이 발달될 수 없다. 수학은 계산만이 아니라 가장 정확한 논리성을 학습하는 것이다. 외부의 문화적 지식과 더불어 수학과 언어는 평행선상에서 발달해야 한다. 어린이들이 개인의 특성과 개성을 발전시키고자 한다면 마음도 발전시키는 것이 필수 불가결한 과업이다. 몬테소리 교실에서 수학과 언어를 한데 모아 자기 것으로 흡수하여 지적 양식의 형태로 만들어야 개성을 발전시키고 발달을 돕는 데 사용할 수 있다.

몬테소리 교실에서 지리학, 식물학, 동물학을 공부할 때 각 주제에서 배우는 단어는 모두 새로운 것이다. 후에 이런 것들이 더 이상 새롭지 않게 되었을 때는 단어의 양이 증가해 이미 지적 재산의 형태가 되어 있다. 이러한 경험을 거치면서 이전에는 이해할 수 없었던 책들을 이해할 수 있게 되는 것이다. 배울 수 있는 문화의 다양한 측면과 함께 다양한 언어를 발달시켜야 한다. 각기 다른 시기에 배우게 되는, 각기 다른 분야의 단어들을 별개로 생각하는 대신에 그것들을 모두 전체적인 언어의 한 형태로 이해해야 한다.

이야기하는 주제가 무엇이든 상관없이 언어와 수학에 대한 지식이 필요한 것은 사실이다. 예를 들면, 적도의 길이가 4,000만 미터라고 말할 때 이처럼 지리학에서도 수학을 사용하기 때문에 이러한 큰 숫자에 대한 개념이 있어야 한다. 적도가 대단히 길다고 말하는 대신에 정확한 길이를 말하는 것이 훨씬 지적이고 논리적인 표현이다. 지리학이 발전하면서 언어 기술이 더 이상 충분하지 않고 수학과 같은 다른 분야에 대해서도 알아야 할 필요성이 있다는 것은 일반적인 상식이다. 이러한 지식이 있어야 지구와 별의 거리, 대양의 깊이, 산의 높이 등에 대한 이야기를 과학적, 논리적, 수학적인 방식으로 할 수 있다.

예를 들어, 이탈리아 장군에게 최초로 로마시를 촬영한 사람이 누구인지, 어떻게 찍었는지에 대해 묻는다면 그는 측정 및 교정 등에 대해 말하기 시작할 것이다. 그에게 질문한 사람은 그가 하는 말을 전혀 이해하지 못할 것이 분명하다. 사진술에 대해 그들이 알고 있는 것은 완전히 틀리기 때문이다. 아마도 질문한 사람은 이것은 우리가 이해하는 사진술이 아니라고 말하고, 그의 말을 이해하기 위해서 우리가 수학을 전공해야 할지도 모른다고 외칠 것이다.

바다 여행을 하는 도중 항해사에게 나침반이 어떻게 사용되는지 설명을 요청하면, 그는 우리가 전혀 이해하지 못하는 삼각법과 삼각 측량법에 대해 논리적, 수학적으로 표현할 것이다. 어린이들이 언어를 이해하는 것은 쉽지만 수학적 개념을 이해하는 것은 어렵다. 현대 사회, 세상에서 무슨 일이 벌어지고 있는지를 이해하기 위해서는 기본적으로 이러한 지식의 축적이 필요하다.

대부분의 사람이 수학에 관해서는 무지하다는 사실을 인식해야 한다. 문화를 습득하기 위해서는 수학을 이해하는 것이 필수적이라는 사실을 깨달아야 한다. 수학에 대한 지식은 예전의 알파벳에 대한 지식만큼 오늘날에는 필수적이다. 유아기 초기에 수학에 대한 지식을 발달시키는 것은 어린이에게 문화를 접하게 하기 위한 필수적인 단계이다. 몬테소리 교실에서 언어와 수학은 이러한 문화를 어린이들이 충분히 흡수하여, 개성을 발달시킬 수 있도록 하는 일련의 지적 훈련으로 간주된다.

두 가지 주제를 분리해서 다루기보다는 작업과 학습하는 주제가 무엇이든지 간에 마음속으로 계속 침투하여 개성을 성장시키는 하나의 주제로 받아들여야 한다. 지리학에서도 물리학과 화학처럼 기록된 언어와 수학을 발견하게 된다. 수학적으로나 언어적으로 열심히 훈련한 결과이다. 전체적으로 지식을 발달시키기 위해 수학과 언어 모두를 한 군으로 묶어 전체적, 통합적으로 발달시켜야 한다. 몬테소리 교실의 준비된 환경에서는 모는 것을 포함하고 있기 때문에 한 영역에서 시작하지 않고 전체적인 영역으로 시작한다. 이때 어린이들은 전체의 관점에서 세상을 바라볼 때 흥미로움과 경이로움을 느낀다. 세상이 전체이고 쉽게 보일 수 있기 때문이다.

이 거대한 통일성은 어린이들이 마음속에 가지고 있는 상상력에서 최대로 수용적이다. 세상을 전체적으로 바라보는 것은 결과적으로 흥미로운 것이기 때문이다. 어린이들은 전체를 바라보고 전체의 부분을 보며 정밀하게 보는 눈을 만들어 간다. 어린이들의 흥미로움, 경이로움이 더 커지면 커질수록 그들의 욕구는 더 상세히 지식을 요구하고 앎에 대한 욕구가 증가한다. 그런 다음 어린이들은 마지막까지 지식을 세부적으로 획득하기 위해 세부적인 것을 더 세부적인 것으로 분류하기 시작한다.

지식이 세부적일수록 지적인 흥미를 일으키게 된다. 어린이들을 흥미롭게 하기 위해 준비된 환경에서 제공하는 것은 항상 탁월한 것이어야 한다. 어린이들이 흥미로움을 가질 때, 발달과 모든 다른 주제에서 지식을 새롭게 획득하게 된다. 예를 들어, 어린이들이 수 영역 작업을 할 때 초기에 덧셈을, 다음 단계는 뺄셈을, 그다음 단계는 곱셈을, 나눗셈을 학습한다. 교사들은 상상력을 이끌어 내고 흥미를 불러일으키는 일반적인 그림을 제공해 주어야 한다.

우리가 인지해야 할 것은 모든 생명체는 전체가 아니라 전체의 한 부분, 한 항목일 뿐이다. 즉, 모든 것은 모든 것 안에 존재하는 모든 것이다. 모든 것은 전체이다. 자연도 모든 것 안에 포함된다. 창조물도 모든 것 안에 존재하는 것으로 이해할 수 있다. 존재하는 것이 어떻게 지구에 왔는가? 왜 그것이 현 상태에 있는가? 인간의 사명감으로 우리는 무엇을 창조하는가? 인간이 삶을 편안하게 살아야만 하는 환경은 무엇/어떤 곳인가? 일반적으로 물도 공기도 부족한 지구에서 어려운 삶을 살아가는 사람들은 다양한 고통을 호소하고 있다. 어린이들의 인간화 작업에 지구의 건강 생태도 포함되어야 한다. 인간은 지구상의 모든 생명체의 우주적 과업에 대해서 생각할 수 있어야 한다.

인간은 우주의 일부분이고 우주는 인간 지혜의 탁월한 능력을 인정하면서 많은 부분을 인간에게 의존하고 우주 생태의 건강을 부탁하였다. 그래서 우주의 거대한 창조물을 이해하는 자세가 필요하다. 자연과 인간은 무엇보다도 긴밀하고, 창조적이고, 초자연적인 관계로 맺어진 혼혈아들이다.

어린이들의 호기심 많은 질문 중에 나는 누구인가요? 나는 어디에서 왔나요? 나는 지금 몬테소리 교실에서 무엇을 해야 하는 사명감과 책임감을 가지고 있나요? 등은 우주교육의 본질적 질문으로 인간과 우주의 긴밀한 관계를 의미한다.

인간은 자연과 더불어 모든 생명체와 건강한 우주 생태를 위해서 서로 의지하며 살아간다. 그러므로 우리가 우주를 이야기할 때 우주 전체와 창조물 전체를 포함한다. 이 전체 안에 자연과 인간이라는 두 개의 위대하고 장엄한 존재가 있다. 인간에게 자연과학과 역사에서 이런 두 가지 위대한 존재를 연구할 책임감과 사명감이 부여된다. 몬테소리 교실에서 이러한 우주에 대한 지식은 다시 세분화되어 교육이 이루어진다. 유아기에 특별히 발달하는 우주에 관한 이야기를 인간과 연결하여 교육 작업으로 다룬다. 만약 우리가 우주 개념을 이해한다면 이 지식을 어린이에게 전승해 주어야 하는 의무와 책임이 있다.

존재하는 모든 것은 지구에서 공존한다. 존재하는 모든 것은 지구의 표면에 펼쳐져 있다. 그것 중 어떤 것은 거의 날 수 없는 것도 있을 수 있다. 그러나 머지않아 그들은 지구 표면으로 돌아온다. 대기는 삶의 공간이다. 우주는 어떤 특별한 존재가 생존하는 것이 아니라 모든 생명체, 무생명체들이 관계를 만들어 거주하는 아름답고 평화로운 거룩한 장소이다. 놀라울 정도로 어마어마하게 다양한 생명체들이 공존한다. 수학은 삶의 형태를 수로 비교하는 우리의 사고를 형성하는데 도움이 되고, 언어는 세계 인류 평화의 소통 매체로 활용되고, 감각은 수와 언어를 활용할 수 있는 지식, 지혜를 만들어 가는 전체적 관계들이다. 지구가 얼마나 되었는지 발견하기 위해 수학을 알아야만 한다. 우리는 숫자로만 지구의 나이를 표현할 수 있다.

우리는 진화와 우주의 경이로움에 대해 생각해야만 한다. 말할 것도 없이 우주의 신비는 불가사의한 것이다. 인간은 우주의 진화와 더불어 지금도 인간화, 정상화, 구체화, 전체화로 진화하고 있다. 인간은 생명을 진화시켜 인간화를 이루어 갈 사명감을 가진다. 우주 전체는 전체를 넘어서 어떤 실제물에 의해서만 이해될 수 있다. 작고 특별한 것들, 작고 세밀한 것들, 우주 안에 생존하는 모든 창조물을 하나도 제외하지 않고, 창조물 자체를 전체로 받아들임으로써 인간은 사명감을 완성할 것이다.

3. 지구 생태계를 유지하기 위한 인간의 노력과 인류 공동체의 삶

우주의 영역 중에 대륙, 육지, 지구 땅의 기능은 모든 생명체에게 의무적으로 건강을 보장할 수 있도록 하므로 생태학적으로 보존되어야 한다. 지구의 땅은 다양한 생명체들의 영원한 고향인 어머니의 땅이다.

지구의 진화 과정에서 신생대는 모든 생명체가 살아가기 가장 훌륭한 조건으로 알려졌다. 신생대 이후 생명체들은 번성하여 지금의 우주로 진화된 것이다. 식물들의 성장 조건을 충족시키기 위해 태양의 도움이 필요하였다. 식물들이 하루 종일 임무를 수행할 수 있도록 하는 이산화탄소는 진화 과정에서 형성되었다. 식물들은 배가 고프면 태양으로부터 발산되는 이산화탄소를 음식물, 영양제로 흡수한다. 반대로 동물들은 산소를 흡수하고 이산화탄소를 내어놓는다. 그래서 동물들은 공기를 오염시키고 식물들은 공기를 다시 깨끗하게 세정하여 인간을 보살핀다.

이러한 현상은 식물, 동물 생리학의 관계로 연구된다. 식물들은 동물들을 위해 공기를 정화하는 것은 아니지만 지구를 보존한다. 식물들은 동물들의 세계를 건강하게 만들어 주며 그들의 보금자리를 보존한다. 수많은 양의 이산화탄소를 끊임없이 방출하며 숨 쉬고 있는 지구를 생각해 보면 식물의 위대한 기여에 머리를 숙여 감사해야 한다. 물고기도 물속에서 끊임없이 이산화탄소를 방출하기 때문에 물속은 이산화탄소로 가득 차 있다. 물은 바닷속 이산화탄소를 물 밖으로 방출

한다. 즉 인간을 위해서 물조차도 이산화탄소를 운반하는 셈이다.

바다 동물들이 내뿜는 이산화탄소뿐만 아니라 지구상에서 다량으로 방출되는 광대한 양의 이산화탄소를 식물들이 흡수하는 것이다. 식물들이 이산화탄소를 들이마시고 자신의 몸체에서 산소를 만들어 밖으로 분출한다. 식물이 자라는 울창한 밀림 지역은 공기를 맑게 유지하고 육지의 창조물을 돕는 우주적 사명감을 가진다.

우리는 지구의 모든 땅에 나무를 심어서 뿌리가 자라도록 보살핀다. 틀림없이 바위가 아닌 땅이다. 모든 나무는 땅을 필요로 한다. 특별히 수상에서 자라는 나무도 있지만, 일반적으로 땅에서 생명을 유지한다. 부식토는 모든 종류의 박테리아와 많은 다른 생명의 구성물로 존재한다.

우리는 어린이들에게 동식물이 건강하게 살아가기 위해서 깨끗한 공기와 물을 제공해 주어야 그들도 인간에게 다시 건강한 생태계를 되돌려 준다는 것을 가르쳐야 한다. 지구 보존을 위해서 시급하게 가르쳐야 할 과목이다. 지구를 건강하게 보존하는 것은 인간의 기술만으로는 불가능하고 식물, 동물과 협력할 때 가능한 것이다. 이것이 모든 생명체가 서로 존중하고, 사랑하고, 보살펴야 할 사명감을 가지는 이유이다. 우리가 신선하고 맑은 공기를 유지하기 원한다면 한 그루의 나무라도 계속 쉴 새 없이 심어야 하고, 식물에 영양분을 주는 동물들을 우리가 키우고 보호해 주어야 한다. 바닷속 식물들은 물고기들의 가장 안전한 보금자리 역할을 하기 때문에 물고기들은 보금자리를 잃어버리면 죽어서 바다를 오염시킨다. 바닷속 바위, 산호초들은 물고기들의 위험을 방지하는 군대의 초소들과 같은 역할을 하는 것이다.

나무숲, 나무들은 새들의 놀이터이고 집이다. 새들은 나무 사이를 오가면서 친구들을 만나고, 친구들에게 사랑한다고 소리를 지르고, 때로는 나무에서 불필요한 열매를 따 먹어서 나무를 건강하게 만든다. 나무들이 잘 자랄 수 있도록 하여 자기들이 살아갈 집을 건축하기도 하는데, 이처럼 나무와 새들은 서로 도우며 공생의 삶을 살아간다. 나무들이 종족 번식을 위해서 씨앗을 떨어뜨리고, 새들이 다른 곳으로 운반하여 세상 곳곳에 나무들이 자라도록 온갖 애를 쓴다. 공존을 위한 피나는 노력으로 생명 보존에 기여한다. 인간은 자연과 조화를 이루기 위해서, 지구 건강을 위해서, 인간 삶의 이익을 위해서 지구에 씨앗을 뿌리고, 식물이 잘 자라도록 보살피면서 열매를 맺으면 다시 인간의 소유물이 되어 인간 삶을 풍요롭게 만든다. 지구상에 식물들이 많이 살아간다는 것은 인간의 건강을 보장해 주는 건강 보험 회사를 설립하는 것과 같다. 다행히 식물들도 환경에 적응하여 진화하면서 우주적 사명감에 엄청난 힘을 실어 준다.

식물과 동물은 생명의 에너지로 세계를 건강하게 창조해 가고 구성하기 위해서 자기들에게 주어진 우주적 사명감을 성실하게 수행한다. 지구에 폐를 끼치고 살아가는 삶이 아니라 지구의 생명을 위해서 희생하여 살아가며, 때로는 인간이 동식물과 사랑으로 교감하면서 함께 살아갈 때 희생을 공유하기도 한다. 인간은 그들의 신비, 아름다움, 경이로움, 생명의 자연법칙을 보면서 넋을 잃어 갈 때 그들은 지금도 쉴 새 없이 우주적 사명감을 완성하며 공존한다. 예를 들면, 벌레들은 땅속에서 자라는 지렁이, 모충, 회충류 또는 이름도 모르는 수천 종류의 벌레들이 땅을 기름지게 만들고, 땅속을 청소하고 있다. 지구상에 서식하는 모든 생명체를 위해서 보이지 않는 땅속에서 우주적 사명감을 완성해 가는 신비로운 땅 지기 영웅들이다. 누가 그들을 하찮은 벌레라고 말할 수 있는가? 이러한 땅속 벌레들 없이 기름진 옥토의 땅을 인간이 활용할 수 있는가?

땅속 벌레들은 게걸스럽게 아무것이나 먹는 대폭식가이다. 땅속 벌레들은 멈추지 않고 끊임없이 먹는다. 그 벌레들은 매우 빠르게 소화를 시키지만, 계속 먹을 수는 없다. 잘 생각해 보면 땅속 벌레들은 대폭식가가 아니라 단지 끊임없이 자기 자신의 노력을 통해 기름진 땅을 만들고 있는 최고의 노동자이고 일꾼일 수 있다. 땅속 벌레들은 이러한 환경에 적응하고, 땅을 자동적으로 건강하게 순환하는 소화 기관을 가지고 있기 때문에 그만큼의 존중받을 권리가 주어진다. 어린이들에게 작은 벌레, 곤충까지도 사랑하라고 가르쳐야 한다. 다행히 땅속 벌레들은 우리가 먹이를 주지 않아도 땅속을 뒤지면서 스스로 먹을 수 있는 것을 찾아 긴 여행을 즐긴다. 벌레들이 왜 지구 위아래에 있는 모든 것을 마음껏 먹으려고 할까?

인간에게, 식물과 동물들에 불필요한 장애물들을 자동적으로 제거하는 역할을 도맡아서 한다고 생각하면 얼마나 신비로운 일인가? 예를 들면, 벌과 많은 다른 곤충들은 꽃 안에서 발견한 달콤한 음료에 매료되어 서로 마시려고 싸움을 한다. 벌은 엄청난 일꾼이다. 벌이 꿀을 빨아 먹기 위해 꽃에 가서 꽃가루를 묻혀서 달콤한 음료를 찾기 위해 방문한 또 다른 꽃에 꽃가루를 옮긴다. 따라서 벌은 꽃이 열매를 맺는 데 도움을 준다. 왜 벌이 아름다운 털로 덮여 있을까? 그것은 단지 우주의 임무를 수행하기 위해서이다. 동물의 형태에서 적응과 조절은 단지 동물의 환경에 자신을 적응시킬 필요가 있을 때 발생할 수 있다. 벌 자신은 꽃들의 성장을 도와주고 식물의 번식을 도와준다는 것을 모른다. 이러한 적응은 벌 스스로 의식하지 못하는 적응으로서, 생명의 또 다른 형태로 우주에 기여하고 이바지한다.

매 순간 죽어가는 동물들의 시체가 지구 곳곳에 얼마나 많이 널려 있을까? 이런 시체들은 분쇄되거나 흙에 묻히는 것이 일반적이지만 다른 생명체에게 먹잇감을 주어 마지막까지 자신을 희생하는 노벨 평화상감이다. 반면 이성적 동물인 인간은 죽으면 땅속에 묻거나, 화장을 하기도 한다. 인간은 인간의 손으로 마지막 죽음을 정리하는 임무를 수행한다.

인간이 항상 새로운 창조를 꿈꾸는 것처럼 동물들도 자기 환경에서 희생하며 살아가면서 지구를 새롭게 창조하는 데 역할을 부여한다. 인간이 파괴한 환경에서 희생하며 살아가는 모든 동식물은 자기들의 은신처를 이동하여 적응, 창조적 작업, 적극적인 활동을 위해 다시 태어난다. 모든 생명체는 강한 삶의 에너지를 가진다. 즉, 자연을 유지하고 지구를 지키기 위해 필요한 에너지이다.

지구는 인간만의 거주지가 아니라 동식물들이 지구에서 인간과 더불어 살아가기 때문에 그들의 지구이기도 하다. 모든 생명체의 우선적 사명감은 모든 생명체의 거주지, 어머니의 집인 우주 거주지를 건강하게 보존하는 것이다. 모든 생명체는 자기들이 반드시 해야 할 우주적 사명감 앞에 멈추어 에너지를 모아야 한다. 그래서 인간이 살아가는 세상에서 우주의 건강한 기능이 더 이상 파괴되지 않도록 에너지를 모아야 한다. 생명의 모든 것을 구성하는 데 지대한 기여를 하고 있는 인간은 최고의 지식인이고 최고의 초능력을 부여받고 특별한 은총을 받은 생각하는 존재이다. 데카르트는 "생각한다, 고로 존재한다."라는 명언을 남겼다. 생각하기 때문에 존재하는 인간은 지혜로움을 베풀어야 할 의무가 있다. 모든 생명체를 사랑하면서 우주 생태의 사명감을 실현하는 주역이 되어야 하지 않겠는가?

우주 전체에 주어진 인간의 임무가 단지 지구 위아래, 안과 밖을 돌아다니면서 즐기기만 하는 어리석은 존재는 아닐 것이다. 우리에게 주어진 사명감을 완성하려고 노력하면서 인간화, 정상화, 현실화, 구체화를 위한 노력을 지금도 하고 있음은 분명하지만 그와 동시에 우주적 사명감에 자기 일과 작업이 연결되어 인류 공동의 목적인 건강한 지구 보존과 건강한 인류 공동체를 향해 마음을 모으는 작업에 어린이들을 포함하는 작업이 필요한 것이다.

4. 몬테소리의 우주 교육철학과 자연 생태학적 관점

해방신학자이고 생태학자인 레오나르드 보프(Leonard Boff)의 생태학에 관한 정의는 흥미롭다. 그는 "생명체든 무생명체든, 실제로 존재하든 잠재해 있든 상관없이 모든 것이 나와 존재하는 다른 모든 것과 밀접한 관계이고, 상호 작용이고, 대화이다."라고 말하였다. 이런 관점에서 생태학이란 자연으로 제한하는 자연 생태학만이 아니라 사회 생태학, 문화 생태학, 윤리 생태학까지 포함하여 중요시하는 학자들도 있다.

어린이들이 보는 앞에서 일하는 부모와 교사는 그들이 성장하는 과정에 큰 영향을 주는 사람들이다. 건강을 해치는 좋지 않은 환경을 조성하는 제조 공장의 관리자가 되어서는 안 된다. 우리는 이제 우주가 모든 은하계의 생명체를 포함하여 은하계로 뿐만 아니라 지구상의 모든 것에 진화된 동일한 에너지로 만들어진다는 사실을 알아야 한다.

인간의 영원한 집을 건강하게 보존하고 진화하도록 도우려면 인간의 이기심과 개인적인 이익을 목표로 하는 삶을 포기하고 우리의 지식으로 우주-생태계를 건강하게 보존할 수 있는 획기적인 돌파구에 도전하고 대신에 모든 생명체의 호의적인 진보를 위해 노력할 것을 긴급하게 촉구하여야 할 시간이 도래한 것이다.

우주에 숨겨진 신비로움과 우주의 자력 생산적인 에너지를 위해서 인간이 어떻게 살아야 하고, 변화시켜야 하는가? 몬테소리는 우주교육에 대해서 다음과 같이 언급하고 있다.

> "인간은 불필요한 투쟁과 위대한 과업 사이에서 단지 살아 있는 생명체 그 자체를 보존하기 위해서 한 해를 살고 마는 겨우살이인가? 위대한 과업은 인간이 삶의 고통을 지구적이고 세계적인 목적을 가지고 실천하는 것이 아닐까!
>
> 위대한 우주적 과업은 지구적이고 세계적인 목적만이 아니다. 훌륭한 우주적 과업은 우주 이론 또는 반드시 인간과 창조적 대리인 사이를 완전하게 포함하고 있는 것이다. 인간은 지능을 소유하게 됨으로써 거의 모든 힘을 소유하고 현재에 도달하게 되었다. 지배할 수 있게 되었던 중요한 것은 세계적인 에너지와 삶의 가장 깊게 숨겨져 있는 비밀을 드러내는 능력이다."

가장 존경받는 과학자인 아인슈타인은 지금 이 세상을 살아가는 인간들의 변화를 촉구하였다. 인간은 우주의 한 부분임에도 불구하고 모든 인간이 경험하고, 자신의 생각과 감정을 마음대로 남용하면서 우주의 부분 부분을 파괴시키는 주범이 되어 가고 있으므로, 지금은 우리의 개인적인 욕망과 이기심을 제한하는 일종의 잠금장치가 필요한 시기라고 하였다.

우리의 우주에 관한 사명감, 의무감, 책임감은 모든 생명체와 자연의 경이롭고 아름다운 것을 우주가 수용할 수 있도록 우주 사랑의 원을 최대한 넓혀서 현재의 감옥에서 벗어나 평화로운 세상으로 나아가야 한다는 것이다. 우리가 우주의 일부분임을 진심으로 성찰하고, 다시 본래의 상태로 되돌려 건강한 상태에서 진화하도록 만들어 주어야 한다. 다른 종에서는 이 의식의 놀라운 힘이 의식이라고 불리지 않는다.

어린이들이 자신이 우주의 일원이라는 사실을 실제로 느낄 수 있도록 만드는 것이 몬테소리 교육의 목표이다. 그러기 위해서 자기중심적인 삶, 개인주의적 삶에 의문을 제기하여야 한다. 몬테소리가 신뢰했던 동물종들이 우주를 진화시키는 구체적인 임무를 수행하는 것처럼, 인간으로서 사회 공동체 발전의 더 고차원적인 단계에 도달하도록 우주적 과제를 모두가 공유하여야 한다.

우주 안에 존재하고 있는 모든 생명체와 무생명체들은 서로 협력 관계에 있고 공존하기 때문에 우주 생태학의 존엄함을 인정한다. 생태학은 어원학적 우주의 집을 의미하는 오이코스(Oikos)와 성찰과 연구를 의미하는 로고스(Logos)의 합성어로, 자연 속에 생존하는 모든 생명체의 생존지(生存地), 서식지(書式地) 조건과 관계를 연구하는 학문이다. 인간, 동물, 식물인 생명체와 무생명체 그리고 환경 사이의 상호 작용에 관한 이론이다. 자연에만 제한하지 않는 광의적인 의미에서 생태학을 다음과 같이 요약할 수 있다.

- 생태학을 생명체, 무생명체의 모든 것과, 모든 것의 모든 관계를 근거로 한 관계학으로 보는 관점이다. 모든 생명체는 우주 공동체 속에서 서로 관계를 맺으면서 공존하고, 사랑하고, 보살피고, 창조하고, 순환하면서 항상 생태계를 건강하게 유지하는 생명체와 자연과의 관계를 연구한다.

- 인간, 동물, 식물 모든 생명체와 무생명체들은 생태계 환경과 상호 작용한다. 온도, 습도, 빛은 생물을 둘러싸고 있는 모든 물리적 조건인 생존, 생장, 공존에 결정적 요소로 삶의 생물학적 과정들에 영향을 미친다. 인간을 포함한

생명체들은 주위 환경에서 필수적인 자원을 얻기 위해 자연을 돌아다니면서 서로 협력하고 다른 생명체와 공존하기 위해 스스로를 보호하고 보살핀다. 모든 생명체는 때로는 상호 간에 가장 협력적인 친구가 되기도 하고, 때로는 각자의 삶을 위해서 적으로 탈바꿈하기도 한다.

모든 생명체는 생태계(ecosystem) 안에서 환경과 상호 작용하고 협력 관계를 유지한다. 생태계의 eco는 환경을 의미하고, system은 생태계가 한 단위로 작동하는 데 관련된 부분들의 총체적 집합체임을 의미한다. 넓은 의미에서 생태계는 자연 속에서 서식하는 식물, 동물, 미생물 등 많은 다양한 생물을 포함하여 살아 있는 생물적(biotic) 요소와 대기, 기후, 토양, 물과 같은 비생물적(abiotic)인 두 가지 기본 요소로 구분된다.

- 생태계는 계층을 이룬다. 산림에서 서식하는 많은 종류의 생물은 개체군을 이루면서 공존한다. 생태학에서 개체군(population)의 의미는 주어진 한 지역에 서식하는 동종 개체들의 생존 모임이다. 생태계의 구조는 대기권(atmosphere), 수권(hydrosphere), 암석권(lithosphere), 생물권(biosphere)인 4권(圈)으로 형성되어 있다.

모든 생태계는 고유의 특징을 가지고 있는데, 생태계의 특징을 만들어 가는 요인은 생태계 구조가 어떤 환경 속에서 어떻게 상호 작용하고 있는가에 달려 있다. 모든 물체는 지구라는 거대한 생태계 속에서 서로 밀접한 관계를 맺고 끊임없이 상호 작용을 통해서 유기적으로 긴밀한 관계를 가지는 것이 생태계이다.

생태계는 6가지 단계로 구성되어 있다. 1단계에서 모든 생명체는 개별적인 삶의 형태를 취하면서 각자의 삶을 살아간다. 2단계에서 종족을 번창시키고 건강한 생태계와 관계를 가진다. 생식 본능을 통해서 생명체들은 공동체 삶을 시작한다. 3단계에서 모든 생명체는 공동으로 생존하여야 하기 때문에 공동체 또는 집단을 이루면서 생존한다. 모든 생명체는 공존의 법칙을 가지고 서로 유기적으로 보살피면서 살아간다. 4단계에서는 모든 생명체의 안전을 위한 생태 시스템, 즉 생태 조직을 이룬다. 5단계에서는 생태 군계를 형성한다. 마지막 6단계에서는 생물권을 이루면서 모든 것과 모든 것의 관계망을 구축하면서 각자의 삶을 보호하기 위해서 우주 생태에 대한 사명감을 가진다.

생태계에서 식물과 동물 개체군은 서로 독립적으로 작용하지 않는다. 어떤 개체군은 다른 개체군과 먹이, 물, 공간, 환경의 제한된 자원에 대해 경쟁한다. 그러므로 한 개체군은 다른 개체군의 의식주를 해결하기 위한 서로의 자원이 된다. 두 개체군은 서로 협력, 보살핌, 사랑하면서 도움을 주어 공존할 때 더 성공적인 삶을 살아갈 수 있다. 같은 생태계 내에 살면서 상호 작용하고 있는 종들의 모든 개체군을 총괄하여 군집(community)이라고 부른다.

이제 생물 군집과 물리적 환경으로 이루어진 생태계는 많은 수준이 공존하고 있음을 알 수 있다. 한 수준은 비생물적 환경에 반응하기도 하고 영향을 주기도 하는 개별 생물들이다. 다음 수준에서, 산림 안의 편백과 참나무와 다람쥐가 공존하는 개체군처럼 동종의 개체들이 개체군을 이룬다. 개체군을 이루는 개체들은 무서울 정도로 공존과 협력의 능력자들이다.

예를 들어, 편백은 직사광선을 차단하고, 다양한 종의 이끼들이 땅을 뒤덮고, 떨어진 나뭇가지와 낙엽들은 그들의 가장 안전한 놀이터이고 무상으로 보급받는 별장이다. 숲속 깊은 곳에서 자라는 다양한 관목, 초본 식물종들이 하층 식생을 이루고 또 다른 이끼 층이 산림의 지면을 덮는다. 이들은 토양 표면에 있는 박테리아와 균류군의 분해 작용에 의해 가용성 영양소를 얻는다. 그뿐 아니라 깊은 숲속의 다양한 곤충과 척추동물과 무척추동물의 보금자리를 만들어 땅을 기름지게 만드는 거름 공장 역할을 한다.

모든 생명체는 다른 종의 개체들과 상호 작용하여 군집을 이룬다. 초식 동물들은 식물을 소비하고, 포식자는 나무 열매와 뿌리를 무자비하게 먹고, 때로는 개체들이 제한된 자원을 두고 경쟁하기도 한다. 개체들은 서로 포악한 본능을 드러내어 죽이기도 한다. 힘센 포악한 다른 생물들은 아무런 죄의식 없이 시체를 먹고 분해하여 죽은 조직에 있는 영양소를 다시 흙으로 재순환시킨다. 이처럼 생물들은 생태계에서 환경과 상호 작용하며, 모든 군집과 생태계는 우주라는 큰 공간적 환경을 보존하기 위해 일생에 걸쳐 열심히 일한다.

군집과 생태계들은 생물의 분산, 물질과 에너지의 교환과 같은 과정들을 통해 연결된다. 생태계는 물리적 조건들인 지형과 토양 같은 것들과 관련된 일련의 동식물 개체군들, 즉 군집의 신비스러운 공동체로 구성된다는 점에서 특이하지만, 이러한 지구를 특징짓는 기후와 지질의 광범위한 양상은 그에 맞도록 진화된 지역적 현상에서만 생존할 수 있다.

비슷한 지질과 기후 조건, 즉 온도, 강수량, 계절이 유사한 지역 조건들은 유사한 군집과 생태계를 유지한다. 예를 들어, 지구의 조건으로 따뜻한 온도, 많은 강수량, 계절성의 결여는 세계의 적도 지역의 특징이다. 연중 따뜻하고, 습한 이 조건들은 식물의 건강한 생장을 보장하는 영토로 열대우림 등과 같이 고도로 생산력이 높은 삼림을 유지한다. 열대우림, 초지, 사막과 같이 유사한 생태계 유형들의 광활한 지역을 생물 군계(biome)라 한다.

생태계 구성의 가장 높은 수준은 모든 생물들의 삶을 책임지는 층인 생물권(biosphere)이다. 생물권 안에서 땅과 물이 있는 비옥한 지역의 모든 생태계는 대기권, 수권, 지권과 같은 지구 시스템의 다른 요소들과 상호 작용하면서 물질과 에너지가 순환하고 서로 주고받으면서 나눔 영성 관계를 맺고 동맹 관계를 유지한다. 생태학은 개체 생물로부터 생물권에 이르는 모든 구성 수준에서 발생하는 생물과 그들의 환경 간의 복잡한 상호 작용 망을 연구하여 그들의 삶을 건강하게 보호하며 그들에게도 정상화, 생명화, 구체화, 현실화의 완성과 온전성을 부여하려고 노력한다.

6

CHAPTER

몬테소리의 종교 영역과 인간화, 정상화와 인문학의 관계

1. 몬테소리 교실에서 어린이와 신과의 관계

몬테소리 교실에서 어린이들에게 종교교육을 할 때 교사들은 다음과 같은 질문을 하게 된다.

- 몬테소리 교실에서 교사들이 어린이들에게 수, 언어, 일상, 감각, 우주 영역을 가르쳤던 것처럼 어떻게 종교에 대한 고정적인 원리, 개념을 가르칠 수 있을까?
- 다양한 종교를 가진 어린이들이 모인 배움 공동체에서 어떻게 다른 종교와 부작용 없이 종교에 대한 일반적인 개념을 가르칠 수 있을까?
- 우리가 어린이들에게 신에 대한 추상적인 개념을 어떻게 알려 줄 수 있을까?
- 세상의 인간 행동과 동물의 모든 고통과 비참함을 가지고 어떻게 신의 관용을 이해시킬 수 있을까?
- 신이 인간을 창조했을까 아니면 악마가 인간을 창조했을까?
- 신은 단지 남을 죽이기 위해 태어났을까?

만약 몬테소리 교실에서 교사들이 어린이들을 설득하고 가르치는 과정에서 이런 추상적인 상황에서 구체화된 설명 없이 어린이들을 설득한다는 것은 어려운 일이다. 몬테소리 교실에서 교사들이 수학적 공식, 언어교육을 구체화한 것처럼 신과 종교도 구체화시킬 수 있다. 신은 사람이 인생에서 수많은 일을 수행할 수 있도록 사람에게 무한한 능력을 주었기 때문이다.

나의 어린 시절 어른들이 단순하게 말했던 것처럼, 나는 신이 어느 곳에나 있다고 믿었다. 물론 난 한 번도 신을 본 적도 없고, 볼 수 없음에도 불구하고 그냥 단순하게 나를 지켜 줄 것이라고 믿었다. 그는 언제나 활동하고, 내 주위에 일어난 모든 일을 알고 있을 것이라고 생각하면서 가끔 두렵기도 했었다. 방학 때 서울에서 시골 합덕 할머니 댁에 갔을 때 할머니가 성당에 가면 예수님이 오신다고 했기에 당연히 믿고 예수님을 보기 위해서 오후 3시쯤 성당에 가서 맨 앞자리에 앉아 기다리던 생각이 난다. 후에 알고 보니 예수님이 아니라 프랑스 본당 신부님이 하얀 수단을 입고 오셔서 성당에서 산보를 하면서 기도를 하는 시간이었다. 아마 나의 기억에 초등학교 3~4학년까지 그렇게 믿었던 것 같다.

내가 추론을 할 수 있는 나이가 되었을 때 나는 예수님이 키 크고, 수염이 있는 프랑스 신부님이라는 사실을 알게 된 후부터 적어도 예수님을 보기 위해서 성당에 가지 않았다. 내가 처음으로 종교를 이해했을 때 서양 신부님을 예수님으로 착각한 이유는 기도를 마친 다음 늘 동네 시골 아이들 모두에게 초콜릿을 주셨기 때문이었다. 그 당시 초콜릿은 부잣집 아이들이나 맛볼 수 있는 최고급 간식 먹거리였다. 난 그래도 서울에서 방학 때 할머니 댁에 갔었기 때문에 신부님이 "할머니 댁에 왔구나?"라고 말을 걸어 주셨다. 합덕은 한국 가톨릭 성지로서 김대건 신부님의 고향이기도 하다. 수십 년이 지나 성인이 되어 신부님과 그런 이야기를 나누면서 서로 웃었다. 아마도 이러한 역사가 신과 나의 관계에 작은 영향력을 미쳤을 것이다.

일반적으로 우리가 원하는 일을 하고 있을 때, 우리는 대개 신의 바람에 따라 행동한다고 생각한다. 논리적으로 맞지 않는 아주 애매모호한 생각이다. 신은 모든 것을 용서하고, 모든 것을 창조하고, 모든 일을 수행하고, 모든 창조물을 사랑하는 초월적 존재이기 때문에 인간의 생각으로 해석한다면 부딪치는 장애물이 많다. 특히 어린이들에게 신의 존재를 설명할 때 더욱 그러하다. 한편으로 만약 신이 어떤 일을 할 수 있는 수단이 없다면 신은 신을 위해 일을 할 누군가가 있어야만 하지 않겠는가?

그래서 신은 자신을 위해 일할 기계가 많이 있다고 추정도 해 본다. 즉, 전지전능하기 때문에 인간의 시각으로, 생각으로 이야기할 때 어려움이 많다. 신과 인간의 관계를 이해하려면 적어도 다음의 3가지 측면을 고려하여야 한다.

- 생명이 있는 것
- 생명이 없는 것
- 지적인 것

위의 3가지 요소 중 생명이 없는 기계는 자연의 재산으로, 물, 무기물 등과 같은 것들이다. 다음으로 생명이 있는 기계에는 특별한 본능이 있다. 까마귀의 본능을 예로 들면, 그들은 자기들의 삶에서 특별한 사명감을 가진다. 까마귀는 식욕이 아주 강한데, 식욕이 강하면 강할수록 자연을 더 깨끗하게 청소한다. 이러한 경우에 까마귀는 살아 있는 동안 지구의 보존에 도움이 되는 지구 청소부 역할을 하며, 자신의 존재 가치를 드러낸다. 신의 뜻에 복종하는 측면에서 까마귀의 삶은 지구 보존에 도움이 되는 다른 종이 못하는 위대한 과업을 실천한다. 지구에 존재하는 모든 생명이 있는 기계들은 우주적 사명감인 자기 작업과 일을 아주 공평하게 분배받았다. 마지막으로 가장 지적인 기계는 인간이다. 신은 인간에게 별개의 본능을 주지는 않았지만, 어떤 것이든 할 수 있는 자격을 선물하였다.

단순하고 평범한 생명체들은 신으로부터 3가지 특별한 특권을 받았다. 즉, 태어나서 자라고, 우주적 사명감인 과업, 일, 활동을 한다. 세상에서 모두는 각자에게 주어진 사명감을 완성하기 위해서 창조적 작업을 끊임없이 진행한다. 그리고 어느 시기에 죽는다. 죽은 생명체들은 어떠한 에너지도 낭비하지 않고 죽은 후에 모든 것이 지구 보존을 위해서 다시 생존과 다른 종의 거름 형태, 탄소 또는 다른 화학 물질의 형태로 흡수된다. 그래서 신은 어떤 형태든 부활, 윤회라는 말을 종종 사용하는 것이 아닐까?

신은 인격화되고 찬양받는 친절한 분이다. 각각의 살아 있는 것에 신은 삶의 가치와 완벽한 자유를 주었다. 물고기가 알을 부화할 때 작은 알 속에 도사리고 있는 생명체는 무한한 잠재력을 가지고 있다. 물고기의 알이 부화했을 때, 작은 물고기는 모두 물에서 자유를 마냥 즐기면서 인간의 먹이가 된다. 그래서 바다는 인간의 무한한 곡식 창고이다. 물고기들의 생존 여부는 운명적이고 그들 스스로에게 달려 있다. 신은 모든 생명체에게 도덕적이고, 건강하고, 아름답게 자기 삶을 보존하고 보호할 수 있는 본능을 주었다.

신은 모든 생명체의 삶을 지키기 위한 모든 가능성과 예방책을 동시에 부여했다. 만약 모든 생명체가 자기 삶을 인간화, 정상화로 이끌어 가지 못한다면 개인의 잘못이거나, 환경이나 또 다른 누군가가 잘못된 삶의 방식으로 안내했던지 잘못 이끌어 간 것이다. 신은 모든 생명체에게 모성적 사랑은 물론 자기와 관계된 모든 것들로부터 사랑을 느끼도록 해 주었다. 새와 포유류들도 자기들의 자식을 사랑하면서 보살피는 본능을 신으로부터 위대한 유산으로 받았다.

다른 한편으로 어느 물고기들은 수백만 개의 알을 물속에 보관한 채 혼자서 떠나가는 냉정함을 보이면서 자식들에 대한 사랑을 남기지 않고 홀연히 물속으로 사라진다. 왜 이런 현상이 일어날까? 아마도 물고기는 사랑이 필요 없기 때문일 것이다. 만약 모든 물고기의 수많은 알이 부화해서 물고기가 된다면 물은 없고, 물고기만 가득할 것이다. 바닷속 물고기들은 좌충우돌하면서 바닷속 질서를 망가트리는 자연 현상이 일어나기 때문에 건강한 알만 남아서 다시 새끼 물고기를 잉태하는 재미나고 경이로운 현상이 벌어진다. 신의 섭리라고 말하고 싶다. 나머지는 바다 질서를 위해서 스스로 죽어 간다.

우리의 인생을 되돌아보면 그야말로 희로애락이 교차되는 삶을 살아왔으며 지금도 살아가고 있다. 인간은 절정의 고통이 있을 때 신을 찾고 최선을 다해 의지한다. 그래서 신은 우리에게 이처럼 위대하고, 훌륭하고, 강력하고, 사랑이 무한한, 참 좋고 친한 존재가 되었는지도 모른다. 어떤 위험이나 잘못을 저지를 때마다 어린이들은 자기 보호 본능을 위협하는 시간이 왔다고 알람 벨이 경고를 한다고 생각할 수도 있다. 만약 우리가 극한 상황의 고통이나 아주 힘든 절정의 경험을 하지 않았다면 우리 스스로를 강하게 지켜 낼 수 있는 에너지를 축적하지 못했을 것이다.

지구상에 존재하는 아주 작은 모든 생명체, 심지어 아주 작아 보이지도 않는 생명체도 보호 수단을 가지고 있거나 신의 보호 아래서 생존한다. 인간의 지혜로 이해하기 힘든 것이 신의 섭리이다. 모든 생명체가 가지는 두려움은 물리적인 것은 물론 정신적인 측면에도 있다. 모든 생명체가 가지는 두려움을 신은 정확하게 관찰하여 생명체 편에 서서 우리를 보호하고, 사랑하고, 용기를 줄 것이라고 믿는다. 그러면서 신은 모든 생명체에게 우주적 사명감을 완성하라고 가르친다. 모든 생명체의 이기적인 행동은 마치 다른 생명체들의 우주적 사명감을 방해하거나 멈추게 만든다.

인간, 동물, 식물의 생태에 관한 진실은 무엇일까? 호주의 동화를 재미있게 읽었던 기억이 난다. 호주 농부들은 캥거루들로부터 작물을 보호하기 위해 농장 주변을 빙 둘러 선인장을 재배한다고 한다. 선인장은 기후 조건만 맞으면 아주 빨리 자라는 식물로 10년 후에 그 지역 전체가 선인장으로 둘러싸였다. 농장 주인은 농장을 다른 용도로 사용하기 위해서 선인장들을 잘라 내었는데, 가시들은 뿌리를 만들어 계속해서 빠르게 번식하였다. 결국 생물학자들에게 의뢰해 이 식물을 없앨 수 있는 곤충을 찾아보았고, 멕시코의 곤충이 그 작물을 먹을 수 있다는 것을 알았다. 그 곤충을 호주로 들여오고 5년 후에 골칫거리 선인장을 모두 제거하여 잘 해결하였다는 동화지만 실제적 이야기가 신기함을 자아낸다.

우리는 그 작은 곤충의 삶과 선인장이 연결된 이 이야기 속에서 훌륭하고 조화로운 자기들의 우주적 사명감 내지 소명 의식을 이해할 수 있다. 우리는 이러한 곤충과 선인장의 제거와 관계된 작용들이 그들 각자를 위한 것이 아니라 전체와 조화를 이루어 간다는 사실을 알 수 있게 된다. 이것 역시 신의 섭리를 따르는 행위 중 일부인 것이다.

누가 신보다 더 훌륭한 발명가가 될 수 있는가? 우주적 관점에서 작은 곤충과 선인장의 우주적 관계로 인간의 노동을 감소시킬 수 있다는 놀라운 균형과 조화로움을 이루어 냈다. 신이 창조한 생명체들은 그들이 더 이상 일할 수 없게 되었을 때 그 이상으로 좀 더 진화된 상태의 크고 작은 대치품들을 다시 창조해 낸다. 인간은 단지 경이롭다는 말, 신기하다는 말, 참 좋다는 말로 신을 찬양할 뿐이다.

신은 자연의 신비로 인간이 할 말을 잃게 한다. 어떤 창조물이 죽으면 미생물들은 동시에 일을 시작한다. 미생물은 죽은 창조물을 분해해서 구성하고 있던 물질들로 되돌려 보낸다. 미생물들이 일하고 있는 것을 우리는 부패라 부른다. 그것은 역겨운 냄새를 동반하며 미생물들이 그 일을 끝마쳤을 때 산소 없이 살아가는 새로운 종류의 미생물이 일을 시작한다. 질소 미생물들은 모든 썩은 자료들을 모아 놓고 다른 미생물들을 위해 서로 다른 탄소, 질소와 같은 물질들로 분류한다. 그래서 모든 창조물은 자기의 사명을 완성하고 죽은 다음에도 다시 작업을 한다. 대기는 산소를 얻어 내고 땅은 탄소를 얻어 낸다. 각각 정화된 채로 육신에서 빠져나가서 다른 생명체들에게 공급된다.

인간이 자신의 인생, 삶의 방향, 인간화, 정상화를 관리할 수 있고 현재 지구에 살고 있는 모든 종족에 대한 수적 관리가 가능하다 할지라도 우리는 단지 인간으로서 가능성을 가지고 있기 때문에 더 이상 신의 영혼을 대변할 수 없다. 그래서 인간이 가장 어렵고, 가장 행복할 때 신의 위대한 영적 힘을 찾아 감사하고 도움을 청한다. 인간이 신의 존재를 강하게 인식하는 만큼 우리의 지혜를 모아 도덕적 규범을 중요시하면서 인간화, 정상화로 진화하는 것은 중요한 작업 방법이다. 그래서 몬테소리 교실은 어린이들이 이기적으로 성장하지 않도록 공동 작업, 협력의 힘을 작업을 통해서 훈련한다.

우리가 살아가고 있는 현재의 물질적 세계는 지혜를 도덕적 규범을 위해 사용하지 않으며, 종교도 이기적으로 활용하는 경향이 있다. 인간은 어떤 종교든 상관없이 자유롭게 신을 섬기고 모든 종교가 가르치는 십자가의 상징과 영성을 따르도록 안내한다. 우리는 기도하고 서로 평화의 인사를 나누면서 서로의 행운을 빌어 준다.

진화의 관점에서 볼 때 신이 우주의 균형을 유지하기 위해 행한 수많은 위대한 과업을 인간의 이기심으로 한순간에 모두 파괴하여 인간의 불행을 자초하는 일들을 종종 본다. 우리고 살아가고 있는 지구촌의 대혼란인 것이다. 우리가 우주의 섭리를 이해하기 시작했을 때 우리가 이해한 모든 것들은 정말로 의미 있는 것들이었다. 우리는 신과 더불어 우주의 섭리를 깨닫고 어린이들에게 신의 섭리를 전달하고 행동으로 보여 줄 진정한 교육자가 되어야 한다. 어린이들을 그들의 본성으로부터 이끌어 내어 인간화, 정상화, 현실화라는 인간의 과업에 동참시켜야 한다. 인간의 과업은 동시에 신의 과업이기도 하다.

2. 인간화를 위한 침묵의 필요성

몬테소리 교실에서 종교교육, 우주교육, 평화교육을 작업 활동으로 종종 활용하지만 침묵 활동은 몬테소리 교실에서 작은 영역을 차지한다. 몬테소리의 침묵 활동은 수업 방식이라기보다 몬테소리 교육철학의 기본적인 영적 훈련의 한 방법으로 활용되는 영역이다. 침묵 활동을 통한 영성적 경험들은 집단, 공동체를 이끌어 가는 강한 에너지일 뿐만 아니라 모든 인간의 행동, 말, 소통, 마음, 삶의 태도를 통제하고 바른길로 안내하는 강한 힘이다.

사실 침묵은 인간을 가장 자유롭게 만드는 무기이다. 그럼에도 불구하고 자유는 인간에게 견디기 힘든 외로움과 고통, 강한 책임감을 안겨 주지 않는가! 이러한 시간을 위해서 인간에게 침묵은 절대적이다. 나 자신이 자유로워지기 위해서 감내해야 할 어려움들이 너무 많다. 그중에 가장 힘든 것이 진정으로 나 자신을 위한 침묵이다. 누구나 자유는 좋다고 생각하는데, 자유는 그렇게 놀놀하지만은 않다. 프롬(Fromm)은 왜 『자유로부터의 도피(*Escape from Freedom*)』(1941)라는 저서를 출판하여 일반적으로 이해하는 자유의 틀을 뒤흔들었을까? 어쨌든 좀 더 진정한 자유를 위해서 침묵은 절대적 요소이다.

침묵 활동은 자기반성적 사고를 확장하고, 숨겨져 있는 나 자신의 가장 깊은 곳으로 내려가서 자신을 되돌아보는 시간, 복잡한 세상사를 잠시 접고 혼자 조용한 곳에서 나의 모든 것을 되돌아보는 시간들이라고 할 수 있다. 몬테소리 교실에서조차 침묵 활동을 작은 영역으로 보듯 우리의 일상생활 속에서 잠시 침묵 시간을 가진다는 것은 쉬운 일은 아니다.

반면 신앙생활 측면에서 자신의 믿음을 위해서 좀 더 훌륭한 삶의 방식을 훈련하기 위해서, 자신을 좀 더 객관적으로 알기 위해서 침묵의 시간을 가지려고 한다. 침묵도 연습과 훈련을 통해서 나의 바른 생활 지표로 자주 활용할 수 있는 방법적인 활동이다. 지금 저자가 이야기하는 침묵 연습이 유아기 어린이들에게도 필요하다는 것을 강조하고자 한다. 특히 몬테소리 교실에서 어린이들에게 종교교육의 구체적인 방법으로 침묵 활동의 필요성을 강조하려고 한다. 어린이들은 움직임, 활동을 가장 좋아하고, 성인에 비해서 정서 보유 시간이 짧기 때문에 침묵 활동에 어려움이 있지만 현대 사회를 살아가는 모든 어린이와 젊은이들을 위해서 물리적 환경만 중요한 것이 아니라 정신적 환경의 중요성을 강조할 시기가 도래하였다.

어른들은 젊은이들의 삶의 방식과 사고에 반기를 들며 비판만 할 것이 아니라 어른, 교사들이 그들의 가장 중요한 시기에 교육을 하였다는 사실 또한 인정하면서 성인들도 침묵 시간을 가지면서 직업의 정체성에 대해 자각하는 시간이 필요하다. 유아기의 어린이들은 유아 교사가 가르쳤고, 그 교사들은 유아교육과, 보육과, 아동학과, 사회복지과 교수들이 가르쳤다. 유아나 청소년들은 그들의 부모들이 가르친 젊은이들이다. 그렇다고 오늘의 청소년 문제를 누구의 탓이라고 말하려는 것은 아니다. 우리 모두가 침묵 시간을 가지면서 자신의 내면 깊숙한 곳으로 여행을 떠나 현실적인 문제점들을 생각할 필요성을 강조하고, 침묵 활동의 중요성을 강조하려는 것이다.

침묵 활동은 인간이 가장 자유로운 존재일 때 절대적으로 필요한 정신적 요소이다. 자유는 인간의 활동을 제한하지 않으므로 삶의 에너지를 완전히 소진시킬 수 있다. 이때 필요한 것이 휴식이고, 침묵 시간이다.

만약 우리가 '자유란 무엇이고 자유란 어떤 것이다.'라고 확실하게 생각을 정해 놓았다면 자유에 관한 개념의 노예가 되고 말 것이다. 중요한 것은 어린이들과 함께 살고 어린이들의 삶에 대한 감정을 관찰하며 진정한 자유가 무엇인지 정확하게 배우고 알아야 한다. 인간은 자유로운 존재이기 때문에 때로는 자신을 볼 수 있는 침묵 시간이 필요한 것이다. 만약 우리가 어린이의 자유를 배우려면 어린이들이 자유로워질 때 무엇으로부터 자유로워지는지, 무엇을 하는지 관찰하여야 한다. 몬테소리는 어린이들이 작업, 일, 활동을 통해서 자유로워지는 것을 관찰하였다. 자유란 우리에게 분명하게 요구되어진 확실한 구속, 속박들로부터 벗어날 때 자유로워지지만 진정한 자유는 활동을 통해서 자기가 원하는 것을 성취했을 때 자유로워진다. 우리가 자유란 무엇인가를 알 때 새로운 생각들을 자유롭게 수용하고 배울 수 있게 된다.

몬테소리 교실에서 교사들은 조용한 침묵 수업을 포함하여야 한다. 특히 0~3세 영아들을 팔에 안고 바라보는 것도 침묵 활동의 일부분이라 할 수 있다. 신생아의 순진함, 아직 하나도 오염되지 않은 깨끗한 표정은 명상이나 침묵 활동의 대상이 될 수 있다.

어린이들은 진지하고 침착하게 조용함과 침묵 시간이 가능하도록 만들기 위해서 숨을 고르는 것을 종종 볼 수 있다. 순간순간 어린이들은 침묵과 조용함이 필요하다. 우리는 어린이들이 조용함과 침묵에 흥미를 전혀 못 느낄 것이라고 생각하지만 그들은 순간순간 침묵과 조용함을 필요로 하며, 침묵과 조용함의 시간을 허락하는 것이 바로 침묵 활동이고 그들은 침묵 속에서 조용한 삶을 시작한다.

정서적으로 흥분을 잘하는 어린이들을 통제하기 원한다면 그들의 조용함과 침묵의 요인을 찾아야 한다. 어린이들은 감각적으로 무엇/어떤 것에 집중할 때 조용하고 침묵 속으로 들어간다. 조용함에 빠져드는 순간 외부 환경에서 들리는 소리도, 시각적인 보임으로부터 아무런 감각도 받아들이지 않는다는 것을 의미한다. 우리가 원하는 침묵이란 무엇/어떤 것을 완전히 멈추고, 무엇/어떤 행동도 전혀 하지 않고, 무엇/어떤 것에 완전히 매료되어 취하지 않는 상태에 도달함을 의미한다. 완전히 행동에 매료되어 행동이 모든 것을 통제하고 있다는 것을 의미한다.

다시 말하면 조용히 하라고 소리치고 명령하는 것이 아니라 나는 침묵과 조용함을 즐기고 있고 행복한 순간을 즐기고 있다는 것이다. 이러한 현상은 말을 하고 안 하고의 문제가 아니라 호흡하면서 숨 쉬는 것을 포함해 모든 신체의 움직임을 통제한다는 것을 의미한다. 어린이들에게 침묵 훈련은 집중력, 몰입, 내재적 동기 부여, 자기 주도적 학습 원리를 촉진하고 확장하는 역할을 한다. 무엇보다도 중요한 것은 침묵은 무엇이든 진정함을 찾아 준다.

어린이들의 조용한 수업과 침묵 활동의 중요한 목적은 우선 생물학적으로 자기 통제 기능을 훈련하는 것이다. 손, 발, 눈, 몸을 움직이지 않고 앉아서 오직 자기들이 할 일, 자신의 생각 속으로 들어가는 것이다. 어린이들은 침묵 활동을 진행할 때 얼굴 표정이 순수해지고, 욕심이 없고, 눈에서 사랑이 빛나고 있는 현상이 나타났다. 무엇/어떤 것에 집중하려는 태도, 조용함은 각자 자기의 작업과 일을 찾아가는 방법을 만들어 가는 것 같았다. 침묵과 조용함은 인간화, 정상화, 구체화로 진화하는 과정에 필수 조건이 된다.

조용함과 침묵 활동을 위해서 일상적인 잡소리, 괴음이 들리지 않는 숲속으로 들어가 자연을 마음껏 즐기는 숲 활동은 어린이들에게 자연 속의 침묵, 자연의 소리 듣기, 자연과 이야기 나누기를 즐기는 훌륭한 습관을 만들어 준다. 현재 한국에서 국가적인 차원이나 사립 유아교육 기관에서 숲 유치원, 숲 활동을 적극적으로 권장하는 이유는 어린이-자연이 관계를 맺고, 통교하고, 자연을 사랑하는 방법을 직접 자연 속에서 배우고 경험하도록 하기 위해서이다.

어린이들의 조용함과 침묵 활동은 특별한 것이 아니라 일상생활과 연결되어야 한다. 어린이들이 아름다운 소리들을 듣기 시작하고, 작은 곤충들의 사랑하는 소리를 듣게 되고, 새가 노래하는 것을 듣는 것 자체가 조용함과 침묵을 즐기는 순간이다. 환경에서 시계의 똑딱 소리, 까치가 지나가면서 내는 소리, 사람들이 웃는 소리, 투쟁하는 소리들 속에서 다시 조용함과 침묵을 찾게 되므로 우리의 일상인 혼란스러움을 부정적인 것으로 생각할 것이 아니라 동굴 안의 세계와 동굴 밖의 세상을 조화롭게 살아가기 위해서 조용함, 침묵이 필요한 것으로 생각해야 한다.

어린이들에게 새로운 세상, 좋은 세상만 있는 것보다 오염된 세상, 혼란스러운 세상이 있기 때문에 그런 세상을 생태학적으로 정화하고, 행복한 세상을 만들어 가는 가장 중심적인 인물들이 될 수 있는 것이다. 조용함과 침묵 활동은 중요한 사랑의 커리큘럼에 포함되어야 한다. 사랑의 커리큘럼만이 인간화의 커리큘럼이다.

어린이들을 위한 조용함과 침묵 활동은 물리적 결과를 돕는 것이 아니라 정신적 조화로움을 돕는 것이다. 어린이들은 인간의 귀가 작동하는 메커니즘의 호기심을 떠나 신기함, 경이로움, 조용함을 음미하고 흥미를 느낀다.

만약 어린이가 교사 입술의 움직임을 보고 부름에 반응을 보이며 응답한다면 어린이의 듣기 능력에 감탄할 것이다. 조용함과 침묵 활동 과정에서 교사가 어린이들에게 말하길 "여러분, 이제 다른 교실로 가서 선생님이 어린이들 각자의 이름을 부를 때까지 조용히 있어야 해요. 이름을 부르면 다른 어린이들에게 방해되지 않게 소리 내지 말고 조용히 선생님에게 오면 돼요." 교사는 어린이들의 이름을 한 사람씩 또박또박 불렀다. 교사는 자기가 부르는 어린이와 눈을 마주치려고 쳐다보았다. 그리고 작은 미소를 지었다. 어린이들은 밝은 표정으로 일어나서 교사에게 천천히 아주 조심스럽게 걸어왔다. 한 어린이는 나에게 조용히 다가와서 "선생님 난 여기까지 조용히 왔어요. 성공했어요. 아무 소리도 내지 않고 여기까지 왔어요."라고 말했다.

교사가 다른 어린이를 불렀을 때 그 어린이도 마찬가지로 조용하고 차분하게 걸어왔다. 교사는 소리 내지 않고 걸어오는 어린이들에게 조용함, 침묵 활동에 성공했다고 칭찬을 해 주고 격려했다. 어린이들은 스스로 교사의 옆에 둥그렇게 앉아서 조용함을 유지하였다. 어린이들은 조용함과 침묵이라는 단어를 이해하고 잠시나마 시끄러움을 벗어나 조용함을 경험하였고 어린이들은 즐거운 표정을 지으면서 다음 단계의 작업을 시작하였다.

나는 개인적으로 산행을 좋아하기 때문에 종종 산속에 가서 적당한 바위나 잔디 위에서 맑고 깨끗한 하늘, 맑은 공기를 보고 느끼면서 누워 있는다. 나로서는 가장 평화롭고 행복한 시간으로, 자연 속에 있다는 행복감을 만끽한다. 언제부터인지 난 그런 시간을 즐기고 산속에 눕기를 좋아한다.

어린이들에게도 자연 속에서 들리는 소리를 들으면서 잠시 쉬어 가는 시간을 제공하고 싶었지만 그들에게는 한계가 있다. 자연이 외부 세상으로부터 동떨어진 곳은 아니지만 그곳에서는 생각도 순수해지는 듯한 느낌에 즐겁다. 조용한 자연 속에서 조용함과 침묵으로 다가오는 내 마음은 나의 정신세계와 밀착되는 기분을 준다. 어디서든지 조용함과 침묵은 정신적으로 필요한 것을 채워 주는 정신적인 무엇/어떤 것을 보충해 주는 보이지 않는 삶의 에너지와 같은 것이다.

현대를 살아가는 어린이들에게 물질적인 풍요로움은 침묵보다 소란함을, 질서보다는 혼란을, 만족보다는 욕심을, 순진한 마음보다는 불만과 경쟁심을, 인간화보다는 일탈을 조장하는 사회 속에서 살아가게 하였다.

그래서 몬테소리 교실에서 조용함의 경험, 침묵 수업에 대한 중요성을 강조한다. 유능하고, 창의적이고, 모든 분야에 특별한 재능을 가진 어린이로 성장하는 것을 부정적이거나, 질투로 생각할 것이 아니라 그들의 삶 속에 인간화로 진화하는 데 필요한 정신적 요소들을 듬뿍 포함하여 조용함과 침묵의 시간을 가지는 것도 좋다고 생각하여야 한다. 처음에는 선생님이 조용한 시간, 침묵의 시간을 가지도록 훈련하였지만 이제부터 모든 어린이의 침묵은 선생님으로부터 나오는 것이 아니라 어린이들 스스로 훈련하여야 한다는 사실을 알려 주어야 할 것이다. 어린이들이 조용함과 침묵을 어린 시기에 경험한다면 자신들의 삶을 위해서 많은 정신적 에너지를 어린 시기에 축적하는 행운을 가지게 되는 것이다.

조용함과 침묵 훈련은 정신적인 작업을 할 때 필요한 정신적 요소이다. 몬테소리 교실에서 다른 작업처럼 조용함과 침묵 활동도 반복적으로 이루어져야 한다. 일반적으로 어린이들이 조용함과 침묵 시간을 가진다는 것은 불가능한 일이라 생각할 수 있지만 반대로 그들도 조용함과 침묵을 좋아한다는 것은 흥미 있는 일이다. 미국 샌디에이고(San Diego)의 유치원을 방문하였을 때 교실 밖에 평화의 집(Peace House)를 만들어 놓고 조용함을 원하고, 용서를 원하고, 반성을 원하는 어린이들만 잠시 머무를 수 있고 사용할 수 있다는 이야기를 주임 교사가 말해 주었다. 그런데 생각보다 어린이들이 교실보다 평화의 집을 더 좋아한다는 이야기를 듣고 그들도 성인과 같은 본성을 가졌다고 생각한 적이 있다. 침묵의 시간, 조용함을 즐기는 시간은 사람으로 되어 가는 과정에서 무엇보다도 훌륭한 안내자가 될 수 있다.

어린이들은 모방을 통해서 학습 효과를 내고 배우는 것이 그들의 본능이다. 오래전 일본의 나리타 공항 부근에서 태어난 어린이들이 괴음에 강하다는 연구 결과를 읽은 기억이 난다. 소음과 괴음을 많이 듣고 생활한 어린이들은 이리저리 돌아다니면서 정서적으로 불안하고, 흥분을 잘하고, 시끄러울 뿐만 아니라 조용함과 침묵 활동에 참여하지만 행동 변화에 오랜 시간을 요구하였다. 교사는 어떤 경우에도 어린이들을 조용함과 침묵 활동에 참여시켜 잠시 동안이라도 스스로 통제하는 힘을 길러 주어야 한다. 조용함과 침묵 활동을 학습하기 위해서 움직임의 시간을 줄이거나 통제하여 조용하고 엄숙함을 잠시 동안 경험하도록 한다. 조용함과 침묵은 교실 분위기와 관계가 있다. 어린이들에게 조용함과 침묵은 훈련이 없이는 불가능하다. 조용함과 침묵 훈련에 참여한 경험이 있는 어린이들은 조용함과 침묵 활동을 하는 순간 본능적으로 자신을 반성하고 행동 수정을 하려는 성향이 있다.

어린이들을 위한 조용함과 침묵 활동의 목적은 어린이들이 인간화, 정상화, 행동 수정, 풍요로운 인성으로 진화하도록 돕는 것이다. 어린이들은 단계적으로 자기들의 생각, 움직임, 작업, 일에 좀 더 조심스러워하기 시작했다. 어린이들은 조용함과 침묵 속에서 사용한 교구와 필요한 교구들을 옮기면서 조용히 움직이는 모습으로 변화했다. 조용함과 침묵 활동을 좀 더 긴 시간 훈련한 다음에 어린이들이 교실에서 집으로 갈 때에도 어떠한 소음과 무질서를 찾아볼 수 없을 정도로 조용히 움직였다. 자발적인 훈련이 어린이들 사이에 일어나면서 조용하고 질서 있는 자기 통제 능력이 발달하고, 조용한 움직임의 정체성을 가지고 인간화, 정상화되어 성숙한 어린이로 변화되었다.

어린이들의 조용함과 침묵을 즐기는 행동은 갑자기 이루어지는 것이 아니라 몬테소리 교실에서 지속적인 훈련이 필요하다. 몬테소리는 교실에 있는 물리적 환경과 인적 환경 모두를 조용하고, 질서 있고, 안전하고, 평화로운 어린이들의 놀이터로 만들기 위해서는 우선 어린이들 자신이 안정된 인성을 소유하여야 하고, 자유로움, 조용함, 질서, 독립심, 내재적 동기 부여에 주목하여야 한다.

몬테소리 교실에서는 조용한 목소리로 서로 인사하고, 서로 돕고, 서로 감사하고, 각자 작업을 내재적 동기 부여에 의해서 주도적으로 실천하는 조용하고 침묵을 즐기는 어린이로 성장하는 모습을 종종 볼 수 있다. 어린이들이 교실에 들어설 때마다 서로 인사하고, 자기가 할 작업을 선택하여 독립적인 생활을 안내해 간다. 어린이들은 "나 스스로 할 수 있도록 나를 도와주세요."라고 외치며 스스로 하는 습관을 들인다. 어린이들은 자기들이 좋아하는 작업을 하기 때문에 열정과 애정의 폭발적 민감기를 누린다. 어느 날 이탈리아의 한 여왕이 몬테소리 학교를 방문하였을 때 여왕은 어린이들의 작업 현장을 보고 싶어 했다. 여왕의 방문에도 불구하고 조용하게 작업에 집중하는 어린이들을 보고 놀라움을 금치 못했다는 일화가 전 세계에 전해졌다. 어린이들은 조용하게 침묵을 지키면서 작업에 자신을 몰입시켰다.

조용함과 침묵 활동 훈련은 어린이들 스스로 자발적으로 훌륭한 창조자가 되게 하며 새로운 세계에 다양한 창조물을 생산할 수 있게 한다. 그러나 몬테소리 교실도 어떤 날은 소란스러울 수 있고 어떤 날은 조용할 수 있지만, 이러한 혼란 속에서 질서가 유지되고 독립적으로 작업할 수 있다는 것은 신기한 현상이다. 어린이들의 교실에서 미래가 보이고, 희망이 보이고 무엇보다도 영성적인 어린이들로 거듭나는 삶의 에너지를 볼 수 있다. 어린이들은 자발적으로 행동할 때, 사물이나 사람에 몰입할 때 조용하고 침묵하는 특징을 보인다.

어린이들의 조용함과 침묵 훈련은 그들 자신의 영혼, 영성, 정신과 연결되어 건강한 자아로 성장하도록 돕는다. 교사와 부모들이 어린이의 환경 속에 그들의 건강한 몸속에 조용함과 침묵의 혼을 넣어준다면, 어린이들은 평생 풍요로운 삶을 살아갈 에너지를 가지게 되는 것이다. 어린이들에게 조용함, 고요함, 침묵 훈련 모두는 그들의 정신을 아주 자유롭게 만들어 어린이다움을 밖으로 표현하게 한다. 조용함과 침묵 훈련의 최종적인 목표는 어린이들의 인간화, 정상화, 현실화를 돕는 영성적 에너지를 풍성하게 만들어 주는 데 있다.

3. 몬테소리 교실에서 종교와 영성의 차이점 가르치기

몬테소리 교실에서 종교와 영성의 차이점을 어린이들에게 어떻게 가르칠 수 있는가? 특히 몬테소리 교실에서는 비종파를 강조하는 측면에서 모든 종교를 수용하는 태도를 가르치라고 한다. 신몬테소리 학파들은 모든 종교가 주는 메시지인 영성에 초점을 두어 가르쳐야 한다고 말한다. 영성과 종교의 차이점을 살펴보면 다음과 같다.

〈표 2-2〉 영성과 종교의 차이점

종교의 의미	영성의 의미
종교집단의 기도, 교의, 예식을 중요시한다.	인간 본질의 기본적인 자질이고 자세다.
모든 종교는 존경받는 창시자가 있다.	모든 종교는 모든 영성을 중요시한다.
종교는 신을 중심으로 특징적으로 종교적 헌신을 요구한다.	창시자는 영성과 말씀을 중요시한다.
모든 종교는 신자들을 위한 상징물, 기도문 예식을 중요시한다.	종교적 헌신보다는 그 종교의 말씀을 실천으로 옮기도록 요구한다.
종교의 종류는 다양하다(그리스도교, 불교, 힌두교, 유대교, 도교, 이슬람교 등).	이론보다 실천을 중요시한다.
거대한 인간의 집단에 의해서 받아들여지는 신념과 행동으로 나타나는 행위이다.	종교의 목소리를 영성으로 표현한다.
종교는 조직화된 공동체 내지 집단으로 형성된다.	영성은 모든 종교를 초월한다.
모든 종교의 가르침은 공통점을 가지고 있다(사랑, 용서, 진실, 진리, 친절, 동정심 등).	영성은 소극적인 측면에서는 자기가 믿는 특정 종교의 신념을 따르도록 권유하고, 적극적인 측면에서는 인간의 가장 고차원적인 사랑, 용서, 관용을 베풀기를 원한다.
종교는 자기 신의 영성만을 지키려고 노력한다.	종파를 초월하여 영성을 실천한다.
종교는 자기만의 종교를 원하고 신봉한다.	영성은 공통점을 실천으로 이끌어 간다.
종교는 때로는 정치적으로 활용된다.	영성은 종파가 없다.
종교는 소위 말해서 종파가 있다.	모든 종교는 근본적인 영성을 가지고 있다.

위에서 종교와 영성의 차이점을 언급했지만 종교가 존재하기 때문에 모든 종교인은 훌륭한 영성을 말씀으로 남겨 실천하고 가르치려고 노력한다. 종교는 생명 창조와 음미에 관한 보편적인 인간의 질문에서 시작한다. 반면 영성은 인간 본질의 기본적인 자질이라고 말할 수 있다. 어린이들이 인간화, 정상화, 현실화를 이루어 가는 데 모든 종교의 믿음을 실천하는 영성이 많은 도움을 준다.

모든 인간은 종교를 가지고 그 종교가 강조하는 말씀, 즉 거룩한 양식을 받아먹으려고 노력한다. 어린이들에게 영성을 삶의 에너지로 표현했던 몬테소리의 신념과 일치되는 부분이다. 모든 종교가 가르치고 전승하려고 하는 하나의 신념은 다음과 같다.

- **불교:** 자비를 베풀어야 한다고 가르친다.
- **그리스도교:** 이웃을 네 몸처럼 사랑하라고 가르친다.
- **힌두교:** 나에게 다가온 고통을 다른 사람에서 행하지 말아야 한다고 가르친다.
- **유대교:** 네가 싫어하는 일을 남에게 행하지 말라고 가르친다.
- **도교:** 네 이웃의 이익을 자신의 이익으로 생각하고, 네 이웃의 손실을 자신의 손실로 생각하라고 가르친다.
- **이슬람교:** 네가 원하는 것을 네 형제가 원하는 것처럼 믿을 때 믿는 자라 할 수 있다고 가르친다.

모든 종교의 말씀은 사랑, 동정심, 용서, 나눔, 정직, 진실함, 친절함과 같은 공통된 언어들을 사용하도록 권고하는 특징을 가진다. 그러나 몬테소리 교실에서는 어린이들에게 종교교육을 가르치라고 권고하는 것이 아니라 영성의 본질에 접근할 것을 권한다. 신몬테소리 학파들은 영성이 때로는 특정한 종교의 신념을 나타내기도 하지만 때로는 좀 더 현실적이고 실제적인 의미와 개념이며, 인간의 일상적인 삶의 과정에서 사랑, 나눔, 용서, 관용, 너그러움과 같은 모든 종교의 말씀을 실천하는 사람들을 영적 사람이라고 말한다. 그렇기 때문에 어린이들에게 한 종교의 말씀만을 가르치는 것이 아니라 모든 영성가의 훌륭한 말씀을 가르쳐, 그 말씀을 실천할 수 있는 삶의 에너지를 만들어 주는 것이 영성적 가르침이다.

어린이들은 성장하면서 영성이 우주보다 더 위대하고 큰 존재라는 것을 배우게 된다. 몬테소리 교사들은 어린이들의 영적 자각을 도와줄 자극제 역할을 하는 영적 지도자가 될 수 있다. 영성은 종교에 관한 것이 아니라 어린이들과 다른 어린이들 사이에 상호 연결, 상호 협력, 도움, 세계와 지구 사이의 상호 의존성에 근거하는 정신적 에너지이다. 어린이들에게 가르치는 도덕적 행동은 영적인 것이 바탕이 되는 가르침을 필요로 한다. 영성은 절대 좋거나 나쁜 종교로 가르치는 것이 아니라 인간에게 건강한 정신을 형성하는 기초가 되고, 영성이 어린이들의 인격 형성에 어떻게 연관되는지 가르쳐야 한다. 어린이들에게 그들의 잠재 능력, 창의성, 직관적 지식을 바르게 이해하고, 탐색하는 방법을 가르쳐 각자의 내재적 힘이 영적 힘으로 연관된다는 점을 이해시켜야 한다.

영성은 인간 희망의 범위를 넘어서는 힘이 현재 자기 삶의 상황을 바꾸거나 우리를 인도하는 우리 인생 어딘가에 있다는 것을 모두에게 알려 주는 것이다. 그래서 영성은 인식과 영의 관계, 절대적으로 긍정적이고, 성스럽고, 모든 생물체를 지탱하게 해 주는 진화적인 강한 힘을 포함하고 있다.

어린이들만이 가지고 있는 순박한 잠재적 능력, 타고난 재주, 창의성을 높이 평가하여 배울 수 있게 하며, 그들의 이러한 잠재적 능력과 지적 능력을 서로 연결시켜 다문화, 세계화, 공평함 그리고 문화적 장애를 넘어서 모든 것과 모든 관계를 이룰 수 있게 한다. 몬테소리 교사들, 부모들, 성인들의 모범적인 행동을 통해서 어린이들은 일상의 모든 일들을 미리 볼 수 있고, 지금보다 훌륭한 사람으로 성장할 수 있다는 것을 배울 수 있다. 영성은 몬테소리 교실에서 교사와 어린이들이 자기들의 직관적인 힘, 자기들이 배우는 것들을 문화적 유산으로 연결할 수 있도록 한다.

영성도 실천적 훈련이 필요하고 가르침이 필요하다. 어린이들에게 영성을 알려주는 방법은 자신들의 내적인 목소리와 연결하는 것이다. 예를 들어, 어린이들에게 명상하는 연습을 하도록 안내하고, 조용한 음악을 배경으로 하여 휴식을 취하고, 교사의 가르침이나 말을 조용히 듣고 따르게 하는 것이다. 교사는 명상 시간에 무폭력, 사랑, 나눔, 친구와 친한 친구 되기, 사람들을 존중하기, 친절하기에 대해 조용히 말하면서 평화의 세계인 유토피아를 설명한다. 내적인 목소리의 존중 방법을 가르치는 것이다.

개인의 재능과 창조성을 결합하는 것은 리듬, 음악 그리고 말씀, 음성을 통해서 훈련할 수 있다. 어린이들은 개인 재능을 존중하는 것을 배우고 훈련할 때, 부모의 영성과 연결하여 이 재능이 어디서 왔는지를 질문할 수 있다. 자신을 표현하기 위해 그들의 재능을 사용하도록 어린이들을 격려함으로써 그들 각자의 생각을 나누고, 다른 친구의 생각을 들으면서 협력적 생각을 활성화시킨다. 협력은 어린이와 어린이들 사이에 상호 연결과 독립적으로 작업하고 활동할 때, 에너지와 자기가 알고 있는 지식이 평화를 위한 열망의 중심이 될 때 더욱 성공적인 훈련이 된다.

몬테소리의 제자이면서 평생 로마에서 어린이들을 위한 착한 목자 종교 연구소를 운영했던 카발레티(Cavalletti) 교수는 어린이들에게 특정 종교인 가톨릭 정신을 가르치는 것이 아니라 착한 목자의 영성을 가르쳤다.

카발레티 교수는 어린이들에게 중요한 것은 모든 종교인이 신념으로 가지고 있는 거룩한 말씀들인 영성이 그들의 마음속에서 자랄 때 그들이 성장한 다음 종교를 자유롭게 선택하고 종교의 본질을 정확하게 이해한다고 말한다. 어린이들이 성장하면서 정상화, 인간화, 현실화를 이루어 가는 과정에 특히 종교적 가르침과 영성이 진심으로 그들을 안내해 줄 정신적 지주 역할을 한다는 신념을 가지게 되었다.

한편 어린이들은 마음속에 늘 가지고 있는 종교와 영성에 관계된 다양한 질문들을 스스로에게 던진다. 어린이들은 자신과 하느님 사이의 관계에 대한 의문점, 알고 싶은 것, 왜라는 질문과 호기심을 가지고 있다. 우리는 어린이들의 성장 과정에서의 종교적, 영적 뿌리에 관한 의문점, 호기심, 앎의 욕구에 대한 답을 주어야 한다.

나는 누구일까? 우리는 어떻게 매일매일 자랄까? 지금 나에게 무슨 일들이 일어나고 있는 것인가? 왜 우리는 모두 같지 않고 서로 다를까? 우리는 우리가 원하는 것을 왜 모두 할 수 없을까? 왜 우리 중에 나쁜 친구가 있을까? 왜 우리는 모두 죽어야 할까? 세상은 어떻게 처음에 생겨났을까? 도대체 하느님은 누구일까? 왜 세상에는 많은 종교가 존재할까? 우리 모두는 어떻게 부모님이 있는 것일까? 이러한 질문들은 모두 종교와 영성에 뿌리를 가지고 있지만 대답하기는 그리 쉽지 않다. 그러나 어린이들은 성장하면서 이러한 질문에 답을 스스로 찾아가면서 종교와 영성의 관계를 이해하고 자기들의 실제 생활에 적용하면서 인간화를 이루어 간다.

7
CHAPTER

몬테소리 교실에서 평화교육과 인문학의 관계

1. 인간은 왜 평화를 갈구하는가?

일반적으로 인간들은 자기들의 삶이 어지럽거나 불안한 시기를 접하면 마음의 평정과 평화를 위해서 무엇인가 갈구하게 된다. 현대 사회에서 일어나는 사건들을 보면 과연(果然)이라는 말이 떠오를 정도로 자녀가 부모를 살해하고, 사회의 곳곳에서 비도덕적인 사건, 정의롭지 못한 일들이 일어나고 있으며 이로 인해서 우리의 삶도 불안정한 시간 위에 놓여 있다.

현재 우리나라는 소극적이고 근시안적인 목표를 가지고 있기 때문에 어떠한 사건이 일어나면 서둘러 법적 대응책을 찾아 정책을 마련하고 임시방편으로 사건의 주인공을 입건하는 등의 공공 정책을 운영하고 있는데, 이것보다 더 중요한 것은 모든 사람에게 근본적인 교육적, 문화적 요구가 필요하다는 것이다. 평화문화와 평화를 위한 교육은 어린이들과 성인들이 감당할 수 있는 이상적인 평화문화 구축과 생산 그리고 우리 앞에 직면하고 있는 시급한 과제보다 더 치밀하고 제한적인 목표를 가져야 한다고 주장하고 있다.

지구촌에서 살아가고 있는 모든 인류는 지금 전쟁하고, 정복하고, 보복하고, 종교적 분쟁을 일삼는 불의의 문화를 교체하고 전 세계와 사회에 평화와 협력의 문화 확산이 필요한 절박한 시기에 있다. 사회적 평화, 인간 평화, 생태 평화, 도덕적 평화 등 이 모든 것들이 오늘 우리 사회를 변화시킬 수 있는 위대한 힘이고 에너지이다. 우리가 혼란스러운 지구 공동체에서 생존하려면 경쟁력 있는 시장 경제의 생산성이나 개인의 성공을 목표로 하는 교육보다 평화로운 세상을 만들 수 있도록 교육해야 한다. 어린이들, 젊은이들은 이 세계에서 평화문화를 창조하는 것을 배워야만 한다.

어린이들과 청소년들에게 미래에 대한 비전을 구체화하기 위해서 교육이라는 대명제를 기본적으로 이해하고 전환하는 것은 쉬운 일이 아님을 우리는 잘 알고 있다. 사람과 사람 간의 관계, 세대와 세대 간의 관계, 사람들과 모든 생명체들 간의 관계를 더욱 신뢰하고 확실히 하는 사회생활의 흐름을 방해하는 전쟁, 투쟁을 멀리하고 사회의 흐름을 원활하게 하는 평화교육의 필요성이 요구된다. 알고 있는 것처럼 교육은 과거의 패턴과 역사를 신뢰할 수 있는 문화와 함께 미래 사회에 영향을 미치는 중요한 문제이다. 그중에 평화교육은 인간의 삶에 깊은 영향력을 미친다.

어린이들이 일상생활에서 배우는 기본적인 지식은 다음 세대에 전수되는 지식, 아이디어, 창의성, 가치의 가장 기본적인 요소로서 삶의 문화를 만들어 간다. 성인 세대는 다음 세대의 자녀들이 무엇을 배워야 하는지와 배움에 실패하고 그것을 거부했을 때 불행한 삶을 살아가는 사람이 될 것이라고 말하고 있다. 문화의 전승은 세대와 세대를 거쳐 전승되고 문화의 일관성 내지 특수성을 유지하고 있다. 우리 사회는 성인들이 보는 사회의 눈으로 사회가 움직이고 있고, 정확하게 검증되지 않은 편견이나 폭력에 대한 제한점이 있다면 어린이들과 청소년들을 위한 교육 과정에 대한 의문점을 가질 수밖에 없다.

교육에 대한 다각적인 의문점은 단지 미래의 문화를 위한 것만이 아니라 지난 역사 속에 깊게 뿌리내리고 있다. 젊은 세대는 부모와 성인들 그리고 주변 환경에서 공동으로 살아가는 사람들로부터 상속된 신념을 존중하고, 기존의 규범을 지키고 유지하는 방법을 배우고 있으며 그 권한을 따르고 있다. 이것이 우리가 과거로부터 물려받은 교육에 의미를 부여하는 것이다.

어린이들과 청소년들이 더 이상 과거에만 연연해 할 수 없다는 것은 분명한 사실이다. 교육 과정 및 문화적 가치는 사회가 현대화되면서 함께 영향을 미치는데, 모두 전통적인 사회 조직에 긍정적인 측면과 부정적인 측면에서 효과가 있다. 긍정적인 측면에서 개인주의, 민주주의 그리고 많은 사람에게 평등과 기회를 부여하는 등의 다양한 새로운 파노라마를 열어 놓는다. 다른 한편으로 사회적 불평등과 정의롭지 않은 사회 그리고 생태학적 교란과 파괴로 인해 악화되는 인류와 지구의 공동체적 관계와 생태 환경에 대한 인간의 책임감이 산더미처럼 밀려들기도 한다.

우리는 과학과 IT 발달로 인해서 세대에서 세대로의 변화뿐만 아니라 가장 빠른 속도로 발전하는 과학적 생산품 앞에서 놀라움을 느끼고 새로운 도전을 받으며 살아간다. 세계 각국에서 일어나는 기술 혁신의 속도는 현기증이 날만큼 초고속으로 발전하고 있으며, 기술 발달에 따른 미디어의 폭력이 미치는 영향은 항상 사람들을 놀라움의 도가니로 몰아가고 있다.

어린이들과 청소년들을 위한 교육 방법은 여러 세기를 지나는 동안 사회적 현실에 적응하고 도전하기 위한 모든 규범을 제공하는 역할을 하였고, 우리 시대의 불합리한 사고방식을 해결하기 위한 방법을 모색하였다. 개혁 교육학자들은 어린이들의 관찰, 도전, 근본적인 목적, 교육 과정을 재검토하여 자율적이고 독립적으로 민주주의 문화를 유지하기 위한 교육 과정의 중요성을 강조하였다. 즉, 인류 공동체가 원하는 평화로운 동산을 만들어 갈 수 있는 능력을 교육 과정에서 제시하여야 한다는 것이다.

초고속의 사회적 변화와 극단적인 갈등 상황에서 민주적인 문화를 유지하기 위해서는 주장하고, 비판하고 단지 기술적인 것뿐만 아니라 마음을 인간답게 만들어 가고, 정서적 지능을 인지 지능만큼 중요하게 생각하는 것이 필요하다. 복종하고 순종하기보다 오히려 각 개인이 깊이 생각하고 창조적으로 생각할 수 있도록 해야 한다.

어린이들을 위한 교육은 변화하는 세계의 딜레마에 응답해야 하며 과거의 교육에 최선을 다할 수는 없지만, 변형의 문화적 복원을 지원해야 한다. 우리는 기술만이 아니라 사람과 사람이 인간답게 살아가는 방법, 평화를 유지하는 방법, 타인을 배려하는 방법을 배움의 장으로 이끌어 내야 한다.

불행히도 현대 사회는 모든 분야에서 사회적 불안 요소들이 암세포처럼 드러나지 않고 웅크리고 있다. 몬테소리가 언급한 것처럼 우주에 존재하는 모든 사물과 인간들이 자기 위치와 역할을 수행하지 못하고 벗어났을 때 발생하는 역할의 대혼란이라고 할 수 있다. 이러한 대혼란이 확산되면 우주 질서의 대혼란을 초래할 수도 있다.

대부분의 종교가 본질에서 벗어나 권력의 심장부인 양 권력과 권한의 혼란, 엘리트 의식, 가난에 대한 이해와 왜곡 그리고 도덕적 혼란에 직면하여 자신의 정신적, 물질적 통제 기능을 유지하기 위한 심리적 혼란을 가져왔기 때문이 아닐까 하는 의구심을 가지게 된다. 그럼에도 불구하고 현대의 훌륭한 가르침을 실천하는 스승들은 현대화의 가장 선진 세력과는 달리 전통성을 강조하는 자기 특유의 문화에 근거한 교육 이념과 인간의 정신적, 육체적 안정성을 강화하는 교육 모드를 선택한다. 민주적인 문화를 유지하는 중요한 정보에 대한 필요성을 무시하고 정부, 기업의 리더 그리고 다른 강력한 사회교육 기관의 권위주의 체제에 사실은 경제적, 정치적 근본주의를 지원하는 글로벌 합의를 위한 시스템을 강하게 끌고 왔다.

현재의 교육 체제를 위험하게 하는 또 다른 주요한 이유가 있다. 세계는 위기에 놓여 있고 폭력으로 고통받고 있으며, 자연 파괴, 과격한 탐욕과 상용화의 고통, 의미와 지역사회와의 손실로 힘들어하고 있다. 인류문화학자인 아이슬러(Eisler)는 『성배와 칼(*The Chalice and the Blade*)』(1987)에서 칼의 문화, 폭력, 생명보다는 칼, 죽음, 희생을 일삼는 남성문화에서 생명을 찬양하고, 포용, 수용을 사랑하는 영성문화, 평화문화로 바꾸는 것, 남성 권위주의의 전통과 현대 기술의 파괴적인 경향에 반대하는 교육의 중요성에 초점을 맞추어야 한다고 주장하였다. 아이슬러는 파트너십, 협력이라는 새로운 비전을 보다 큰 부분에서 이루기 위해서는 교육적 사명감을 실천하여 계획적으로 변화를 추구하면서 문화를 지향하여야 한다고 하였다.

아이슬러의 파트너십 교육은 젊은이들이 거짓된 삶을 살기 이전의 온정적인 각성 상태를 일깨우고, 거대한 도덕과 문화적 선택의 일관된 집단의 태도와 목표, 교수 접근 방법, 디자인 요소, 교육 과정의 결정이 필요함을 의미하였다. 아이슬러는 『내일의 어린이들(*Tomorrow's Children*)』(2000)이라는 저서에서 파트너십 교육의 본질적인 기초가 되는 도덕적 지도를 삶을 위한 보호라고 설명하였다. 지배자의 문화는 우선 포괄적으로 통제하고, 힘, 권위와 권력을 강조하지만 반대로 파트너십 교육은 관계의 친밀성, 공동체 문화, 민감한 다양성, 상호 의존성, 생존하는 존재들의 성실성을 인간적, 비인간적으로 보호하고 찾으려고 시도한다. 생명에 대한 경외의 태도는 파트너십 문화, 인간적인 배려의 문화, 문화에 대한 근본적인 기초이며 폭력보다는 평화를 우선한다. 그러므로 파트너십 태도는 재생산되어야만 하고 성인 사회의 상호 작용으로서 교육을 통해서 이루어져야 한다.

사실 파트너십 교육은 연습할 수 있는 것도 아니고 몬테소리, 발도르프, 레지오 에밀리아처럼 브랜드 이름도 아니다. 오히려 유아교육 프로그램들의 철학적 태도는 진보와 전인적인 태도이다. 평화교육은 인간의 신비한 생명에 힘을 부여하고 인간 존재의 탄생에 영양분을 주는 것이다.

2. 어린이들은 전쟁과 평화에 대해서 무엇을/어떻게 생각할까?

평화교육은 몬테소리 교육철학의 핵심이다. 몬테소리는 자신의 교육 방법이 전 세계 어디에서나 과거와 현재의 모든 사람과의 화합을 의식하면서 새로운 인간, 더 나은 새로운 세상을 만들어 다음 세대의 어린이들에게 전승해 주는 것이 평화교육의 목적이라고 말했다.

몬테소리는 1936년 제2차 세계대전 발발 직전 브뤼셀(Bruxelles)에서 유럽 의회 연설을 통해 "정치적 충돌을 해결하는 방법이 바로 교육을 통해서 평화를 구축하는 일이다."라고 말했다. 1937년 코펜하겐(Copenhagen) 연설에서는 "교육은 평화를 위한 최고의 무기이다."라고 하였다. 이러한 그녀의 평화교육 이념에 따라 전 세계 몬테소리 교실에서는 평화의 가치를 존중하면서 가르치고 있다.

몬테소리 교실에서 어린이들은 평화에 관한 노래를 부르는 법을 배우고, 평화의 의미에 대한 그들의 생각을 표현하는 예술 프로젝트를 실시하고 있으며, 세계의 몬테소리 학교들은 건물 입구에 '평화 기둥'을 세워 놓고 평화를 마음으로, 몸으로 익히는 훈련을 하고 있다. '평화 막대'에는 세계 여러 나라의 언어로 평화라는 단어를 새겨 놓았다. 물론 우리나라도 저자가 평화 막대를 만들었다. 몬테소리 학교들은 전 세계 어린이들을 위한 평화교육에 초점을 맞추고 평화의 날을 지정하여 지역 주민들과 함께 행사를 하고 있다.

전 세계 어딘가에서 분쟁이 일어날 때, 우리는 종종 세계 분쟁을 해결하기 위한 평화적인 방법에 대한 논의를 이끌어 낸다. 준비된 환경에서 중요한 요소는 교실 어딘가에 '평화 책상'을 준비해 주는 것이다. 다른 교구 영역과 똑같이 어린이들이 평화 작업을 할 수 있도록 제시하는 것이다. 평화 작업 영역은 일반적으로 다음의 4가지 요소로 평화를 표현해 볼 수 있는 실기 영역이다.

- 공기를 위한 바람 소리
- 물을 위한 작은 꽃병

- 불을 위한 촛대
- 지구를 위한 흙 한 그릇

평화 책상은 어린이들이 다른 친구들과 갈등이 생겼을 때, 스트레스를 받을 때, 이유없이 서로 미워하고 시기할 때, 두 친구가 싸움을 했을 때 마음을 진정시킬 수 있는 장소이다. 또는 명상 시간, 침묵 시간에 조용히 앉아서 자기 훈련과 집중력 훈련을 할 수 있는 장소이다. 교사들은 어린이들에게 평화 책상이 있는 장소는 서로 다시 사랑하고, 용서하고, 너와 나의 관계를 다시 긍정적으로 되돌릴 수 있는 평화의 장소임을 알려 주어야 한다.

좀 더 구체적인 방법은 평화 책상이 있는 장소에 평화교육을 위한 기본적인 교구와 소책자들, 즉 우주교육 커리큘럼, 평화교육을 교실에서 실천할 수 있는 환경을 만들어 주는 것이다. 어린이들은 자신이 세상에 탄생한 기원을 좀 더 확장하여 배움으로써 세계관, 우주관에 대한 의식을 가지게 될 것이고 인류의 역사는 본질적인 하나의 뿌리에서 시작되었다는 통합적 개념을 인식하고, 우주에서 살아가는 모든 종족이 단일 종족이라는 사실을 인식하게 될 것이다. 그러므로 어린이들은 성장하면서 인간 공동체에 대한 자기 훈련에 기여할 수 있을 것이다.

어린이들은 그들 사이에서 발생하는 갈등을 해결하는 기술을 배워야 한다. 즉, 자신들의 크고 작은 갈등, 문제들을 어떤/무엇으로 평화롭게 해결할 수 있을지 그 방법에 대해서 학습하여야 한다. 교사는 어린이들이 분노, 좌절감, 두려움에 대한 감정을 표현할 수 있도록 '나 메시지(I messages)'를 사용하도록 가르칠 수 있다. 어린이들이 의견 차이를 보일 때 서로 '윈-윈(win-win)' 해법을 찾는 방법을 배울 수도 있다. 유치원과 어린이집에서 친구들 간의 중재와 같은 공식적인 장치를 도입하여 서서히 충돌을 해결해 나갈 수 있다. 교사의 지혜로움으로 문제가 발생하였을 때 이러한 기술을 적용하는 것도 긍정적인 측면이다. 또래 친구들과 관계가 감정적일 때 이것이 일상생활에 영향을 미친다면 활용 가능한 방법이다. 이는 공동체에 참여하고 자기 훈련을 위한 기초를 제공하는 방법이며, 실제로 몬테소리 교실에서 많이 활용된다. 하루 종일 책상에 앉아 있고, 침묵하고, 친구들과 상호 작용하는 것을 금지한다면, 휴식 시간이나 점심 시간에 교실 밖으로 나올 때까지 갈등을 해결할 수 있는 기회가 거의 없기 때문이다.

몬테소리 교육철학의 주춧돌 역할을 하는 주제들은 평화를 위한 거대한 청사진이 될 수도 있다. 몬테소리 교실 환경에서 항상 강조하는 것은 질서, 평온함, 그리고 아름다움, 단일 국가, 평화로운 인류 공동체를 이루는 것이다. 교실에서 종교교육, 영성교육, 평화교육의 방법으로 활용하였던 침묵 게임에서 어린이들은 내면의 조용함을 발견하면서 평화로움을 갈구한다.

몬테소리는 어린이들에게 필요한 교훈은 친구들, 다른 사람들을 존중하는 마음으로부터 시작되어야 한다고 생각하였다. 몬테소리 교실에서는 협력 공동체를 강조하면서 누군가와 경쟁한다는 개념은 전혀 없다. 몬테소리 어린이들은 우주, 문화 작업과 전시를 통해 다른 나라에 관심을 가지도록 그들을 격려한다. 이러한 작업들은 평화에 대한 개념들을 일반화하였다. 다시 말해서 몬테소리 교실에 평화에 대한 개념과 환경이 함축되어 있지만 어린이들의 평화에 대한 대화가 녹아나는 것은 아니었다.

몬테소리 교실에서 교사들은 어린이들이 평화에 대해서 어떻게 생각하는지 의문스럽고 궁금할 수도 있다. 교사는 자신의 삶에서 평화에 대해 무엇을/어떻게 느끼는지 진심으로 생각하여야 한다. 몬테소리 교실에서 어린이들에게 평화라는 주제를 자신의 생각, 말, 그림으로 표현하고, 자신의 마음을 드러내도록 유도함으로써 무의식 세계에 잠재해 있던 자신의 지식들을 의식적 사고로 이끌어 내도록 도울 수 있을 것이다. 어린이들은 이러한 작업을 할 때마다 일반적으로 평화에 대한 개인적인 느낌을 인지하고, 교실에서 함께 작업하는 또래 친구들과 평화로운 마음과 평화가 무엇인가를 경험하게 될 것이다. 저자는 울프의 평화교육에 관한 모든 저서를 하나도 빠지지 않고 읽으면서 울프의 평화론을 우리 어린이들에게 적용하여 질문을 해 보았다. 저자는 미국 어린이들과 우리나라 어린이들의 평화에 대한 생각의 차이점을 알고 싶었다. 그래서 원서 그대로 질문하지 않고 우리나라 상황에 맞도록 본질을 벗어나지 않는 범위에서 질문 내용을 재구성해 보았다.

질문: 평화란 단어가 무엇/어떤 것을 의미하나요?
답: 평화가 뭐예요?(어린이들이 반문했다.)
평화란, 우리 반이 즐거운 거예요, 싸우지 않는 거예요, 전쟁이 없는 나라를 만드는 거예요, 오늘 맛있는 것을 먹는 거예요, 불쌍한 사람을 돕는 거예요.
또 평화는 조용히 생각하는 거예요, 평화는 정원에 꽃을 보고 애완용 개인 슈바르츠와 노는 거예요.

질문: 평화의 반대인 전쟁은 무엇/어떤 것인가요?
답: 무섭고, 두렵고, 서로 싸우는 거예요. 또 사람들이 서로 미워하고 죽이는 거예요, 사람들이 무서워서 숨어서 생활하는 거예요.

질문: 여러분은 지금 평화롭다고 생각하나요?
답: 예/아니요(예라고 답하는 친구도 있고 아니요라고 답하는 친구도 있다.)

질문: 왜 '아니요'라고 답했죠?
답: 어린이집, 유치원에 갔다 오면 할 일이 너무 많고, 영어 학원, 미술 학원에 가기 싫어요. 그래서 불안해요. 집에 오면 엄마가 놀지 말라고 야단을 쳐요. 그래서 평화롭지 않고 불안해요.

질문: 왜 우리는 평화가 필요하다고 생각할까요?
답: 세계 어린이들이 굶어 죽고 배고파서요, 미국과 이란, 중동의 나라들이 항상 전쟁을 하기 때문이에요.

질문: 어린이들은 전쟁이 두렵나요?
답: 예, 그래요.

위의 내용은 몬테소리가 원했던 평화 개념과 비슷한 의미를 담고 있는 답이어서 우리를 놀라게 한다. 몬테소리는 평화와 교육이라는 주제로 전 유럽을 돌아다니면서 강연할 때 진정한 평화의 비전은 우리의 생각을 정의로운 마음으로 변화시키는 것이라고 하였다.

평화는 모든 사람이 정의롭고 공평하게 살아가는 세상을 원한다. 몬테소리는 전쟁은 언제나 또 다른 전쟁을 반복한다고 하였다. 정복당한 지역, 나라의 사람들에 대한 비인간적인 행동이 다른 비인간적 행동으로 전염된다. 문학의 대가인 단테(Dante)는 그의 서사시 『신곡(*Divina Commedia*)』(1321)의 지옥 편에서 "악마와 저주받은 자의 운명을 저주한다."라고 말하였다. 어린이들에게 또 다른 전쟁이 일어날 것이라고 생각하느냐고 묻자, 지금도 전쟁을 하는 나라가 있지 않느냐고 대답한다.

어린이들이 표현한 대부분의 그림은 평화와 전쟁의 대조적인 것으로 폭탄, 총기, 미사일, 폭발물을 표현한 것이다. 평화와 대립되는 전쟁은 서로 생명을 앗아가고, 파괴하고, 투쟁하고, 빼앗기 때문에 이를 멈추고 평화를 시작하라는 메시지가 담겼다. TV, 라디오, 인쇄물 및 온라인 매체는 총기 폭력, 납치, 폭탄 테러, 가난한 사람들의 불행, 대량 학살, 종교 전쟁에 관한 소식을 첫 번째 뉴스로 강조하므로 세계의 어린이들은 유아기부터 평화라는 아름다운 단어보다 전쟁과 싸움이라는 불행하고, 소름 끼치는 사건들을 먼저 듣고 보게 된다. 우리의 미래인 어린이들은 지금도 마음과 가슴에 의식이든 무의식이든 암묵적인 불안을 품고 살아가고 있는 것이다.

중요한 것은 몬테소리 교실에서 어린이들과 전쟁과 평화에 대한 이야기 나눔을 통해 그들의 암묵적인 두려움을 자연스럽게 표현할 수 있도록 도와줌으로써 전쟁으로 인한 두려움과 평화가 왜 필요한지도 자연스럽게 이해할 수 있도록 안내해야 한다. 우선 어린이들에게 전쟁은 무의미하고 그들이 전 세계 어느 나라에 살든 간에 세계의 어린이들과 친구가 되고 싶은 감정을 열린 마음으로 이야기할 수 있는 길을 열어 주어야 한다. 몬테소리 교실에서 평화에 대한 이야기를 더 많이 할 수 있는 기회를 제공함으로써 평화를 향한 비전을 주어 그들이 평화로운 옹호자, 수호자의 역할을 할 수 있도록 해야 할 것이다.

몬테소리가 남긴 평화 유산을 확장하기 위해서 2006년 3월 30일 미국 텍사스주 휴스턴(Houston)에서 몬테소리의 평화 유산을 주제로 미국 몬테소리 학회의 연례 회의가 열렸다.

인류 역사에서 제1차, 제2차 세계대전으로 유럽의 수많은 도시는 불행이 무엇/어떤 것인지 가슴 아픈 경험을 했다. 몬테소리는 평온한 세계는 군사적 승리와 국제 동맹이 아니라 모든 어린이가 폭력에 시달릴 수 있는 분노와 보복주의에서 성장하지 않고 평화적 환경에서 자라도록 하는 것이라고 주장했다. 평범하지 않은 평화에 대한 접근 방식과 평화 과학, 평화 공동체로 발전시키기 위해 노력한 몬테소리는 1949, 1950, 1951년에 노벨 평화상 후보에 올랐다. 폭력을 피하기 위한 평화 운동은 국가와 국제적 차원에서 우선 평화교육부터 이루어져야 한다는 신념을 가지게 하였다.

몬테소리는 긴 여행을 하면서 21세기 평화에 대한 자신의 생각이 얼마나 과학적이고, 학문적이고, 객관적이고, 타당한가를 유럽 전체로 알리는 평화교육 연설을 시작하였다. 몬테소리의 저서인 『교육과 평화(*Education and Peace*)』에 담긴 이야기들이 미래에 다가올 우주 시대, 세계화의 위험을 예상했던 것은 놀라운 일이다. 미래에는 전 세계 모든 사람이 협력, 파트너십, 공동체를 이루어 우주 차원에서 새로운 에너지를 공유해야 한다는 것이다. 몬테소리의 평화에 대한 갈망은 지금도 전 세계 어린이들에게 보다 나은 세상을 만들어 주기 위해 끊임없이 증가하고 있으며, 이는 마치 평화의 사절단, 예언자처럼 보인다. 몬테소리는 더 나은 세계를 위해, 진정한 평화를 가져다줄 해결책을 찾기 위해 전쟁의 종말을 경고했다.

3. 평화와 협력의 힘은 몬테소리 교실에서 영성적 에너지가 된다

우리가 일반적으로 협력을 언급한다면 협력 과정, 협력 내용, 협력 구조의 3가지 요소가 필요하다. 협력 과정은 협력 개념을 어린이들에게 어떻게 가르칠 것인가이고, 협력 내용은 무엇을 가르칠 것인가이며, 협력 구조는 협력을 어떤 종류의 교육적 구조로 만들어 가는가의 문제이다.

협력교육의 주요 목적은 지적으로 또는 경험적으로 협력 관계가 가능하다는 것을 보여주는 데에 있다. 그러므로 협력 과정, 즉 우리가 어떻게 가르치고 학습할 것인가는 교육의 필수적인 부분이다. 이를 위해 교사들은 어린이들과 매 순간 진심으로 연결될 수 있는 언어를 사용하여 어린이들을 교실 공동체에 참여시킬 수 있어야 한다.

몬테소리 교사들이 평화문화를 창조할 수 있도록 어린이들을 교육시키고 싶다면, 상호 존중 그리고 교사와 어린이들의 관계 속에서의 연민, 사랑, 보살핌 등을 촉진하여야 한다. 다시 말하면 교사 자신이 가르치고자 하는 것의 모범이 되어야 한다.

몬테소리 교사들과 어린이들의 관계 역시 때로는 명령과 지배자 관계로 순간순간 이어지는 상황이 벌어지기도 한다. 이러한 현상은 교사가 권력과 명령 중심일 때 나타나는 자연적인 현상이라 할 수 있다. 몬테소리 교실에서 작업하고 배우는 과정에서 어린이들은 지배자 관계 속으로 들어가는 법을 배운다. 대부분의 어린이는 우리 사회에서 권위와 명령에 복종하는 것 또는 반항하는 것을 유아기부터 배우게 될 뿐만 아니라 외재적 보상을 즐기고 경쟁하는 것을 배운다. 어린이들은 자기들에게 최고의 것이 무엇인지와 자기들이 지금 배워야 하는 것이 무엇인지를 알기 위해 다른 사람들에게 의존하는 것을 배운다. 궁극적으로 어린이들은 자기들의 욕구의 중요성을 인식하지 못할 뿐만 아니라 배우지도 못한다. 어린이들은 명령적 언어를 배우면서 자기들에게 한층 더한 지배자 관계를 형성하기도 한다.

아이슬러(Eislerr)의 『내일의 어린이들(*Tomorrow's Children*)』과 로젠버그(Rosenberg)의 『인생을 풍요롭게 만들어 주는 교육(*Life-Enriching Education*)』에서는 창조성과 보살핌을 위한 엄청난 우리의 능력을 실현할 수 있도록 돕고, 어린이들의 인간적인 필요를 충족시키며, 우리 스스로와 서로를 위해 더 멋진 삶을 만들려는 목표를 가지고 공동체를 만들어 갈 수 있도록 어린이들을 교육시키는 교육과정의 비전을 명료하게 제시하여야 한다고 주장한다.

아이슬러가 증명한 3가지 협력교육의 구성 요소인 협력 과정, 협력 내용, 협력 구조 중에 아이슬러와 로젠버그는 인생을 풍요롭게 만들어 주는 교수학습 방법으로 협력 과정을 강조하였다. 어린이들과 교사들은 학습-경험에 있어 가장 친근한 협력자들이다. 교사-어린이들의 관계는 인간의 공감 능력을 파괴하는 것이 아니라 오히려 더 깊게 만드는 보살핌과 존중과 공정함의 방식으로 서로 인간적으로 상호 작용한다. 협력 관계는 어린이들이 교사들의 진실한 목소리를 경청하고 수용하면서 서로의 생각을 존중하고, 자기들의 감정적 필요가 이해받고 있다는 것을 매일매일 교실 환경에서 보여 준다. 로젠버그의 '비폭력 의사소통(NVC; Nonviolent Communication)' 언어는 유능한 협력 과정의 매체가 된다.

비폭력 의사소통의 근본적인 목적은 사람들 사이에 자연스러운 연민을 불러일으키고 모든 사람의 필요를 충족시키는 방법들을 찾도록 도와주는 양질의 관계를 창조해 주는 것이다. 이 때문에 이를 '연민의 언어'라고 부르기도 한다. 의사소통의 과정으로 언급되는 이유는 연민의 언어가 자신과 다른 사람들과 협력하기 위한 구체적인 모델과 실제적인 도구를 제공하기 때문이다. 연민의 언어에서 핵심 요인은 사람들이 상호 의존에 대한 인식을 배양하고, 삶에 대한 경외심을 기르는 긍정적인 자각을 요구하면서, 지속적으로 인간화를 추구한다는 것이다.

아마도 로젠버그가 비폭력 의사소통을 개발한 이유는 그가 인간관계에서 더 많은 연민을 보고 싶었을 것이고 그리하여 인간을 참인간화로 만들어 가는 과정에 많은 도움이 될 것이라는 확신을 가졌기 때문일 것이다. 이러한 연민적 가르침으로 인해서 마음에서 사랑과 연민을 발산하는 사람들, 예를 들면, 몬테소리, 김

수환 추기경, 간디(Gandhi), 마틴 루터 킹(Martin Luther King)의 언어에 집중하면서 주요한 정신적 양식을 얻게 될 것이다.

협력은 서로의 생각을 공유할 수 있는데, 다른 사람들의 탁월한 생각, 좋은 태도, 창의성을 서로 공유함으로써 아이디어가 하나에서 뇌의 숫자만큼 여러 개로 증가할 수 있다. 협력은 경쟁이 아니라 함께 공유하며 얻어진 새로운 창의성에 주목하기 때문에 시간, 일의 양, 작업 목적을 빠른 속도로 진행할 수 있다. 협력은 서로의 포용성을 전제로 하며, 과거나 현재보다는 미래에 초점을 맞추어 향상의 비전을 가지게 된다.

몬테소리 교실에서 평화로운 세계를 창조하려고 한다면 우리의 언어로부터 비난, 수치, 비판, 무리한 요구와 같은 언어들을 제거할 필요가 있다. 그러기 위해서 인간적인 본성을 교육을 통해서 정화시키고, 인간다운 경험의 핵심과 연결할 수 있는 언어가 필요하다. 우리의 가치, 꿈, 갈망, 필요를 서로 영성 나눔으로 발전시키고, 우리 자신의 필요가 충족되는 만큼 다른 사람들의 필요도 충족될 수 있게 관심을 가지도록 고무시키는 언어와 의식이 필요하다.

어린이들에게 긍정적인 사고, 자각, 평화문화를 조성하는 기술 개발의 중요성 때문에 그들에게 이러한 자각과 일련의 기술을 제공해 줄 교육이 바로 평생의 삶을 풍요롭게 하는 교육(life-enriching education)이 될 것이고, 이러한 언어는 어린이들의 모든 행동 속에서 인간의 필요를 충족시키려는 의도성을 가지게 될 것이다. 몬테소리 교사는 어린이들이 풍요로운 삶을 살아가는 데 도움이 될 수 있도록 어린이들 각자가 관찰하고, 느끼고, 필요로 하고, 요청하는 것들을 도와주어야 한다.

다른 친구들의 감정 상태를 알려면 우리는 다른 친구를 관찰하고, 기분 상태를 느끼고, 필요로 하는 것, 요청하는 것 모두에 관심을 집중하여야 한다. 다른 친구들의 마음을 떠올리고 그들의 진정한 모습과 연결시키는 공감 능력은 다른 한편으로 협력교육의 중심적인 특징이다. 어린이들은 자기 자신들이 다른 친구들의 필요와 연결되어 있을 때, 갑작스럽게 혹은 기적적으로 서로 협력하고 있는 자신들을 스스로 발견하게 될 것이다.

연민의 언어를 사용하는 교사들은 훈련과 연습을 통해 어린이들의 필요를 연결하여 모두의 필요를 충족시키는 방법을 찾도록 도와주어야 한다. 어린이들은 몬테소리 교실에서 이러한 양질의 관계 속에서 확산되는 신뢰, 협력, 나눔, 상호존중을 경험하게 된다. 이러한 현상들은 어린이들이 인간화로 진화하는 과정에 그대로 반영되어 행복한 삶을 살아가는 방법을 학습할 수 있게 한다. 이는 자유롭고 행복한 어린이들의 모델이 된다.

교사들은 자기들이 지금껏 배우고 가르침을 받아 왔던 명령적, 지배자적 방식을 잊거나 변화시켜야 할 시점에 서 있다. 긍정적인 학습 공동체를 창조하는 교실, 지배자 방식에서 협력 방식으로 옮겨 가기 위해서는 훈련, 인내, 끈기 있는 열망이 요구된다. 또한 연민과 즐겁고 행복한 학습을 꽃피울 수 있는 가장 아름다운 그림을 그리는 데는 많은 노력이 필요하며, 반드시 평화와 협력을 사랑하는 교사의 마음으로 그려야 할 것이다.

저자 소개

조성자

약력

- Rome Antonianum 대학교 철학 및 교육학과 졸업
- Rome Antonianum 대학교 교육학 석사
- Rome Antonianum 대학교 철학박사(교육철학 전공)
- 1995년 1월~1996년 2월까지 독일 Münster 대학 교환교수 역임
- 2000~2004년 한국몬테소리학회 회장 역임
- 전) (사)한국몬테소리교육총연합회 회장
- 대구가톨릭대학교 몬테소리특수대학원 원장
- 대구가톨릭대학교 사회과학부 아동학과 명예교수

저서

- 영유아 프로그램 개발 및 평가(공저, 창지사, 2014)
- 몬테소리 영유아 교육과정의 이론과 실제(공저, 창지사, 2014)
- 가정에서 부모와 함께 하는 몬테소리교육(창지사, 2013)
- 열정적인 교사, 도전하는 어린이(창지사, 2013)
- 몬테소리 부모와 자녀를 위한 이야기 나눔(파란마음, 2012)
- 몬테소리 평화교육의 이론과 실제(파란마음, 2012)
- 훌륭한 몬테소리 부모 되기(창지사, 2012)
- 몬테소리 교육철학의 이론과 실제(창지사, 2011)
- 몬테소리 우주교육의 철학적 관점(공동체, 2010)
- 마리아 몬테소리 자서전(신정, 2007)
- 몬테소리의 과학적 교육학(신정, 2007)
- 프뢰벨 가베교육의 이론과 실제(창지사, 2007)
- 유아교육개론(공저, 양서원, 2005)
- 자유 직업과 열린 교실을 위한 Maria Montessori의 교사론(창지사, 1998)
- L'educazione morale degli adolescenti nella famiglia coreana, Roma Montessori 교육학(중앙적성출판사, 1996)
- 몬테소리 교실에서 관찰의 중요성(창지사, 2014).
- 영유아 프로그램 개발및 평가(공저, 창지사, 2014).
- Maria Montessori의 자유 개념과 자유 작업의 원리(중앙적성출판사, 1996)
- 나는 착한 목자다 Ⅰ, Ⅱ(중앙적성출판사, 1997)
- 신 Montessori 학파의 새로운 교육운동 : 교육학에 대한 이론(양서원, 2000)
- 몬테소리 과학적 교육학에서 사용하는 용어들(창지사, 2016)
- 교육개혁학 측면에서 몬테소리 교사론(창지사, 2017)
- 몬테소리 교육철학과 프로그램에 근거한 노인치매 예방과 치료방법(창지사, 2019)

편역

- 세계 어린이의 어머니 Montessori: 그녀는 누구인가?(양서원, 2000)

역서

- 내일의 어린이들(파란마음, 2011)
- 어린이들을 위한 관찰기록과 보고(공역, 창지사, 2009)
- 창의적 갈등 해결을 위한 활동 지침서(신정, 2007)
- 어린이들을 위한 평화교육 지침서(창지사, 2006)
- 나는 친구들과 함께 평화를 나누려고 해요(한국 Montessori 연구소, (주)한국몬테소리, 2005)
- 나는 우주에 살아요. 나는 지구라는 행성을 여행하고 있어요(한국 Montessori 연구소, (주)한국몬테소리, 2005)

- 지구를 위한 나의 맹세, 나는 해님을 알아요(한국 Montessori 연구소, (주)한국몬테소리, 2005)
- 나는 고요함을 듣고 싶어요(한국 Montessori 연구소, (주)한국몬테소리, 2005)
- 중력이 무엇인지 난 알아요(한국 Montessori 연구소, (주)한국몬테소리, 2005)
- 여러분 은하수가 얼마나 큰지 아세요(한국 Montessori 연구소, (주)한국몬테소리, 2005)
- 어떻게 씨앗이 싹트는지 난 알고 있어요(한국 Montessori 연구소, (주)한국몬테소리, 2005)
- 나는 밤하늘에 무수히 흩어져 있는 아름다운 별들을 바라봅니다(한국 Montessori연구소, (주)한국몬테소리, 2005)
- 사랑의 커리큘럼(한국 Montessori 연구소, (주)한국몬테소리, 2004)
- 신이란 무엇인가(한국 Montessori 연구소, (주)한국몬테소리, 2004)
- 보호를 필요로 하는 노인을 위한 Montessori 교육방법과 치료방법(창지사, 2001)
- Montessori의 어린이를 위한 인격 형성(창지사, 2001)
- 어린이들에게 영성은 존재하는가?(창지사, 2000)
- Montessori는 부모님들에게 이렇게 권고합니다(양서원, 2000)
- 어린이는 인간의 어버이다(양서원, 1999)
- Montessori의 우주교육 : 인간의 잠재 능력을 어떻게 개발할 것인가?(중앙적성출판사, 1998)
- Montessori의 우주교육 : 유아기에서 청소년기까지(중앙적성출판사, 1998)
- 어린이의 종교적 잠재능력(중앙적성출판사, 1997)
- Montessori의 새로운 세계를 위한 어린이 교육(중앙적성출판사, 1996)
- Montessori의 어린이 정신(창지사, 1995)
- Montessori의 어린이 발견(창지사, 1995)
- Montessori의 어린이를 위한 종교교육(미루나무, 1993)
- Montessori의 어린이 신비(창지사, 1991)
- Montessori의 교육과 평화(창지사, 1990)
- 유아기를 위한 성교육(창지사, 1987)
- 아동기를 위한 성교육(창지사, 1987)
- 청소년기를 위한 성교육(창지사, 1987)

서경희 총괄팀장

- 대구가톨릭대학교 몬테소리특수대학원 졸업
- 대구계명대학교 식품영양학과 석사 졸업
- 경상북도 경산시 어린이 급식관리지원센터 총괄팀장

박성인 원장

- 대구가톨릭대학교 몬테소리특수대학원 졸업
- 전) 수원 성민유치원 원장

하경 원장

- 대구가톨릭대학교 몬테소리특수대학원 졸업
- (주)써밋 포인트 대표
- 써밋 포인트 영아유치원 원장
- 써밋 포인트 어학원 원장

몬테소리 교육철학과 인문학의 관계

초판 1쇄 인쇄 2019년 10월 16일
초판 1쇄 발행 2019년 10월 21일

지 은 이 | 조성자 외
펴 낸 이 | 김기섭
편 집 인 | 이윤희
펴 낸 곳 | 창지사 www.changjisa.com
08589 서울시 금천구 가산디지털 1로 83 파트너스타워 1차 9층
전화 (02)719-2211~3
팩스 (02)701-9386
등 록 | 1977년 4월 28일 · 제1-421호

ISBN 978-89-426-1261-1 (93370)

값 23,000원

이 도서의 국립중앙도서관 출판예정도서목록(CIP)은 서지정보유통지원시스템 홈페이지(http://seoji.nl.go.kr)와 국가자료공동목록시스템(http://www.nl.go.kr/kolisnet)에서 이용하실 수 있습니다(CIP제어번호: CIP2019041042).